MULTILINGUAL CONTRIBUTIONS TO WRITING RESEARCH: TOWARD AN EQUAL ACADEMIC EXCHANGE

INTERNATIONAL EXCHANGES ON THE STUDY OF WRITING: LATIN AMERICAN SECTION

Series Editors: Federico Navarro, Violeta Molina-Natera, and Vera Cristovão

Series Associate Editor: Ana Cortés Lagos

The Latin American Section of the International Exchanges on the Study of Writing book series publishes peer-reviewed books about writing, writers, teaching with writing, and scholarly writing practices from Latin American perspectives. It also offers re-editions of recognized peer-reviewed books originally published in the region. This goal of this section of the International Exchanges series is to provide open access to the thriving scholarly production of Latin America and to build bridges for equal exchanges between this scholarship and other traditions worldwide.

The WAC Clearinghouse and University Press of Colorado are collaborating so that these books will be widely available through free digital distribution and low-cost print editions. The publishers and the series editors are committed to the principle that knowledge should freely circulate and have embraced the use of technology to support open access to scholarly work.

Recent Books in the Series

Elvira Narvaja de Arnoux (Ed.), *Escritura y Produccion de Conocimiento en las Carreras de Posgrado* (2021)

Oscar Iván Londoño Zapata, *Los Estudios del Discurso. Miradas Latinoamericanas I* (2021)

Federico Navarro and Andrea Revel Chion, *Escribir para Aprender: Disciplinas y Escritura en la Escuela Secundaria* (2021)

Guadalupe López Bonilla and Carmen Pérez Fragoso (Eds.), *Discursos e Identidades en Contextos de Cambio Educativo* (2021)

Charles Bazerman et al. (Eds.), *Conocer la Escritura: Investigación Más Allá de las Frontera | Knowing Writing: Writing Research across Borders* (2019)

MULTILINGUAL CONTRIBUTIONS TO WRITING RESEARCH: TOWARD AN EQUAL ACADEMIC EXCHANGE

Edited by Natalia Ávila Reyes

The WAC Clearinghouse
wac.colostate.edu
Fort Collins, Colorado

University Press of Colorado
upcolorado.com
Louisville, Colorado

The WAC Clearinghouse, Fort Collins, Colorado 80523

University Press of Colorado, Louisville, Colorado 80027

© 2021 by Natalia Ávila Reyes. This work is released under a Creative Commons Attribution-NonCommercial-NoDerivatives 4.0 International License.

ISBN 978-1-64215-140-4 (PDF) | 978-1-64215-141-1 (ePub) | 978-1-64642-270-8 (pbk.)

DOI 10.37514/INT-B.2021.1404

Library of Congress Cataloging-in-Publication Data

Names: Asociación Latinoamericana de Estudios de la Escritura en Educación Superior y Contextos Profesionales. Congreso Internacional (2nd : 2018 : Universidad Católica de Chile) | Ávila Reyes, Natalia, 1982– editor.
Title: Multilingual contributions to writing research : toward an equal academic exchange / edited by Natalia Ávila Reyes.
Description: Fort Collins, Colorado : The WAC Clearinghouse ; Louisville, Colorado : University Press of Colorado, [2022] | Series: International exchanges on the study of writing: Latin American section | Includes bibliographical references. | Chapters in English, Spanish and Portuguese.
Identifiers: LCCN 2021054511 (print) | LCCN 2021054512 (ebook) | ISBN 9781646422708 (paperback) | ISBN 9781642151404 (pdf) | ISBN 9781642151411 (epub)
Subjects: LCSH: Academic writing—Study and teaching (Higher)—Congresses. | Language and languages—Studya and teaching (Higher)—Congresses. | Multilingualism—Congresses. | LCGFT: Conference papers and proceedings.
Classification: LCC P301.5.A27 A86 2022 (print) | LCC P301.5.A27 (ebook) | DDC 808.0071/1—dc23/eng/20220111
LC record available at https://lccn.loc.gov/2021054511
LC ebook record available at https://lccn.loc.gov/2021054512

Assistant Editors: Lina Calle-Arango and Ana Cortés Lagos
Copyeditor: Martín Álvarez
Design and Production: Mike Palmquist
Translations to Portuguese: Silvia Donoso Hiriart
Cover Photo: Photo from Campus Oriente, Pontificia Universidad Católica de Chile, Used under a Creative Commons Attribution-Share Alike 2.0 Generic license.
Series Editors: Federico Navarro, Violeta Molina-Natera, and Vera Cristovão
Series Associate Editor: Ana Cortés Lagos

The WAC Clearinghouse supports teachers of writing across the disciplines. Hosted by Colorado State University, it brings together scholarly journals and book series as well as resources for teachers who use writing in their courses. This book is available in digital formats for free download at wac.colostate.edu.

Founded in 1965, the University Press of Colorado is a nonprofit cooperative publishing enterprise supported, in part, by Adams State University, Colorado State University, Fort Lewis College, Metropolitan State University of Denver, University of Alaska Fairbanks, University of Colorado, University of Denver, University of Northern Colorado, University of Wyoming, Utah State University, and Western Colorado University. For more information, visit upcolorado.com.

Contents

Multilingual Insights into a Complex Field of Study: An Introduction
to the Aims of this Book 3
Natalia Ávila Reyes

Aportes Multilingües para un Campo de Estudios Complejo: Una
Introducción a los Afanes de este Libro 13
Natalia Ávila Reyes

Contribuições Multilíngues para um Campo de Estudos Complexo:
Uma Introdução aos Afãs deste Livro 23
Natalia Ávila Reyes

SECTION ONE.

1 ¿Academic Literacies: Intereses Locales, Preocupaciones Globales?
Academic Literacies: Local Interests, Global Concerns? 35
Theresa Lillis

2 The Secret Cure for What Ails Large-Scale Writing Assessment:
Teachers and their Students 61
Bob Broad

3 El Lenguaje Académico como Catalizador de la Equidad en la
Educación Escolar. 79
Alejandra Meneses, Paola Uccelli, y Marcela Ruiz

4 The Value of Empirically Researching a Practical Art 103
Charles Bazerman

SECTION TWO.

5 A Produção Textual no Curso de Letras-Francês: Uma Comparação
das Capacidades de Linguagem Requeridas em Disciplinas de Língua
Francesa e Literatura Francófona 127
Jaci Brasil Tonelli e Eliane G. Lousada

6 Biliteracidad Avanzada en la Escritura Académica de Usuarios
Bilingües de Sueco y de Español como Lengua de Herencia 145
Alejandra Donoso, Rakel Österberg, y Enrique Sologuren

Contents

SECTION THREE.

7 "Ensayar una Voz": Un Análisis Interaccional de Prácticas en Torno a lo Escrito en Eventos de Escritura Colaborativa. 175
    Laura Eisner

8 Prácticas de Escritura Innovadoras: Lo que los Docentes Hacen Sin Decir 199
    Olga López Pérez y Joanna Koral Chávez López

9 Transferring Writing Strategies Across Disciplines and Levels: Results from a Longitudinal Study of Writing 221
    Joan Mullin and Jan Rieman

10 Explorando la Escritura Profesional en Casos Colombianos: Lecciones a Través de las Fronteras 239
    Elizabeth Narváez, Blanca González, Luz Ángela García, Marisol Gómez, Ingrid Luengas, y Hermínsul Jiménez

11 Transformados por la Escritura: Concepciones de Estudiantes Universitarios a través del Currículum y de las Etapas Formativas . . . 261
    Federico Navarro, Fernanda Uribe Gajardo, Soledad Montes, Pablo Lovera Falcón, Bárbara Mora Aguirre, Enrique Sologuren Insúa, Martín Álvarez, Claudia Castro Acuña, y Sebastián Vargas Pérez

SECTION FOUR.

12 Descripción de Géneros para su Enseñanza en un Programa de Escritura Académica: Hacia la Deconstrucción Conjunta. 289
    Estela Inés Moyano

13 O Ensino Gramaticalmente Orientado da Produção Escrita do Gênero Resenha 311
    Orlando Vian Jr.

14 Scaffolding Academic Literacy en el Contexto de Formación Inicial de Maestros en España. 331
    Juana María Blanco Fernández

Editors. 351

Contributors 353

MULTILINGUAL CONTRIBUTIONS TO WRITING RESEARCH: TOWARD AN EQUAL ACADEMIC EXCHANGE

Multilingual Insights into a Complex Field of Study: An Introduction to the Aims of this Book

Natalia Ávila Reyes
PONTIFICIA UNIVERSIDAD CATÓLICA DE CHILE

Writing research is currently undergoing a process of open internationalization and increasing global exchange. A vital role in this expansion has been played by international conferences and associations that facilitate translocal exchanges.[1] It was at this moment of expansion and in concord with Latin America's own historical logics that we created the Latin American Association for the Study of Writing in Higher Education and Professional Contexts, ALES, the organization that sponsored the meeting where this book was conceived. I am honored to be the editor of this volume, which has allowed me to learn from this unique compilation of diverse voices and tell the readers our Association's story in first person.

In October 2016, a vibrant symposium was held in Santiago at the University of Chile, promoted by Argentine researcher Federico Navarro. After its closing, a group of scholars from several countries sat on a restaurant's terrace to think about the terms we wanted for an association that would foster the specialization and academic development of our area of study. We defined a vision and determined some fundamental elements of this proposal, established a board of directors and bylaws to ensure a democratic governance, and began to plan a second conference.

The II ALES International Conference was held at the Pontificia Universidad Católica de Chile in October 2018 and attracted researchers and attendees from 13 countries. At this conference, two key principles of the

---

[1] For example, the International Society for the Advancement of Writing Research, ISAWR, and its conference WRAB; the SIG Writing of the European Association for Research on Learning and Instruction, EARLI, and its biennial congress; the European Association for the Teaching of Academic Writing, EATAW, and its biennial conference; the Association for Writing Across the Curriculum, AWAC, and the pushing internationalization of the IWAC conference, among many other initiatives.

ALES philosophy guided the decision-making and the editorial line. The first of these issues stems from the applied nature of our discipline in the region. To a large extent, the academic attention to the systematic study of writing in higher education arose from the institutional teaching initiatives that proliferated in the 2000s in Latin America. This origin has underscored the need to develop quality research to consolidate the discipline, professionalize our pedagogical action, and influence public policy. The importance of writing in the educational and social agenda should not be sustained by narratives of literacy crises, the myth of writing deficits, or the rhetoric of "basic" competencies that students have failed to acquire by the end of secondary education. On the contrary, the importance of writing must be underpinned by an informed and intellectually challenging perspective that forces us to think about the role and nature of written communication in all areas of our lives.

The second key element that inspired the conference was the need to position the knowledge generated in Latin America in the international disciplinary landscape on an equal standing. This endeavor, which we have called a "decolonial" stance in the Association's vision, implies questioning who produces and who consumes knowledge and generating concrete actions to diversify its directionality. The literature differentiates "colonialism" (a type of political relationship) from "coloniality," the latter being understood as the power dynamics that emerged from colonialism and from which it is not easy to emancipate ourselves; systems of knowledge production are at the center of these power structures (Maldonado-Torres, 2007). Thus, as a Latin American association, we advocate for building a dynamic of influence in which developments, theories, and paradigms can also be offered from South to South and from South to North. With these two elements in mind, professionalization and decolonization, we held our second conference back in 2018. These are also the guiding principles of this book.

Before getting to this volume's genesis, I will take the liberty of sharing my own theoretical paths to state the need for this equal exchange. I believe it is a relevant gesture to assume my positionality in this process—that of a Latin American scholar who specialized in the United States,[2] in a field whose denominations fluctuated between "rhetoric and composition," "composition studies," and "writing studies." Today, I feel more comfortable stating that

---

2   I think there are many connections with the article "Mirroring Lautaro's gesture: Towards a canon in Latin American writing studies" (Cortés Lagos, 2021), which explores from a similar positionality the emergence of a pedagogical Latin American canon.

the latter was my disciplinary home. Like many scholars and practitioners in Latin America, my initial training was in linguistics. The processes of university enrollment expansion, the development of student-centered tertiary educational models, and university reforms at the turn of the century led to the emergence of this new applied field of university writing in Latin America. Like many scholars in the region, my study path began in the classroom and writing curriculum development.

Walking from South to North to pursue my training was not a trivial decision. By the beginning of the 21st century, there was an implicit assumption that this knowledge was better developed in other locations, all North of Chile. Furthermore, I often found myself telling my doctoral colleagues in California: "there is no field of composition in Latin America." Nonetheless, before long, I was able to problematize this somewhat naïve idea that I kept repeating. While perhaps composition did not exist in the same way that I came to know it in my North American training years, indeed, our practice of university writing draws on a complex disciplinary heritage that includes educational psychology, cognitive studies of reading, discourse studies, critical discourse analysis, and functional linguistics. This strong background challenges the idea that the study of university writing in Latin America is incipient, underdeveloped, or just plain poor; it also challenges the seemingly obvious North-to-South directionality of knowledge flow.

Although I traveled abroad to pursue a Ph.D. with a focus on "Language, literacy and composition"—a disciplinary specificity that seemed astounding to me from Latin America at the beginning of the last decade—I soon realized that, while American writing studies were at a different stage of disciplinary development, they suffered ills similar to those found in other latitudes. Just as in Latin America, in the US there are still struggles against the deficit discourses that predominate in the general public and even in university administration, there are still symbolic power imbalances within departmental spaces—for example, between writing instructors and researchers in traditional disciplines such as literature or linguistics—there are still passionate debates about the epistemological and methodological imperatives to transcend mere accounts of experiences, there are still labor issues and precarity for instructors and directors of writing programs. I realized that it was not true that the enormous disciplinary development of American writing studies meant that the challenges of writing in university contexts had been solved. American writing studies were often "the sad women in the basement" (Miller, 1993), which is how I felt about my situation as a writing teacher back home. I learned that we might as well think through these challenges together and learn from each other in an equal exchange.

I was able to name this idea for the first time when I read "'Internationalization' and Composition Studies: Reorienting the Discourse" (Donahue, 2009), a piece that allowed me to reorganize these tensions—in my case, embodied tensions, which I experienced in each doctoral seminar with the American professors who had influenced me forever. The concept of "equal trade," so suggestively posited by Donahue, allowed me to glimpse the idea that it is necessary to reclaim our Latin American tradition, heir to our academic endeavors throughout the Twentieth Century, and that Latin American writing studies are not an adaptation of models imported from other centers of knowledge production. Nevertheless, this realization is not exempt of new challenges. There is a clear need to continue advancing toward the field's professionalization to change the directionality of knowledge flows. At a first level, it is a South-South challenge, as different studies show the unidirectionality of theory and methods in Latin American research. Research on writing in Latin America by the beginning of the century was often limited to anecdotal accounts of "cases" of classrooms, universities, or countries analyzed with foreign conceptual frameworks (Ávila Reyes, 2017; Navarro et al., 2016). The second level is the more complex challenge of South-North directionality. In this spirit, we first created ALES and then this book. We wanted to enable a physical space for academic exchange where we could, perhaps, have this conversation in a more egalitarian stance. The publishing house that hosts this venture, the new Latin American section of the International Exchanges series of The WAC Clearinghouse, serves to a large extent the same purpose.

After the II ALES Conference, many colleagues from different latitudes let us know how the immersive multilingual experience of panels and plenaries impacted them. At the conference, we resorted to professional interpreting, code-switching, alternate use of languages in presentations and materials, and even some multilingual panels without interpretation, in which panelists and attendees spontaneously translanguaged to engage in conversation. This "experiment" was meant to make a point: That, to start a new conversation, we need to create spaces where all voices can be heard. This volume aims to collect, at least in part, those multilingual contributions that began to be heard in 2018.

This book, therefore, is not a proceedings volume. Instead, it is an effort to capture the diversity of perspectives enabled by a broad dialogue on writing. It was an open call, which unfortunately left out many meaningful perspectives that were present at the conference, so this picture is, inevitably, partial. We received many chapter proposals, which were evaluated by external peers and by the editor for pre-selection. Then, the complete chapters were submitted to blind reviewing, a process for which I must thank the 16 anonymous referees, all leading academics from Argentina, Chile, Brazil, the United States, Mexico, the United Kingdom, Peru, and Portugal.

As we brought together in the volume chapters in Spanish, English, and Portuguese, the result is the international and multilingual book you have in your hands. This book is the fruit of the committed and often voluntary efforts of many people. Among these, I would like to highlight the assistant editors: Lina Calle-Arango and Ana Cortés Lagos, both doctoral candidates in the South and the North, who participate and research in our discipline. The chapters include contributions (in order of appearance) from the United Kingdom, United States, Chile, Brazil, Sweden, Argentina, Colombia, Mexico, and Spain. Several of these works are collaborations across languages or geographic locations. They also address writing research from vast perspectives, ranging from ethnographic studies to systemic-functional linguistic analyses. Together, these multilingual contributions invite us to envision a discipline that comprehensively accounts for writing as an object of study of a complex nature.

The book begins with a section entitled "Theoretical Contributions to the Conversation about Writing." The first of these contributions is rightly multilingual, and it takes up the conversation about locality and globality of knowledge that we raised in ALES. **Theresa Lillis** opens the section with an article that experiments using two interspersed languages to highlight the value of bringing multiple resources to writing research and discussing the origins of the Academic Literacies movement in the UK and the implications of using this theory translocally. Next, **Bob Broad** offers a persuasive essay on the need to centrally include teachers in the development of large-scale writing assessments. While this text focusses on the discussion of how greater teacher participation and agency can counteract the unintended consequences of standardized assessment and increase the validity of these measures, it raises the critical challenge of professionally educating writing teachers for this purpose. For her part, **Alejandra Meneses** offers a cross-national collaboration with **Paola Uccelli** and **Marcela Ruiz**, exploring academic language development during school years. The article introduces the construct of transdisciplinary academic language, exemplifies its development with data from Chile, and argues about its role as a catalyst for educational equity, as it mediates school learning. The section concludes with an essay by **Charles Bazerman** that reinstates the need to develop research to understand writing as a "practical art," which, counterintuitively, cannot be learned by just "doing" and without systematic instruction or research. Bazerman offers a thorough survey of a kind of research that honors the practical nature of its object of study and also offers practical advice for our teaching and writing practice, addressing issues such as process, knowledge transfer, anxiety, and lifespan development.

The second section of the book, "Multilingualism and University Writing," offers two chapters on second language teaching and learning. First, **Jaci Brasil Tonelli** and **Eliane G. Lousada** explore the linguistic skills students of French Language and Literature require for writing summaries in a second language from the apporoach of socio-discursive interactionism. The results include various aspects like knowledge of genre and voice, anaphoric resources, and grammatical knowledge, such as conjugation and contractions of the French language. Second, another transnational collaboration, this time between Sweden and Chile, by **Alejandra Donoso**, **Rakel Österberg**, and **Enrique Sologuren**, analyzes discursively and contrastively university writing by three types of Spanish speakers in Sweden: Native, second language, and heritage speakers. The results show that each group has differential patterns in areas such as rhetorical structure, subordination, and the use of transition markers. These patterns seem to be explained not only by linguistic background but also by previous schooling experiences.

The third section of the book "Literacy Practices and the Teaching of Writing" offers a wide range of approaches to think about the teaching of writing. The first chapter, by **Laura Eisner**, adopts an ethnographic perspective to analyze the interaction of a group of students writing a text for school. They are students unfamiliar with the dominant forms of literacy who attend an adult school in Argentina. The results describe how learners interact to construct an "authorized voice," often bringing resources from other literate practices to adjust to the school's academic literacy expectations. **Olga López Pérez** and **Joanna Chávez** report an investigation with university psychology teachers in Mexico. The researchers identify two types of practices that they call "innovative" since they are not part of the curricular requirements. In the innovative practices that they call institutional, professors emphasize writing to fulfill the established curricular tasks better. On the other hand, in the practices that they call self-managed, teachers design tasks with epistemic potential outside the institutionally mandated guidelines. The section continues with **Joan Mullin** and **Jan Rieman**'s chapter, who share the results of their longitudinal study with 19 participants at the University of North Carolina, Charlotte. Participants do apply learning outcomes to writing new genres, but they report few opportunities for continued writing development after completing first-year writing courses, which poses significant challenges for writing instructors to ensure transfer over the years. Next, **Elizabeth Narváez** leads a team of six authors from different Colombian institutions to investigate the writing practices developed by graduates of different careers in their professional lives. Among her findings, she highlights the predominant role of writing for leadership, coordination, and project management in all the disciplines studied. Writing for research, however, is central only for some groups of graduates. Their results offer important clues to guide the teaching of writing in universities. The section closes with the work of an authorial team of nine researchers led by **Federico Navarro**. In their study, the authors compare ideas and expectations about university writing in a group of 360 students from a Chilean university with a cross-sectional design covering two groups: First-year students and graduates, in six disciplines. Among the findings, there is evidence of a gradual enculturation process at the university, and the graduates report having learned by themselves through trial and error.

The last section illustrates the linguistic roots of university writing studies in the region and allows us to cross discursive and educational interests uniquely. First, **Estela Moyano** offers a systemic-functional description of the discussion section of a research article, with emphasis on the purpose, structure, and relevant discursive resources. This analysis is offered as input for the process of "joint deconstruction," one of the three steps of a model inspired by Jim Martin and David Rose's genre pedagogy and which includes a deconstruction of an exemplar as a model of the genre, a construction, and an edition. Next, **Orlando Vian Jr.** proposes a "grammatically oriented" teaching—in line with linguist Michael Halliday's idea of "thinking grammatically"—to write academic reviews in English by Brazilian students. The author sets out his Cycle of Teaching and Learning (CEA), which includes constructing the context around the review genre, modeling the text focusing on modality and evaluation, followed by guided practice and independent writing. The book closes with the contribution of **Juana Blanco**, who provides evidence of an action research cycle in which the systemic functional approach Scaffolding Academic Literacy (SAL) is implemented to write summaries at a university in Spain. After the application of the SAL steps, the author finds statistically significant differences in aspects such as purpose, schematic structure, ideation, interpersonal meanings, and periodicity; the same does not occur with appraisal, identification, and syntax of the written modality, which opens new challenges for a subsequent cycle of intervention.

In short, this book gathers heterogeneous views on the nature of writing, which together seek to build a complex picture of its teaching and learning in different languages at the university, including the necessary links with school education and the workplace. We hope that these "Multilingual Contributions" enrich a joint understanding of our object of study and contribute to diversifying the voices that provide empirical evidence on writing.

We finished the assemblage of this book in 2021, during the second year of the global pandemic of COVID-19, a scenario we never imagined when we met at the ALES conference in October 2018 nor when we started to edit this book. We live today in a world of physical distancing and economic uncertainty; a world with significant challenges and major educational disparities that the pandemic has exposed and deepened; a world that mourns the loss of millions of lives, as does each of the countries represented in this volume. Paradoxically, this historical moment has made us more connected. This is a time when we have been able to embrace international cooperation like never before. I am grateful for the patience and effort of all the different actors that have contributed to bringing this book to completion, despite all the obstacles along the way.

I conclude this prologue with words of hope, with the illusion of being able to meet soon and continue collaborating, speaking our multiple languages in physical spaces where we can see, listen, discuss, learn, make a toast, and hug each other.

Acknowledgments

My deepest gratitude:

To the first ALES Steering Committee (2016–2021), chaired by Federico Navarro and composed of Mónica Tapia-Ladino, René Venegas, Alma Carrasco, Estela Moyano, Soledad Montes, Violeta Molina and Valentina Fahler. Thank you for entrusting me with the organization of the conference and the edition of this book.

To Chuck Bazerman, for his support in each of our projects, to Mike Palmquist and the editorial board of The WAC Clearinghouse for trusting us, to Magnus Gustafsson for his attentive and generous reading, to Lorena Medina, former Dean of the Faculty of Education of Pontificia Universidad Católica de Chile for her unrestricted support to the activities of the Association, and to Javiera Figueroa, a generous colleague without whom much of this would not have been possible.

References

Ávila Reyes, N. (2017). Postsecondary writing studies in Hispanic Latin America: Intertextual dynamics and intellectual influence. *London Review of Education*, *15*(1), 21–37. https://doi.org/10.18546/LRE.15.1.03.

Cortés Lagos, A. (2021). Mirroring Lautaro's gesture: Towards a canon in Latin American writing studies. *College English 83*(5), *335–356*.

Donahue, C. (2009). "Internationalization" and composition studies: Reorienting the discourse. *College Composition and Communication, 61*(2), 212–243.
Maldonado-Torres, N. (2007). On the coloniality of being. *Cultural Studies, 21*(2–3), 240–270. https://doi.org/10.1080/09502380601162548.
Miller, S. (1993). *Textual carnivals: the politics of composition.* Southern Illinois University Press.
Navarro, F., Ávila Reyes, N., Tapia Ladino, M., Lopes Cristovão, V. L., Moritz, M. E., Narváez-Cardona, E., & Bazerman, C. (2016). Panorama histórico y contrastivo de los estudios sobre lectura y escritura en educación superior publicados en América Latina. *Revista Signos, 49*(S1), 100–126. https://doi.org/10.4067/S0718-09342016000400006.

Aportes Multilingües para un Campo de Estudios Complejo: Una Introducción a los Afanes de este Libro

Natalia Ávila Reyes
Pontificia Universidad Católica de Chile

La investigación en escritura en la actualidad vive un proceso de abierta internacionalización y creciente intercambio global. Un rol clave en esta expansión ha sido desempeñado por los congresos y asociaciones internacionales,[1] que facilitan intercambios translocales. En este momento de expansión y en consonancia con las propias lógicas históricas de Latinoamérica, surgió la Asociación Latinoamericana de Estudios de la Escritura en Educación Superior y Contextos Profesionales, ALES, organización que permitió el encuentro que dio origen a este libro. Tengo el privilegio no solo de editar y aprender de esta compilación de voces diversas, sino también de poder contar en primera persona la historia de nuestra asociación.

En octubre de 2016, se celebró un intenso simposio en la Universidad de Chile, impulsado por el investigador argentino Federico Navarro. Tras su clausura, un grupo de académicos de varios países nos sentamos en la terraza de un restaurante a pensar los términos que queríamos para una asociación que fomentara la especificidad y desarrollo de nuestra área de estudios. Definimos una visión y determinamos algunos elementos imprescindibles de esta propuesta, formamos directivas y estatutos que aseguraran una orgánica democrática y comenzamos a pensar en un segundo congreso.

El II Congreso Internacional ALES se realizó en la Pontificia Universidad Católica de Chile en octubre de 2018, y concitó la presencia de investigadores y asistentes de 13 países. En este congreso, dos aspectos centrales del ideario de ALES guiaron la toma de decisiones y la línea editorial. El primero de

---

[1] Por ejemplo, la International Society for the Advancement of Writing Research, ISAWR, y su congreso WRAB; el SIG Writing de la European Association for Research on Learning and Instruction, EARLI, y su encuentro bienal; la European Association for the Teaching of Academic Writing, EATAW, y su conferencia bienal; la Association for Writing Across the Curriculum, AWAC, y la creciente internacionalización que impulsa en su conferencia IWAC, entre muchas otras iniciativas.

DOI: https://doi.org/10.37514/INT-B.2021.1404.1.3

estos aspectos deriva del carácter aplicado de nuestra disciplina en la región. En gran medida, la preocupación por el estudio sistemático de la escritura en la educación superior surgió de las iniciativas educativas institucionales que se multiplicaron en la década del 2000 en América Latina, lo que ha puesto de relieve la necesidad de desarrollar investigación de calidad para consolidar nuestra disciplina y profesionalizar nuestra acción pedagógica y de influencia en la política pública. La importancia de la escritura en la agenda educativa y social no puede sostenerse en las narrativas de crisis de literacidad, en el mito de los déficits de habilidades o en la retórica de unas supuestas competencias básicas que los estudiantes no adquieren al finalizar la enseñanza secundaria. Al contrario, la importancia de la escritura debe sostenerse en una perspectiva informada e intelectualmente desafiante que nos obligue a pensar el rol y la naturaleza de la comunicación escrita en todos los ámbitos de nuestras vidas.

El segundo elemento clave que inspiró el congreso fue la necesidad de posicionar el conocimiento generado en Latinoamérica en el panorama mundial de la disciplina en igualdad de condiciones. Este cometido, que en la visión de la Asociación hemos denominado como una postura "decolonial", implica cuestionarse quién produce y quién consume el conocimiento, y generar acciones concretas para diversificar su direccionalidad. En la literatura se distingue "colonialismo" (un tipo de relación política) de "colonialidad", entendiendo esta última como las dinámicas de poder que emergieron del colonialismo y de las que no resulta sencillo emanciparnos; las estructuras de producción de conocimiento se encuentran al centro de estos patrones de poder (Maldonado-Torres, 2007). De este modo, como asociación latinoamericana abogamos por construir una dinámica de influencia en la que desarrollos, teorías y paradigmas también puedan ofrecerse desde el sur hacia el sur y desde el sur hacia el norte. Con estos dos elementos en mente, profesionalización y decolonización, levantamos nuestro segundo congreso. Son también esos los ejes orientadores de este libro.

Antes de llegar a la génesis de este volumen, me tomo la libertad de compartir mis propios caminos teóricos para declarar la necesidad de este intercambio igualitario. Me parece un gesto relevante el asumir mi propia posicionalidad en este proceso: el de una académica latinoamericana que se especializó en Estados Unidos,[2] en un campo cuyas denominaciones fluctuaban entre *rhetoric and composition, composition studies* y *writing studies,* espacio

---

2   Me parece fundamental la conexión con el artículo "Mirroring Lautaro's gesture: Towards a canon in Latin American writing studies" (Cortés Lagos, 2021) que explora desde una posicionalidad semejante la emergencia de un canon pedagógico regional.

este último sobre el que puedo afirmar más cómodamente que fue mi hogar disciplinar. Como muchas académicas de la región, mi formación original es en lingüística. Los procesos de expansión de la matrícula universitaria, el desarrollo de modelos educativos terciarios centrados en los estudiantes y las reformas universitarias en el cambio de siglo hicieron emerger este nuevo campo aplicado de práctica de la escritura universitaria en Latinoamérica. Como muchas académicas de la región, mi camino de estudio comenzó desde el aula y el desarrollo del currículum de escritura.

Caminar de sur a norte para formarme no fue una decisión trivial. Hacia principios del siglo XXI, existía un cierto implícito de que este conocimiento estaba más desarrollado en otras locaciones, todas al norte de Chile. Más aún, muchas veces me encontré relatando a mis colegas doctorales en California: "no existe el campo de *composition* en Latinoamérica". No obstante, en poco tiempo pude comenzar a problematizar esta idea algo naif que yo repetía. Si bien tal vez no existía *composition* de la misma forma en que llegué a conocerla en mis años de formación norteamericana, efectivamente, nuestra práctica de la escritura universitaria se nutre de una compleja herencia disciplinar que incluye la psicología educativa, los estudios cognitivos de la lectura, los estudios del discurso, el análisis crítico del discurso y las lingüísticas de corte funcional, todos ellos poderosos antecedentes que ponen en tela de juicio la idea de que en Latinoamérica el estudio de la escritura universitaria es incipiente, mal desarrollado o empobrecido y desafían esa direccionalidad norte-sur aparentemente tan obvia.

Si bien emigré a formarme en un doctorado cuya especialización se denominaba "*Language, literacy and composition*", una especificidad disciplinar que me parecía increíble desde Latinoamérica a principios de la década pasada, en poco tiempo me di cuenta de que los *writing studies* de Estados Unidos, aunque se encontraban en un momento de desarrollo disciplinar diferente, adolecían males similares a los de otras latitudes. Al igual que en América Latina, aún persisten las luchas en contra de los denominados discursos del déficit que predominan en el público general e incluso en la gestión universitaria, aún existen desbalances de poder simbólico dentro de espacios departamentales —por ejemplo, entre instructores de escritura e investigadores de disciplinas tradicionales como literatura o lingüística—, aún se mantienen acalorados debates sobre los imperativos epistemológicos y metodológicos para trascender los meros relatos de experiencias, aún se problematiza la precarización laboral de instructores y directores de programas de escritura. Fue interesante darme cuenta de que no era cierto que el enorme desarrollo disciplinar de los *American writing studies* hiciera que los desafíos de la escritura en contextos universitarios estuviesen resueltos. También los estudios de la escritura en

Norteamérica eran a veces "las mujeres tristes en el sótano" (Miller, 1993), tal como yo sentí, en muchos momentos, mi situación como profesora de escritura en mi país. Todos estos desafíos, descubrí, podemos pensarlos perfectamente en conjunto y aprender unos de otros en un intercambio equitativo.

Pude nombrar por primera vez esta idea cuando leí "'Internationalization' and Composition Studies: Reorienting the Discourse" (Donahue, 2009), un texto que me permitió reorganizar estas tensiones, en mi caso tensiones corporeizadas, que vivenciaba en cada seminario doctoral con los docentes estadounidenses que me influyeron para siempre. El concepto de "intercambio igualitario", que tan sugerentemente propone Donahue, me permitió vislumbrar la idea de que es necesario revindicar nuestra propia tradición latinoamericana, heredera de nuestros afanes académicos a lo largo del siglo XX, y que los estudios de la escritura latinoamericanos no son una adaptación de modelos importados desde otros centros productores de conocimiento. Pero ese descubrimiento no está exento de nuevas problematizaciones. Es evidente la necesidad de seguir avanzando en la profesionalización del campo para lograr influir en un cambio de direccionalidad del conocimiento. En un primer nivel, es un desafío sur-sur: diferentes investigaciones muestran la unidireccionalidad de la teoría y los métodos en la investigación latinoamericana. Investigar en escritura en Latinoamérica hacia principios del siglo muchas veces se circunscribía a narrativas de "casos" de aulas, universidades o países analizados con marcos conceptuales foráneos (Ávila Reyes, 2017; Navarro et al., 2016). El segundo nivel, más complejo, es el desafío de la direccionalidad sur-norte. En este espíritu es que nació primero ALES y en seguida este libro: quisimos habilitar un espacio físico de intercambio académico que, quizá, lográsemos empujar hacia uno de tipo igualitario. El espacio editorial que acogió esta apuesta, la nueva sección latinoamericana de la serie *International Exchanges* de The WAC Clearinghouse, cumple en gran medida el mismo cometido.

Tras el II Congreso ALES, muchos colegas de diferentes latitudes nos hicieron saber el impacto que tuvo en ellos la experiencia multilingüe e inmersiva de paneles y plenarias en las que recurrimos a interpretaciones profesionales, *code-switching*, uso alternado de idiomas en presentaciones y materiales e, incluso, algunos paneles multilingües sin interpretación, en los que panelistas y asistentes espontáneamente translanguajearon para poder conversar. Este "experimento" buscaba marcar un punto: para comenzar una conversación nueva, es necesario crear espacios en que pudiésemos escuchar todas las voces. Este es el sentido de este volumen: recoger, al menos en parte, esas contribuciones multilingües que comenzaron a ser escuchadas en 2018.

Este libro, entonces, no es un volumen de actas. Es más bien un esfuerzo de plasmar la diversidad de perspectivas que habilita un diálogo amplio sobre la escritura. Se trató de un llamado abierto, lo que lamentablemente dejó fuera algunas importantes perspectivas que estuvieron presentes en el congreso. Esta foto es, inevitablemente, parcial. Recibimos una gran cantidad de propuestas de capítulos, las que fueron evaluadas por pares externos y por la editora para su preselección. Luego, los capítulos completos recibidos fueron nuevamente sometidos a un referato ciego, por el que debo dar las gracias a los 16 revisores anónimos, destacados académicos de Argentina, Chile, Brasil, Estados Unidos, México, Reino Unido, Perú y Portugal.

El resultado es un libro internacional y multilingüe: conviven en este volumen textos en español, inglés y portugués, fruto del trabajo comprometido y muchas veces voluntario de muchas personas. Entre estas quisiera destacar a las asistentes editoriales: Lina Calle-Arango y Ana Cortés Lagos, ambas candidatas doctorales, en el norte y en el sur, que participan e investigan en nuestra disciplina. Los capítulos recogen aportes (en orden de aparición) del Reino Unido, Estados Unidos, Chile, Brasil, Suecia, Argentina, Colombia, México y España. Varios de estos trabajos son colaboraciones a través de idiomas o locaciones geográficas. Estos abordan, además, la investigación en escritura desde perspectivas muy amplias, desde estudios etnográficos hasta análisis lingüísticos de corte sistémico-funcional. En su conjunto, estas contribuciones multilingües nos invitan a pensar en una disciplina que puede dar cuenta exhaustivamente de un objeto de estudio de naturaleza compleja, como es la escritura.

El libro comienza con una sección denominada "Contribuciones teóricas a la conversación sobre escritura". La primera de estas contribuciones es justamente multilingüe y recoge la conversación sobre la localidad y globalidad del conocimiento que planteamos en ALES: **Theresa Lillis** abre la sección con un artículo que experimenta el uso de dos lenguas intercaladas para poner de manifiesto el valor de traer recursos múltiples a la investigación sobre escritura, además de discutir los orígenes de la corriente conocida como *Academic Literacies* y la pertinencia y alcances de utilizar esta teoría translocalmente. A continuación, **Bob Broad** ofrece un persuasivo ensayo en torno a la necesidad de incluir de manera central a los profesores en el desarrollo de evaluaciones de escritura de gran escala. Mientras este texto pone al centro de la discusión cómo una mayor participación y agencia docentes pueden contrarrestar las consecuencias indeseadas de la evaluación estandarizada y aumentar la validez de estas mediciones, plantea el importante desafío de educar profesionalmente a los profesores de escritura con este fin. Por su parte, **Alejandra Meneses** ofrece una colaboración transnacional junto a **Paola Uccelli** y **Marcela Ruiz** en la que se explora el desarrollo del lenguaje académico en edades escolares. El artículo introduce el constructo de lenguaje académico transdisciplinar, ejemplifica su desarrollo con datos de Chile y argumenta sobre su rol catalizador de la equidad educativa, al ser un mediador de los aprendizajes escolares. La sección concluye con un ensayo de **Charles Bazerman** que reinstala la necesidad de desarrollar investigación para comprender la escritura como un "arte práctico", que, contraintuitivamente, no puede aprenderse solo "haciendo" y sin necesidad de instrucción o investigación sistemática. Bazerman ofrece un nutrido recorrido por un tipo de investigación que honra la naturaleza práctica de su objeto de estudio y que ofrece también conclusiones prácticas para adoptar en la enseñanza y en la propia escritura, abordando temas como los procesos, la transferencia de conocimiento, la ansiedad o el desarrollo en el ciclo vital.

La segunda sección del libro, "Multilingüismo y escritura universitaria", ofrece dos capítulos sobre enseñanza y aprendizaje de segundas lenguas. En primer lugar, **Jaci Brasil Tonelli** y **Eliane G. Lousada** exploran las capacidades lingüísticas requeridas por estudiantes de Lengua y Literatura francesa para la escritura de resúmenes en segunda lengua desde una perspectiva interaccionista socio-discursiva. Los resultados incluyen variedad de aspectos como el conocimiento del género y su voz enunciadora, recursos anafóricos y conocimiento gramatical, como la conjugación y las contracciones de la lengua francesa. En segundo lugar, otra colaboración transnacional, esta vez entre Suecia y Chile, de **Alejandra Donoso, Rakel Österberg** y **Enrique Sologuren** analiza discursiva y contrastivamente las producciones académicas en la universidad de tres tipos de hablantes de español en Suecia: nativos, de segunda lengua y de lengua de herencia. Los resultados dan cuenta de que cada grupo tiene patrones diferenciales en aspectos como la estructura retórica, la subordinación y el uso de conectores. Estos patrones parecen explicarse no solo por antecedentes lingüísticos, sino también por los tipos de escolarización previa.

La tercera sección del libro, "Prácticas letradas y enseñanza de la escritura", ofrece un vasto recorrido de aproximaciones para pensar la enseñanza de la escritura. El primer capítulo, de **Laura Eisner,** analiza con una perspectiva etnográfica la interacción para la escritura de un texto. Se trata de estudiantes poco familiarizados con las formas de literacidad dominantes que asisten a una escuela de adultos en Argentina. Los resultados dan cuenta de las formas en que los aprendices interactúan para lograr construir una "voz autorizada", trayendo muchas veces recursos desde otras prácticas letradas para ajustarse a la expectativa de literacidad académica en la escuela. **Olga López Pérez** y **Joanna Chávez** reportan una investigación con docentes universitarios de psicología en México. Las investigadoras identifican dos tipos de prácticas que denominan "innovadoras", puesto que no forman parte del mandato curricular. En las prácticas innovadoras que llaman institucionales, los profesores enfatizan la enseñanza de la escritura como medio para cumplir de mejor forma con las tareas curriculares establecidas. En las prácticas que denominan autogestionadas, en cambio, los profesores crean tareas con potencial epistémico fuera de las orientaciones mandatadas por la institución. La sección continúa con el trabajo de **Joan Mullin** y **Jan Rieman**, quienes comparten los resultados de su estudio longitudinal con 19 participantes de la Universidad de North Carolina, Charlotte. Sus resultados dan cuenta de escasas oportunidades para continuar desarrollando el aprendizaje de la escritura después de aprobados los cursos de escritura del primer año, lo que plantea importantes desafíos a los encargados de la enseñanza de la escritura para asegurar la transferencia de esos conocimientos a lo largo de los años. A continuación, **Elizabeth Narváez** lidera un equipo de seis autores de diferentes instituciones colombianas para indagar las prácticas de escritura que desarrollan los egresados de diferentes carreras en su vida profesional. Entre sus hallazgos, destaca el rol preponderante de la escritura para ejercer funciones de liderazgo, coordinación y gestión de proyectos en todas las disciplinas estudiadas, mientras que la escritura para la investigación resulta central solo para algunos grupos de egresados. Sus resultados ofrecen importantes pistas para orientar la enseñanza de la escritura en las universidades. La sección cierra con el trabajo de un equipo autoral de nueve investigadores liderados por **Federico Navarro**. En este estudio, los autores analizan contrastivamente las concepciones acerca de la escritura universitaria en un grupo de 360 estudiantes de una universidad chilena con un diseño transeccional que abarca dos grupos: ingresantes y egresados, en seis disciplinas. Entre los hallazgos se encuentran evidencias de un proceso gradual de enculturación universitaria, y también que los egresados refieren haber aprendido de forma solitaria y mediante ensayo y error.

La última sección da cuenta de la filiación lingüística de los estudios de la escritura universitaria en la región, y permite cruzar intereses discursivos y educativos con gran originalidad. En primer lugar, **Estela Moyano** ofrece una descripción sistémico-funcional de la sección de discusión de un artículo de investigación, con énfasis en el propósito, la estructura y los recursos discursivos relevantes. Este análisis se ofrece como insumo para el proceso de "deconstrucción conjunta", uno de los tres pasos de un modelo inspirado en la pedagogía del género de Jim Martin y David Rose y que incluye una deconstrucción de un ejemplar modélico del género, una construcción y una edición. Luego, **Orlando Vian Jr.** propone una enseñanza "gramaticalmente orientada" —en consonancia con la idea de enseñar a "pensar gramaticalmente" del lingüista Michael Halliday— para la escritura de reseñas académicas en inglés por estudiantes brasileños. El autor expone su Ciclo de Enseñanza y Aprendizaje (CEA), que incluye la construcción del contexto en torno al género reseña; el modelamiento del texto, con especial atención a la modalidad y la evaluación; seguidas de la práctica guiada y la escritura independiente. El libro cierra con el aporte de **Juana Blanco,** quien provee evidencias de un ciclo de investigación-acción en el que la propuesta sistémico-funcional *Scaffolding Academic Literacy* (SAL) se pone en marcha para la escritura de resúmenes en una universidad de España. Tras la aplicación de los pasos del SAL, la autora encuentra diferencias estadísticamente significativas en aspectos como el propósito, la estructura esquemática, la ideación, los significados interpersonales y la periodicidad; no ocurre lo mismo con la valoración, la identificación y la sintaxis de la modalidad escrita, lo que abre nuevos desafíos para un próximo ciclo de intervención.

En síntesis, en este libro conviven visiones heterogéneas sobre la naturaleza de la escritura, que en conjunto buscan construir un panorama complejo de su enseñanza y aprendizaje en diversas lenguas en la universidad, incluyendo vínculos necesarios con la enseñanza escolar y el mundo del trabajo. Esperamos que estas "Contribuciones multilingües" enriquezcan la comprensión conjunta de nuestro objeto de estudio y aporten a diversificar las voces que aportan evidencias empíricas sobre la escritura.

Terminamos el ensamblaje de este libro en 2021, en el segundo año de la pandemia mundial por COVID-19, un escenario que jamás imaginamos cuando nos reunimos en el congreso ALES, en octubre de 2018, ni cuando comenzamos a elaborar este libro. Vivimos hoy en un mundo del distanciamiento físico y de la incertidumbre económica; un mundo con mayores desafíos, con importantes brechas educativas que la pandemia ha dejado al descubierto y profundizado; un mundo que llora la pérdida de millones de vidas, al igual que cada uno de los países representados en este volumen. Paradójicamente, este trance histórico nos ha vuelto más conectados; son tiempos en los que hemos podido hacer realidad como nunca antes la cooperación internacional. Agradezco la paciencia y esfuerzo de todos los actores de este proceso para lograr llevar este libro a puerto pese a todos los escollos que vivimos.

Concluyo entonces este prólogo con palabras de esperanza, con la ilusión de pronto poder encontrarnos y continuar colaborando, hablando nuestras múltiples lenguas en espacios físicos en donde podamos vernos, escucharnos, discutir, aprender, brindar y abrazarnos.

Agradecimientos

Mis mayores agradecimientos:

Al primer Comité Directivo de ALES (2016–2021), presidido por Federico Navarro e integrado por Mónica Tapia-Ladino, René Venegas, Alma

Carrasco, Estela Moyano, Soledad Montes, Violeta Molina y Valentina Fahler. Gracias por confiarme la organización del congreso y la edición de este libro.

A Chuck Bazerman, por su apoyo en cada uno de nuestros proyectos, a Mike Palmquist y al directorio editorial de The WAC Clearinghouse por confiar en nosotros, a Magnus Gustafsson por su lectura atenta y generosa, a Lorena Medina, ex Decana de la Facultad de Educación por su apoyo irrestricto a las actividades de la Asociación, y a Javiera Figueroa, colega generosa sin la cual mucho de esto no hubiese sido posible.

Referencias

Ávila Reyes, N. (2017). Postsecondary writing studies in Hispanic Latin America: Intertextual dynamics and intellectual influence. *London Review of Education, 15*(1), 21–37. https://doi.org/10.18546/LRE.15.1.03.

Cortés Lagos, A. (2021). Mirroring Lautaro's gesture: Towards a canon in Latin American writing studies. *College English 83*(5), *335–356*.

Donahue, C. (2009). "Internationalization" and composition studies: Reorienting the discourse. *College Composition and Communication, 61*(2), 212–243.

Maldonado-Torres, N. (2007). On the coloniality of being. *Cultural Studies, 21*(2–3), 240–270. https://doi.org/10.1080/09502380601162548.

Miller, S. (1993). *Textual carnivals: the politics of composition*. Southern Illinois University Press.

Navarro, F., Ávila Reyes, N., Tapia Ladino, M., Lopes Cristovão, V. L., Moritz, M. E., Narváez-Cardona, E., & Bazerman, C. (2016). Panorama histórico y contrastivo de los estudios sobre lectura y escritura en educación superior publicados en América Latina. *Revista Signos, 49*(S1), 100–126. https://doi.org/10.4067/S0718-09342016000400006.

Contribuições Multilíngues para um Campo de Estudos Complexo: Uma Introdução aos Afãs deste Livro

Natalia Ávila Reyes
PONTIFÍCIA UNIVERSIDADE CATÓLICA DO CHILE

A pesquisa em escrita na atualidade vive um processo de aberta internacionalização e crescente troca global. Um papel relevante nesta expansão tem sido desempenhado pelos congressos e associações internacionais,[1] que facilitam trocas translocais. Neste momento de expansão e em consonância com as próprias lógicas históricas da América Latina, surgiu a Associação Latino-Americana de Estudos da Escrita em Ensino Superior e Contextos Profissionais, ALES, organização que permitiu o encontro que deu origem a este livro. Tenho o privilégio não apenas de editar e aprender desta compilação de vozes diversas, mas também de poder contar em primeira pessoa a história da nossa associação.

Em outubro de 2016, celebrou-se um intenso simpósio na Universidade do Chile, impulsado pelo pesquisador argentino Federico Navarro. Após o seu encerramento, um grupo de acadêmicos de vários países nos sentamos no terraço de um restaurante a pensar sobre os termos que queríamos para uma associação que fomentasse a especificidade e desenvolvimento da nossa área de estudos. Definimos uma visão e determinamos alguns elementos imprescindíveis desta proposta, organizamos a chefia e os estatutos que garantissem uma orgânica democrática e começamos a pensar em um segundo congresso.

O II Congresso Internacional ALES foi realizado na Pontifícia Universidade Católica do Chile em outubro de 2018, e congregou pesquisadores e assistentes de 13 países. Neste congresso, dois aspectos centrais do ideário de

---

[1] Por exemplo, a International Society for the Advancement of Writing Research, ISAWR, e o seu congresso WRAB; o SIG Writing da European Association for Research on Learning and Instruction, EARLI, e o seu encontro bienal; a European Association for the Teaching of Academic Writing, EATAW, e a sua conferência bienal; a Association for Writing Across the Curriculum, AWAC, e a crescente internacionalização que impulsa na sua conferência IWAC, dentre muitas outras iniciativas.

ALES guiaram a tomada de decisões e a linha editorial. O primeiro destes aspectos deriva do carácter aplicado da nossa disciplina na região. Em grande medida, a preocupação pelo estudo sistemático da escrita no ensino superior surgiu das iniciativas educativas institucionais que se multiplicaram na década do 2000 na América Latina, o que tem salientado a necessidade de desenvolver investigação de qualidade para consolidar a nossa disciplina e profissionalizar a nossa ação pedagógica e de influência na política pública. A importância da escrita na agenda educativa e social não pode se suster nas narrativas de crise de literacidade, no mito dos déficits de habilidades ou na retórica de unas supostas competências básicas que os estudantes não adquirem ao finalizarem o ensino secundário. Pelo contrário, a importância da escrita deve se suster em uma perspectiva informada e intelectualmente desafiante que nos obrigue a pensar o papel e a natureza da comunicação escrita em todos os âmbitos das nossas vidas.

O segundo elemento-chave que inspirou o congresso foi a necessidade de posicionar o conhecimento gerado na América Latina no panorama mundial da disciplina em igualdade de condições. Esta tarefa, que nos fundamentos da Associação temos denominado como uma posição "decolonial", implica questionar quem produz e quem consome o conhecimento, e gerar ações concretas para diversificar a sua direcionalidade. Na literatura distingue-se "colonialismo" (um tipo de relação política) de "colonialidade", entendendo esta última como as dinâmicas de poder que emergiram do colonialismo e das que não resulta simples nos emanciparmos; as estruturas de produção de conhecimento encontram-se ao centro destes padrões de poder (Maldonado-Torres, 2007). Deste modo, como associação latino-americana visamos construir uma dinâmica de influência na que desenvolvimentos, teorias e paradigmas também possam oferecer-se desde o sul para o sul e desde o sul para o norte. Com estes dois elementos em mente, profissionalização e decolonização, levantamos o nosso segundo congresso. São também esses os eixos orientadores deste livro.

Antes de chegar à génese deste volume, tomo a liberdade de compartilhar os meus próprios caminhos teóricos para declarar a necessidade desta troca igualitária. Parece-me um gesto relevante assumir a minha própria posicionalidade neste processo: a de uma acadêmica latino-americana que se especializou nos Estados Unidos,[2] em um campo cujas denominações flutuavam entre

---

2   Parece-me fundamental a conexão com o artigo "Mirroring Lautaro's gesture: Towards a canon in Latin American writing studies" (Cortés Lagos, 2021) que explora desde una posicionalidade semelhante a emergência de um cânone pedagógico regional.

rhetoric and composition, *composition studies* e *writing studies*, espaço este último sobre o qual posso afirmar mais comodamente que foi o meu lar disciplinar. Como muitas acadêmicas da região, a minha formação original é em linguística. Os processos de expansão da matrícula universitária, o desenvolvimento de modelos educativos terciários centrados nos estudantes e as reformas universitárias na mudança de século fizeram emergir este novo campo aplicado de prática da escrita universitária na América Latina. Como muitas acadêmicas da região, o meu caminho de estudo começou desde a sala de aula e o desenvolvimento do currículo de escrita.

Caminhar de sul a norte para me formar não foi uma decisão trivial. Para inícios do século XXI, existia um certo implícito de que este conhecimento estava mais desenvolvido em outros lugares, todos ao norte do Chile. Ainda mais, muitas vezes me encontrei relatando aos meus colegas doutorais em Califórnia: "não existe o campo de *composition* na América Latina". No entanto, em pouco tempo pude começar a problematizar esta ideia um pouco naif que eu repetia. É provável que não tenha existido *composition* da mesma forma em que cheguei a conhecê-la nos meus anos de formação norte-americana; mas, efetivamente, a nossa prática da escrita universitária nutre-se de uma complexa herança disciplinar que inclui a psicologia educativa, os estudos cognitivos da leitura, os estudos do discurso, a análise crítica do discurso e as linguísticas de corte funcional, todos eles poderosos antecedentes que põem em causa a ideia de que na América Latina o estudo da escrita universitária é incipiente, mal desenvolvido ou empobrecido e desafiam essa direcionalidade norte-sul aparentemente tão óbvia.

A pesar de que emigrei para me formar em um doutorado cuja especialização se denominava "*Language, literacy and composition*", uma especificidade disciplinar que me parecia incrível desde a América Latina nos inícios da década passada, em pouco tempo percebi que os *writing studies* dos Estados Unidos, ainda que se encontrassem em um momento de desenvolvimento disciplinar diferente, possuíam males semelhantes aos de outras latitudes. Assim como na América Latina ainda persistem as lutas contra os denominados discursos do déficit que predominam no público geral e, mesmo na gestão universitária, ainda existem desbalanços de poder simbólico dentro dos espaços departamentais —por exemplo, entre instrutores de escrita e pesquisadores de disciplinas tradicionais como literatura ou linguística—, ainda se mantêm acalorados debates sobre os imperativos epistemológicos e metodológicos para transcender os meros relatos de experiências, ainda se problematiza a precarização do trabalho de instrutores e diretores de programas de escrita. Foi interessante perceber que não era certo que o enorme desenvolvimento disciplinar dos *American writing studies* fizesse com que os desafios da escrita em contextos universitários estivessem resolvidos. Também os estudos da escrita na América do Norte eram, às vezes, "as mulheres tristes no porão" (Miller, 1993), tal como eu senti, em muitos momentos, a minha situação como professora de escrita no meu país. Todos estes desafios, descobri, podemos pensá-los perfeitamente em conjunto e aprender uns dos outros em uma troca equitativa.

Pude mencionar pela primeira vez essa ideia quando li "'Internationalization' and Composition Studies: Reorienting the Discourse" (Donahue, 2009), um texto que me permitiu reorganizar estas tensões, no meu caso tensões corporizadas, que vivenciava em cada seminário doutoral com os docentes americanos que influíram em mim para sempre. O conceito de "troca igualitária", que tão sugestivamente propõe Donahue, me permitiu vislumbrar a ideia de que é preciso reivindicar a nossa própria tradição latino-americana, herdeira dos nossos afãs acadêmicos ao longo do século XX, e que os estudos da escrita latino-americanos não são uma adaptação de modelos importados desde outros centros produtores de conhecimento. Mas essa descoberta não fica isenta de novas problematizações. É evidente a necessidade de continuar avançando na profissionalização do campo para conseguir influir em uma mudança de direcionalidade do conhecimento. Em um primeiro nível, é um desafio sul-sul: diferentes pesquisas mostram a unidirecionalidade da teoria e os métodos na investigação latino-americana. Pesquisar em escrita na América Latina nos inícios do século muitas vezes se circunscrevia a narrativas de "casos" de salas de aula, universidades ou países analisados com quadros conceptuais vindos do exterior (Ávila Reyes, 2017; Navarro et al., 2016). O segundo nível, mais complexo, é o desafio da direcionalidade sul-norte. Neste espírito é que nasceu primeiro ALES e, seguidamente, este livro: quisemos habilitar um espaço físico de troca acadêmica que, quiçá, conseguíssemos empurrar para um de tipo igualitário. O espaço editorial que acolheu esta aposta, a nova seção latino-americana da série *International Exchanges* de The WAC Clearinghouse, cumpre em grande medida a mesma missão.

Após o II Congresso ALES, muitos colegas de diferentes latitudes fizeram-nos saber sobre o impacto que teve neles a experiência multilíngue e imersiva de painéis e plenárias nas que recorremos a interpretações profissionais, *code-switching*, uso alternado de idiomas em apresentações e materiais e, ainda alguns painéis multilíngues sem interpretação, nos que palestrantes e assistentes espontaneamente fizeram *translanguaging* para poderem conversar. Este "experimento" visava marcar um ponto: para iniciar uma nova conversa, era preciso criar espaços em que pudéssemos escutar todas as vozes. Este é o sentido deste volume: reunir, pelo menos em parte, essas contribuições multilíngues que começaram a ser escutadas em 2018.

Este livro, então, não é um volume de atas. É sobretudo um esforço de plasmar a diversidade de perspectivas que habilita um diálogo amplo sobre a escrita. Tratou-se de uma convocatória aberta, na que infelizmente ficaram de fora algumas importantes perspectivas que estiveram presentes no congresso. Esta foto é, inevitavelmente, parcial. Recebemos uma grande quantidade de propostas de capítulos, as que foram avaliadas por pares externos e pela editora para sua pré-seleção. Logo, os capítulos completos recebidos foram novamente submetidos a revisão por pares duplo-cego, pelo que devo agradecer aos 16 revisores anônimos, destacados acadêmicos da Argentina, o Chile, o Brasil, os Estados Unidos, o México, o Reino Unido, o Peru e Portugal.

O resultado é um livro internacional e multilíngue: convivem neste volume textos em espanhol, inglês e português, fruto do trabalho comprometido e muitas vezes voluntário de muitas pessoas. Dentre estas gostaria de destacar as assistentes editoriais: Lina Calle-Arango e Ana Cortés Lagos, ambas candidatas doutorais, no norte e no sul, que participam e investigam na nossa disciplina. Os capítulos reúnem contribuições (em ordem de aparição) do Reino Unido, os Estados Unidos, o Chile, o Brasil, a Suécia, a Argentina, a Colômbia, o México e a Espanha. Vários destes trabalhos são colaborações através de idiomas ou locais geográficos. Estes também abordam a investigação em escrita desde perspectivas muito amplas, desde estudos etnográficos até análises linguísticas de corte sistêmico-funcional. No seu conjunto, estas contribuições multilíngues convidam-nos a pensar em uma disciplina que pode informar exaustivamente sobre um objeto de estudo de natureza complexa, como é a escrita.

O livro inicia com uma seção denominada "Contribuições teóricas à conversa sobre escrita". A primeira destas contribuições é justamente multilíngue e aborda a conversa sobre a localidade e globalidade do conhecimento que propomos em ALES: **Theresa Lillis** abre a seção com um artigo que experimenta o uso de duas línguas intercaladas para salientar o valor de trazer múltiplos recursos à investigação sobre escrita, além de discutir as origens da corrente conhecida como *Academic Literacies* e a pertinência e alcances de utilizar esta teoria translocalmente. Seguidamente, **Bob Broad** oferece um persuasivo ensaio em torno da necessidade de incluir de maneira central aos professores no desenvolvimento de avaliações de escrita de grande escala. Enquanto este texto põe no centro da discussão como uma maior participação e agência docentes podem contrabalançar as consequências indesejadas da avaliação padronizada e aumentar a validez destas medições, propõe o importante desafio de educar profissionalmente aos professores de escrita para este fim. Por sua vez, **Alejandra Meneses** oferece uma colaboração transnacional junto a **Paola Uccelli** e **Marcela Ruiz**, na que se explora o desenvolvimento da linguagem acadêmica em idades escolares. O artigo introduz o construto de linguagem acadêmica transdisciplinar, exemplifica o seu desenvolvimento com dados do Chile e argumenta sobre o seu papel catalisador da equidade educativa, ao ser um mediador das aprendizagens escolares. A seção conclui com um ensaio de **Charles Bazerman** que reinstala a necessidade de desenvolver pesquisas para compreender a escrita como uma "arte prática", do que poderia pensar-se que se aprende ao fazer e sem necessidade de instrução ou investigação sistemática. Bazerman oferece um nutrido percurso por um tipo de pesquisa que honra a natureza prática do seu objeto de estudo e que oferece também conclusões práticas para adotar no ensino e na própria escrita, abordando temas como os processos, a transferência de conhecimento, a ansiedade ou o desenvolvimento no ciclo vital.

A segunda seção do livro, "Multilinguismo e escrita universitária", oferece dois capítulos sobre ensino e aprendizagem de segundas línguas. Em primeiro lugar, **Jaci Brasil Tonelli** e **Eliane G. Lousada** exploram as capacidades linguísticas requeridas por Estudantes de Língua e Literatura francesa para a escrita de resumos em segunda língua desde uma perspectiva interacionista sociodiscursiva. Os resultados incluem variedade de aspectos como o conhecimento do gênero e sua voz enunciadora, recursos anafóricos e conhecimento gramatical, como a conjugação e as contrações da língua francesa. Em segundo lugar, outra colaboração transnacional, desta vez entre a Suécia e o Chile, de **Alejandra Donoso, Rakel Österberg** e **Enrique Sologuren** analisa discursiva e contrastivamente as produções acadêmicas na universidade de três tipos de falantes do espanhol na Suécia: nativos, de segunda língua e de língua de herança. Os resultados revelam que cada grupo tem padrões diferenciais em aspectos como a estrutura retórica, a subordinação e o uso de conectores. Estes padrões parecem explicar-se não apenas por antecedentes linguísticos, mas também pelos tipos de escolarização prévia.

A terceira seção do livro "Práticas letradas e ensino da escrita" oferece um vasto percurso de aproximações para pensar o ensino da escrita. O primeiro capítulo, de **Laura Eisner,** analisa com uma perspectiva etnográfica a interação para a escrita de um texto. Trata-se de estudantes pouco familiarizados com as formas de literacidade dominantes que assistem a uma escola de adultos na Argentina. Os resultados evidenciam as formas em que os aprendizes interagem para atingirem a construção de uma "voz autorizada", trazendo muitas vezes recursos desde outras práticas letradas para se ajustarem à expectativa de literacidade acadêmica na escola. **Olga López Pérez** e **Joanna Chávez** relatam uma pesquisa com docentes universitários de psicologia no México. As pesquisadoras identificam dois tipos de práticas que denominam "inovadoras", posto que não fazem parte das diretrizes curriculares. Nas práticas inovadoras que chamam de institucionais, os professores enfatizam o ensino da escrita como meio para cumprir da melhor forma com as tarefas curriculares estabelecidas. Nas práticas que denominam autogestionadas, em contrapartida, os professores criam tarefas com potencial epistémico fora das orientações mandatadas pela instituição. A seção continua com o trabalho de **Joan Mullin** e **Jan Rieman**, que partilham os resultados do seu estudo longitudinal com 19 participantes da Universidade de North Carolina, Charlotte. Os seus resultados revelam que os estudantes aplicam sim as aprendizagens do primeiro ano a outros gêneros, mas tem escassas oportunidades para continuarem desenvolvendo a aprendizagem da escrita após aprovarem os cursos de escrita, o que abre importantes desafios aos responsáveis pelo ensino da escrita a fim de garantirem a transferência desses conhecimentos ao longo dos anos. Logo, **Elizabeth Narváez** lidera uma equipe de seis autores de diferentes instituições colombianas para indagar as práticas de escrita que desenvolvem os graduados de diferentes carreiras na sua vida profissional. Dentre as suas descobertas, destaca o papel preponderante da escrita para exercer funções de liderança, coordenação e gestão de projetos em todas as disciplinas estudadas, enquanto a escrita para a pesquisa resulta central apenas para alguns grupos de graduados. Seus resultados oferecem importantes pistas para orientar o ensino da escrita nas universidades. A seção encerra com o trabalho de uma equipe autoral de nove pesquisadores liderados por **Federico Navarro**. Neste estudo, os autores analisam contrastivamente as concepções sobre a escrita universitária em um grupo de 360 estudantes de uma universidade chilena com um desenho transeccional que abarca dois grupos: ingressantes e graduados, em seis disciplinas. Entre as descobertas se encontram evidências de um processo gradual de enculturação, mas também que os graduados manifestam ter aprendido de forma solitária e mediante tentativa e erro.

A última seção refere à filiação linguística dos estudos da escrita universitária na região, e permite cruzar interesses discursivos e educativos com grande originalidade. Em primeiro lugar, **Estela Moyano** oferece uma descrição sistêmico funcional da seção de discussão de um artigo de pesquisa, com ênfase no propósito, a estrutura e os recursos discursivos relevantes. Esta análise oferece-se como insumo para o processo de "desconstrução conjunta", um dos três passos de um modelo inspirado na pedagogia do gênero de Jim Martin e David Rose e que inclui uma desconstrução de um exemplar modelo do gênero, uma construção e uma edição. De maneira similar, **Orlando Vian Jr.** propõe um ensino "gramaticalmente orientado" —em consonância com a ideia de ensinar a "pensar gramaticalmente" do linguista Michael Halliday— para a escrita de resenhas acadêmicas em inglês por estudantes brasileiros. O autor expõe o seu Ciclo de Ensino e Aprendizagem (CEA) que inclui a construção do contexto em torno do gênero resenha; o modelamento do texto, com especial atenção à modalidade e a avaliação; seguidas da prática guiada e a escrita independente. O livro conclui com a contribuição de **Juana Blanco**, quem aporta evidências de um ciclo de pesquisa-ação no que a proposta sistêmico funcional *Scaffolding Academic Literacy* (SAL) se põe em prática para a escrita de resumos em una universidade da Espanha. Após a aplicação dos passos do SAL, a autora acha diferenças estatisticamente significativas em aspectos como o propósito, a estrutura esquemática, a ideação, os significados interpessoais e a periodicidade; não ocorre o mesmo com a valoração, a identificação e a sintaxe da modalidade escrita, o que abre novos desafios para um próximo ciclo de intervenção.

Em síntese, neste livro convivem visões heterogêneas sobre a natureza da escrita, que em conjunto buscam construir um panorama complexo do seu ensino e aprendizagem em diversas línguas na universidade, incluindo vínculos necessários com o ensino escolar e o mundo do trabalho. Esperamos que estas "Contribuições multilíngues" enriqueçam a compreensão conjunta do nosso objeto de estudo e aportem para a diversificação das vozes que oferecem evidências empíricas sobre a escrita.

Terminamos a montagem deste livro em 2021, no segundo ano da pandemia mundial pela COVID-19, um cenário que jamais imaginamos quando nos reunimos no congresso ALES, em outubro de 2018, nem quando começamos a elaborar este livro. Vivemos hoje em um mundo do distanciamento físico e da insegurança econômica; um mundo com maiores desafios, com importantes brechas educativas que a pandemia tem salientado e agudizado; um mundo que chora a perda de milhões de vidas, como cada um dos países representados neste volume. Paradoxalmente, este transe histórico tem feito com que nos conectemos mais; são tempos nos quais temos podido concretizar como nunca antes a colaboração internacional. Agradeço a paciência e o esforço de todos os atores deste processo para conseguir levá-lo a bom porto apesar de todas as dificuldades que vivemos.

Concluo então este prólogo com palavras de esperança, com a ilusão de poder encontrar-nos em breve e continuar colaborando, falando as nossas múltiplas línguas em espaços físicos nos quais possamos nos ver, nos escutar, discutir, aprender, brindar e nos abraçar.

Agradecimentos

Os meus agradecimentos:

Ao primeiro Comitê Diretivo de ALES (2016–2021), presidido por Federico Navarro e integrado por Mónica Tapia-Ladino, René Venegas, Alma

Carrasco, Estela Moyano, Soledad Montes, Violeta Molina e Valentina Fahler. Obrigada por me confiarem a organização do congresso e a edição deste livro.

A Chuck Bazerman, pelo seu apoio em cada um dos nossos projetos, a Mike Palmquist e ao diretório editorial de The WAC Clearinghouse por confiarem em nós, a Magnus Gustaffson pela sua leitura atenta e generosa, a Lorena Medina, ex-Decana da Faculdade de Educação, pelo seu apoio irrestrito às atividades da Associação, e à colega Javiera Figueroa, cuja generosidade fez muito disto possível.

Referências

Ávila Reyes, N. (2017). Postsecondary writing studies in Hispanic Latin America: Intertextual dynamics and intellectual influence. *London Review of Education, 15*(1), 21–37. https://doi.org/10.18546/LRE.15.1.03.

Cortés Lagos, A. (2021). Mirroring Lautaro's gesture: Towards a canon in Latin American writing studies. *College English 83*(5), *335–356*.

Donahue, C. (2009). "Internationalization" and composition studies: Reorienting the discourse. *College Composition and Communication, 61*(2), 212–243.

Maldonado-Torres, N. (2007). On the coloniality of being. *Cultural Studies, 21*(2–3), 240–270. https://doi.org/10.1080/09502380601162548.

Miller, S. (1993). *Textual carnivals: the politics of composition*. Southern Illinois University Press.

Navarro, F., Ávila Reyes, N., Tapia Ladino, M., Lopes Cristovão, V. L., Moritz, M. E., Narváez-Cardona, E., & Bazerman, C. (2016). Panorama histórico y contrastivo de los estudios sobre lectura y escritura en educación superior publicados en América Latina. *Revista Signos, 49*(S1), 100–126. https://doi.org/10.4067/S0718-09342016000400006

Section One.

Theoretical Contributions to the Conversation about Writing

Contribuciones Teóricas a la Conversación Sobre Escritura

Contribuições Teóricas à Conversa Sobre Escrita

1

¿Academic Literacies: Intereses Locales, Preocupaciones Globales? Academic Literacies: Local Interests, Global Concerns?

Theresa Lillis
THE OPEN UNIVERSITY, UK

Abstract / Resumen / Resumo

This chapter has three key aims. The first is to discuss Academic Literacies as a particular orientation to writing and writing pedagogy in terms of epistemology, ideology and methodology and to summarise the key contributions of such an approach to date. The second aim is to explicitly situate the motivation, epistemology and ideology of Academic Literacies within its specific geohistorical context of articulation, in order to critically explore, rather than assume, any points of potential translocal relevance. The third aim is to open up dialogue around the linguistic resources used for academic knowledge making—in this case in transnational discussions of reading and writing in the academy—by using two languages in this paper, Spanish and English. The paper seeks to underline the intellectual value of harnessing multiple language/rhetorical resources to the exploration of literacy-related phenomena, as well signalling their value towards building a more egalitarian transnational dialogue.

Este artículo tiene tres objetivos. El primero es discutir las Literacidades Académicas como orientación hacia la escritura y la pedagogía de la escritura en términos de epistemología, ideología y metodología, y sintetizar las principales contribuciones de esta aproximación a la fecha. El segundo es situar explícitamente la motivación, epistemología e ideología de las Literacidades Académicas en el contexto geohistórico específico de su articulación, para así explorar críticamente, antes que asumir, cualquier punto de relevancia translocal. El tercer objetivo es abrir el diálogo en torno a los recursos lingüísticos utilizados para construir conocimiento académico —en este caso, en discusiones transnacionales sobre lectura y escritura académica— mediante el uso de dos lenguas en este artículo, español e inglés. El artículo busca enfatizar el valor intelectual de emplear múltiples recursos lingüísticos/retóricos para explorar fenómenos relativos a la escritura, así como señalar su valor en la construcción de un diálogo transnacional más igualitario.

Este artigo tem três objetivos. O primeiro é discutir as Literacidades Acadêmicas como orientação para a escrita e a pedagogia da escrita em termos de epistemologia, ideologia e metodologia, e sintetizar as principais contribuições desta aproximação à data. O segundo é situar explicitamente a motivação, epistemologia e ideologia das Literacidades Acadêmicas no contexto geo-histórico específico da sua articulação, para assim explorar criticamente, antes que assumir, qualquer ponto de relevância translocal. O terceiro objetivo é abrir o diálogo em torno dos recursos linguísticos utilizados para construir conhecimento acadêmico -neste caso, em discussões transnacionais sobre leitura e escrita acadêmica- através do uso de duas línguas neste artigo, espanhol e inglês. O artigo busca dar ênfase ao valor intelectual de empregar múltiplos recursos linguísticos/retóricos para explorar fenômenos relativos à escrita, bem como indicar o seu valor na construção de um diálogo transnacional mais igualitário.

Esta sección comienza en inglés para empezar con la lengua académica que más uso y porque los puntos epistemológicos acerca del multilingüismo en la producción del conocimiento académico quizás sean menos conocidos por los lectores anglófonos que por los lectores multilingües.

This paper has three interrelated aims. The first aim of is to offer an overview of what has come to be called 'Academic Literacies' as a research orientation towards academic writing. The paper discusses Academic Literacies in terms of epistemology, ideology and methodology and summarises the key contributions of such an approach to date. The paper also engages with the question of the practical/pedagogical relevance of Academic Literacies, within the context of debates about the value of critical orientations to language, writing and pedagogy more generally.

The second aim is to explicitly situate the motivation, epistemology and ideology of Academic Literacies in its specific geohistorical institutional context. Foregrounding the situated nature of all knowledge making is not an argument for localisation, that is, the idea that knowledge originating from a single site is, or can only be, relevant to its specific locality of production. But it is one important way of opening up debates about knowledge making practices and knowledge flows, globally, and to challenge the dominant North to South /centre to periphery/Anglophone dominance (Castro-Gómez, 2007; Coleman & Thesen 2018; Connell et al., 2017; Kenway & Fahey 2009; Mbembe 2001; Mignolo 2000). Typically in contemporary mainstream academic publications (e.g. journal academic publications) the locality of Northern research and theory in terms of its locality of production remains invisible, unmarked with an unstated ideological and epistemological assumption of its global relevance. In contrast research and theory generated from the South/non Anglophone centre tends to be marked as 'local' (e.g. from South Africa, Chile, Slovakia) and its value often framed in terms of its reference to Northern work (see chapter 6 of Lillis & Curry, 2010). Given the goal of this book to generate a more egalitarian dialogue across national spaces, it is important that we attempt to situate all knowledge geohistorically and that we critically explore, rather than assume, any potential translocal relevance.

The third aim—closely related to the second—is to open up dialogue around the languages through which knowledge is published and legitimised. Whilst multiple languages are routinely used in the process of the production of knowledge, publication is usually monolingual and—given the current dominant position of English in evaluation regimes—in English. My usual language for academic research writing is English so I have opened this paper in English. However, throughout the paper I use Spanish as well as English, providing brief notes as to the reasons for my choice of language for each section.[1] Publishing (and indeed presenting) using several languages in the same paper is still not a common practice, thus it may be useful to reiterate the epistemological reasons why publishing using multiple languages is important, which include the following:

---

1   Throughout I work mainly with Spanish and English as separate systems—this is of course just one way of working with multiple languages. Code meshing is used routinely in multilingual academic conversation but only rarely in academic publications. For an influential example see Anzaldúa (1987), but to code mesh here (and in which specific ways) would involve me knowing much more about potential readers. It's also important to acknowledge that some readers will feel unhappy about the academic Spanish used: there will be many flaws even after working iteratively through a process of free drafting, using DeepL, discussing with a Spanish speaker (but not an academic), revising. However, as producers and receivers working across languages I think we need to try to feel more comfortable/less judgemental with a wider range of linguistic practices (the same applies—albeit probably with different concerns—to my English text).

- To underline the multilingual nature of most knowledge production. Most researchers around the world are using multiple languages to do research—even though public outputs are often in English.
- To actively work at building and sustaining intellectual conversations across multiple languages—with regard to English, think of Swales's Tyrannosaurus rex (Swales, 1997), and Bennett's discussion of epistimicide (Bennett, 2014). It's important for the intellectual development of our fields that we draw on all available linguistic, rhetorical semiotic resources and to acknowledge that privileging particular languages has a direct effect on knowledges circulated: research on publishing in English shows that English medium publications tend to cite only/mainly English medium research (e.g. Lillis et al., 2010).
- To work at sustaining links between 'academic/scientific' knowledge and potential practical applications. Given that knowledge needs to be applied/appliable to local contexts through local language, discourses and practices, we need to actively avoid severing discoursal links between 'academic' and practical application (UNESCO, 2009).
- To harness the potential of multiple language and rhetorical knowledge making in order to make sense of a phenomenon. Making sense of a subject matter through two languages (or more) potentially helps to gain deeper, novel understandings (Lewis et al., 2012; Gentil, 2019). Shuttling between academic discourses (Canagarajah, 2010) may afford unique concepts, metaphors, ways of thinking and noticing, and thus bring complementary contributions to the construction of knowledge.
- To use languages associated with specific sites of encounter. Spanish is one of the main languages in which research and pedagogy relating to academic writing is taking place in Latin America and the international encounter which forms the basis of this book. Using Spanish is an obvious way of engaging with scholars who are using Spanish, as well as English, in their/our intellectual work.
- To challenge the hegemonic position by problematizing the claim that English is THE (only) —or indeed that one particular version of English—legitimate language of knowledge.

Readers who are familiar with both languages will have a smooth(er) read: those who are familiar with one language more than another may have to invest a little extra time and use a translation resource: DeepL[2] is

---

2 https://www.deepl.com/translator. I would like to thank Guillaume Gentil for our discussions about using several languages in academic publications and for the recommendation of DeepL.

recommended as a better-quality automatic translation resource and should help all readers follow the gist of the argument.[3]

¿Qué es 'Academic Literacies' como Marco de Investigación?

This section is in Spanish because various summaries of this review already exist in English, e.g. Lillis (2014); Lillis & Tuck (2015).

Desde su articulación a principios de los años noventa hay varias publicaciones que definen lo que es el campo de *Academic Literacies* en el Reino Unido (ej. Lillis & Scott, 2007; Lillis, 2014; Lillis & Tuck, 2015). En esta sección destaco algunos puntos claves en relación con su contexto geohistórico e institucional y resumo el marco teórico.

El marco de *Academic Literacies* en el Reino Unido emergió de un contexto histórico-institucional específico: el de la expansión de la educación superior y el aumento de la participación de l@s estudiant@s[4], tanto "locales" como "internacionales". Este cambio formó parte de una política oficial de 'ampliación del acceso'[5] y representó un alejamiento de un sistema altamente elitista y relativamente homogéneo, en el que la tasa de participación de los jóvenes de 18 a 20 años de edad seguía siendo de solo el 15% en la década de los años ochenta. Las cifras actuales muestran que hoy el 44% de los jóvenes de 18 a 20 años de edad asiste a la universidad, y que l@s 'estudiant@s internacionales' constituyen 19% de la población estudiantil (HESA, 2018; Universities UK, 2017). Este cambio puso de manifiesto la existencia de una brecha entre much@s estudiant@s y el mundo académico en términos de experiencias y expectativas, así como un desajuste entre las prácticas de escritura y lectura valoradas por la universidad y las prácticas en las que participaban muchos de l@s denominad@s estudiant@s 'no tradicionales'.

Motivad@s por una preocupación fundamentalmente pedagógica, l@s investigador@s comenzaron a publicar descripciones de las experiencias de l@s estudiant@s respecto de la escritura en la educación superior y de las relaciones entre tutor@s y estudiant@s. Al mismo tiempo, esto sirvió para poner de relieve

---

3   For intellectual value of bumpy reading rides, see Turner (2018).

4   Se respetó en este capítulo el uso de lenguaje inclusivo propuesto por la autora (N de la Ed.).

5   'Widening participation' or 'access' is an umbrella term used in the UK to refer to a number of policies aimed at increasing participation in higher education of groups historically excluded.

las prácticas convencionales de la universidad, y motivó la exploración crítica de los discursos disciplinares y de las tradiciones retóricas de la universidad (ej. Candlin & Hyland, 1999; English, 2011; Jones et al., 1999; Lea 1994; Lea & Stierer, 2000; Lea & Street, 1998; Scott, 1999, 2017; Lillis, 1997, 2001, 2011). Antes de este momento, el marco conceptual más visible institucionalmente con respecto al lenguaje académico había sido el del inglés con fines académicos (EAP), orientado hacia l@s estudiant@s 'extranjer@s' o 'internacionales'.

Una diferencia epistemológica clave entre EAP y *Academic Literacies* fue la orientación hacia el lenguaje y las prácticas de leer y escribir. A diferencia del enfoque dominante en el EAP que se centraba en la inducción de l@s estudiant@s a las convenciones lingüísticas y retóricas existentes (incluyendo la norma de un supuesto '*standard English*'), el enfoque de *Academic Literacies* se centraba en el lenguaje académico más bien como un complejo de recursos y prácticas que habría de examinar críticamente por su valor potencial para el trabajo intelectual en la universidad.[6]

La línea de investigación que llegó a denominarse *Academic Literacies* fue impulsada por la insatisfacción con los marcos de referencia académicos existentes (por ejemplo, EAP), así como con su fijación prevalente en el déficit; es decir, un énfasis institucional abrumador en lo que l@s estudiant@s "no podían hacer", en lugar de explorar los recursos lingüísticos —y semióticos— que est@s traían a la universidad y sus deseos de articular significados en este espacio. Inicialmente, por lo tanto, un enfoque clave en la investigación de *Academic Literacies* fue la exploración de los recursos y deseos de l@s estudiant@s. El foco del trabajo posterior se expandió para incluir, por ejemplo, la escritura de l@s académic@s (ej. Lillis y Curry, 2010), la escritura profesional (ej. Rai 2004), las prácticas de l@s tutor@s, (ej. Tuck, 2018) y las tecnologías digitales (ej. Lea & Jones, 2010; McKenna, 2012).

Dicha investigación se llevó a cabo dentro de un espacio intradisciplinario. La "escritura académica" en la educación superior del Reino Unido no tenía un espacio institucional-curricular específico (y en la mayoría de los casos sigue siendo así, a diferencia, por ejemplo, del ámbito de la *Composition* en Estados Unidos), por lo que las preocupaciones y los debates de la investigación siempre se han centrado en la escritura al interior de las disciplinas. Al mismo

---

6   Es importante destacar que dentro del EAP: 1) Algunos escritores clave, notablemente John Swales (. 1990, 1997, 1998) trabajan con el lenguaje y la literacidad de una manera mucho más compleja que las formas en las que a menudo se adoptan sus ideas; 2) Hay una tradición critica dentro del EAP cuya epistemología se aproxima a la de Academic Literacies, como Benesch, 2001; Turner, 2014. Ver Lillis & Tuck, 2015.

tiempo, la investigación de la escritura no constituía un campo académico específico, y l@s investigador@s-educador@s recurrieron a una combinación de campos disciplinares y subdisciplinares, como la lingüística aplicada, EAP, educación, sociolingüística, análisis crítico del discurso y pedagogía crítica.

Como un marco teórico que no funcionaba desde una premisa de déficit sino desde la diversidad (de l@s estudiant@s, de los recursos semióticos) y del deseo (los multiples deseos de l@s estudiant@s en participar en la universidad, ej. Lillis 2001), *Academic Literacies* se modeló fundamentalmente a partir de los *New Literacy Studies* (NLS), directamente a través del trabajo de Brian Street (1984) y la noción de la escritura como práctica social. A nivel teórico, la propuesta de Street sobre las concepciones contrastantes de la literacidad como *autónoma* e *ideológica* proporcionó una heurística útil para abrir una exploración crítica de las demandas y prácticas específicas de la lectura y la escritura asociadas con la universidad, fundamental en el texto de Lea y Street (1998). La posición dominante conceptualiza la alfabetización/literacidad como un fenómeno autónomo o descontextualizado y, en consecuencia, como un fenómeno unitario, con supuestos beneficios cognitivos y económicos universales. En contraste, Street abogó por lo que él denominó un *modelo ideológico* de la literacidad, que propone reconocer la naturaleza sociocultural de las prácticas de escritura y lectura, y las diferencias de poder asociadas a ellas en cualquier actividad (Street, 1984; 2015). Dicho trabajo se ajustaba en gran medida con la perspectiva de la etnografía crítica, que expone críticamente las cuestiones de justicia social y etnografía como práctica retórica (ej. Brown & Dobrin, 2004).

Junto con una epistemología de la lectura y la escritura como práctica social, se iba desarrollando una ideología de *transformación*. Qué es exactamente lo que se entiende por 'transformación' es una cuestión de debate continuo,[7] pero se utiliza para señalar un contraste con una *orientación normativa* en la investigación y la pedagogía, en la que se hace hincapié en una noción relativamente estática de las convenciones académicas y en el imperativo de socializar (explícita o implícitamente) a l@s estudiant@s en esas convenciones. Una orientación transformadora plantea interrogantes sobre el valor intelectual de las convenciones reificadas de escritura académica y sobre las formas en que tales convenciones facilitan (o no) la participación, y no simplemente el acceso, a la universidad.

Volveré a referirme a la relevancia del concepto de transformación para la dimensión práctica de *Academic Literacies* más adelante. Como orientación de la

---

7   Véanse, por ejemplo, las perspectivas de Harrington Lea, Lillis y Mitchell, en Lillis et al. (2015, pp. 8–17).

investigación de la escritura, la transformación puede resumirse como un desplazamiento desde un enfoque centrado únicamente en el texto –lo que Horner llama el "sesgo textual" (Horner & Lu, 1999)— hacia el estudio etnográfico de las prácticas letradas, incluyendo las prácticas textuales. Los métodos adoptados en *Academic Literacies* implican típicamente una combinación de observación de las prácticas que rodean la producción de textos —en lugar de centrarse únicamente en los textos escritos— así como una exploración de las perspectivas de los participantes sobre los textos y las prácticas. Este énfasis en las perspectivas émicas, legitimadas en las tradiciones etnográficas/antropológicas de las prácticas de leer y escribir, se alineó fuertemente con las perspectivas dialógicas de investigación en otros sectores educativos del Reino Unido, en particular, la reincorporación de adultos a la educación formal (ej. Gardener, 1992). También se alineó, a veces de manera explícita, con la investigación a nivel de la escuela obligatoria, que desde la década de 1970 había enfatizado la importancia del lenguaje oral en la enseñanza —incluyendo las lenguas vernáculas (ej. Britton et al., 1975, autor@s muy influyentes en el desarrollo del WAC y el WiD de los EE.UU.). La tabla 1.1 ilustra algunas formas específicas en las que *Academic Literacies* ha transformado el objeto de investigación.

Aquí ofrezco algunos ejemplos breves de proyectos de investigación en los que he participado para ilustrar el cambio de énfasis. A continuación, incluyo la reflexión de una estudiante-escritora sobre la contracción 'I'm not':

> Me pone mal—Así es como me siento. Y por eso muchas personas no están interesadas. **I- am-not** (en vez de I'm not) ¿Qué estoy diciendo? —Todo el mundo sabe lo que 'I'm not' significa. Es como tratar de segregar, sabes, tienes como una frontera que te separa de otras personas. ¿Por qué?

Al mismo tiempo que la estudiante-escritora se enfoca en el discurso al nivel de micro-detalles (ejemplo anterior) también se enfoca en el discurso como una manera de ver el mundo que incluye cuestiones de la identidad (ver Tabla 1.2):

Tabla 1.1 Transformando el 'Objeto de Investigación' (Evitando Asunciones ***A Priori***)

Enfocándose en...	Es necesario investigar...
el texto como efecto de las convenciones lingüísticas, semióticas, retóricas	¿Qué valor intelectual conllevan las convenciones lingüísticas, semióticas, retóricas de la escritura académica? ¿Cómo facilitan (o no) dichas convenciones el trabajo intelectual?

las experiencias de los escritor@s, sus identidad(es), deseos valores estéticos (explícitos, implícitos) en torno a la escritura académica	¿Cómo son las experiencias de los escritores, su(s) identidad(es), sus deseos intelectuales? ¿Cuáles son los valores estéticos de la escritura (ej.'bella', 'clara', 'elegante') ¿Quién los determina? ¿Cómo facilitan (o no) el trabajo intelectual?

Tabla 1.2. Escritura Estudiantil y su Retroalimentación

Extracto del texto de la estudiante	Comentario escrito del tutor
Aunque las minorías étnicas representan una subclase en relación con lo que se ha discutido arriba. Ellos han hecho una contribución significativa a la cultura de la sociedad británica a pesar de toda la investigación negativa acerca de sus restricciones sociales en la sociedad. Por ejemplo, durante los años 60 cuando surgió el movimiento 'flower power', esto era cultura popular entre la juventud blanca de clase media. A menudo eran estudiantes entre los 18 y 25 años en educación de tiempo completo.	*No pertinente* **Comentario de estudiante** *hay un montón de puñeteras cosas que quiero decir en ese ensayo y que no quieren oír —iba a decir que 'construimos tu país con nuestra sangre'. La industrialización se basó en la economía de la esclavitud.*

Nota. Ejemplos de Lillis, 2001.

Además de interesarse en lo que escriben l@s escritor@s y sus perspectivas acerca de sus textos, *Academic Literacies* también se interesa en cómo se leen esos textos. Aquí un ejemplo de un académico multilingüe hablando de cómo l@s lector@s se orientan hacia sus textos escritos en inglés:

> Si el estilo o la forma del artículo no es nativo o actual, los revisores piensan que 'este es un hombre estúpido, este no es material aceptable'. No lo aceptan por su acento regional, estilo regional, un rechazo absoluto, esa es su actitud. (Curry & Lillis, 2004, p. 678)

Ha habido un creciente interés por enfocarse en las trayectorias de textos, que incluye investigar cómo las distintas orientaciones de los lectores hacia el texto conllevan consecuencias importantes. Un ejemplo obvio es el caso de los artículos sometidos a revisión: la orientación de l@s revisor@s puede llevar a la publicación o al rechazo. Por lo tanto, es importante investigar las rondas de evaluaciones y las revisiones hechas para estudiar el impacto que tiene cada comentario en el desarrollo de un artículo y su trayectoria a la publicación. Un estudio acerca de 95 historias de textos sometidos a revisión (Lillis & Curry, 2015) descubrió que l@s revisor@s tenían orientaciones negativas a los textos que identificaban como escritos por usuari@s de 'inglés como lenga extranjera' o 'segunda lengua' (lo fuesen o no) con comentarios como, por ejemplo:

> Hay bastantes instancias en el texto donde está claro que el inglés no es la primera lengua del autor. No se les puede culpar por eso, por supuesto, pero hace que el texto sea más difícil de entender en algunas ocasiones. (Lillis & Curry, 2015, p.135)

Exactamente lo que fue identificado por l@s revisor@s como indicadores textuales del 'inglés como segunda lengua' o 'lengua extranjera' variaba enormemente: a menudo l@s revisor@s incluían referencias tenues a 'la gramática´, o aún más tenues comentarios evaluativos como ´expresiones raras´ o 'lenguaje florido´. No obstante, un descubrimiento clave del estudio era que el éxito de los artículos sometidos dependía de si l@s editor@s de la revista entendiese lo que llamamos 'el trabajo textual' como una justificación para rechazar el artículo, o si l@s editor@s considerasen que tal trabajo textual era parte de la responsabilidad de la revista y no sólo de l@a autor@s. Este tipo de estudio refleja la preocupación en *Academic Literacies* con la escritura no solo como fenómeno textual, sino como una práctica social: este énfasis en la práctica social indica que los casos concretos del uso del lenguaje no existen de forma aislada, sino que están vinculados a lo que las personas hacen —las prácticas— en el mundo material y social con relaciones complejas de participación y poder.

Temas y Conclusiones Principales

Los resultados de investigación de *Academic Literacies* incluyen los siguientes aportes:

- Se ha demostrado que existe una brecha entre la comprensión de l@s estudiant@s y l@s tutor@s acerca de las convenciones y el valor de tales convenciones para crear significados/conocimiento (ej. Ivanič, 1998; Jones et al., 1999; Lea, 2004; Lillis, 2001).
- Se ha problematizado la idea de que es relativamente fácil enseñar y aprender a escribir en una lengua (y que siempre se escribe en una lengua estándar) (ej. Lea & Stierer, 2000; Scott 2017).
- Se ha problematizado la idea de que la escritura académica (una vez aprendida en un punto en el tiempo) sea transferible de un contexto a otro (ej. Ivanič, 1998; Ivanič et al., 2009; Lea & Street, 1998).
- Se ha subrayado la importancia de la(s) identidad(es) (reales, aspiracionales, cambiantes en el tiempo) en la escritura de l@s estudiant@s, l@s profesor@s y l@s escritor@s profesional@s (ej. Lillis & Curry, 2010; McMullan, 2018; Rai, 2004; Tuck, 2018).

- Se ha sustituido el enfoque sobre l@s estudiant@s individuales y lo que no pueden hacer, por la por la exploración de las prácticas e ideologías institucionales (ej., Lea & Street, 1998; Lillis, 2018; Turner, 2018).
- Se ha conseguido abrir el debate sobre las convenciones discursivas retóricas dominantes y alternativas (sus historias y contextos de uso) y sus posibles consecuencias para la participación (ej.: English, 2011; McKenna, 2012, 2015).
- Se han desarrollado marcos teóricos para reconceptualizar el fenómeno de la escritura académica utilizando etnografía crítica (ej. Lea & Street, 1998; Lillis & Curry 2010, 2015).

Además, *Academic Literacies* ha conseguido crear un impacto en algunos marcos dominantes de referencia anteriores (ej. en SFL, Coffin & Donohue, 2012; en EAP, Harwood & Hadley, 2004; Harvey & Stocks 2017; en la educación superior Haggis, 2003).

Local and Transnational Conversations

This section is in Spanish and English. Se usa el español para indicar trabajos que quizás sean menos conocidos en America Latina and English is used to emphasise work from Latin America that is less familiar to Anglophone readers.

A key aim of this paper is to explicitly situate the motivation, epistemology and ideology of Academic Literacies within its specific geohistorical context of articulation, in order to critically explore, rather than assume, any points of potential translocal relevance. Academic Literacies (like all academic work) is fundamentally a local phenomenon emerging out of a specific moment in time as part of specific sociopolitical material conditions. The value of Academic Literacies beyond the local context depends on the extent to which the questions being asked about writing and reading in the academy, and the frameworks used to explore such questions, are judged as being connected with concerns and interests in other sites.

To situate Academic Literacies within a specific geohistoric moment of higher education is of course not to deny the considerable translocal conversations—published theories and research as well as interaction between scholars—influencing the very possibility of its frame of reference. Key theorists underpinning Academic Literacies work are from outside the immediate geohistoric context of Academic Literacies and usually read in English translation, such as Bakhtin, Bourdieu, Foucault, Freire, often mediated by influential local thinkers e.g. Fairclough (1992). Of course, exactly when and how particular theorists and strands of their work are taken up in some local contexts at particular times depends not only on their availability to scholars but also on their consonance with imperatives driving immediate concerns. For example, given the emphasis on exploring the relationship between linguistic-rhetorical conventions and possibilities for student participation initially driving the Academic Literacies agenda in the UK, it is perhaps not surprising that the French theorist-ethnographer, Bourdieu, and his notions of linguistic habitus and symbolic capital were influential in Academic Literacies research but less so (at the time) in writing research in France located within the tradition of *la didactique* (see Brereton et al., 2009; Delcambre & Donahue, 2015; Donahue, 2008).

It is also the case that particular contemporaneous strands of work from USA have been of key importance to Academic Literacies research, notably work seeking to articulate literacy as social practice, empirically and theoretically (e.g. Bazerman, 1988; Prior, 1998; Russell, 2002). Work which aligns strongly is that of Horner and Lu (e.g. 1999) whose problematization of the conditions under which academic writing is performed (as labour, as inscription) and ideologies around (mis)recognition (of participants, identities, linguistic resources) have provided rich frameworks for exploring writers' experiences and desires (see also Lu, 1987; Lu & Horner, 2013).

En el desarrollo de *Academic Literacies* en el Reino Unido la colaboración con l@s investigador@s en Sudáfrica ha sido de una importancia clave. A la vez que operan en condiciones socioinstitucionales radicalmente diferentes y ligad@s por complejas y problemáticas historias postcoloniales, l@s académic@s en ambos contextos han explorado sus preocupaciones comunes a través de publicaciones y encuentros presenciales y virtuales durante los últimos veinte años. Una razón obvia para la colaboración fructífera y sostenida entre los académicos de los dos sitios es que la política de ampliación del acceso a la educación superior surgió en un momento similar. Las preocupaciones compartidas incluyen: la articulación de cómo las convenciones lingüísticas, semióticas y retóricas específicas sirven para incluir o excluir oportunidades de participación; la articulación de la relación entre el poder, la identidad y los recursos lingüísticos/semióticos y de cómo esta relación sirve para explicar las bajas tasas de éxito de l@s estudiant@s de grupos históricamente marginados, especialmente —en el caso de Sudáfrica— l@s estudiant@s de la clase obrera negra (ej. Angelil-Carter, 1998; Coleman, 2016; Kapp, 2012; McKenna, 2004; Paxton & Frith, 2014; Thesen, 1997; Thesen & van Pletzen, 2006). Dada la política oficial de multilingüismo en Sudáfrica (11 idiomas), la cuestión de cómo utilizar exactamente los múltiples recursos lingüísticos y semióticos como recursos para el trabajo académico tiene una urgencia que a veces falta en la investigación en el Reino

Unido. Además, el trabajo en colaboración con académic@s de Sudáfrica ha orientado *Academic Literacies* del Reino Unido hacia una necesaria teorización de la escritura estudiantil en el contexto de la globalización y de la "internacionalización", un nuevo enfoque que plantea interrogantes fundamentales sobre lo que Blommaert (2010) denomina "*placed resources*" en una educación superior contemporánea basada en la práctica de la movilidad. En este contexto de globalización y movilidad de l@s estudiant@s, el concepto de riesgo se destaca como una dimensión muy significativa de la agencia, la escritura y la creación de conocimiento: ¿qué se puede decir (o no) por escrito? ¿utilizando qué recursos semióticos? ¿cuáles son las consecuencias de una práctica basada en la movilidad para los individuos, los equipos de investigación, las instituciones y las naciones? (ver Thesen & Cooper, 2014). El trabajo que surge de Sudáfrica se publica predominantemente en inglés, pero a diferencia del trabajo en inglés que proviene del centro, por ejemplo, EE.UU., parece ser menos conocido en los contextos de América Latina, aunque podría resultar de mayor relevancia inmediata.

There are also strong connections between the questions raised in work in Academic Literacies and ongoing work in Latin America. Whilst work emerging from Latin America is largely unknown to Anglophone scholars, it has much to offer to scholars grappling with issues of participation, language pedagogy and knowledge making. Work by Freire in translation continues to be foundational in much critical language work, but, to date, engagement with Latin American writing research by Anglophone scholars has been limited, in part because Anglophone scholars tend to work only through English and in part because ideologies around global knowledge exchange and value mean that ignoring work published outside of the 'centre' is an intuitionally legitimised practice (see chapter 7 of Lillis & Curry, 2010; Horner et al., 2011). Interaction is however growing, fostered by face to face and virtual discussions in international encounters, which is important to enable a more egalitarian exchange off the mainstream academic networks (see Ávila Reyes, 2017, for example of published account of tracking of influences). There is much work of direct theoretical and empirical interest to Academic Literacies scholars (in for example the UK and South Africa): I briefly signal some work here. Carlino—based in Argentina but whose work has been highly influential across Latin America—has been researching and engaging in issues of academic writing/reading and pedagogy for over 20 years, foregrounding the limitations of a deficit approach, the need for universities to acknowledge that learning to write (and reading) are part of a lifelong trajectory and the importance of dialogic research and pedagogic spaces (Carlino, 2004, 2013). The emphasis on dialogic pedagogies is echoed in other work by researchers in Argentina e.g. Natale & Stagnaro (2018) and in Chile, e.g. Lovera Falcón & Uribe Gajardo (2017), in Brazil e.g. Fiad (2016), in Peru, e.g. Zavala (2008, 2009). Current work which aligns directly with interests in Academic Literacies includes a Chilean nationally funded project led by Ávila Reyes which explicitly sets out to explore the relationship between identity, semiotic practices and participation (Ávila Reyes et al., 2021).

What this section aims to show is that Academic Literacies is a local phenomenon born out of specific concerns but connecting with some specific translocal conversations about writing and reading in the academy. Considerando si este trabajo es relevante más allá de su contexto local de producción, creo que tiene utilidad si hay interés en:

- explorar las perspectivas y prácticas de todos l@s escritor@s-participantes en la universidad;
- evaluar críticamente el valor de las convenciones dominantes y el valor potencial de una amplia gama de recursos semióticos para la producción de significado y conocimiento en la universidad;
- desarrollar pedagogías que estén informadas por una orientación transformadora hacia la escritura académica.

Is Academic Literacies Relevant to Practice-Teaching, Curriculum Design, Policy?

This section is in English and Spanish. Se usa el inglés para contextualizar la crítica que se dirige hacia Academic Literacies en cuanto a su utilidad práctica, whereas Spanish is used to provide a summary of pedagogies and policies adopting a transformative orientation, because a version is available in published form in English e.g. Lillis, et al. (2015).

The usefulness of Academic Literacies to pedagogy and policy because of its emphasis on the transformative has been questioned. In order to underline the necessary importance attached to both the normative and the transformative in efforts towards participation, I include here what Mary Scott and I articulated some 15 years ago:

> The ideological stance towards the object of study in what we are calling 'academic literacies' research can be described as explicitly *transformative* rather than *normative*. A normative approach evident for example in much EAP work can be summarised as resting on the educational myths that Kress (2007) describes: the homogeneity of the student population,

the stability of disciplines, and the unidirectionality of the teacher-student relation. Consonant with these myths is an interest to 'identify and induct': the emphasis is on identifying academic conventions—at one or more levels of grammar, discourse or rhetorical structure or genre—and on (or with a view to) exploring how students might be taught to become proficient or 'expert' and developing materials on that basis (for examples, see Flowerdew, 2000; Swales & Feak, 2004). *A transformative approach* in contrast *involves an interest in such questions but in addition is concerned with*: a) locating such conventions in relation to specific and contested traditions of knowledge making; b) eliciting the perspectives of writers (whether students or professionals) on the ways in which such conventions impinge on their meaning making; c) exploring alternative ways of meaning making in academia, not least by considering the resources that (student) writers bring to the academy as legitimate tools for meaning making. (Lillis & Scott, 2007, pp. 12–13, emphasis added)

Criticism of Academic Literacies fails to take account of its engagement with normative practices whilst at the same time adopting a commitment to a transformative approach in order to open up meaning making spaces. There is also some conflation by some critics of Academic Literacies between *texts* and *textualist*, with some researchers conflating the textualist critique (referred to above) with a presumed lack of interest in texts (e.g. Wingate & Tribble, 2012; for example of discussion of text-linguistic engagement with texts which avoids a textualist interpretation, see Ivanič, 1998).

Como respuesta directa a la crítica de la falta de utilidad de *Academic Literacies*, se hizo un llamado a l@s profesor@s-investigador@s, preguntando si estaban usando *Academic Literacies* en relación con su pedagogía o la formulación de políticas. El resultado fue un libro de acceso abierto en el que participaron 61 colaborador@s de 11 contextos nacionales de una amplia gama de áreas disciplinarias, entre ellas la medicina, la ingeniería, el fotoperiodismo, la enfermería, la economía, a nivel de licenciatura y de postgrado, así como de clases específicas sobre la escritura académica. Las contribuciones ilustran la forma en que l@s profesor@s-investigador@s trabajan con *Academic Literacies*, a menudo junto con otros marcos de referencia.

Las tres preguntas fundamentales que hicimos eran:

1. ¿Qué significa en la práctica trabajar desde el marco de *Academic Literacies*?

2. ¿Cómo se puede implementar en la práctica el enfoque transformador que se defiende en la teorización de *Academic Literacies*?
3. En el desarrollo de un enfoque transformador, ¿cómo podría *Academic Literacies* inspirarse y comprometerse con otros enfoques sobre la escritura?

Las contribuciones se centran en: 1) *Transformar pedagogías*, por ejemplo, el trabajo de Gimenez y Thomas que usan *Academic Literacies* en las disciplinas de Arte y Diseño y de Enfermería para construir un marco pedagógico que llaman un "marco de accesibilidad y criticalidad"; 2) *Transformar el trabajo de enseñar*, por ejemplo, Jacobs que usa el marco de *Academic Literacies* con profesor@s de distintas disciplinas académicas para explorar críticamente el discurso de la escritura disciplinaria; 3) *Transformar las prácticas de recursos, géneros y prácticas semióticas*, por ejemplo McKenna que usa *Academic Literacies* para explorar el potencial intelectual, estético y participativo de la escritura digital; 4) *Transformar los marcos institucionales*, por ejemplo Oliva-Girbau y Milian Gubern que usan *Academic Literacies* para el desarollo de programas de escribir en una universidad multilingüe (Lillis et al., 2015).

Conclusión

This section is in Spanish and English. Spanish is used to summarise the potential usefulness of Academic Literacies beyond a specific UK context and se usa el inglés para ofrecer reflexiones sobre el valor intelectual de trabajar con varios idiomas porque estos argumentos suelen ser menos conocidos por académic@s anglófon@s.

The aim of this chapter has been: 1) to offer a brief overview of what has come to be called 'Academic Literacies', particularly focusing on its emergence and articulation in the UK; 2) to explicitly articulate the locality of Academic Literacies geohistorically and to situate this approach within a transnational discussion; 3) to open up dialogue around the linguistic resources used for academic knowledge making by using two languages. I conclude this chapter by offering some brief reflections in relation to the potential relevance of Academic Literacies beyond its local context of emergence and the potential value of harnessing multiple languages to our intellectual work.

El Valor de *Academic Literacies*

Un representante de la ONU en Siria, de origen argelino, dijo: "todo lo que puedo ver enfrente mío es una pared, pero sé que las paredes tienen ranuras y en eso es en lo que voy a trabajar". Eso es lo que estamos haciendo. Las universidades parecen como paredes, pero tienen algunas ranuras—*Academic Literacies* dice "vamos a cuestionar las suposiciones acerca de que lo vale y cómo hemos llegado a ellas"—y puede ser que al cuestionar nuestras suposiciones nosotros creamos una pequeña ranura en la pared y así abrimos camino. (Street, 2015, pp. 309-90; traducido por Lillis)

Academic Literacies surgió en un momento específico de la historia de la educación superior en el Reino Unido, planteando cuestiones sobre las formas específicas en que una educación superior basada en nociones de igualdad y participación debiera examinar críticamente los supuestos que rigen sus prácticas semióticas dominantes. Sin embargo, estas cuestiones no son solamente locales, es decir, significativas solo para el Reino Unido: como ilustra la breve reseña de este capítulo, l@s investigador@s y l@s profesor@s de muchas partes del mundo se están ocupando de cuestiones similares. Como señala Brian Street en el extracto anterior, mantener esta orientación hacia la escritura será necesariamente un reto difícil porque las orientaciones hacia la escritura en las universidades y en general son altamente normativas (Lillis, 2018). Pero hay posibilidades o ranuras (como dice Street) por las que nostro@s podemos abrirnos camino.

Reflection—How Working across Languages Helps Provide Richer Heuristics

One of the values of working in and across languages is that we can draw on a range of intellectual, linguistic and rhetorical traditions to sharpen our thinking. An obvious example—but no less useful for that—are the phrases currently circulating around 'academic literacies': academic literacy/ies, *alfabetización(es) académica, literacidad académica, letramentos acadêmicos, littéracies universitaires*. These are not simple or uni-directional translations of each other but rather index particular traditions, interests and concerns. Whilst scholars have worked at pinning down what the phrases mean and therefore the intellectual work that they can do—usually oriented to specific language-based communities (eg. Carlino, 2013; Lillis & Scott, 2007; Montes Silva & López Bonilla, 2017; Navarro, 2017) what interests me here is not so much arriving at a precise definition, or reaching agreement about the most useful phrase to use, so much as reflecting on the value of working with the *cluster of uses*. The necessarily brief comments below focusing on some key phrases used in Spanish, English, Portuguese and French are intended as an initial way of illustrating how we might work with what I am calling here such *epistemological clusters*.

Alfabetización académica: a) to refer a particular kind of writing and reading that are associated with academia, as compared with other social domains; b) to index that students are involved in a *process* of learning such practices (*-zación*).

Alfabetizaciones académicas: a) to refer to the multiple genres, discourses and practices associated with different disciplines within academia; b) to index a particular epistemological position—writing and reading in the academy as a social practice; c) used in contradistinction to *alfabetización academica* (singular) to underline that this is a *process* requiring teaching and learning across university trajectories and which is the responsibility of universities as institutions to facilitate (see Carlino, 2013).

Academic literacy: a) to refer to a particular kind of writing and reading that are associated with academia, as compared with other social domains; b) sometimes also used to index a particular epistemological position—writing and reading in the academy as a social practice (e.g. Thesen & van Pletzen, 2006).

Academic literacies: a) to refer to the multiple genres, discourses and practices associated with different disciplines within academia; b) to index a particular epistemological position—writing and reading in the academy as a social practice; c) to index a particular ideological stance on conventions—transformative as well as normative.

Literacidad académica: a) sometimes as a translation of the English phrase 'academic literacy'; b) to index a particular epistemological position—writing and reading in the academy as a social practice; c) to index a particular ideological stance on conventions—transformative as well as normative (e.g. Zavala 2008, 2009).

Letramentos acadêmicos: a) to refer to the multiple genres, discourses and practices associated with different disciplines within academia; b) to index a particular epistemological position—writing and reading in the academy as a social practice (e.g. Fiad, 2016).

Littéracies universitaires: a) to index that a particular kind of writing and reading are associated with academia, as compared with other social domains; b) to index a particular epistemological orientation—writing and reading in the academy as a social practice; c) 'universitaires' preferred to 'académique' because of the pedantic/exclusionary connotations of the latter (Delcambre & Donahue, 2015).

What does this brief and partial summary of one epistemological cluster in our transnational field indicate? 1) That literacy is configured as both object (noun—literacy/ies) and process (-zación); 2) that the singular and plural forms are often (but not always) used to make distinctions at a *referential level*—the singular used to refer to a specific practice associated with academia, the plural used to refer to multiple practices within academia associated with different disciplines; 3) that the plural form is often (but not always) used at an *indexical level*, that is to index a particular epistemological position on writing, writing as a social practice; 4) that some usages are explicitly being used concurrently and contrastively at both referential and indexical levels (e.g. *alfabetización* as well as *literacidad*) to clearly index different orientations to literacy; 5) that the epistemological-discursive work around labelling signals how researchers are struggling to articulate meanings around reading and writing without staying within powerful common sense notions about what literacy is and does.

Of course, in many ways analysing clusters as above is literally the tip of the iceberg. Terms and phrases also index (albeit often unstated) layers of specific academic paradigms and concepts: for example, *littéracies universitaires* brings together *didactique* and linguistics (e.g. Delcambre & Donahue, 2015), whilst also engaging with work in anthropological traditions such as Chartier (1998) and Fraenkel (2007); *letramento acadêmico* often indexes a strong Bakhtinian influence nested within frames of reference that pay particular attention to theoretical attention to the concept of *enonication* (e.g. Corrêa, 2004). Furthermore, whilst writing as 'social practice' is a core notion across usages and contexts, exactly which academic theories and traditions are being indexed varies: social practice in UK traditions indexes the work of Street and ethnography; social practice in discussions of *littéracies universitaires* sometimes indexes '*pratiques sociales de référence*' (Martinand, 1986) to indicate the distance between school genres and everyday social genres.

Ideologies about writing indexed by core notions such as 'transformation' are also saturated in specific geopolitical histories and refracted through specific academic paradigms: for example, 'transformation' in universities in South Africa indexes both the goal and challenges in a post-apartheid society striving for equality and social justice where language/writing (like every aspect of social practice) is seen as a highly contested (see for example

Soudien, 2011; Thesen & van Pletzen 2006). The extent to which researchers consider that ideology needs to be explicitly stated varies across geopolitical contexts. Navarro (2017), for example, argues that transformation premised upon critical traditions oriented to social justice is a 'given' in Latin American research and pedagogy which means that studies of writing

> necesariamente ... se encuadren en perspectivas críticas, que reconocen la distribución inequitativa del capital cultural académico, del capital semiótico académico y de las posiciones de poder. (2017, p. 11).

In contrast, researchers in Academic Literacies UK often consider it essential to explicitly argue for the legitimacy of a transformative orientation to writing and to articulate what this involves. Discussing and debating the 'givenness'—or what we can take for granted—is an important aspect of all our work in building transnational conversations.

There is much to consider in building a transnational dialogue about writing reading in academia. Working with epistemological clusters and their indexical and referential potentialities may be one key way in which we can all strive to build a more egalitarian transnational dialogue and thus build a richer intellectual resource for our work.

References

Angelil-Carter, S. (Ed.). (1998). *Access to success. Literacy in academic texts.* University of Cape Town Press.

Anzaldúa, G. (1987). *Borderlands. La frontera.* Aunt Luke Books.

Ávila Reyes, N. (2017). Postsecondary writing studies in Hispanic Latin America: Intertextual dynamics and intellectual nfluence. *London Review of Education, 15*(1), 21–37. https://doi.org/10.18546/LRE.15.1.03.

Ávila Reyes, N., Calle-Arango, L., & Léniz, E. (2021). Researching in times of pandemic and social unrest: a flexible mindset for an enriched view on literacy. *International Studies in Sociology of Education.* Advance online publication. https://doi.org/10.1080/09620214.2021.1927142.

Bazerman, C. (1988). *Shaping written knowledge: The genre and activity of the experimental article in science.* University of Wisconsin Press.

Benesch, S. (2001). *Critical English for academic purposes.* Lawrence Erlbaum Associates.

Bennett, K. (2014). Epistemicide! The tale of a predatory discourse. *The Translator, 13*(2), 151–169. https://doi.org/10.1080/13556509.2007.10799236.

Blommaert, J. (2010). *The sociolinguistics of globalisation.* Cambridge University Press.

Brereton, J., Donahue, C., Gannett, C., Lillis, T., & Scott, M. (2009). Le "socioculturel" et la didactique de l'écrit dans le supérieur aux Etats-Unis et en Grande

Bretagne: Cadres comparatifs et influences françaises. In B. Daunay, I. Delcambre, & Y. Reuter (Eds.), *Didactique du Français: le socioculturel en question* (pp. 151–69). Université de Lille.

Britton, J. L., Burgess, T., Martin, N., McCleod, A., & Rosen, H. (1975). *The Development of Writing Abilities 11–18*. Macmillan.

Brown, S. G., & Dobrin, S. I. (Eds.). (2004). *Ethnography unbound: From theory shock to critical praxis*. State University of New York Press.

Canagarajah, A. S. (2010). A rhetoric of shuttling languages. In B. Horner, M. Lu, & P.K. Matsuda (Eds.), *Cross-language relations in composition* (158–179). Southern Illinois University Press.

Candlin, C., & Hyland, K. (Eds.). (1999). *Writing: Texts, Processes and Practices* Longman. https://doi.org/10.4324/9781315840390.

Carlino, P. (2004). *Escribir, leer y aprender en la Universidad: Una introducción a la alfabetización académica*. Fondo de Cultura Económica.

Carlino, P. (2013). Alfabetización académica diez años después. *RMIE, 18*(57), 355–381.

Castro-Gómez, S. (2007). Decolonizar la universidad. La hybris del punto cero y el diálogo de saberes. In S. Castro-Gómez & R. Grosfoguel (Eds.), *El giro decolonial. Reflexiones para una diversidad epistémica más allá del capitalismo global* (pp. 79–91). Siglo del Hombre Editores.

Chartier, R. (1998). Les practiques de l'écrit. In P. Aries & G. Duby (Eds.), *Histoire de la vie privée* (tome 3, pp. 113–162). Seuil.

Coffin, C., & Donohue, J. (2012). English for Academic Purposes: Contributions from Systemic Functional Linguistics and Academic Literacies. *Journal of English for Academic Purposes, 11*(1), 1–3. http://doi.org/10.1016/j.jeap.2011.11.008.

Coleman, L. (2016). Asserting academic legitimacy: The influence of the University of Technology sectoral agendas on curriculum decision-making. *Teaching in Higher Education, 21*(4), 381–397. https://doi.org/10.1080/13562517.2016.1155548.

Coleman, L., & Thesen, L. (2018). Theory as a verb: Working with dilemmas in educational development. *Scholarship of Teaching and Learning in the South, 2*(1), 129–135. https://doi.org/10.36615/sotls.v2i1.53.

Connell, R, Collyer, F., J. Maia, & Morrell, R. (2017). Toward a global sociology of knowledge: Post-colonial realities and intellectual practices. *International Sociology, 32*(1), 21–37. https://doi.org/10.1177/0268580916676913.

Corrêa, M. G. (2004). *O modo heterogêneo de constituçao da escrita*. Martins Fontes.

Curry, M. J., & Lillis, T. (2004). Multilingual scholars and the imperative to publish in English: Negotiating interests, demands, and rewards. *TESOL Quarterly, 38*(4), 663–688. http://doi.org/10.2307/3588284.

Delcambre, I. & Donahue, T. (2015). What's at stake in different traditions? Les littéracies Universitaires and Academic Literacies. In T. Lillis, K. Harrington, M. R. Lea, & S. Mitchell (Eds.), *Working with Academic Literacies: Case studies towards transformative practice* (pp. 227–236). The WAC Clearinghouse; Parlor Press. https://doi.org/10.37514/PER-B.2015.0674.

Donahue, C. (2008). *Ecrire à l'université: Analyse comparée en France et aux Etats-Unis*. Presses Universitaires du Septentrion. https://doi.org/10.7202/044006ar.

English, F. (2011). *Student writing and genre: Reconfiguring academic knowledge*. Bloomsbury.

Fairclough, N. (1992). *Discourse and social change*. Polity.

Fiad, R. S. (2016). *Letramentos acadêmicos: Contextos, praticas e persepções*. Pedro e João Editores.

Fraenkel, B. (2007). Actes d'écriture: Quand écrire c'est faire. *Langage et Société*, *121–122*, 101–112. https://doi.org/10.3917/ls.121.0101.

Gardener, S. (1992). *The long word club: The development of written language within Adult Fresh Start and Return to Learning Programmes*. Research and Practice in Adult Literacy (RaPAL).

Gimenez, J., & Thomas, P. (2015). A framework for usable pedagogy: Case studies towards accessibility, criticality and visibility (pp.29–44). In T. Lillis, K. Harrington, M. Lea, & S. Mitchell (Eds.), *Working with academic literacies: Case studies towards transformative practice*. The WAC Clearinghouse; Parlor Press. https://doi.org/10.37514/PER-B.2015.0674.2.01.

Haggis, T. (2003). Constructing images of ourselves? A critical investigation into "approaches to learning" research in higher education. *British Educational Research Journal*, *29*(1), 89–104. https://doi.org/10.1080/0141192032000057401

Harvey, S., & Stocks, P. (2017). When arts meet enterprise: Transdiciplinarity, student identities and EAP. *London Review of Education*, *15*(1). https://doi.org/10.18546/LRE.15.1.05.

Harwood, N., & Hadley, G. (2004). Demystifying institutional practices: Critical pragmatism and the teaching of academic writing. *English for Specific purposes*, *23*(4), 355–377. https://doi.org/10.1016/j.esp.2003.08.001.

HESA. (2018). Higher Education Student Statistics: UK, 2016/17: Student numbers and characteristics.

Horner, B., & Lu, M. Z. (1999). *Representing the other: basic writers and the teaching of basic writing*. National Council of Teachers of English.

Ivanič, R. (1998). *Writing and identity: The discoursal construction of identity in academic writing*. John Benjamins. https://doi.org/10.1075/swll.5.

Ivanič, R., Edwards, R., Barton, D., Martin-Jones, M., Fowler, Z., Hughes, B., Mannion, G., Miller, K. Satchwell, C., & Smith. J. (2009). *Improving learning in college: rethinking literacies across the curriculum*. Routledge.

Jones, C., Turner, J., & Street, B. (1999). *Students writing in the university: Cultural and epistemological issues*. John Benjamins. https://doi.org/10.1075/swll.8.

Kapp, R. (2012). Students' negotiations of English and literacy in a time of social change. *Journal of Advanced Composition*, *32*(3–4), 591–614.

Kenway, J., & Fahey, J. (2009). *Globalizing the research imagination*. Routledge.

Gentil, G. (2019). Translanguaging and multilingual academic literacies: How do we translate that into French? Should we? Pour en faire quoi ? (et pourquoi s'en faire?). Proceedings from the CCERBAL Conference 2018. Translanguaging and multilingual academic literacies. *Cahiers de L'ILOB*, *10*, 3–41. https://doi.org/10.18192/olbiwp.v10i0.3831.

Horner, B., NeCamp, S., & Donahue, C. (2011). Toward a multilingual composition scholarship: from English only to a translingual norm. *College Composition and Communication, 63*(2), 269–300.

Lea, M. (1994). "I thought I could write until I came here": Student writing in higher education. In D. Graddol & S. Thomas (Eds.), *Language in a changing Europe* (pp. 64–72). BAAL; Multilingual Matters.

Lea, M. (2004). Academic Literacies: A pedagogy for course design. *Studies in Higher Education, 29*(6), 739–756. https://doi.org/10.1080/0307507042000287230.

Lea, M., & Stierer, B. (Eds.). (2000). *Student writing in higher education: New contexts*. Society for Research into Higher Education.

Lea, M., & Jones, S. (2010). Digital literacies in higher education: Exploring textual and technological practice. *Studies in Higher Education, 36*(4), 377–93. https://doi.org/10.1080/03075071003664021

Lea, M., & Street, B. (1998). Student writing in higher education: An Academic Literacies approach, *Studies in Higher Education, 23*(2), 157–172. https://doi.org/10.1080/03075079812331380364.

Lewis, G., Jones, B., & Baker, C. (2012). Translanguaging: Origins and development from school to street and beyond. *Educational Research and Evaluation, 18*(7), 641–654. https://doi.org/10.1080/13803611.2012.718488

Lillis, T. (1997). New voices in academia? The regulative nature of academic writing conventions. *Language and Education, 11*(3), 182–199. https://doi.org/10.1080/09500789708666727.

Lillis, T. (2001). *Student writing: Access, regulation, desire*. Routledge.

Lillis, T. (2011). Legitimizing dialogue as textual and ideological goal in academic writing for assessment and publication. *Arts and Humanities in Higher Education, 10*(4), 401–432. https://doi.org/10.1177/1474022211398106.

Lillis, T. (2014). Academic Literacies. In C. Leung & B. Street (Eds.), *The Routledge companion to English language studies* (pp. 361–375). Routledge.

Lillis, T. (2018). Resistir regímenes de evaluación en el estudio del escribir: hacia un imaginario enriquecido, *Signo y Pensamiento, 36*(71), 66–81.

Lillis, T., & Curry, M. J. (2010). *Academic writing in a global context: The politics and practices of publishing in English*. Routledge.

Lillis, T., & Curry, M. J. (2015). The politics of English, language and uptake: The case of international academic journal article reviews. *AILA Review, 28*(1), 127–150. https://doi.org/10.1075/aila.28.06lil.

Lillis, T., Harrington, K., Lea, M., & S. Mitchell (Eds.). (2015). *Working with academic literacies: Case studies towards transformative practice*. The WAC Clearinghouse; Parlor Press. https://doi.org/10.37514/PER-B.2015.0674.

Lillis, T., & Scott, M. (2007). Defining Academic Literacies research: Issues of epistemology, ideology and strategy. *Journal of Applied Linguistics, 4*(1), 5–32. https://doi.org/10.1558/japl.v4i1.5

Lillis, T., Hewings, A., Vladimirou, D., & Curry, M. J. (2010). The geolinguistics of English as an academic lingua franca: Ctation practices across English-medium national and English-medium international journals. *International Journal of*

Applied Linguistics, 20(1), 111–135. https://doi.org/10.1111/j.1473-4192.2009.00233.x.

Lillis, T., & Tuck. (2015). Academic Literacies: A critical lens on writing and reading in the academy. In K. Hyland & P. Shaw (Eds.), *The Routledge handbook of English for Academic Purposes* (pp. 30–43). Routledge.

Lovera Falcón, P., & Uribe Gajardo, F. (2017). Hacia una didáctica crítico-reflexiva en la enseñanza de la escritura en la educación superior. *Lenguas Modernas, 50*, 91–108.

Lu, M. Z. (1987). From silence to words: Writing as struggle. *College English, 49*(4), 437–448.

Lu, M. Z., & Horner, B. (2013). Translingual literacy, language difference and matters of agency. *College English, 75*(6), 582–607.

Martinand, J. L. (1986). *Connaitre et transformer la matière*. Peter Lang.

Mbembe, A. (2001). *On the postcolony*. University of California Press.

McKenna, C. (2012). Digital texts and the construction of writerly spaces: Academic writing in hypertext. *Pratiques: Litteracies universitaires: Nouvelles perspectives, 153–154*, 211–229. https://doi.org/10.4000/pratiques.1996

McKenna, C. (2015). Digital writing as transformative: instantiating Academic Literacies in theory and practice. In T. Lillis, K. Harrington, M. Lea & S. Mitchell (Eds.), *Working with Academic Literacies: Case studies towards transformative practice* (pp. 317–325). The WAC Clearinghouse; Parlor Press. https://doi.org/10.37514/PER-B.2015.0674.2.24.

McKenna, S. (2004). The intersection between Academic Literacies and student identities. *South African Journal of Higher Education, 18*(3), 269–280. https://doi.org/10.4314/sajhe.v18i3.25496

McMullan, J. (2018). Becoming a researcher: Re-inventing writing spaces. *Journal of English for Academic Purposes, 32*, 21–31. https://doi.org/10.1016/j.jeap.2018.03.005.

Mignolo, W. (2000). *Local histories/global designs: Coloniality, subaltern knowledges, and border thinking*. Princeton University Press.

Montes Silva, M. E., & López Bonilla, G. (2017). Literacidad y alfabetización disciplinar: enfoques teóricos y propuestas pedagógicas. *Perfiles educativos, 39*(155), 162–178.

Natale, L., & Stagnaro, D. (2018). *La lectura y la escritura en las disciplinas: Lineamientos para su enseñanza*. Ediciones Universidad Nacional de General Sarmiento.

Navarro, F. (2017). Estudios latinoamericanos de la escritura en educación superior y contextos profesionales: Hacia la configuración de un campo disciplinar propio. *Lenguas Modernas, 50*, 9–14.

Paxton, M., & Frith, V. (2014). Implications of Academic Literacies Research for Knowledge Making and Curriculum Design. *Higher Education, 67*(2), 171–182. https://doi.org/10.1007/s10734-013-9675-z.

Prior, P. (1998). *Writing/Disciplinarity: A sociohistoric account of literate activity in the academy*. Lawrence Erlbaum Associates. https://doi.org/10.4324/9780203810651.

Rai, L. (2004). Exploring literacy in social work education: A social practices approach to student writing. *Social Work Education, 23*(2), 149–162. https://doi.org/10.1080/0261547042000209170.

Russell, D. (2002). *Writing in the academic disciplines 1870 - 1990: A curricular history* (2nd ed.). Southern Illinois University Press.

Scott, M. (1999). Agency and subjectivity in student writing. In C. Jones, J. Turner, & B. Street (Eds.), *Student writing in the university: Cultural and epistemological issues* (pp. 171–191). John Benjamins.

Scott, M. (Ed.). (2017). Academic literacies [Special Issue]. *London Review of Education, 14*(1).

Soudien, C. (2011). Grasping the nettle? South African higher education and its transformative imperatives. *South African Journal of Higher Education, 24*(6), 881–896.

Street, B. (1984). *Literacy in theory and practice*. Cambridge University Press.

Street, B. (2015). Revisiting the question of transformation in academic literacies. In T. Lillis, K. Harrington, M. Lea, & S. Mitchell (Eds.), *Working with academic literacies: Case studies towards transformative practice* (pp. 383–390). The WAC Clearinghouse; Parlor Press. https://doi.org/10.37514/PER-B.2015.0674.

Swales, J. M. (1990). *Genre analysis*. Cambridge University Press.

Swales, J. M. (1997). English as Tyrannosaurus rex. *World Englishes, 16*(3) 373–382.

Swales, J. M. (1998). *Other floors, other voices: A textography of a small university building*. Laurence Elrbaum Associates.

Thesen, L. (1997). Voices, discourse and transition: In search of new categories in EAP. *TESOL Quarterly, 31*(3), 487–511. https://doi.org/10.2307/3587835.

Thesen, L., & Cooper, L. (Eds.). (2014). *Risk in academic writing: Postgraduate students, their teachers and the making of knowledge*. Multilingual Matters. https://doi.org/10.21832/9781783091065.

Thesen, L., & Van Pletzen, E. (Eds.). (2006). *Academic literacy and the languages of change*. Continuum.

Tuck, J. (2018) *Academics engaging with student writing: Working at the higher education textface*. Routledge. https://doi.org/10.4324/9781315667706.

Turner, J. (2011). *Language in the academy: cultural reflexivity and intercultural dynamics*. Multilingual Matters. https://doi.org/10.21832/9781847693235.

Turner, J. (2012). Academic literacies: Providing a space for the socio-political dynamics of EAP. *Journal of English for Academic Purposes, 11*(1), 17–25. https://doi.org/10.1016/j.jeap.2011.11.007.

Turner, J. (2018). *On writtenness. The cultural politics of academic writing*. Bloomsbury.

UNESCO. (2009). *UNESCO Forum on Higher Education, Research and Knowledge, 7*. https://unesdoc.unesco.org/ark:/48223/pf0000190326.

Universities UK. (2017). *Patterns and trends in UK Education*.

Wingate, U., & Tribble, C. (2012). The best of both worlds? Towards an English for academic purposes/academic literacies writing pedagogy. *Studies in Higher Education, 37*(4), 481–95. https://doi.org/10.1080/03075079.2010.525630.

Zavala, V. (2008). La literacidad, o lo que la gente "hace" con la lectura y la escritura. *Textos de Didáctica de la Lengua y la Literatura, 47*, 71–79.

Zavala, V. (2009). ¿Quién está diciendo eso? Literacidad académica, identidad y poder en la educación superior. In J. Kalman y B. Street (Eds.). *Lectura, escritura y matemáticas como prácticas sociales: Diálogos con América Latina* (pp. 348–363). Siglo XXI/ CrEFAL.

2

The Secret Cure for What Ails Large-Scale Writing Assessment: Teachers and their Students

Bob Broad
Illinois State University, USA

Abstract / Resumen / Resumo

Teachers and their students should play leading, authoritative roles in designing large-scale assessments and judging students' writing. They are in the best position to generate high-quality evaluations using affordable, sustainable, and educationally beneficial assessment methods. The success of this new assessment regime—developing assessments more rigorous, more valid, and fairer than what currently predominates—will depend on investment of time and money in building teacher-led professional education networks around writing assessment. Instead of distorting and corrupting the work of teachers and students as reductive standardized tests have done, large-scale writing assessment could provide a powerful educational opportunity and responsibility for these teachers and students. We already educate and reward teachers for guiding and assessing our students' rhetorical accomplishments; a teacher- and student-led portfolio assessment culture would re-invest assessment resources where they provide the best possible return: in the professionalization of writing teachers and the rhetorical development of students.

Profesores y estudiantes deberían encabezar el diseño e implementación de evaluaciones de escritura a gran escala. Dichos actores son los más aptos para crear mediciones de calidad usando métodos asequibles, sostenibles y educacionalmente ventajosos. El éxito de este nuevo régimen evaluativo —más riguroso, válido y justo que los actuales— requiere invertir decididamente tiempo y dinero en construir redes profesionales educativas lideradas por profesores, en torno a la evaluación de escritura. En lugar de distorsionar y corromper el trabajo de profesores y estudiantes, como lo han hecho las pruebas estandarizadas, las evaluaciones de escritura a gran escala proveerían una poderosa oportunidad y responsabilidad educativa. Ya educamos y premiamos a los profesores por orientar los logros retóricos de nuestros estudiantes; una cultura evaluativa basada en portafolios, liderada por profesores y estudiantes permitiría reinvertir recursos de medición allí donde reportan mayores rendimientos: la profesionalización de profesores y el desarrollo retórico de los estudiantes.

Professores e estudantes deveriam encabeçar a elaboração e implementação de avaliações de escrita em grande escala. Ditos atores são os mais aptos para criarem medições de qualidade usando métodos acessíveis, sustentáveis e educacionalmente vantajosos. O sucesso deste novo regime avaliativo —mais rigoroso, válido e justo do que os atuais— requer investir decididamente tempo e dinheiro em construir redes profissionais educativas lideradas por professores, em torno da avaliação de escrita. Ao invés de distorcer e corromper o trabalho de professores e estudantes, como têm feito as provas padronizadas, as avaliações da escrita em grande escala proveriam uma poderosa oportunidade e responsabilidade educativa. Já educamos e premiamos os professores por orientarem as conquistas retóricas dos nossos estudantes; uma cultura avaliativa baseada em portfólios, liderada por professores e estudantes permitiria reinvestir recursos de medição ali onde reportam maiores rendimentos: a profissionalização de professores e o desenvolvimento retórico dos estudantes.

No. The teachers should do that work themselves . . . We want to do it ourselves (Gray, 2009, p. 20)

Assessments of written literacy should be designed and evaluated by well-informed current or future teachers of the students being assessed (CCCC, 2014)

Every literate society asks (or should ask) itself a set of important questions about how its youth learn to write:[1]

- How (using what strategies and processes) and what (in what rhetorical situations or genres) do our students write?

---

[1] In developing and refining this chapter, I benefitted from helpful reviews and suggestions provided by David Slomp, Natalia Ávila Reyes, and an anonymous reviewer. Their comments helped me clarify and strengthen my discussion significantly. Any shortcomings of my work are solely my responsibility.

- How and how well have we (teachers of writing) prepared our students for the rhetorical demands of work, of university studies, and of life in democratic society?
- What knowledge, skills, and dispositions around composition do our students offer the world?

These are urgent questions to which large-scale writing assessment (LSWA) provides large-scale answers. The question on which this chapter is focused is: Who should design these large-scale writing assessments and who should carry them out? In case you didn't notice yet, my answer is presented in the sub-title of this chapter: Teachers and their students should play leading, authoritative roles in designing assessments and judging students' writing. They are in the best position to generate high-quality answers to the questions above using affordable, sustainable, and educationally beneficial assessment methods. Closely tied to the "who" part of this assessment argument is a "what" component: In place of standardized writing tests (e.g., timed impromptu exams) that drastically diminish the ancient and robust construct of the rhetorical arts, LSWA needs to (re-)take the form of portfolio assessments. The success of this new assessment regime—developing assessments more rigorous, more valid, and fairer than what currently predominates—will depend on substantial investment of money and time in building networks of teacher professional education around writing assessment issues. Producers of standardized tests, meanwhile, should be restricted to advisory roles in this crucial educational project.

Such a teacher- and student-led writing assessment culture is not, however, the status quo. In the United States and in many other societies, policymakers and the general public have outsourced responsibility for the assessment of students' rhetorical learning to testing corporations such as Cambridge Assessment International Education, the Educational Testing Service (ETS), Pearson, and ACT (formerly American College Testing). In fact, large-scale writing assessment generates billions of dollars in profits[2] annually for testing corporations and other measurement organizations—Pearson alone reports profits of £546 million for 2018. This is a winning scenario for the corporations and a terrible loss for education. For purposes both fiscal and educational, we should instead invest that money in developing localized, teacher-led assessment approaches like the award-winning systems pioneered in the 1990s in

---

2   Contrary to what many people assume, non-profit corporations such as ETS and ACT can and do make substantial profits. They are simply required to use their profits to cover expenses (including salaries) to maintain their tax-exempt status. Note that non-profits are awarded tax-exempt status on the understanding that they serve the public interest, not private interests.

Kentucky as part of the Kentucky Education Reform Act (KERA) and in Vermont.[3] (Note, however, that the commercial testing industry recaptured the Kentucky and Vermont assessment systems in the late 2000s). The defining features of these two important U.S. historical exemplars of teacher- and student-led LSWA are:

1. With support and guidance from their teachers, students develop portfolios featuring a rich and diverse collection of rhetorical performances. (E.g., writing in school disciplines such as science, history, and art; literary analysis; political opinion; technical and professional writing; poetry, fiction, or non-fiction personal narrative).
2. The teachers who work directly with the students are the lead mentors and judges of their students' writing in this assessment system. Students engage deeply in self-evaluation of their work.
3. Students' collections of writing are judged in relation to a carefully developed set of writing standards (see examples below).

Some historical perspective on relationships between writing education and writing assessment will be helpful to this discussion, but I will only have room to gesture briefly toward useful resources by which readers can enrich their knowledge of histories of writing assessment. Norbert Elliot's *On a Scale: A Social History of Writing Assessment in America* (Elliot, 2005) is a highly useful history rendered by a researcher closely familiar with ETS. Less well-known but equally important is the same author's *Henry Chauncey: An American Life* (Elliot, 2014). In both books, Elliot carefully traces the complex and often fraught relationships between the standardized testing industry and the work of students and teachers in the schools; teachers are more beholden to principles and practices of literacy and democracy than to those of psychometrics and finances. Usefully, as I noted in a review (Broad, 2015) of *Henry Chauncey*, Elliot provides a detailed portrait of the ways in which Chauncey—founder of ETS—consciously chose to abandon an educational career in favor of the promise of launching a testing enterprise of significant economic, political, and cultural power.

Edward M. White's *Teaching and Assessing Writing* (White, 1994) demonstrates the author's monumental efforts to translate the ideology and methods of large-scale assessment (developed by Chauncey, ETS, ACT, and others during the 20th century) to serve the needs of university writing programs.

---

3   For in-depth background on the Vermont writing portfolio assessment system, see Hewitt, 1995. Regarding the Kentucky system, see Hillocks, 2002. For a history of holistic scoring in general, see Haswell and Elliot, 2019.

While I have been critical on multiple occasions of the extent to which White accepts and implements some of the methods of commercial standardized writing assessment, I also recognize the enormity of his struggle to develop assessment methods that would appear legitimate in the eyes of psychometricians while also staying true to the knowledge and values of teachers of writing such as White himself (Broad, 2012).

Tensions and conflicts between test-makers and teachers of writing (and their students) have run long and deep. For more than a century, teachers of writing have been sounding alarms about the detrimental effects of standardized testing on the teaching and learning of the rhetorical arts (Huot & O'Neill, 2009, p. 5). Consistently, however, testing organizations have brought to bear the power that Chauncey pursued and developed—economic, political, and cultural—to win lucrative contracts wresting authority for judgments of students' writing abilities from teachers' hands. Appeals to making assessment "scientific" and "objective" (see Aronowitz, 1988) are the chief persuasive tools by which this commercial enterprise has flourished. Now, however, there is bountiful reason to believe we should re-direct our investments in assessment away from corporations and toward teachers and their students.[4]

As successful as commercialized large-scale writing assessment has been politically, culturally, and economically, it has always struggled mightily to fulfill its most important responsibilities: to provide meaningful, useful, and trustworthy answers to questions about students' writing like those with which I opened this chapter. As educational professionals uniquely positioned to design and implement the best possible evaluations, teachers can and should be the leaders and authorities in large-scale writing assessment, and those teachers' students should also play a strong role. Newton (2017) supports this view when he argues in support of "purpose pluralism" in assessment design; Newton observes that, unlike most measurement specialists, teachers inevitably approach assessment with a pluralistic awareness of educational purposes. In a parallel argument, Flórez and Sammons (2013) demonstrate the ways in which "assessment for learning" as a concept and a practice brings together formative and summative assessment dynamics in support of teaching and learning.

---

4   As I work on final revisions to this chapter, the world—and especially the United States—is mired in a global COVID-19 pandemic. In this context, many U.S. colleges and universities have, at least temporarily, dropped their requirements for standardized college admissions tests. This scenario creates a new, possibly temporary, opportunity to make the case for localized, teacher-led, classroom-based, portfolio assessment systems like those for which I am advocating here.

Figure 2.1 sketches some of the most pressing conflicts and questions about large-scale writing assessment in language that I believe both psychometricians and educators will understand and agree with.

> Challenges of large-scale writing assessment—Collecting evidence to demonstrate:
>
> - **Validity**
>   How sound are the *inferences* we make based on the assessment results? How positive are the educational *consequences* of our assessments?
>
> - **Reliability**
>   Is evaluative diversity responsible and within appropriate limits?
>
> - **Fairness**
>   What populations are advantaged or disadvantaged by our assessments? (Note the connection to the *consequences* element of validity above.)
>
> - **Costs**
>   How sound are our investments of educational resources?

Figure 2.1. Paraphrased and adapted from Standards for Educational and Psychological Testing (American Educational Research Association [AERA] et al., 2014)

The first voice I wish to bring to discussion of these challenges comes from a unique perspective. Todd Farley spent fifteen years working in the standardized testing industry in the U.S. In 2009 he published *Making the Grades: My Misadventures in the Standardized Testing Industry* (Farley, 2009). The book is simultaneously extremely grim reading for teachers of writing and a hilarious exposé of this industry's foibles. Here is one burning question and answer Farley offers near the end of his book:

> What does it really mean to entrust decisions about this country's students, teachers, and schools to the massive standardized testing industry? . . . It means ignoring the conclusions about student abilities of this country's teachers—the people who instruct and nurture this country's children every single day. (Farley, 2009, pp. 241–2)

Note that in this excerpt Farley speaks directly to *both* of the key questions about validity that haunt the standardized testing industry. How sound are the *inferences* made about students' rhetorical abilities based on timed-impromptu test responses judged by under-paid, under-trained readers or by computers compared to the judgments made by teachers who work *daily* with these students? Farley's book helps to illustrate that the question is laughable. The author reports multiple instances in which testing corporations for which he worked engaged in outright fraud and deception. Even in the absence of such willful wrongdoing, the material circumstances of the testing situation (e.g., restricted time and absence of resources for research, response, and revision) render any resulting inferences profoundly dubious in comparison with judgments made by teachers who work with students over extended periods of time on a diverse range of projects, helping them to develop their understandings of rhetorical situations, to conduct research and analyses, and to compose and revise the multi-media texts by which students try to win their arguments.

Likewise, Farley shines light on the second key element of assessment validity noted in Figure 2.1: the educational *consequences* of standardized testing of writing. The status quo of outsourcing assessment devalues the pedagogy and judgment of the teachers into whose hands we entrust our children and their education. It's not just that the systematic disregard of teachers' insights, analyses, and judgments built into the standardized testing industry is demoralizing to teachers. It's also that those disempowering movements are based on false claims, on a calumny against teachers: that teachers are "biased" (whether for and/or against) in relation to their students. Maja Wilson makes a similar point in her book *Re-Imagining Writing Assessment: From Scales to Stories*:

> Educational policy ignores teachers' voices in the national educational discourse, treating [teachers] as problems to be solved, variables to be controlled, and villains to be held accountable through standards and testing. (Wilson, 2017, p. 135)

Teachers know their students abundantly well: their knowledge of their students' abilities and performances is strongly contextualized across varied projects and thus rich with invaluable data. While objectivist frameworks count this rich knowledge as a corrupting "bias," there are alternative frameworks of inquiry and value within which this special knowledge of teachers can and must be valued as a precious, irreplaceable resource rather than an epistemological and axiological liability (see Gallagher & Turley, 2012; Moss, 1994).

One of the most thoroughly researched portraits of large-scale writing assessment in the U.S. is George Hillocks's *The Testing Trap: How State Writing Assessments Control Learning* (Hillocks, 2002). As the book's title suggests, Hillocks is troubled by the corrupting relationships he found between standardized testing and teaching writing. Hillocks and his research team studied state-wide writing assessments in five of the fifty United States. In general, Hillocks's group became alarmed by the ways in which—and the extent to which—the products of testing corporations (and state institutions who employ the same classical psychometric methods) undermined and distorted teachers' and experts' efforts to improve writing instruction. The problem was particularly severe in Hillocks's (and my) home state of Illinois, where (at the time of the study) the statewide writing test (the Illinois Goals Assessment Program) was designed as a timed-impromptu exam. Hillocks calls special attention to the duress and constraints teachers feel when large-scale tests contradict what they know about teaching writing.

> I have quoted Mrs. Stafford at length to illustrate the process of indoctrination by the state. She feels powerless to resist the pressures from her own [school] administration and the state." (p. 132)

Hillocks's portrait of teachers' "powerlessness" to resist testing's "indoctrination" is vividly grim. However, LSWA need not be at odds with teachers' best teaching methods and professional judgments nor with our society's educational goals. To make large-scale writing assessment yield a positive return on our investments of education funds, we need to transform it into a system in which teachers and their students take on radically more—and more important—responsibilities.

A writing-assessment revolution like the one for which I am calling will not be easy to accomplish, and it will—based on the historical examples of Vermont and Kentucky mentioned above—be even more difficult to sustain in the face of powerful and sophisticated lobbying and marketing from testing corporations. As noted above, claims to objective and scientific assessment processes have been key marketing strategies for testing corporations since their inception. With the same gesture, commercialized test-makers have worked to cast aspersion on the value of teachers' knowledge about their students because that extensive knowledge is the single greatest threat to the commercial testing enterprise. After all, if we built our LSWA systems around teachers' rich and varied knowledge of their students' multi-dimensional rhetorical abilities, why would we waste money on a one-shot timed writing test?

The most useful piece of scholarship in considering relationships between these two frameworks (teaching vs. testing) is "Can There Be Validity without Reliability?" (Moss, 1994). As a parallel to Farley's book, Moss's innovative work in assessment theory comes from a scholar well versed and fully immersed in the discourses and frameworks of the testing industry. The author can see the strengths and weaknesses of these various frameworks, and makes the case for valuing each for its unique contributions. To paraphrase, Moss discusses two distinct and often opposing epistemological frameworks:

- Classical psychometrics (physical-science-based): Objectivist, context-free, unified, simplified, technical, statistical
- Hermeneutics (rhetoric-based): Interpretive, context-rich, diverse, complex, human judgments reached via collective critical conversation

The relevance of this analysis for the current discussion is obvious: Moss spotlights classical psychometrics as the predominant ideology guiding decisions about large-scale assessment, and then she carefully lays out the alternative hermeneutic tradition and discusses its potential to open up new possibilities for LSWA.

In a similar vein, Williamson (1994) notes three different approaches evident in the history of writing assessment. While the "factory model" has dominated since the rise of testing corporations in the early twentieth century, he highlights the educational assessment power of the even earlier "craft model." Williamson explains how within the craft model, the long-term, context-rich, personal working relationships between teachers and students become a prized resource for answering our urgent questions about students' learning and the quality of their rhetorical performances. The later success of the factory model of assessment depended in great part on de-valuing teachers' knowledge of their students' abilities.

Gallagher and Turley (2012) also champion teacher-driven writing assessment:

> Can teachers take the assessment reins and lead into the twenty-first century, considering our already busy, sometimes overwhelming, professional lives? This book answers, resoundingly, *Yes, we can*. (p. 13; emphasis original)

Gallagher and Turley (along with Hillocks, Williamson, and Moss) firmly believe that with support from graduate education and collective practice in maintaining assessment standards (AERA et al., 2014), teachers can "take the reins" of large-scale writing assessment. They also believe that teachers *should* take this leading role for the sake of the quality of the answers only they can find to the crucial assessment questions with which this chapter began.

In this brave new world of teacher-led LSWA, do psychometricians and testing corporations become completely irrelevant? Not necessarily. Les Perelman (2018), for example, envisions limited, useful supporting roles for those who currently control, design, and carry out assessments: "The role of psychometricians should be limited to technical issues, and teachers and writers should constitute the final authority on issues of validity and reliability" (p. 40).

Given the historically lopsided power dynamics between educators and testing corporations, the role of psychometricians would need to be very carefully monitored. But I agree with Perelman that these assessment technicians could play a crucial role, bringing their distinct perspectives on key issues like validity and reliability. In other words, these powerful concepts need to be re-imagined along the lines that Lynne (2004) lays out in *Coming to Terms: Theorizing Writing Assessment in Composition Studies*. They need to be re-cast so that they are understood and practiced in terms that make sense for educators, students, and the general public, and then psychometricians can offer input from within their distinct framework (the one that currently predominates).

Teachers played the sort of leadership roles we've been discussing in the historical examples mentioned several times (Vermont and Kentucky), and they continue to put forward substantive and innovative proposals for new LSWA programs, even if their proposals have generally been ignored. For example, in 2004 a group of teachers (Boyd et al., 2004) researched and published an article in the statewide teachers' journal *Illinois English Bulletin* proposing to replace the "IGAP" timed-impromptu test that Hillocks critiqued with a statewide writing portfolio system (the Illinois State Portfolio Assessment Program, or "ISPAW"), in which teachers would undergo rigorous professional preparation and then evaluate their own students' work locally: "[We] propose a statewide portfolio assessment program as a more rigorous, fair, valid, and beneficial method for assessing writing in Illinois" (Boyd et al., 2004, p. 18).

In addition to working out the precise cost of judging each portfolio and comparing it favorably to the cost of the current timed-impromptu statewide test, these teachers made some interesting arguments in favor of their proposal. One argument was financial: "Tax money . . . will no longer go to out-of-state [testing] corporations" (p. 18). So, legislators and taxpayers who feel protective of their investments in education are reassured that dollars devoted to assessment are also dollars devoted to education, instead of the status quo where assessment is outsourced to the benefit of testing corporations.

Another argument for ISPAW is closely linked to the "keep your money local" line of thinking. Funds invested in teacher-led assessment are funds invested in teachers' professional education: "Illinois teachers will receive opportunities for meaningful and enriching professional development . . . through participation in the portfolio assessment system" (p. 20).

These arguments bring us to the heart of what makes teacher-led LSWA necessary. Public education is one of the key pillars of representative democracy, and most developed societies seem strongly committed to paying for a decent education for their children. The testing industry, by contrast, undergoes frequent paroxysms driven by the latest test and the latest set of standards. For example, over the past twenty-five years in Illinois, teachers have witnessed the arrival and departure of a cavalcade of tests used to gauge secondary students' writing abilities statewide: IGAP, ISAT, nothing, PARCC, SAT with Essay, and whatever comes next. I believe we are ready for a shift, in which assessment regains its stability and trustworthiness by re-integrating with the education system we are already funding. This is a call to stop the outsourcing of LSWA and instead to invest assessment funds in the professional educators already teaching our children and evaluating their writing. "The teachers should do that work themselves . . . We want to do it ourselves" (Gray, 2000, p. 20).

Testing corporations have served their own interests in part by persuading educational and legislative leaders that assessment is too complicated and too technical for teachers to handle. David Slomp, Board of Governors Teaching Chair at the University of Lethbridge in Canada and editor of the international journal *Assessing Writing* strikingly makes the opposite case: we need teachers to do this work precisely because it is so complex and *only teachers can understand* those complexities since they face them every day as they help their students learn and grow as writers:

> The strongest argument for involving teachers in the process of large-scale writing assessment is the fact that when we measure writing ability, we are measuring something inherently unstable and complex—and when we take a developmental perspective, that complexity compounds exponentially. (Slomp, personal communication)

One of the most elegant and high-impact examples of teachers and students leading writing assessment is illustrated in Edward M. White's "The Scoring of Writing Portfolios: Phase 2" (2005). As most writing assessment scholars know, White devoted his career to helping colleges and universities design effective writing assessments, whether home-grown timed-impromptu tests or portfolio assessments like those implemented in the early 1990s at Miami University of Ohio, SUNY Stonybrook, and the University of Cincinnati. That was Phase 1. Phase 2 fits perfectly with the current discussion: Instead of sending students' texts or portfolios off to some other entity to be evaluated, in Phase 2 portfolio scoring, teachers and students work together intensively to investigate and document how and to what extent each student has (or has not) met key standards for writing performances.

There are several essential elements to Phase 2 portfolio scoring:

- Writing instruction proceeds with attention to whatever learning standards the institution deems most important, whether its own locally-developed set of standards (see Broad, 2003) or a profession-wide set of standards such as the "WPA Outcomes Statement for First-Year Composition (3.0)" (Council of Writing Program Administrators, 2014) or the "Framework for Success in Post-Secondary Writing" (Council of Writing Program Administrators, National Council of Teachers of English, & National Writing Project, 2011).

- Writing assessment features teachers and students working together to develop portfolios in which a collection of student-authored texts demonstrates each student's achievement of the designated standards.
- Students take on responsibility in their portfolio prefaces for carefully documenting and illustrating in detail how the components of their portfolios demonstrate their accomplishment of specific standards.
- The role of teachers then becomes a confirmatory one: Weighing in on how successfully each student-author documented and demonstrated their achievement of the standards.

White (2005) puts it this way:

> Phase 2 scoring . . . reinforces the entire point of portfolios by making the assessor of first resort the student submitting the portfolio, who, in the reflective letter, performs the self-assessment that is the true goal of all academic assessment. The faculty assessment then focuses on that student assessment. (p. 594)

This approach vividly illustrates students working with teachers to meet standards set by their local school, district, or state or by the wider profession of writing studies. Notice that the process is rhetorically and meta-cognitively sophisticated and complex (documenting how one's diverse writing performances show one's mastery of learning standards) but not technically obscure in ways that would require psychometric expertise. The crucial research questions are straightforward and were presented in the opening paragraph of this chapter: "How and how well have our students learned to write?" Valid and reliable answers to those questions can take forms as simple as designations of "proficient" vs. "not-yet-proficient," and the entire process of teaching, learning, and assessment can at last be coherent and mutually supportive.

Carrying forward the spirit of White's vision of student-led assessment, Navarro, Ávila Reyes, and Gómez Vera (2019) designed a remarkable writing test for university admissions purposes in Chile. While I stand in admiration of multiple characteristics of their test—and the multi-layered theoretical model they developed in support of the test's design—the principle most relevant to our discussion of teacher- and student-led LSWA is the authors' insistence on giving students more freedom and responsibility than is typical for standardized writing assessments:

> standardized writing tests should place the student in a position of authority, autonomy, and agency over the subject matter addressed, where he or she can draw on his or her previous knowledge, skills, and experience to solve the task (Camp, 2009) in a design that promotes "self-authorship" (Broad, 2003). (Navarro et al., 2019, p. 8)

The approach I am advocating in this chapter is strongly allied with the principles and practices of these assessment researchers; my argument is to extend the high value they place on honoring students' authority, autonomy, and agency to include teachers. I ask readers to envision what LSWA looks like when it acknowledges the authority, autonomy, and agency of students and their teachers.

I have presented a robust chorus of voices calling in unison for large-scale writing assessment to be brought under the control of classroom teachers and their students. If I have succeeded in persuading readers of this thesis, then another important issue needs to be addressed: the ways in which putting teachers in charge is a necessary but not sufficient condition for valid large-scale writing assessment. Two additional conditions must be met for the system to work optimally:

1. teachers must receive significant advanced education in teaching and assessing writing, and
2. the system must provide for what Pamela Moss calls "a critical dialogue" (p. 9) among professional peers as a warrant for evaluative decisions.

For starters, as Hillocks implored many years ago, teachers of writing need to undertake graduate study in the teaching of writing (writing studies, composition and rhetoric, etc.). Without significant knowledge of this field, teachers lack the necessary intellectual grounding and leverage from which to advocate for optimal teaching and assessment practices. Since in this chapter we are discussing how teachers can, should, and must take control of LSWA, we must add to Hillocks's prescription graduate study in the sub-field of writing *assessment*.[5]

---

5   For example, my university offers a "post-baccalaureate certificate in the teaching of writing," a series of six graduate courses that includes a course in writing assessment.

As discussed earlier regarding White's "The Scoring of Writing Portfolios: Phase 2," another crucial component of a teacher- and student-led writing assessment scheme is a wholesome and organically grown statement of what educators believe students need to learn. On the contemporary scene, such statements are typically described as "learning outcomes" or "learning standards." (Examples: CWPA Outcomes Statement; Framework for Success in Post-Secondary Writing Assessment; Common Core State Standards Initiative).

To clarify the point(s) at the heart of this discussion: When teachers pursue advanced education in writing studies and writing assessment and pair that education with meaningful and legitimate learning standards, then those teachers can guide their students through the process of learning how to succeed in a variety of rhetorical situations and learning how to document their successes (and shortcomings) as writers in relation to agreed-upon educational standards. Such a process provides everyone concerned—taxpayers, legislators, parents, students, teachers, and administrators—with robust, high-quality, trustworthy answers to our most urgent questions about students' rhetorical development.

Once this classroom-based work has been completed, a larger assessment system must be engaged. For reasons similar to those noted by Slomp (personal communication) and Moss (among others), the perspective of the classroom teacher who has worked with a particular student must hold a "privileged" place in the assessment conversation by which that student's work is judged. However, it is *not* satisfactory for that teacher to render judgment *alone*.

This brings us back to some of the claims (considered earlier) by which testing corporations persuaded educational systems to take assessment decisions out of the hands of teachers in the first place. Recall that the psychometricians promised to bring a scientific objectivity to testing processes. We now know that such claims are spurious at least in the context of literacy learning and rhetorical performances. The complexity and context-sensitivity of these activities generates dynamics by which interpretations and judgments will necessarily—and appropriately—diverge. Furthermore, principled differences among responsible judgments should be treated as a precious educational resource. "Objective assessment" is, in short, an oxymoron.

However, just because the offer of objectivity turns out to be illusory does not mean that teachers can or should be left to make high-stakes assessment decisions in isolation. To the contrary, Moss's discussion of widespread hermeneutic assessment practices makes clear that hermeneutics offers and requires a process for warranting assessment decisions (for demonstrating, that is, the validity and fairness of those decisions) that is far more effective than standardized testing's make-believe objectivity.

> a more hermeneutic approach to assessment would warrant interpretations in a critical dialogue among readers that challenged initial interpretations while privileging interpretations from readers most knowledgeable about the context of assessment. Initial disagreement among readers would not invalidate the assessment; rather it would provide an impetus for dialogue, debate, and enriched understanding informed by multiple perspectives as interpretations are refined and as decisions or actions are justified. "The community of inquirers must be a critical community, where dissent and reasoned disputation (and sustained efforts to overthrow even the most favored viewpoints) are welcomed as being central to the process of inquiry" (Phillips). The point is to discriminate between blind and enabling prejudices by critically testing them in the course of inquiry. (Moss, 1994, p. 9)

Again, in fairness to a half-century of testing corporation marketing campaigns, they raised a legitimate concern: that the teacher "most knowledgeable about the context of assessment" might also be rendering judgments affected by "blind prejudices" whether for or against a particular student or group of students. Fortunately, hermeneutic assessment offers a methodology for sorting out the blind from the enabling prejudices: structured, critical conversations among knowledgeable professional peers (Broad, 1997; Moss, 1994).

Currently in the United States, the blind prejudice par excellence is racism. Many societies, including the U.S., are currently struggling openly with histories of racial violence and oppression rooted in slavery, and seeking out possibilities and strategies for achieving racial justice. Within the sub-field of writing assessment, substantial and important work is ongoing on this topic (Inoue, 2015; Inoue & Poe, 2012; Poe et al., 2018). As with all other questions of justice and validity, teachers will need to educate themselves about racism in writing assessment and work together to struggle against that history and avoid future instances. I offer this bracing example as a reminder to readers that addressing the shortcomings of current large-scale writing assessment requires that teachers and students play leading roles, but putting those teachers and students in charge will mark the beginning, not the end, of the project of creating high-quality assessment programs to support rhetorical education.

Recall that in *The Testing Trap*, Hillocks lamented the "indoctrination" of teachers and the distortion of the teaching of writing that resulted from statewide timed-impromptu tests like the IGAP test in Illinois. A teacher- and student-led writing assessment culture (at the state or the national level) would turn such distortion and indoctrination on its head. Learning what is required of them to lead such assessment systems would be a highly valuable educational enterprise for both teachers and students. Teachers will learn histories, theories, and practices of teaching and assessing writing; students will grapple seriously with statements of rhetorical learning outcomes and work to analyze their own writing in relation to those outcomes.

In response to a draft of this chapter, a reader offered this pocket-sized sketch of the key steps in the proposed transformation of our cultures of writing assessment:

1. Help the public and political stakeholders understand the negative consequences of the status quo: undermining good teaching, confusing students about what makes writing successful.
2. Educate all stakeholders about the advantages of a teacher- and student-led model of writing assessment, based on theories and practices drawn from writing studies and rhetorical traditions.
3. Promote teachers' knowledge and expertise regarding the writing construct, writing pedagogies, and assessment theories. Invest money, time, and education in building teachers' expertise.
4. Build on the model of the National Writing Project, in which "teachers teach teachers" and support, critique, and enhance each other's teacher-research.
5. Continually gather and analyze systematic evidence of the various consequences (educational, ethical, political, economic, etc.) of this new assessment culture.
6. Innovate new solutions as they become needed and available.

The assessment revolution for which the voices highlighted here are calling will restore coherence to an educational ecosystem that has been disrupted for at least half a century: Instead of distorting and corrupting the work of teachers and students as reductive standardized writing tests have done for decades, large-scale writing assessment will once again provide a powerful educational opportunity and responsibility for those teachers and students. We already educate and reward teachers for guiding and assessing our students' diverse rhetorical accomplishments; a teacher- and student-led portfolio assessment culture will re-invest assessment resources where they provide the best possible return on that investment: in the professional education of writing teachers and the rhetorical development of our students.

References

American Educational Research Association, American Psychological Association & National Council on Measurement in Education. (2014). *Standards for educational and psychological testing*. American Educational Research Association.

Aronowitz, S. (1988). *Science as power*. University of Minnesota Press.

Boyd, M., Broad, B., Conant, B., Freaner, M., Kixmiller, L., Nussbaum, A., Parlier, S., Spangler, S.B., & Wike, C. (2004). Making statewide writing assessment rigorous, valid, and fair: The Illinois State Portfolio Assessment of Writing (ISPAW). *Illinois English Bulletin, 91*(3), 11–28.

Broad, B. (1997). Reciprocal authorities in communal writing assessment: Constructing textual value within a "new politics of inquiry." *Assessing Writing, 4*(2), 133–167. https://doi.org/10.1016/S1075-2935(97)80010-4.

Broad, B. (2003). *What we really value: Beyond rubrics in teaching and assessing writing*. Utah State University Press.

Broad, B. (2012). Mapping a dialectic with Edward M. White (in four scenes). In N. Elliot & L. Perelman (Eds.), *Writing assessment in the 21st century: Essays in honor of Edward M. White* (pp. 259–269). Hampton.

Broad, B. (2015). Book review: *Henry Chauncey: An American life* by Norbert Elliot. *Journal of Writing Assessment, 8*(1).

Conference on College Composition and Communication. (2009). *Writing assessment: A position statement*. National Council of Teachers of English.

English Language Arts Standards: Writing. (n.d.). *Common Core State Standards Initiative*.

Council of Writing Program Administrators. (2014). WPA outcomes statement for first-year composition (3.0). *WPA: Writing Program Administration, 38*(1), 129–143.

Council of Writing Program Administrators, National Council of Teachers of English, & National Writing Project. (2011). *Framework for success in postsecondary writing*.

Elliot, N. (2005). *On a scale: A social history of writing assessment in America*. Peter Lang.

Elliot, N. (2014). *Henry Chauncey: An American life* (1st new ed.). Peter Lang.

Farley, T. (2009). *Making the grades: My misadventures in the standardized testing industry*. Berrett-Koehler Publishers.

Flórez, M. T., & Sammons, P. (2013). *Assessment for learning: Effects and ompact*. University of Oxford.

Gallagher, C. W., & Turley, E. D. (2012). *Our better judgment: Teacher leadership for writing assessment*. National Council of Teachers of English.

Gray, J. (2000). *Teachers at the center: A memoir of the early years of the National Writing Project*. National Writing Project.

Haswell, R., & Elliot, N. (2019). *Early holistic scoring of writing: A theory, a history, a reflection*. Utah State University Press.

Hewitt, G. (1995). *A Portfolio Primer: Teaching, Collecting, and Assessing Student Writing*. Heinemann.

Hillocks, G. (2002). *The testing trap: How State writing assessments control learning.* Teachers College Press.

Huot, B., & O'Neill, P. (2009). Introduction. In B. Huot & P. O'Neill (Eds.), *Assessing writing: A critical sourcebook* (pp. 1–9). Bedford/St. Martin's.

Inoue, A. B. (2015). *Antiracist writing assessment ecologies: Teaching and assessing writing for a socially just future.* The WAC Clearinghouse; Parlor Press. https://doi.org/10.37514/PER-B.2015.0698.

Inoue, A. B., & Poe, M. (2012). *Race and writing assessment.* Peter Lang.

Lynne, P. (2004). *Coming to terms: Theorizing writing assessment in composition studies.* Utah State University Press.

Moss, P. A. (1994). Can there be validity without reliability? *Educational Researcher,* 23(2), 5–12. https://doi.org/10.2307/1176218.

Navarro, F., Ávila Reyes, N., & Gómez Vera, G. (2019). Validez y justicia: Hacia una evaluación significativa en pruebas estandarizadas de escritura. *Meta: Avaliação,* 11(31), 1–35.

Newton, P. E. (2017). There is more to educational measurement than measuring: The importance of embracing purpose pluralism. *Educational Measurement: Issues and Practice,* 36(2), 5–15. https://doi.org/10.1111/emip.12146.

Perelman, L. (2018). *Towards a new NAPLAN: Testing to the teaching.* NSW Teachers Federation.

Poe, M., Inoue, A. B., & Elliot, N. (Eds.) (2018). *Writing assessment, social justice, and the advancement of opportunity.* The WAC Clearinghouse; University Press of Colorado. https://doi.org/10.37514/PER-B.2018.0155.

White, E. M. (1994). *Teaching and assessing writing* (2nd ed.). Jossey-Bass.

White, E. M. (2005). The scoring of writing portfolios: Phase 2. *College Composition and Communication,* 56(4), 581–600.

Williamson, M. (1994). The worship of efficiency: Untangling theoretical and practical considerations in writing assessment. *Assessing Writing,* 1(2), 147–173. https://doi.org/10.1016/1075-2935(95)90021-7.

Wilson, M. (2017). *Reimagining writing assessment: From scales to stories.* Heinemann.

3 El Lenguaje Académico como Catalizador de la Equidad en la Educación Escolar

Alejandra Meneses
Pontificia Universidad Católica de Chile

Paola Uccelli
Harvard University, USA

Marcela Ruiz
Universidad Alberto Hurtado, Chile

Resumen / Abstract / Resumo

Actualmente, el aprendizaje de la escritura académica se considera un requisito fundamental para desenvolverse adecuadamente en contextos especializados de comunicación. Sin embargo, muchos estudiantes llegan a la universidad sin las habilidades de lenguaje necesarias para participar exitosamente en actividades de aprendizaje y evaluación. Las nuevas políticas educativas han promovido un acceso masivo a la educación superior, lo que ha aumentado la diversidad lingüística en el aula y con ello los desafíos de enseñanza del lenguaje académico. Si bien se cuenta con numerosos estudios sobre escritura académica en niveles universitarios, el desarrollo del lenguaje académico en edades escolares ha sido escasamente investigado. En este capítulo, se presenta el constructo de lenguaje académico transdisciplinar, así como evidencias empíricas sobre los desempeños de escolares chilenos. Además, se releva la contribución de estos desempeños en la comprensión lectora y en el aprendizaje de las disciplinas. El lenguaje académico es propuesto como catalizador de la equidad en contextos escolares.

Currently, learning academic writing is considered a fundamental requirement for university students to participate adequately in specialized communication contexts. However, numerous university students have not learned the language skills needed to participate in learning and assessment activities successfully. New educational policies have expanded access to Higher Education, resulting in greater linguistic diversity and, thus, more considerable challenges of teaching academic language. Although extensive research on academic writing the university level is available, few studies have focused on cross-disciplinary academic language during the school years. In this chapter, the construct of Core Academic Language Skills, as well as empirical evidence on the performance of Chilean students, is presented. Also, these skills' contribution to reading comprehension and learning in school discipline areas is discussed. Academic language is proposed as a catalyst for equity in school contexts.

Atualmente, o aprendizado da escrita acadêmica é considerado um requisito fundamental para desenrolar-se adequadamente em contextos especializados de comunicação. No entanto, muitos estudantes chegam à universidade sem as habilidades de linguagem necessárias para participarem com sucesso em atividades de aprendizagem e avaliação. As novas políticas educativas têm promovido um acesso massivo ao ensino superior, aumentando a diversidade linguística na sala de aula e os desafios de ensino da linguagem acadêmica. Embora existam numerosos estudos sobre escrita acadêmica em níveis universitários, o desenvolvimento da linguagem acadêmica em idades escolares tem sido escassamente investigado. Neste capítulo, apresenta-se teoricamente o constructo da linguagem acadêmica transdisciplinar, bem como evidências empíricas sobre os desempenhos de escolares chilenos. Além disso, destaca-se a contribuição destes desempenhos na compreensão leitora e no aprendizado das disciplinas. A linguagem acadêmica é proposta como catalisadora da equidade em contextos escolares.

En la actual sociedad del conocimiento, el dominio del lenguaje académico es un requisito fundamental para que los profesionales[1] se desenvuelvan adecuadamente en contextos complejos de comunicación y en tareas con demandas cognitivas altas (Budhai & Taddei, 2015; Grøver et al., 2019; Levy & Murnane, 2013). Más aún, las habilidades de lenguaje propias del registro académico

---

1   En este capítulo, se utiliza el género masculino como forma no marcada para referirse tanto a personas del género femenino como masculino. Esta opción se basa solo en la necesidad de simplificar las estructuras utilizadas con el fin de construir un discurso comprensible.

son cruciales no solo para la construcción del conocimiento y la participación activa y crítica en las prácticas profesionales y académicas de comunidades específicas, sino también para acceder a información sobre salud, así como participar en los ámbitos político y cívico (Grøver et al., 2019; LeVine et al., 2012). Por lo mismo, existe una constante preocupación en la educación superior por ofrecer más y mejores oportunidades de aprendizaje de escritura académica durante la formación inicial para preparar adecuadamente a los universitarios para el ejercicio profesional.

En Latinoamérica se han realizado diversos estudios sobre iniciativas para promover la escritura académica del estudiantado durante la educación terciaria (Ávila Reyes & Cortés, 2017; Colmenares, 2013; Concha et al., 2017; Errázuriz, 2012; García Negroni et al., 2005; Motta-Roth, 2012; Moyano, 2017; Navarro, 2017, 2018; Reyes et al., 2013). Estas investigaciones relevan que la masificación de la matrícula universitaria no implica necesariamente que los estudiantes hayan tenido suficiente acceso al registro académico durante su experiencia escolar. En la escuela, los estudiantes enfrentan los desafíos de aprender y construir conocimientos a través de un lenguaje más denso, compacto, distante que el lenguaje utilizado en las interacciones cotidianas (Schleppegrell, 2004; Snow & Uccelli, 2009; Uccelli, 2019). Por lo tanto, requieren de andamiajes que favorezcan el aprendizaje de géneros discursivos para la construcción del conocimiento disciplinar (Bazerman, 2017).

Dada la relevancia que alcanza el dominio del registro académico en la educación superior y dado que es sabido que el dominio de dicho registro comienza a desarrollarse desde los primeros años de escolaridad, llama la atención los escasos estudios enfocados en edades escolares. Además, a pesar de que el lenguaje académico es fundamental tanto para el acceso y la construcción del conocimiento como para la participación en la vida académica y profesional, las enormes diferencias individuales en el aprendizaje de este lenguaje afectan la equidad de oportunidades en el aprendizaje de la lectura y el rendimiento académico (Bazerman, 2017; Uccelli, Barr et al., 2015; Uccelli, 2019). Por lo tanto, una pregunta de investigación relevante desde el campo de la lingüística educacional es cómo ampliar los repertorios lingüísticos de los estudiantes con el fin de que puedan acceder a los conocimientos expertos que son transmitidos, discutidos e internalizados a través de discursos especializados construidos con recursos de lenguaje académico. Otra pregunta apremiante se vincula con los principios de enseñanza y prácticas pedagógicas específicas para disminuir las brechas en el dominio de este registro según el capital cultural de los estudiantes (Uccelli, Barr et al., 2015).

Desde una visión funcional del lenguaje (Berman & Ravid, 2009; Schleppegrell, 2004) y, en particular, desde un enfoque sociocultural y pragmático

(Snow & Uccelli, 2009; Uccelli, 2019), el dominio del lenguaje académico es propuesto como un catalizador de la equidad, puesto que en gran parte de las interacciones, los materiales y pruebas educativas, este registro se asume como sabido, sin que profesores, o diseñadores de materiales curriculares y de evaluaciones sean conscientes de las enormes diferencias individuales existentes. Los desempeños en lenguaje académico son maleables y dependen de las oportunidades que los estudiantes han tenido para su aprendizaje dentro y fuera de la escuela. Por lo tanto, el lenguaje es concebido desde este marco como una herramienta democratizadora, capaz de disminuir las brechas educativas. Esta propuesta es defendible en la medida que se cuente con investigación que demuestre cómo el lenguaje académico transdisciplinar contribuye a la configuración de las prácticas disciplinares especializadas y cómo las prácticas docentes basadas en la investigación pueden expandir estas habilidades de lenguaje con el fin último de empoderar a los estudiantes como agentes de su propio aprendizaje. La idea es diversificar sus repertorios lingüísticos y construirlos en armonía con otros usos que los estudiantes traen desde fuera de la escuela con respeto y valoración de todos los registros de su lengua.

Este capítulo tiene por objetivo aportar —desde una perspectiva sociopragmática y orientada pedagógicamente— en la conceptualización del lenguaje académico para el aprendizaje en la escuela, su relación con la literacidad disciplinar y las implicancias de su enseñanza explícita como catalizador de la equidad en la educación escolar.

Lenguaje Académico: Surgimiento del Concepto

El *lenguaje académico* fue conceptualizado inicialmente por Cummins (1979, 1980) en el campo de la enseñanza y el aprendizaje del inglés como segunda lengua. Cummins propuso que el dominio de una segunda lengua es dependiente de los contextos de uso: distinguió así entre una lengua para la interacción en contextos cotidianos (*Basic Interpersonal Communication*, BICS) y una lengua para la construcción de aprendizaje en contextos académicos (*Cognitive Academic Language Proficiency*, CALP). De esta manera, Cummins (1980) problematizó el supuesto dominio de una lengua general posible de ser medido independientemente de los contextos sociales en los que se crea y recrea, así como su relación con una inteligencia también general. El lenguaje académico fue definido por Cummins (1980) como aquel dominio que está estrechamente vinculado con el desarrollo de la literacidad tanto en L1 como en L2. Asimismo, planteó que este lenguaje académico se interrelaciona con tareas cognitivas más complejas y demandantes, actividades características de los contextos de aprendizaje escolar. Si bien Cummins postuló la diferenciación entre lenguaje académico y lenguaje cotidiano, no avanzó en determinar con especificidad qué desempeños correspondían a cada uno de estos registros ni a operacionalizar las diferencias entre ambos.

Desde el 2000, ha habido un aumento de estudios sobre lenguaje académico, cuyos propósitos fundamentales han sido caracterizar los recursos lingüísticos utilizados en los géneros discursivos producidos y comprendidos en los procesos de escolarización (Bailey, 2007; Bailey & Butler, 2003; Bailey & Heritage, 2008; Schleppegrell, 2001, 2004; Snow & Uccelli, 2009). Como plantean Brisk y Tian (2019), en las investigaciones de estas dos últimas décadas, a pesar de la diversidad de aproximaciones hacia el lenguaje académico, existe consenso sobre el carácter situado del lenguaje y cómo en el contexto escolar el conocimiento se construye a partir de un uso particular de este. Como planteaba Halliday (1980/2004), en la escuela no solo se *aprende lengua* y *sobre la lengua*, sino también *a través de la lengua*. Desde la Lingüística Sistémico-Funcional, Schleppegrell (2001, 2004) analizó los recursos léxico-gramaticales de géneros escolares usados frecuentemente en la escuela y propuso que el registro académico en inglés se caracterizaba por una mayor presencia de nominalizaciones, uso de oraciones con cláusulas incrustadas y sintagmas nominales extensos, entre otros. Por su parte, Snow y Uccelli (2009) —desde una aproximación sociopragmática y orientada pedagógicamente— diseñaron una agenda de investigación sobre lenguaje académico, cuyo principal objetivo era proponer un marco que permitiera avanzar más allá del inventario de recursos para determinar trayectorias de aprendizaje del lenguaje académico en relación con las prácticas de literacidad a lo largo de la escolaridad.

En síntesis, el *lenguaje académico* —lenguaje de la escuela o lenguaje para el aprendizaje— ha sido definido en esta última década como aquel lenguaje que media las actividades de lectura, escritura, aprendizaje y evaluación en los contextos escolares (Schleppegrell, 2004; Snow & Uccelli, 2009; Uccelli, 2019). Este lenguaje configura los discursos especializados que abordan temas abstractos, lógicamente conectados, basados en evidencia y con una voz epistémicamente reflexiva (Schleppegrell, 2004; Snow & Uccelli, 2009; Uccelli, 2019) y para ello se utilizan recursos discursivos y léxico-gramaticales que generan una mayor densidad, precisión y objetividad en la construcción de los contenidos, en comparación con los recursos utilizados en las interacciones cotidianas. Desde la lingüística educacional, se han relevado los desafíos que conlleva el aprendizaje del registro académico para los estudiantes escolares producto, en parte, de las pocas oportunidades de enseñanza explícita de estos recursos y construcciones (Christie, 2012a, 2012b; Schleppegrell, 2001, 2004; Snow & Uccelli, 2009).

Lenguaje Académico Escolar: Conceptualización desde una Teoría del Aprendizaje Orientada Pedagógicamente

Si bien distintos estudios han logrado caracterizar densa y cualitativamente los recursos del lenguaje académico en diferentes géneros discursivos escolares, solo recientemente la investigación ha demostrado que distintos conocimientos y habilidades sobre vocabulario, sintaxis y discurso operan empíricamente como un solo factor que predice significativamente la comprensión lectora de los estudiantes de educación primaria, en particular, en los años previos a la educación secundaria (Foorman et al., 2015; Kieffer et al., 2016).

En este capítulo, presentamos un constructo operacional para el lenguaje académico —tanto en inglés como en español— que especifica integradamente las habilidades que configuran este dominio de lenguaje y que está a la base de un instrumento psicométricamente validado para evaluar el dominio de los estudiantes entre los grados 4° y 8° (Uccelli, Barr et al., 2015; Uccelli, Phillips Galloway et al., 2015). En esta línea de investigación, el lenguaje académico transdisciplinar ha sido definido como un conjunto de habilidades de lenguaje utilizadas a través de las disciplinas escolares que abarca recursos léxico-gramaticales y discursivos recurrentes en géneros académicos escolares y poco frecuentes en situaciones coloquiales (Uccelli, Barr et al., 2015; Uccelli & Meneses, 2015; Uccelli, Phillips Galloway et al., 2015). Ciertamente, este constructo asume que estas habilidades se actualizan de maneras específicas en cada área del currículo escolar.

A partir de una revisión de propuestas teóricas e investigación empírica provenientes del análisis del discurso (Hyland, 2004), la lingüística de corpus (Biber & Conrad, 2009), la Lingüística Sistémico-Funcional (Schleppegrell, 2001, 2004), estudios sobre el desarrollo del lenguaje (Berman & Ravid, 2009), investigación cuantitativa sobre el lenguaje y sus relaciones con la lectura (Geva & Farnia, 2012; Kieffer & Lesaux, 2012; Perfetti & Stafura, 2014) y estudios etnográficos sobre literacidad (Cazden, 2001; Heath, 2012; Ochs, 1993), se ha desarrollado el constructo de *habilidades clave de lenguaje académico* (HCLA), cuya denominación en inglés es *Core Academic Language Skills* (CALS). Recientemente, para el español se ha operacionalizado dicho constructo (*Spanish Core Academic Language Skills* S-CALS) y se ha diseñado el instrumento de evaluación de lenguaje académico (ELA o S-CALS-I). Este utilizó como modelo el instrumento CALS-I en inglés; no obstante, se desarrolló, refinó y validó independientemente con estudiantes chilenos (Meneses, Uccelli et al., 2018).

Para el español, se definieron ocho habilidades de lenguaje académico receptivo, además del dominio del vocabulario académico transdisciplinar, y se crearon tareas para evaluarlas (Meneses, Uccelli et al., 2018). En la tabla 3.1

se presentan las habilidades medidas y las tareas del instrumento ELA validado psicométricamente con una muestra de 810 estudiantes chilenos entre 4° y 8° básico ($\alpha=.88$) (Meneses, Uccelli et al., 2018).

Tabla 3.1. Habilidades de Lenguaje Académico Transdisciplinar y Tareas del Instrumento ELA (Meneses, Uccelli et al., 2018)

Habilidad de lenguaje académico transdisciplinar	Descripción tarea
1. Desempaquetar y empaquetar nominalizaciones.	En el primer set de ítems, el estudiante lee una nominalización ("refutación"), la que debe descomponer para obtener la forma adecuada para una oración dada ("El científico logró refutar la hipótesis"). En el segundo set, el estudiante tiene que realizar el proceso inverso, es decir, se le presenta un verbo en infinitivo ("obtener") y se le pide formar la nominalización adecuada ("La obtención de energía es importante para vivir").
2. Organizar oraciones compactas y complejas.	El estudiante lee una oración simple con nominalización (oración compacta) o una oración compleja de una temática académica escolar en la que las palabras están desordenadas. La tarea consiste en organizar la oración con el fin de que sea gramatical ("ubica se en La población el valle donde agua. existe más").
3. Seleccionar conectores frecuentes en textos escolares académicos.	El estudiante lee dos oraciones y luego elige el conector académico adecuado para explicitar la relación lógica entre ellas. En el repertorio se encuentran conectores tales como "asimismo", "sin embargo", "por consiguiente", "por el contrario", entre otros.
4. Resolver anáforas conceptuales.	El estudiante lee un pasaje breve de un tema académico escolar con una extensión máxima de tres oraciones en el que se ha destacado una anáfora conceptual ("este fenómeno", "esta capacidad"). Luego selecciona de entre tres opciones el referente adecuado para dicha anáfora.
5. Determinar el grado de certeza de marcadores epistémicos.	El estudiante lee un escenario en el que se incluye una afirmación de algunos científicos sobre una roca (ej., "la roca viene del espacio"). Luego, se presenta una serie de oraciones con el mismo contenido proposicional, pero con distintos marcadores epistémicos ("es indudable que la roca viene del espacio", "es cuestionable que . . .", entre otras) y el estudiante debe determinar el grado de certeza de cada oración.
6. Seleccionar términos metalingüísticos apropiados a situaciones académicas.	El estudiante lee una afirmación (ej. "El recreo es el momento perfecto para hacer amigos") seguida por una breve intervención de una adolescente (Susana: "Un estudio reportó que el 92% de los estudiantes hizo nuevos amigos durante el recreo"). Luego, el estudiante debe elegir el término metalingüístico que mejor representa la intervención de la estudiante ("La respuesta de Susana presenta una evidencia").

Habilidad de lenguaje académico transdisciplinar	Descripción tarea
7. Organizar una secuencia argumentativa.	El estudiante lee una serie desordenada de oraciones que configuran una secuencia argumentativa lógica. A partir de los marcadores discursivos ("en conclusión", "por último", "por una parte", "por otra parte") y de los contenidos proposicionales de las oraciones, el estudiante debe ordenar la secuencia argumentativa.
8. Identificar definiciones en registro académico.	El estudiante lee tres definiciones diferentes con un contenido proposicional equivalente, pero que varían en cuán académico es el registro. Luego, el estudiante debe elegir la definición más adecuada para un diccionario académico para adultos (ej. "Un paraguas es un objeto que sirve de protección para la lluvia fabricado con tela impermeable").
9. Seleccionar palabras de vocabulario académico transdisciplinar.	El estudiante escoge la opción más adecuada para reemplazar una palabra de vocabulario académico transdisciplinar ("patrón", "interpretar", "relación", "ciclo", entre otras) que se presenta destacada en una oración. Los distractores corresponden a un término fonéticamente similar, otro más general y uno que opera en otro campo semántico.

ELA reveló diferencias significativas en el dominio de estas habilidades clave de lenguaje académico receptivo entre cursos, de manera que, como se esperaba, los estudiantes de cursos más avanzados demostraron un mayor dominio de las HCLA. Además, el instrumento captó variabilidad considerable incluso al interior de los cursos; es decir, estudiantes del mismo grado, y muchas veces, del mismo curso exhibieron diferencias marcadas en el dominio de estas habilidades (Meneses, Uccelli et al., 2018).

Ahora bien, además de investigar sobre las implicancias de las habilidades receptivas de lenguaje académico, también se ha comenzado a explorar la contribución de los recursos productivos de lenguaje académico en géneros escolares. Para ello, estudios recientes se han enfocado en recursos relacionados con las habilidades receptivas del constructo HCLA, tales como vocabulario académico y metalingüístico, nominalizaciones, marcadores discursivos y marcadores epistémicos (Meneses, Hugo et al., 2018). En este estudio se encontraron cambios significativos en el uso de estos recursos en explicaciones científicas producidas por estudiantes de 4° básico (Meneses, Hugo et al., 2018). Además, se ha determinado la relación entre este tipo de recursos productivos y la calidad de explicaciones y argumentaciones de tema general escritas por estudiantes de 8° básico (Figueroa et al., 2021).

Este constructo de lenguaje académico para el aprendizaje en la escuela, empíricamente validado, se ha concebido teóricamente desde una perspectiva sociocultural y pragmática, lo que implica que el aprendizaje del lenguaje se promueve a través de distintos contextos sociales de participación y, por lo tanto, el dominio del lenguaje en un determinado registro no asegura su dominio en otro (Uccelli, 2019). Asimismo, esta propuesta de lenguaje académico busca informar y orientar las decisiones pedagógicas con el fin de aumentar los repertorios lingüísticos de los estudiantes en edades escolares. Como plantean Grøver et al. (2019), la conceptualización del aprendizaje del lenguaje desde una teoría educativamente informada implica levantar evidencias sobre cómo se aprende a través del lenguaje y cómo promover a través de las interacciones orales, así como en las tareas de lectura y escritura, un lenguaje académico que favorezca la construcción del conocimiento.

Características del Lenguaje Académico para el Aprendizaje

Si bien en el campo de la lingüística educacional el concepto de lenguaje académico está extendido y existe consenso sobre los desafíos que enfrentan los estudiantes en sus procesos de escolarización debido en parte a su dominio insuficiente, esta propuesta no está exenta de controversias.

El Lenguaje Académico es tan Válido como Otros Registros que los Estudiantes van Aprendiendo para Desenvolverse en la Sociedad

Algunos autores (Flores, 2020; Poza, 2015) argumentan que el lenguaje académico corresponde a un registro hegemónico, que fomenta ideologías racistas y que desvaloriza las lenguas vernáculas; en consecuencia, se promueve sobre todo resisitir al lenguaje académico en cuanto forma legitimada desde una lógica de poder. Como plantean Jensen y Thompson (2020), la equidad en la enseñanza del lenguaje académico requiere una aproximación interdisciplinaria que promueva una reflexión significativa sobre el uso de lenguaje por parte de los estudiantes. Por lo tanto, toda propuesta educativa que promueva la equidad, más que fomentar la igualdad de oportunidades, discurso que invisibiliza las condiciones desiguales en que se desarrollan los procesos de aprendizaje (Zavala, 2019), necesita considerar la variedad de contextos de uso del lenguaje y desarrollar una reflexión metalingüística sobre el registro usado en la escuela para el aprendizaje (Jensen & Thompson, 2020).

Sin desconocer la desigualdad social y valorando la diversidad lingüística, planteamos que, más que una visión dicotómica entre registro coloquial y académico, la propuesta de Snow y Uccelli (2009) de un *continuum* favorece la validación de distintos registros para desenvolverse adecuadamente en diversos contextos comunicativos. Por consiguiente, la enseñanza del lenguaje académico no busca la imposición de un registro sobre otro, sino que se concibe desde la propuesta de Ravid y Tolchinsky (2002) como parte del desarrollo de la *flexibilidad retórica*. Como plantean Uccelli, Phillips Galloway y Qin (2020) se busca que los estudiantes desarrollen habilidades conscientes y críticas de las decisiones lingüísticas que toman al construir sus discursos según los requerimientos de las situaciones de interacción social. Por ende, se busca ampliar los repertorios discursivos y lingüísticos de los estudiantes con el fin de que estos puedan alcanzar de manera satisfactoria los objetivos sociales y comunicativos que se propongan. Por lo tanto, adoptamos el marco del *lenguaje para la literacidad escolar*, constructo que refiere a las prácticas socio-discursivas académicas y a las habilidades de lenguaje académico que los estudiantes aprenden gradualmente y que les permiten actuar flexiblemente en actividades de lectura, escritura y oralidad en la escuela (Uccelli et al., 2020).

El Lenguaje Académico es Desafiante para Todos los Estudiantes y No Solo para los Estudiantes Bilingües o para los Estudiantes de Contextos Vulnerables

Como se destacó anteriormente, el concepto de lenguaje académico surgió sobre todo en relación con el dominio del inglés como segunda lengua por parte de estudiantes bilingües (Cummins, 1979, 1980). Los estudios que se han realizado en inglés con una población escolar más amplia muestran que los estudiantes bilingües, así como los provenientes de contextos más vulnerables tienen un dominio más bajo de las habilidades clave de lenguaje académico (Uccelli, 2019; Uccelli, Barr et al., 2015; Uccelli, Phillips Galloway et al., 2015). De igual modo, en español, con una muestra de estudiantes chilenos entre 4° y 8° grado se encontró que los escolares de colegios con nivel socioeconómico alto obtuvieron un desempeño significativamente mayor que aquellos de colegios vulnerables. Sin embargo, en este estudio se demostraron diferencias individuales marcadas al interior de todos los colegios, incluso en el de nivel socioeconómico alto. Es importante destacar que la escuela no solo imparte nuevos conocimientos, sino que el aprendizaje a través de las disciplinas implica, además, el dominio de nuevas formas lingüísticas.

La revisión realizada por Truckenmiller, Park, Dabo y Wu Newton (2019) sobre enseñanza explícita del lenguaje académico muestra que las intervenciones tuvieron efectos positivos no solo con el grupo de estudiantes bilingües, sino también con los estudiantes cuya primera lengua es el inglés. Por lo tanto, el aprendizaje de lenguaje propio de la escuela beneficia a todos los estudiantes. Si bien algunos escolares en sus experiencias familiares pueden haber estado expuestos a interacciones que poseen algunos rasgos compartidos con el dominio del lenguaje académico —lenguaje sobre temas no presentes en discursos extendidos como la narración y la explicación (Uccelli et al., 2018)—, el lenguaje académico corresponde a un registro que todos los estudiantes aprenden a utilizar preferentemente en los contextos escolares en situaciones de aprendizaje y evaluación.

Principios para el Aprendizaje del Lenguaje Académico entre 4° y 8° Grado

La teorización y operacionalización sobre lenguaje académico ha permitido el avance de la investigación en el campo de la lingüística educacional y la contribución con evidencia empírica no solo en inglés, sino también en español sobre este registro. En esta sección, presentamos algunos principios para considerar en los procesos de enseñanza y aprendizaje del lenguaje académico en contextos escolares: (1) el lenguaje académico es uno de los registros que se desarrolla a través de la escolaridad; (2) existe una variabilidad de desempeños relevante en el dominio del lenguaje académico no solo entre cursos, sino al interior de los grupos; (3) el lenguaje académico contribuye significativamente en la comprensión lectora, en la calidad de la escritura y en el aprendizaje de las disciplinas; (4) el lenguaje académico es modificable; por lo tanto, su enseñanza explícita es fundamental para promover la equidad educativa; y (5) la construcción de una voz académica empodera a los estudiantes para aprender en las distintas disciplinas.

El Lenguaje Continúa Desarrollándose a través de la Escolaridad

La investigación en los últimos años ha mostrado que el lenguaje continúa desarrollándose a través de la escolaridad y, probablemente, a lo largo de la vida. Las personas navegan en un mayor número de nuevos contextos comunicativos que requieren recursos discursivos y léxico-gramaticales específicos para responder a los propósitos de distintos espacios de interacción social (Berman & Ravid, 2009; Nippold, 2007; Uccelli & Phillips Galloway, 2018).

Como señala Fang (2012), el lenguaje se desarrolla a través de la escolaridad en relación con los procesos de aprendizaje de la literacidad avanzando desde el aprendizaje del código y de los procesos de comprensión y producción hasta las prácticas disciplinares. En los géneros disciplinares, interactúan los conocimientos propios de las disciplinas con las demandas de un lenguaje académico a través del cual se construyen procesos más abstractos y no directamente vinculados con la experiencia cotidiana. Para ilustrar la relación entre temas, lenguaje académico y dominio de un género discursivo escolar, presentamos estos ejemplos de una muestra transversal de estudiantes chilenos entre 4° y 8° básico a los cuales se les pidió producir una definición de un sustantivo concreto ("caballo") y de uno abstracto ("miedo"). En la tabla 3.2, se encuentran las definiciones producidas para ambos sustantivos por parte del mismo estudiante en cada nivel.

Tabla 3.2. Definiciones Producidas por Estudiantes Chilenos para Sustantivos Concreto y Abstracto

	4°	5°	6°	7°	8°
Caballo	Un *animal* grande y rápido.	Es un *animal* manso tiene cuatro patas.	Es un *animal* herbívoro utilizado para movilizarse.	*Animal* cuadrúpedo, herbívoro, que se usa como transporte ya sea en carretas o con sillas de montar.	*Animal* mamífero usado para carreras y rodeos. Además es herbívoro.
Miedo	Arañas.	Cuando te asusta algo.	El miedo es un *sentimiento* que puedes tener como no me atrevo.	Es una *reacción* que tiene una persona al ver cosas terroríficas.	*Sentimiento* producido a la respuesta a lo desconocido o algo alterante o a un peligro imprevisto o desconocido.

Nota. *Hiperónimo* para categorizar.

Como se observa en la tabla 3.2, a pesar de que para todos los estudiantes el significado de estas dos palabras es claro y accesible, el lenguaje para expresar este signifcado muestra tendencias claras de desarrollo en los grados superiores. Es decir, la escolarización no solo implica nuevos conocimientos, sino además el desarrollo del lenguaje para poder acceder a ellos y poder construirlos. Además, cuando los contenidos son más abstractos, los desafíos del lenguaje suelen ser mayores. En la tabla 3.2, se observa que, para el sustantivo concreto, los estudiantes ofrecen una definición aristotélica (categorización + especificación) desde cuarto grado; sin embargo, son los estudiantes de 7° y 8° grados quienes logran una mayor precisión y condensación de la información a través de los adjetivos relacionales "herbívoro" y "cuadrúpedo".

En cambio, con el sustantivo abstracto solo los estudiantes de 6°, 7° y 8° grados produjeron una definición aristotélica. Estos ejemplos demuestran no solo que aún en la expresión de significados familiares el lenguaje académico varía a lo largo del desarrollo, sino además que la construcción de géneros discursivos escolares con lenguaje académico es más desafiante cuando se discuten temas abstractos.

Un área mínimamente desarrollada aún es el *incremento del lenguaje académico* a nivel individual. Phillips Galloway y Uccelli (2019) exploraron las trayectorias de desarrollo del lenguaje académico y de la comprensión lectora de estudiantes estadounidenses a lo largo de dos años académicos (6° y 7°). Encontraron que la mayor tasa de crecimiento significativo se detectó para el lenguaje académico receptivo y que este se relacionaba positivamente con el crecimiento de la comprensión lectora. Uccelli (2019) enfatiza que el estudio del crecimiento del lenguaje académico es una línea de investigación prometedora para comprender las continuidades y discontinuidades del desarrollo del lenguaje en contextos de aprendizaje y su relación con las prácticas de literacidad disciplinar. De este modo, en términos pedagógicos los docentes podrían anticipar retos específicos para grupos de estudiantes y diseñar, entonces, actividades que favorezcan el aprendizaje de este lenguaje con el fin de que puedan de manera diversificada enfrentar satisfactoriamente las demandas y expectativas de la literacidad disciplinar. En español, aún no se han realizado estudios enfocados en el crecimiento del lenguaje académico en situaciones específicas de enseñanza y aprendizaje.

El Lenguaje Académico Varía Significativamente al Interior de los Grupos

Un resultado similar se ha encontrado en las investigaciones en inglés y en español sobre la gran variabilidad en el dominio de estas habilidades receptivas de lenguaje académico transdisciplinar al interior del aula (Meneses, Uccelli et al., 2018; Uccelli, Barr et al., 2015; Uccelli, Phillips Galloway et al., 2015). En la investigación en español realizada por Meneses, Montenegro y Ruiz (2021), se encontraron diferencias individuales al interior de cursos de 4° grado en distintos grupos socioeconómicos (figura 3.1).

En la figura 3.1 se observa que, aunque existen diferencias significativas entre colegios según su nivel socioeconómico, también hay una enorme variabilidad de desempeños en lenguaje académico al interior de las aulas de 4° grado. Esto implica que los profesores, por una parte, requieren conocer los desempeños de lenguaje que son mediadores clave en el aprendizaje y, por otra, necesitan dominar prácticas pedagógicas para promover el aprendizaje del lenguaje académico para que todos los estudiantes puedan avanzar. Uccelli y Phillips Galloway (2018) enfatizan cómo la distribución de las habilidades de lenguaje académico demanda a los profesores conocimiento sobre estrategias específicas para andamiar el aprendizaje del lenguaje académico, sobre todo de los estudiantes que tienen un desempeño más bajo.

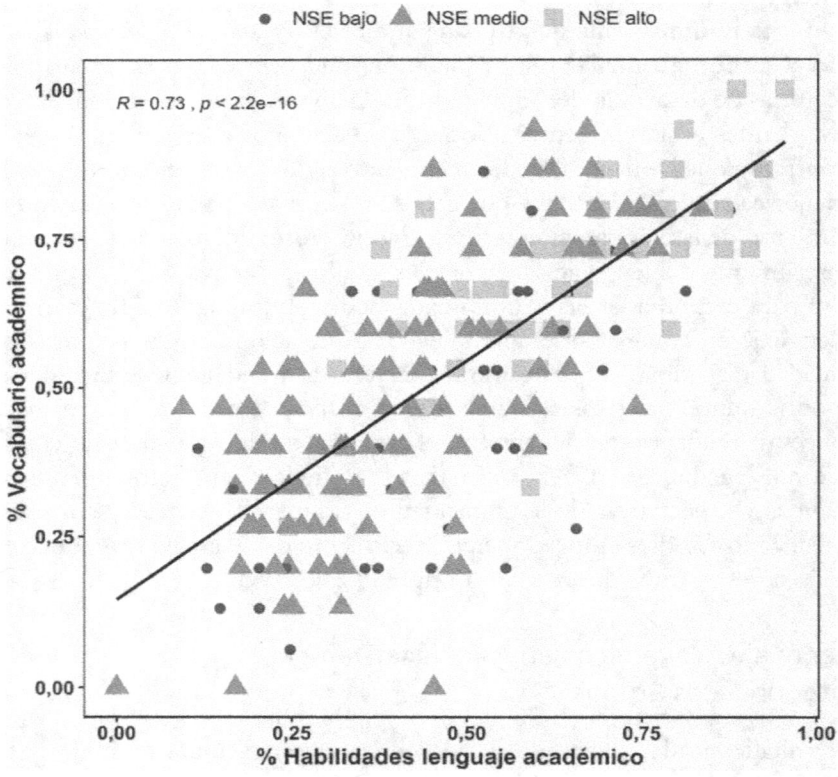

Figura 3.1. Gráfico de dispersión habilidades de lenguaje académico transdisciplinar y vocabulario académico (N =230 estudiantes chilenos de 4° grado)

El Lenguaje Académico Contribuye Significativamente en la Comprensión Lectora, la Escritura y el Aprendizaje en las Áreas Disciplinares

Diferentes estudios desarrollados con estudiantes estadounidenses de primaria han mostrado que el dominio de estas habilidades receptivas de lenguaje académico contribuye significativamente en la comprensión lectora alcanzada por los estudiantes entre 4° y 6° de educación primaria (Uccelli, Barr et al., 2015; Uccelli, Phillips Galloway et al. 2015). Los resultados en español son consistentes con la investigación realizada en inglés: se ha encontrado que el lenguaje académico contribuye significativamente en la comprensión lectora de textos expositivos de temas generales más allá del conocimiento del vocabulario académico, de la fluidez de la lectura y del nivel socioeconómico de los estudiantes, con una explicación del 63% de la varianza obtenida en comprensión lectora (Meneses, Uccelli et al., 2018). Por su parte, Figueroa et al. (2018) encontraron que el dominio de lenguaje académico receptivo es un predictor significativo en la calidad de argumentaciones (29% de la varianza) y de explicaciones (35%) escritas por estudiantes chilenos de 8° grado sobre un tema general. En síntesis, la investigación realizada tanto en inglés como en español demuestra la contribución significativa del lenguaje académico receptivo en la comprensión de lectura de textos de temáticas generales y en la calidad de géneros discursivos escolares no disciplinares.

En cuanto a las contribuciones del lenguaje académico en géneros disciplinares específicos, Phillips Galloway, Qin, Uccelli y Barr (2019) estudiaron la calidad de resúmenes de ciencias producidos por estudiantes de primaria y encontraron que las habilidades receptivas de lenguaje académico, el uso de recursos productivos de este lenguaje y la comprensión del texto fuente predicen la calidad de los resúmenes más allá de su extensión. En español solo se han realizado comparaciones exploratorias entre los recursos de lenguaje académico productivos utilizados por estudiantes de 4° básico en la producción de explicaciones científicas iniciales y finales con el fin de determinar la mayor efectividad de propuestas de enseñanza que integran los recursos léxico-gramaticales con las fases discursivas (Meneses, Hugo et al., 2018). Los resultados mostraron un aumento significativo en el mayor dominio de estos recursos en la propuesta de enseñanza integrada. Sin embargo, aún no se ha estudiado desde el constructo HCLA cómo estas habilidades receptivas y productivas de lenguaje académico contribuyen en los aprendizajes disciplinares ni en la calidad de la escritura de géneros disciplinares. En la tabla 3.3 se presentan ejemplos de escritura de una estudiante de 4° básico en los que se puede observar el progreso en el dominio del género discursivo explicación científica, en los recursos de lenguaje académico utilizados y en las relaciones que se establecen entre las ideas científicas para explicar el proceso de cambio de un estado sólido a líquido.

Tabla 3.3. Explicación Inicial y Final de una Estudiante de 4° Básico sobre el Cambio de un Estado Sólido a Líquido

Explicación inicial	Explicación final
Un material de **estado sólido** cambia a **líquido** porque debido a que se puede **evaporar**.	Una **materia** cambia de **estado sólido** a **líquido** debido a que el **cuerpo A** que está a **mayor temperatura** transfiere **calor** al **cuerpo B** que está a **menor temperatura**. Basado en el **experimento** del *derretimiento* del hielo se muestra que al entrar en contacto el hielo (menor t°) con el agua caliente (mayor t°) esta le transfiere **calor** al hielo causando que cambiara de **estado sólido** a **líquido**.

Nota. **Vocabulario académico disciplinar,** vocabulario académico transdisciplinar, nexos causales, marcador de fuente, *nominalización*.

El Lenguaje Académico es Modificable; por lo tanto, Puede Ser Enseñado Explícitamente

Las investigaciones realizadas sobre habilidades clave de lenguaje académico tanto en inglés como en español muestran que estas son modificables; esto quiere decir que, con los andamiajes adecuados ofrecidos por los docentes y por los materiales curriculares diseñados, es factible incrementar su dominio en los estudiantes. Como menciona la revisión de Truckenmiller et al. (2019), si bien la enseñanza explícita del lenguaje académico en inglés se ha enfocado, principalmente, en estudiantes bilingües, se ha visto que es efectiva también para estudiantes monolingües. Por su parte, Proctor, Silverman, Harring, Jones y Hartranft (2019) desarrollaron una intervención con estudiantes bilingües de 4° y 5° grados para trabajar en grupo pequeño de manera integrada habilidades de lenguaje académico y actividades de lectura y escritura sobre temáticas multiculturales. Los resultados mostraron efectos significativos en las habilidades de lenguaje académico, así como en la comprensión lectora.

En el contexto latinoamericano se han realizado pocas intervenciones para determinar los efectos mediadores del lenguaje académico en salas de educación básica. Meneses, Montenegro, Ruiz, Bedrossian et al. (2021) desarrollaron una secuencia de aprendizaje para aumentar el aprendizaje en ciencias a partir de la enseñanza explícita del lenguaje académico. Diseñaron e implementaron dos unidades didácticas para construir explicaciones científicas sobre el movimiento músculo-esquelético y el cambio de estado de la materia. Con un diseño de intervención, se exploraron los efectos en una muestra de 179 estudiantes a los cuales se evaluó al inicio y al final del año escolar en comprensión lectora, aprendizaje en ciencias, vocabulario académico y habilidades clave de lenguaje académico. Después de participar en una intervención que atendió intencional y estratégicamente a la enseñanza de prácticas científicas y lenguaje académico, se encontró que los estudiantes mostraron un progreso relevante. Los escolares aumentaron significativamente en todas las evaluaciones, con un mayor tamaño de efecto para el aprendizaje en ciencias ($d = 0.80$) y las habilidades receptivas de lenguaje académico ($d = 0.95$).

Construcción de una Voz Académica en los Estudiantes

Uccelli y Phillips Galloway (2018) plantean que la investigación sobre lenguaje académico no busca desvalorizar el lenguaje usado por los estudiantes en sus hogares o en otros contextos de interacción social, sino más bien pretende dar voz a los estudiantes para que puedan actuar en distintas situaciones. Por lo tanto, la enseñanza explícita del lenguaje académico favorece que los estudiantes puedan comprender las expectativas del uso de este lenguaje para el aprendizaje en la escuela y a través de las distintas disciplinas (Schleppegrell, 2001, 2004). Phillips Galloway, Dobbs, Olivo y Madigan (2019) proponen una enseñanza del lenguaje académico con principios socioculturales más amplios que permiten a los estudiantes expresar sus ideas en clases y aprender las variedades de su lengua para adecuarse a las distintas situaciones. También buscan empoderar a los estudiantes para que escojan el registro y los recursos que quieran usar según los objetivos de comunicación y los contextos en los que participen. En grupos focales, identificaron que los estudiantes aumentaron su comprensión de los discursos que se pueden construir con el lenguaje académico; por lo tanto, lograron proyectar una voz académica, aumentar su reflexión metalingüística y su agencia al concebirse como sujetos productores de sentidos. Como se mencionó, la propuesta de enseñanza de lenguaje académico se concibe desde el marco de la *flexibilidad retórica* (Ravid & Tolchinsky, 2002), puesto que se busca que los estudiantes tomen conciencia de las elecciones lingüísticas que hacen para construir conocimiento en las áreas disciplinares a través del lenguaje académico y cómo este se diferencia del lenguaje usado en otros contextos comunicativos. Por lo tanto, el objetivo último es la ampliación de los repertorios discursivos y lingüísticos de todos los estudiantes.

Proyecciones

En este capítulo, hemos profundizado en español sobre la conceptualización del lenguaje académico para el aprendizaje en contextos escolares, con especial atención al español (Uccelli & Meneses, 2015). Hemos presentado el constructo de habilidades clave de lenguaje académico (HCLA o CALS por sus siglas en inglés) como parte de un constructo más amplio (*lenguaje para la literacidad escolar*) que releva tanto las prácticas como las habilidades de lenguaje que los estudiantes tienen que ir aprendiendo a lo largo de la escolaridad para desenvolverse flexiblemente y construir conocimiento en las actividades de oralidad, lectura y escritura en las distintas áreas disciplinares (Uccelli, Phillips Galloway & Qin, 2020). Si bien en el contexto latinoamericano se han desarrollado caracterizaciones de los discursos utilizados en las aulas de las distintas disciplinas escolares, pocos estudios se han enfocado en determinar los efectos empíricos de intervenciones pedagógicas con enseñanza explícita del lenguaje académico a través del currículo escolar para favorecer el aprendizaje de todos.

Por lo tanto, la investigación sobre el lenguaje académico como mediador del aprendizaje en los contextos escolares, y no solo universitarios, permite visibilizar cómo el dominio de estos recursos discursivos y lingüísticos favorece la construcción del conocimiento en las disciplinas escolares. Asimismo, esta línea de investigación busca contribuir con evidencias empíricas al desarrollo de una práctica pedagógica basada en la investigación. Estos estudios tienen que ser realizados en asociación con escuelas, docentes y estudiantes para alcanzar la meta de implementar prácticas que, al prestar atención al lenguaje, faciliten que todos los estudiantes puedan acceder a la lectura, la escritura y el aprendizaje desde la educación básica. Como plantean Bazerman et al. (2016), el lenguaje académico se desarrolla a partir de experiencias permanentes a través de las cuales las personas aprenden sobre las expectativas de prácticas disciplinares y en este proceso acceden a los géneros específicos y a los recursos lingüísticos para la construcción de conocimiento en las distintas disciplinas escolares. Este capítulo contribuye, entonces, a visibilizar y explicitar el papel del lenguaje académico en el aprendizaje de las disciplinas escolares, sobre todo, en la literacidad intermedia y disciplinar.

Agradecimientos

Esta investigación ha sido financiada por ANID/CONICYT, FONDECYT REGULAR 1200882 y por el David Rockefeller Center for Latin American Studies, Harvard University, en el concurso *Santander Research Fund for Innovation and Education System* "Project CLIC! Improving Science Learning by Expanding Inquiry and Language Skills: Preparing an Innovative Intervention to reach Undeserved Latin American Schools." Las autores agradecen a Maximiliano Montenegro y Diego Torrealba por los análisis estadísticos y el trabajo de terreno. También a todo el equipo que ha trabajado en estos proyectos, así como a los profesores y estudiantes que abrieron sus aulas y confiaron en nosotras.

Referencias

Ávila Reyes, N., & Cortés, A. M. (2017). El género "informe de caso" en la formación inicial docente: una aproximación basada en la actividad. *Lenguas Modernas, 50*, 153–174.

Bailey, A. L. (Ed.) (2007). *The language demands of school: Putting academic English to the test.* Yale University Press.

Bailey, A., & Butler, F. (2003). *An evidentiary framework for operationalizing academic language for broad application to k–12 education: A design document.* Center for the Study of Evaluation, National Center for Research on Evaluation, Standards, and Student Testing, University of California.

Bailey, L. A., & Heritage, M. (2008). *Formative assessment for literacy, grades k–6: Building reading and academic language skills across the curriculum.* Corwin Press.

Bazerman, C., Little, J., Bethel, L., Chavkin, T., Fouquee, F., & Garufis, J. (2016). *Escribir a través del currículum: Una guía de referencia* (F. Navarro, Ed.). Universidad Nacional de Córdoba.

Bazerman, C. (2017). Equity means having full voice in the conversation. *Lenguas Modernas, 50*, 33–46.

Berman, R., & Ravid, D. (2009). Becoming a literate language user: Oral and written text construction across adolescence. In D. Olson & N. Torrance (Eds.), *The Cambridge handbook of literacy* (pp. 92–111). Cambridge University Press.

Biber, D., & Conrad, S. (2009). *Register, genre, and style.* Cambridge University Press.

Brisk, M. E., & Tian, Z. (2019). A developmental and contextual perspective on academic language. In L. C. de Oliveira (Ed.), *The handbook of TESOL in K–12* (pp. 41–54). Wiley. https://doi.org/10.1002/9781119421702.ch4.

Budhai, S. S., & Taddei, L. M. (2015). Teaching the 4Cs with Technology: How do I use 21st century tools to teach 21st century skills? ASCD.

Cazden, C.B. (2001). *Classroom discourse: The language of teaching and learning.* Heinemann.

Christie, F. (2012a). Chapter 1. A language theory for educational practice. *Language Learning, 62*(1), 1–31. https://doi.org/10.1111/j.1467-9922.2012.00678.x.

Christie, F. (2012b). Chapter 3. Late childhood to early adolescence: Some transitional years. *Language Learning, 62*(1), 71–104. https://doi.org/10.1111/j.1467-9922.2012.00680.x.

Colmenares Rodríguez, S. (2013). Prácticas de escritura académica en una universidad pública colombiana: autoría, audiencia e interacción con otras voces. *Lenguaje, 41*(1), 201–227. https://doi.org/10.25100/lenguaje.v41i1.4967.

Concha, S., Miño, P., & Vargas, M. P. (2017). Representaciones sociales sobre el conocimiento y la escritura en pregrado en dos comunidades discursivas: Implicancias para la enseñanza de la escritura en la educación superior. *Lenguas Modernas, 50*, 109–130.

Cummins, J. (1979). Linguistic interdependence and the educational development of bilingual children. *Review of Educational Research, 49*(2), 222–251. https://doi.org/10.2307/1169960.

Cummins, J. (1980). The cross-lingual dimensions of language proficiency: Implications for bilingual education and the optimal age issue. *TESOL Quarterly, 14*(2), 175–187. https://doi.org/10.2307/3586312.

Errázuriz, M. C. (2012). Análisis del uso de los marcadores discursivos en argumentaciones escritas por estudiantes universitarios. *Perfiles Educativos, 34*(136), 98–117.

Fang, Z. (2012). Language correlates of disciplinary iteracy. *Topics in Language Disorders, 32*(1), 19–34. https://doi.org/10.1097/TLD.0b013e31824501de.

Figueroa, J., Meneses, A., & Chandía, E. (2018). Academic language and the quality of written arguments and explanations of Chilean 8th graders. *Reading and Writing, 31*(3), 703–723. https://doi.org/10.1007/s11145-017-9806-5.

Figueroa, J., Meneses, A., Chandía, E., & Hugo, E. (2021). *What academic language resources contribute to the quality of school genres? The role of rhetorical flexibility.* Manuscrito en preparación.

Flores, N. (2020). From academic language to language architecture: Challenging raciolinguistic ideologies in research and practices. *Theory into Practice, 59*(1), 22–31. https://doi.org/10.1080/00405841.2019.1665411.

Foorman, B. R., Koon, S., Petscher, Y., Mitchell, A., & Truckenmiller, A. (2015). Examining general and specific factors in the dimensionality of oral language and reading in 4th–10th grades. *Journal of Educational Psychology, 107*(3), 884–899. https://doi.org/10.1037/edu0000026.

García Negroni, M., Hall, B., & Marín, M. (2005). Ambigüedad, abstracción y polifonía del discurso académico: Interpretación de las nominalizaciones. *Revista Signos, 38*(57), 49–60. https://doi.org/10.4067/S0718-09342005000100004.

Geva, E., & Farnia, F. (2012). Developmental changes in the nature of language proficiency and reading fluency paint a more complex view of reading comprehension in ELL and EL1. *Reading and Writing, 25*(8), 1819–1845. https://doi.org/10.1007/s11145-011-9333-8.

Grøver, V., Uccelli, P., Rowe, M. L., & Lieven, E. (2019). Learning through language. In V. Grøver, P. Uccelli, M. L. Rowe, & E. Lieven. (Eds.), *Learning through language. Towards an educationally informed theory of language learning* (pp. 1–16). https://doi.org/10.1017/9781316718537.002.

Halliday, M. (2004). Three aspects of children's language development: Learning language, learning through language, learning about language. In M. Halliday (Ed.), *The language of early childhood* (pp. 308–326). Continuum. (Original work published 1980).

Hyland, K. (2004). *Disciplinary discourses: Social interactions in academic writing.* University of Michigan Press.

Heath, S.B. (2012). *Words at work and play: Three decades in family and community life.* Cambridge University Press.

Jensen, B., & Thompson, G. (2020). Equity in teaching academic language-an interdisciplinary approach. *Theory into Practice, 59*(1), 1–7. https://doi.org/10.1080/00405841.2019.1665417.

Kieffer, M. J., & Lesaux, N. K. (2012). Development of morphological awareness and vocabulary knowledge in Spanish-speaking language minority learners: A parallel process latent growth curve model. *Applied Psycholinguistics, 33*(1), 23–54. https://doi.org/10.1017/S0142716411000099.

Kieffer, M. J., Petscher, Y., Proctor, C. P., & Silverman, R. D. (2016). Is the whole greater than the sum of its parts? Modeling the contributions of language comprehension skills to reading comprehension in the upper elementary grades. *Scientific Studies of Reading, 20*(6), 436–454. https://doi.org/10.1080/10888438.2016.1214591.

LeVine, R. A., LeVine, S., Schnell-Anzola, B., Rowe, M., & Dexter, E. (2012). *Literacy and mothering: How women's schooling changes the lives of the world's children*. https://doi.org/10.1093/acprof:oso/9780195309829.001.0001.

Levy, F., & Murnane, R. (2013). *Dancing with robots: Human skills for computerized work*. Third Way. http://www.thirdway.org/report/dancing-with-robots-human-skills-for-computerized-work.

Meneses, A., Montenegro, M., & Ruiz, M. (2021). *Spanish academic language, reading comprehension, and science learning in 4th Chilean graders*. Manuscript in preparation.

Meneses, A., Montenegro, M., Ruiz, M., Bedrossian, N., González, M. L., Valenzuela, A., & Simunovic, M. (2021). *Fostering four graders' scientific explanations using academic language: instructional sequence, student', and practitioner' learning*. Manuscript in preparation.

Meneses, A., Hugo, E., Montenegro, M., Valenzuela, A., & Ruiz, M. (2018). Explicaciones científicas: propuestas para la enseñanza del lenguaje académico. *Boletín de Lingüística, 30* (49–50), 134–157.

Meneses, A., Uccelli, P., Santelices, M. V., Ruiz, M., Acevedo, D., & Figueroa, J. (2018). Academic language as a predictor of reading comprehension in monolingual Spanish-speaking readers: Evidence from Chilean early adolescents. *Reading Research Quarterly, 53*(2), 223–247. https://doi.org/10.1002/rrq.192.

Motta-Roth, D. (2012). Academic literacies in the South: Writing practices in a Brazilian university. In Ch. Thaiss, G. Bräuer, P. Carlino, L. Ganobcsik-Williams, & A. Sinha. (Eds.). *Writing programs worldwide: Profiles of academic writing in many places* (pp. 105–116). The WAC Clearinghouse; Parlor Press. https://doi.org/10.37514/PER-B.2012.0346.2.09.

Moyano, E. I. (2017). Diseño e implementación de programas de lectura y escritura en el nivel universitario: Principios y estrategias. *Lenguas Modernas, 50,* 47–72.

Navarro, F. (2017). Estudios latinoamericanos de la escritura en educación superior y contextos profesionales: Hacia la configuración de un campo disciplinar propio. *Lenguas Modernas, 50,* 9–14.

Navarro, F. (2018). Didáctica basada en géneros discursivos para la lectura, escritura y oralidad académicas. In F. Navarro & G. Aparicio (Eds.), *Manual de lectura, escritura y oralidad académicas para integrantes a la universidad* (pp. 13–23). Universidad Nacional de Quilmes.

Nippold, M. A. (2007). *Later Language Development: School-Age Children, Adolescents, and Young Adults*. Pro-ed.

Ochs, E. (1993). Constructing social identity: A language socialization perspective. *Research on Language and Social Interaction, 26*(3), 287–306. https://doi.org/10.1207/s15327973rlsi2603_3.

Perfetti, C., & Stafura, J. (2014). Word knowledge in a theory of reading comprehension. *Scientific Studies of Reading, 18*(1), 22–37. https://doi.org/10.1080/10888438.2013.827687.

Phillips Galloway, E. P., Dobbs, C., Olivo, M., & Madigan, C. (2019). "You can…": An examination of language-minoritized learners' development of metalanguage and agency as users of academic language within a multivocal instructional approach. *Linguistics and Education, 50*, 13–24. https://doi.org/10.1016/j.linged.2019.01.002.

Phillips Galloway, E., & Uccelli, P. (2019). Examining developmental relations between Core Academic Language Skills and reading comprehension for English learners and their peers. *Journal of Educational Psychology, 111*(1), 15–31. https://doi.org/10.1037/edu0000276.

Phillips Galloway, E., Qin, W., Uccelli, P., & Barr, C. D. (2019). The role of cross-disciplinary academic language skills in disciplinary, source-based writing: Investigating the role of Core Academic Language Skills in science summarization for middle grade writers. *Reading and Writing*. Advance online publication. https://doi.org/10.1007/s11145-019-09942-x.

Poza, L. E. (2015). Mecanismos de exclusión: Ideologías lingüísticas y ambigüedades en la conceptualización de lenguaje académico. *Miríada Hispánica, 10*, 225–243.

Proctor, C. P., Silverman, R. D., Harring, J. R., Jones, R. L., & Hartranft, A. M. (2019). Teaching bilingual learners: Effects of a language-based reading intervention on academic language and reading comprehension in grades 4 and 5. *Reading Research Quarterly, 55(1)*, 95–122. https://doi.org/10.1002/rrq.258.

Ravid, D., & Tolchinsky, L. (2002). Developing linguistic literacy: A comprehensive model. *Journal of Child Language, 29*, 419–448. https://doi.org/10.1017/S0305000902005111.

Reyes, S., Fernández-Cárdenas, J. M., & Martínez, R. (2013). Comunidades de blogs para la escritura académica en la enseñanza superior: un caso de innovación educativa en México. *Revista mexicana de Investigación Educativa, 18*(57), 507–535.

Schleppegrell, M. J. (2001). Linguistic features of the language of schooling. *Linguistics and Education, 12*(4), 431–459. https://doi.org/10.1016/s0898-5898(01)00073-0.

Schleppegrell, M. J. (2004). *The language of schooling: A functional linguistic perspective*. Lawrence Erlbaum Associates.

Snow, C., & Uccelli, P. (2009). The challenge of academic language. In D. R. Olson & N. Torrance (Eds.), *The Cambridge handbook of literacy* (pp. 112–133). Cambridge University Press.

Truckenmiller, A. J., Park, J., Dabo, A., & Wu Newton, Y. C. (2019). Academic language instruction for students in grades 4 through 8: A literature synthesis. *Journal of Research on Educational Effectiveness, 12*(1), 135–159. https://doi.org/10.10 80/19345747.2018.1536773.

Uccelli, P. (2019). Learning the language for school literacy. In V. Grøver, P. Uccelli, M. L. Rowe, & E. Lieven. (Eds.), *Learning through language. Towards an educationally informed theory of language learning* (pp. 95–109). https://doi.org/10.1017 /9781316718537.010.

Uccelli, P., Barr, C., Dobbs, C., Phillips Galloway, E., Meneses, A., & Sanchez, E. (2015). Core Academic Language Skills: An expanded operational construct and a novel instrument to chart school-relevant language proficiency in preadolescent and adolescent learners. *Applied Psycholinguistics, 36*(5), 1077–1109. https://doi.org/10.1017/S014271641400006X.

Uccelli, P., Demir-Lira, Ö.E, Rowe, M. L., Levine, S, & Goldin-Meadow, S. (2018). Children's early decontextualized talk predicts academic language proficiency in midadolescence. *Child Development, 90(5), 1650–1663.* https://doi.org/10.1111/cdev .13034.

Uccelli, P., & Meneses, A. (2015). Habilidades de lenguaje académico y su asociación con la comprensión de lectura en la escuela primaria y media: Un nuevo constructo operacional. *Miríada Hispánica, 10,* 179–206.

Uccelli, P., & Phillips Galloway, E. P. (2018). What educators need to know about academic language: Insights from recent research. In C. T. Adger, C. E. Snow, & D. Christian. (Eds.). *What teachers need to know about language* (2nd edition). Multilingual Matters. https://doi.org/10.21832/ADGER0186.

Uccelli, P., Phillips Galloway, E. P., Barr, C. D., Meneses, A., & Dobbs, C. L. (2015). Beyond vocabulary: exploring cross-disciplinary academic-language proficiency and its association with reading comprehension. *Reading Research Quarterly, 50*(3), 337–356. https://doi.org/10.1002/rrq.104.

Uccelli, P., Phillips Galloway, E. P., & Qin, W. (2020). The language for school literacy: Widening the lens on language and reading relations during adolescence. In E. B. Moje, P. Afflerbach, P. Enciso, & N. K. Lesaux (Eds.), *Handbook of reading research* (Vol. 5) (pp. 155–179). Routledge.

Zavala, V. (2019). Justicia sociolingüística para los tiempos de hoy. *Íkala, Revista de Lenguaje y Cultura, 24*(2), 343–359. https://doi.org/10.17533/udea.ikala.v24n02a09.

4 The Value of Empirically Researching a Practical Art

Charles Bazerman
UNIVERSITY OF CALIFORNIA SANTA BARBARA, USA

Abstract / Resumen / Resumo

Research on writing, no matter how arcane seeming, is immensely practical, because it lets us know what writing is, what it does, and how we do it. When I started teaching, I drew on the practical craft knowledge I had learned as a young writer, such as precise use of words, conciseness, relevance, selection of poignant examples and details, sequencing of thoughts, playing with sentence rhythms, addressing an audience. But I learned these as much from imitation and personal discovery as from instruction. And on my own I discovered how to locate my imagination and motives, what I had to say and what voice to speak in. Over the last fifty years, however, research has shown me practical aspects of writing now fundamental for my teaching and my own practices as a writer, such as process and revision, collaboration, feedback, genre, intertextuality, resistance and anxiety, identity, transfer, digitality, and lifespan development. Discovering more will further transform our writing practices.

La investigación en escritura, sin importar cuán arcana parezca, es inmensamente práctica, porque nos permite saber qué es la escritura, cómo funciona, y cómo se escribe. Cuando empecé a enseñar, usé los conocimientos prácticos que había aprendido como joven escritor, como el uso preciso de las palabras, síntesis, relevancia, selección de ejemplos y detalles agudos, progresión de ideas, jugar con el ritmo de las oraciones, dirigirse a una audiencia. Aprendí todo esto tanto por imitación y descubrimiento personal como por instrucción. Por mí mismo descubrí formas de identificar mi imaginación y motivos, qué decir y qué voz usar. Durante los últimos cincuenta años, sin embargo, la investigación me ha mostrado aspectos prácticos de la escritura que son ahora fundamentales en mi enseñanza y mis prácticas como escritor, tales como el proceso y revisión, colaboración, retroalimentación, género, intertextualidad, resistencia y ansiedad, identidad, transferencia, virtualidad y el desarrollo en el ciclo vital. Futuros descubrimientos continuarán transformando nuestras prácticas de escritura.

A pesquisa na escrita, embora possa parecer muito arcana, é imensamente prática, porque nos permite saber o que é a escrita, como ela funciona e como se escreve. Quando comecei a ensinar, usei os conhecimentos práticos que havia aprendido como jovem escritor, como é o uso preciso das palavras, síntese, relevância, seleção de exemplos e detalhes agudos, progressão de ideias, brincar com o ritmo das orações, dirigir-se a uma audiência. Aprendi isto tudo tanto por imitação e descoberta pessoal quanto por instrução. Por mim mesmo descobri formas de identificar a minha imaginação e motivos, o que dizer e que voz usar. Durante os últimos cinquenta anos, porém, a pesquisa tem me mostrado aspectos práticos da escrita que agora são fundamentais no meu ensino e minhas práticas como escritor, tais como o processo e revisão, colaboração, retroalimentação, gênero, intertextualidade, resistência e ansiedade, identidade, transferência, virtualidade e o desenvolvimento no ciclo vital. As futuras descobertas continuarão a transformar nossas práticas de escrita.

When I began teaching writing fifty years ago, I thought I knew what writing was, how to do it, and what I needed to teach. Writing, after all, is a practical art, making something out of words to affect the minds of others. Writing is learned through practice and making practical decisions in the making of each text. The teaching of writing aims to help students improve their practices of writing. Advice about writing comes from skilled practitioners who offer practical guidance. Endless interviews with famous writers seek such practical advice to become a writer. We attribute to successful writers the wisdom of effective action, or phronesis, which Aristotle (2000) says only comes from experience.

So why is research necessary from something learned in practical situations, through practice and practical decisions, leading to practical wisdom? It turns out research in writing is immensely practical, helping us see more clearly our practical situations, our practical resources, our practices and practical methods, our practical choices and their consequences. Writing research also has told us more about the practices of our students, how we can help them improve their practical choices, and extend their range of practices. Knowing the right things can help us act wisely, and well-framed research can tell us things which are immensely practical to know. Along with my colleagues in the growing field of Writing Studies, I have spent the last fifty years discovering practical things that practice alone did not teach me, researching some things that are useful for helping writers develop, and changing what and how I teach. During these fifty years writing studies has begun to sketch out the picture of how complex and varied writing is and how individual and personal each writer's path of development is. In the following lines I will point to some of the things we have learned and how that has changed our practical actions.

What I Learned from Experience as a Writer

Don't get me wrong: some basic truths are shared by most who have gone through traditional education, and these truths formed the basis for my early certitudes. Writers need to know the basic symbols and how to encode them and arrange them in recognizable ways. Alphabet, handwriting (and increasingly keyboarding), grammar, syntax, and basic organizational coherence have long been taught and are all needed in at least a practical way. I had been fortunate in having gone to schools that had offered many opportunities to write in most subjects at every level from elementary through university. I learned what my schooling had to offer, meeting the expectations and going beyond, as my experiments in pushing the boundaries were generally accepted and even at times encouraged. I not only wrote complex sentences with few grammatical, syntactic or spelling errors, I played games with writing and explored meanings that writing made possible. I wrote long essays about writers, managed to write with some originality and wit, and wrote some fiction and poetry published in small journals.

In the course of my writing I had learned to pay attention to the kinds of things writers often pay attention to as part of craft knowledge: precise use of words, clarity, conciseness, relevance, selection of poignant examples and details, sequencing of thoughts, playing with sentence rhythms, finding ways to reach audiences. I learned these in a practical way, working on each text I wrote, occasionally getting useful feedback that let me look a bit more deeply, or taking inspiration from writers I admired. Very rarely, though, did any of my classes or teachers explicitly touch on these things, which they typically attributed to individual talent, as something not to be taught.

I also recognized, as many writers do, the importance of creativity and novelty, in having something new to say in new ways that will excite the imaginations of readers. So discovery of what I had to say, what I came to observe, what thoughts I developed was something I cultivated. Locating my internal voice, exploring the unknown, seeking the wellsprings of imagination or the muse was something of an individual quest, though of course shared with others who already fancied ourselves as writers. While I spontaneously imitated writers who moved me, the discussion of literary examples in literature classes positioned us students as readers rather than writers. Further, these arts of writing were mostly associated with "creative writing": poetry, fiction, literary essays. The rest of writing was not considered worth much thought or effort.

So by most common understandings I was a pretty good writer by the time I started teaching. And I had worked hard over a couple of decades to get good at it. I certainly knew a lot more about writing than the young children in my initial first and third grade classes, or a few years later, the first-year college students. The main challenge in teaching, I thought, was to articulate what I knew in a practical way and reach the students, especially students who had not had such fortunate educational experiences as I had. Writing to me was knowing the school basics and then having creativity and something to say, and having lots of practice. Even more, I thought that writing was a single set of skills applicable in all circumstances. In holding these beliefs, I was not different from many other people then and still now who are writers and who even teach writing or make decisions about how writing should be taught.

The Search to Know More

But some of us came to believe that we needed more than that, and we set out to learn more about writing and writers through research. Over the ensuing decades my research has been driven by questions that arose in my teaching. At first the research was very close to the classroom and the academic situation, but as the questions became more fundamental, they led me out into the far corners of human practices of writing. Other researchers had different questions, investigated in different ways, and elaborated different concepts, but they almost always were driven by the same motives of helping our students develop as writers. This communal work enriched my understanding of writing, what I needed to teach, how to go about teaching, and what challenges my students addressed. This work also influenced my understanding of my own writing and development as a writer, what I wrote about, and how I went about writing.

The research of all of us engaged in the endeavor also influenced how the field understands writing and how we teach it. Some of these changes have been consciously enacted by teacher researchers. But other parts of the research have influenced the practices of the field more subtly, working into syllabi, textbooks, and professional standards, and into everyday beliefs about writing, though the research may not be explicitly recognized. Thus teachers and writers who are not aware of research may nonetheless incorporate the findings and concepts. So research has turned out to be quite practical, even though the impact is far from complete or universal, and although our knowledge still remains limited.

I will tell this story in the way I know best, around the questions that drove my inquiries and what I learned from others. What I learned started in my puzzling through experiences and practical challenges, leading me to collect information more systematically and reading what others had found. I gradually widened my lens to include research quite different than my own as I started to understand its importance and observe its impact on classrooms quite different from mine. This story will in large part be focused on North America, since there is where my career developed and where teaching of writing has gotten perhaps the most extensive practical and research attention. But my lens widened as my own experience widened and as research expanded in more parts of the world.

First Informal Discoveries

My path in understanding the teaching of writing started when I started teaching first and third grades in 1968. I found that young children even from the most difficult of circumstances could write with engagement and creativity if they were working with forms and stories they were familiar with and excited by. They knew the words, characters, and actions. Writing was an extension of the play they engaged in their own social worlds and imaginations. This led me to practical classroom experiments, inspired by reformist classroom narratives published at that time of ferment in public education. Herbert Kohl's inspiring stories (1967) in particular opened my eyes to the literacy potential of children. Anne Haas Dyson would later (1993, 1997, 2003) examine these processes in a careful ethnographic way, tracing out how the life, relations, play, and media in young students' worlds drove their imaginations as writers.

When I began teaching university writing in 1971, the ferment in the schools extended into the open admissions policy at the City University of New York. Mina Shaughnessy (1977) directed our attention toward what students could do and how they went about it, rather than where they did not meet our expectations. My own research proper began when I wondered why we were teaching writing and why all students were required to take two or three terms of writing, creating the very economic basis of our profession. Looking at the teaching of my colleagues, I saw there were many different kinds of things we could teach, from formal correctness to personal discovery, from business memos to literary production, from mental health to academic success. While all aims had value and were part of writing, I realized the college writing requirement was foremost to support academic success. While I knew what kind of writing I was asked to do in my particular major at a cloistered elite private university, I could not assume that that was the writing being asked of my students at an urban public university specializing in business. When I surveyed the teachers across my university about what they assigned and what they valued in their courses, I found that almost all writing in all subject areas beyond first year composition was based on reading materials associated with their subjects: book summaries and reports, analyses of texts, reviews of literature, or loosely defined research or term papers. This led me to develop my pedagogy based on writing about sources (Bazerman, 1981a), later associated with intertextuality when that term began circulating in US academic circles (Bazerman, 2004).

From Classroom Praxis to Research—Disciplines, Genres, Intertexts, Activity Systems

The prominence of disciplinary literature in academic writing also attuned me to the different kinds of writing in different disciplines (Bazerman, 1981b), differences I was soon to characterize through Carolyn Miller's (1984) theorization of genre. To understand more the formation and implicit logics of academic disciplines I began to look in greater detail at research articles in sciences, which I found to be far from a stable single thing (Bazerman, 1988). It was historically evolving, flexible, aimed at changing intellectual projects, and situated within social structures. It engaged with different kinds of evidence, methods of data gathering and analysis, ideologies of disciplines, systems of activity and other particularities. Growing understanding of scientific genres led me to consider the genres of other academic areas and the genres of classrooms, how they are embedded within social systems, and how historically writing practices have emerged to embody particular ideologies, practices, relationships, and goals. Simultaneously other researchers, such as Paul Prior (1998), David Russell (1997) and John Swales (1998), were exploring how writing engaged academic activity networks and influenced by interacting genres. But it also led me outward to consider the genres and activity systems in society beyond academia, as also was being examined by such scholars as Carol Berkenkotter (2008), Berkenkotter and Ravotas (1997) Lucille McCarthy (1991), Graham Smart (2006), Dorothy Winsor (1990, 2012), and Joanne Yates (1989).

The social embedding of genres became absolutely convincing to me as I realized how many genres arose out of letters; letters supply explicit social markers of location and interaction until genres become so recognizably typified that they offered a virtual location for the activity systems that came to rely on them—such as financial instruments, legal documents, corporate communications, or scientific articles (Bazerman, 2000). Paradoxically this inquiry into the social embedding of genres emphasized genre as flexible, mutable, and historically evolving rather than fixed and stable. This implied that it was as important to make students aware of underlying functions, motives, and rhetorical and inquiry dynamics of genres of particular sedimented genres they were being asked to write at the moment, and not just the formal characteristics.

One aspect of the communicative systems of genres was that texts existed in relation to each other and referred to each other in systematic ways, creating a virtual geography of texts—what we would come to call the intertext. Berkenkotter, Huckin and Ackerman (1991) examined how a graduate student's disciplinary growth was tied to how the student positioned himself with respect to his field's professional literature, and Devitt (1991) examined how professional genres of writing of tax accounting systematically used and referred to the tax code. I also started elaborating how scientific writers positioned their work in relation to prior texts, creating coherent narratives that pointed toward their own next steps (Bazerman 1991, 1993) and how texts were related to each other in systems of genre (Bazerman, 1994). I would later continue looking into how engagement with professional literatures provided spaces for student intellectual growth (Bazerman, Simon, & Pieng, 2014).

This vision of how writing was a form of participation in a social system built on texts in organized relation to each other highlighted the importance of teaching students to work with a variety of genres that foregrounded intertextual relations. Nancy Nelson Spivey (1984, 1990; Nelson & Calfee, 1998) and others began to research more systematically how students learned to write papers of synthesis and how members of disciplines located their work within the literature and knowledge of their fields (Halliday & Martin, 1994; Swales, 1981, 1990). This research and related theory pointed to the importance of helping students position their thinking and arguments within the knowledge and texts of their fields as well as the practices of producing, using, and thinking about evidence within the thought and expression styles of their fields (see Fleck, 1979 for an elaboration of thought styles and thought collectives). In my own writing as well, I became ever more aware about the evolving structures of texts in a field and how new texts could advance discussions and knowledge-making within intertexts, through strategic constructive interventions.

This research into how writing was embedded within the particularity of social formations and literature also highlighted that schooling itself offered a particular set of writing situations for students to learn in. In a very real sense, we were not teaching writing in general, but only writing for school (Beaufort, 1999; Dias et al., 1991). We then would need to make the case about how writing in school might prepare students for writing in different situations or how it was failing to do so (Brandt, 2001). Understanding the activity system of classrooms became important to understand how the classroom defined writing activity. Assessments, whether local, statewide or national were also highly influential in what was valued and taught in writing classrooms (Bazerman, 2003; Hillocks, 2002). The identities, motives, experiences, and writing knowledge students brought to the classroom and how well they felt empowered to use those resources also influenced how well their writing was valued in school contexts, and how meaningful writing was to be for them (Heath, 1983; Smagorinsky, 1997; Villanueva, 1993). Further, understanding how these identities, motives and experiences aligned with and grew in relation to academic writing identities, motives, and experiences helped us support students' meaningful participation in the worlds of academic writing (Caroll, 2002; Castelló Badía & Donahue, 2012; Poe, Lerner, & Craig, 2010; Thaiss & Zawacki, 2006).

These lines of research helped deepen some themes in my teaching from the beginning. As I became familiar with the variety of students in my classes, I recognized the range of experiences, identities, and affiliations they brought with them, as well as the personal curiosity, puzzles, and even troubles they brought with them that would be expressed through their writing and would drive their intellectual inquiries (Herrington & Curtis, 2000; Sternglass, 1997) and engage them in meaningful academic writing. Further, as I and others began to engage with international colleagues we became ever more aware of the particularity of our educational systems and how writing was situated within it (Bazerman & Baltar, 2010; Bazerman, Bonini, & Figueiredo, 2009; Bazerman et al., 2010; Bazerman et al., 2012; Bazerman & Moritz, 2016; Bonini, Figueiredo, & Bazerman, 2009; Plane et al., 2016; Thaiss et al., 2012).

Learning from Others about the Psychology of Process

Inquiries into the social location and activity of writing occurred alongside inquiries into the internal psychological processes carried out by others (Bereiter & Scardamalia, 1987; Emig, 1971; Flower & Hayes, 1977, 1981; Hayes & Flower, 1987; Kellogg, 1994). This psychological research brought attention to the complexity of processes and how processes affected the outcomes of writing products. I began looking more carefully at my own processes and the processes of my students, which confirmed to me the complexity and variety of processes. I also changed my own writing practices to pay more attention to processes, make them more orderly and self-conscious, and make choices about them. I moved from a single draft writer to one that worked on different kinds of concerns at different moments, in preliminary documents, multiple drafts and other related texts. In this light I also found very illuminating the psychological research on working memory and cognitive overload (Kellogg, 1996; Klein, 1999) that suggested that writers could only maintain focal attention on a limited number of problems at a time, and, if they had to expend much effort on basic transcription, they would not have sufficient cognitive resources to attend to higher order issues such as content development, organization of text or attention to audience needs. Conversely, if they were focusing on these higher order issues or learning new skills some of the lower order skills may temporarily deteriorate.

Such findings reaffirmed that it was more effective to focus only on a few issues at each stage of drafting, often leaving lower order editing tasks to later iterations. The confidence of knowing that there will always be a chance later to work on coherence, sequencing, and the language could free up working memory in earlier stages to think about social motives and purposes and to locate and develop the ideas and content to be addressed. In my teaching I focused more on the early stages of process, attending to invention, brainstorming, and drafting, as recommended by process scholars—but also tying these to information gathering, analysis, and reasoning. I also became more explicit about drafting, revision and proofreading—to help students to identify the kind of work to focus on at each moment and to decrease premature concern and anxiety about these later issues while they were still first formulating ideas, plans, and communicative strategies. I also was more attentive to variations my student reported about the ways they worked. While I did not take their reported habits as absolute and unchanging, I took seriously their current practices as places they could grow from, rather than to be uprooted and replaced. Developing process was less a prescription or formula than a discussion to help students elaborate their own best ways of addressing tasks and doing the work. In line with making students more conscious, planful, and intentional in their processes, I became interested in the research others were doing on metacognition and reflection (Taczak & Robertson, 2017; Yancey, 2016).

Interest in developing ideas, creativity, and purposes led me to take interest in what colleagues were exploring in meditation, journaling, sources of emotion, embodied cognition, and flow. Some classroom studies confirmed that such practices seemed to help writers identify states of focused attention on writing—what we might call "getting into the right frame of mind" or "locating the mental writing space." (Moffett, 1981; Perl & Egendorf, 1979; Rohman & Wlecke, 1965). The usefulness of this approach led me look outside of composition practice and research to find illuminating accounts of what kinds of processes we were trying to work with and how we might best release them. The psychological theories of Vygotsky (1986), and Festinger's (1957) ideas of felt difficulty and cognitive dissonance seemed to articulate some of the processes I experienced and were useful in helping students articulate their emerging thoughts and writing plans. Mihalyi Csikszentmihalyi's (1996) work on flow also helped identify target states of maximal creativity.

Providing an even more concrete sense of internal process was the emerging neural science on cognitive networks and the neurological organization of brain and mind, particularly as synthesized and elaborated by Damásio (1999, 2012), Edelman (1992), and Ramachandran (2011). This work highlighted that emotions and intuitions represented summative syntheses and action-oriented choices based on total experiences and knowledge, and that emotional embodied responses often preceded conscious awareness. Related to that was the way the neural networks were activated and reorganized themselves in relation to current perceptions and activity. Conscious awareness and rational calculation of these emotions and impulses often followed afterwards as we noticed what was happening to us and where our impulses were leading us.

These findings from neuroscience seemed to me to give greater warrant to trusting the intuitive writing formulations that arose in my mind as I focused on my writing tasks and to elicit from students their own spontaneous impulses about what they wanted to say and how to go about formulating their ideas, even if they could not offer at first fully rational accounts. The reasoning would follow afterwards as the text emerged, although thoughts, plans, and detailed formulation might need to be adjusted or refined as the text emerged into the light and public space of day. Pressing for fully rational and planned texts before students or myself had located and given some shape to our communicative and meaning impulses could misdirect attention. Impulses may not always be fully formed or informed, but they were the starting point to be worked with, grown, supplemented with new perspectives and knowledge, but not to be readily erased and rarely usefully suppressed.

Locating Psychological Issues within Social

My interest in social location of writing and genres, however, led me to think about how process might be inflected by genre and activity domain. That is, whether disciplinary modes of thinking were intertwined with disciplinary forms of work and how texts were produced. My analyses of scientific and disciplinary writing had already shown there were differences in reasoning overtly displayed in texts, and which writers and readers would need to engage in within texts; however, I also wondered how these textual forms might suggest different processes of textual creation and perhaps also over time develop different forms of disciplinary thought and perception. If there were such deeper differences this would suggest we not only ask students to attend to textual forms and the way they carried out social relations, but we also help them develop disciplinary ways of thinking. This of course is a more difficult problem to address as it is not determinable just by the texts students wrote, but I kept returning to it through studies of scientific writers, innovators of scholarly writing, and students engaging with disciplinary writing. In looking at the notebooks and drafts of the physicist Arthur Holly Compton early in my research, for example, I found him focusing on specific kinds of issues related to his science, such as precision and relevance of evidence (Bazerman, 1984).

In looking at intellectual innovators who influenced the evolution of scholarly genres like Isaac Newton, Adam Smith, and Joseph Priestley, I found their writing innovations grew out of their changing understanding of their social and disciplinary worlds and the roles and stances they may take within them. In turn, the new kinds of relations and communications they engaged in through their writing also led to further evolution of their thinking with consequences for their future writing. These innovations also carried within them ways of perceiving the world, disciplinary projects, and social interactive roles which in turn became embedded in genres and became standard practices for those that followed (see Bazerman, 2017 for an overview of how I connected social and psychological issues).

Individuals and Collectives In and Beyond the Classroom

Making explicit these underlying ideas embedded in genres was useful in explaining to students why they were being asked to write in certain ways, and even more in helping them freshly examine rhetorical choices and to see their role in shaping communications rather than just reproducing forms (Bazerman, 1981a, 1997). More recently, in looking at student writing in disciplines such as education, engineering, political science, and linguistics I saw the importance of gaining mastery of disciplinary practices of gathering and inscribing data to produce evidence (Bazerman, 2019; Bazerman & Self, 2017; Bazerman, Simon, Ewing, & Pieng, 2013; Fahler & Bazerman, 2019). These disciplinary methods of data gathering and analysis help students internalize disciplinary perceptions and reasoning and articulate them in their writing; moreover, these methods provide students content to report and reason about in their writing, improving the force of their arguments and the depth of reasoning.

Awareness of the importance of data-gathering and analytic methods appropriate to the different disciplines enriched my dialog with students as they were developing and analyzing evidence, helping them identify resources to create credible claims. I came to view writers as constantly engaged in zones of proximal development as they struggled to say new things and represent expanded realities, and saw my role to provide them clues, handholds, and scaffolds to help them expand their conceptual and communicative powers. I was constantly adjusting my assignments to push students into more challenging spaces and calibrating my comments to provide just enough to carry them forward but not too much as to solve their problems for them or to coerce them into my solutions. Their writing development was in their solving their sequence of writing problems. I also formulated my own writing challenges in this way, to constantly stretch myself into rethinking and expanding what I was doing.

Combining the importance of disciplinary practices with findings of neural organization, plasticity, and development led me to consider how disciplinary writing might foster long-term cognitive development. Complex activities such as writing draw on multiple capacities that needed to develop in tandem. Different kinds of writing, however, draw on different resources, such as visual memory, numerical and geometric sense, emotional resonance, conceptual reasoning, syntactic complexity, or historical reconstruction. Thus practicing different genres would both strengthen different capacities and strengthen different sets of connections and activations among neural subsystems, so that the entire suite of relevant resources for each genre would be more easily evoked as a package. Entrainment into genres makes them and their associated states of mind and perception more readily at hand, familiar, and easy to reproduce. Creativity, spontaneity, and invention then arise within that genred psychological space or in the hybrid conjunction of multiple previously organized spaces. The idea of threshold concepts highlights an important part of this process in the way that conceptual terms define a complex of perceptions, ways of reasoning, and theoretical structures that take time to integrate intellectually, emotionally, and perceptually (Adler-Kassner & Wardle, 2015; Meyer & Land, 2005).

That writing is a collaborative, interactive process has also been made more evident by research starting with the Ede and Lunsford study (1990); further, the appearances of writing as solely the product of the unfettered individual consciousness are historical, ideological and legal constructs (Woodmansee

& Jaszi, 1994). Since then varieties of explicit collaboration, the processes of collaboration, and how writers participate in collaborative projects have been investigated both in the classroom (Lee & Smagorinsky, 1999; LeFevre, 1987; Syverson, 1999) and in industry (Medway, 1994, 1996; Medway & Clark, 2003; Winsor 1990, 2012). Also, less explicit forms of collaboration such as peer and supervisory feedback (Paradis, Dobrin, & Miller, 1985; Smart, 1993, 2006), reviewing and refereeing (Myers, 1985, 1990), editing, and even ghostwriting (Brandt, 2015) have been examined. Simultaneously studies of intertextuality, genres, community discourses and the social formation of thought have deepened our understanding of how writers are influenced by others. We have come to see that these processes are varied and complex, and the skills necessary for successful collaborative participation are not simple or self-evident. Nor is the distribution of credit and authority. Consequently, collaborative and interactive pedagogies have been implemented. Even sole authored writing is no longer viewed simply as the isolated product of an isolated individual, with consequences for our understanding of writing processes. This awareness has also changed practices of many writers, including myself, to be more intentional in seeking and using collaboration, feedback, and other forms of input from others.

Impact of Changing Technologies

While the major technological conditions of writing and text distribution (inexpensive paper, pen and pencils, typewriters, cheap printing, and manual transmission of paper documents) had been fairly stable from the late nineteenth century until the late twentieth, in the last four decades the successive introduction of word processors, desktop computers, multimedia software, the internet, the World Wide Web, and social media have changed resources, processes, text distribution networks, immediacy, and temporality of interactions available to the writer. From the earliest days of personal computing, researchers have been examining the impact of these technologies of writing, starting with the facilitation of revision and the impact of the screen display (Haas, 1996). The potentials of multimedia, hypertext, and WhatYouSeeIsWhatYouGet (WYSIWYG) display opened up new complexity of expression as well as greater potential for page design (Wysocki, 2008). The changing interactions of email have fostered new genres and new social formations, as well as new rhetorical problems of managing successful interactions (Orlikowski & Yates, 2002; Orlikowski, Yates, Okamura, & Fujimoto, 1995; Spinuzzi, 2008; Yates & Orlikowski, 1992). The internet, while increasing the availability of resources and the immediacy of dense intertextuality, has raised new issues about search, management, and display of materials and links, and has intensified long-standing issues of citation and plagiarism. As technologies change rapidly, research has attempted to keep up with new directions, and to project what students will need going forward (Bazerman, 2007, 2018).

These new technologies have impacted all writers and students of writing. Our classrooms themselves are increasingly transformed by these technologies as students compose and communicate with each other within digital environments. So research is absolutely necessary to know where we are, what new resources and practices are available to us, and what kind of texts we need to produce for what kinds of social interactions. This includes the changes occurring within specific domains, such as within scientific or medical or citizen political communication. At the same time, technological novelties have motivated a fresh and more complex reexamination of earlier writing technologies and their impact (Baron, 1999; Baron, 2000; Eisenstein, 1979). Such research can also highlight what elements of our prior knowledge and conceptual understanding of writing are useful for coping with new circumstances and what needs to be changed. This work will necessarily be ongoing to respond to the inevitable transformations yet to come.

Issues We are Just Beginning to Explore

All of the research areas I have discussed still have further to grow; other areas we are barely at the beginning of understanding. Our growing knowledge of writing, for example, has revealed that writing is always potentially fraught with risks, as one explores new areas of perception and thought, articulates new experiences, and asserts identities and beliefs within new or challenging public spaces. Writers are often unsure of how they and their claims would be understood, credible, or significant. They must handle these uncertainties at the same time as working at the far reaches of their skills and thoughts. While there has been some research on writing apprehension (Daly, 1978; Daly & Wilson, 1983) and while I have found the psychiatrist Harry Stack Sullivan's characterization of anxiety useful in understanding and managing my own anxieties and the anxieties of the student writers I work with (Bazerman, 2001; Sullivan, 1953), writing anxiety is a topic we have only begun to explore.

Another area I see us as just beginning to conceptualize and research is how writing develops across the lifespan. While we have had substantial research on writing within different ages and situations across the lifespan, we still have little idea about how a person develops as a writer as he or she moves through the changing situations, demands, and learning supports of a lifetime. We have had a few studies of university to work transitions, and fewer of high school to university, but overall, we have little sense of the complexity and variety of the way writing develops over many years in the particularity of individuals' lives (Rogers, 2010). Some projects are trying to raise consciousness and encourage research in this central issue (see Bazerman et al., 2018; Dippre & Phillips, 2020), but this work is just beginning.

No doubt there are other areas that scholars are coming to understand that have yet to impact my personal understanding of writing, and there may be areas that have so deeply worked their way into my vision of writing that I don't even recognize them or remember what it was like before I became aware of these ideas. No doubt other scholars would tell different stories of what research was most meaningful to them and how that has changed their writing and teaching practices. Yet all would agree that we see writing in significantly different and consequential ways than we did just a few decades ago. I no longer have the confident naivete that I brought to my first year of teaching writing, born of school success and unexamined cultural beliefs; I do now have, however, a much more articulated and precise sense of what I am doing as a writer and a teacher. Research has changed not just our individual visions and actions, but has changed the vision of the field, even for those writers and teachers not particularly attentive to theory and research. Process and revision, collaboration, feedback, genre, intertextuality, resistance and anxiety, identity, transfer, digitality, and lifespan development are now all part of the everyday vocabulary of writing teachers. So to us writing now is a very different thing than it was.

Research on writing, no matter how arcane seeming, is immensely practical, because it lets us know what writing is, what it does, and how we do it.

The more we learn about writing, the more effectively we can do it and the better we can support students in becoming effective writers. Just because some of us as individuals can meet some challenges of writing reasonably successfully does not mean that we understand all of what writing is. Nor does any current competence mean we know what writing might become. Writing is constantly re-forming and expanding through what humans in their collectivity make of this strange practice of making marks on media to convey symbolic meanings. In the last five millennia we have explored and elaborated this invention. Even more, we have built new relations, social groups, institutions, organizations, and activities relying on the communications and records made possible by writing. Through devoting our energies, thoughts, identities, and emotions to constantly evolving practices in these evolving literate forums, we have also transformed ourselves as individuals, as societies, and as a species. What can be more practical than knowing the literate world we are making so we can participate more fully in it?

References

Aristotle. (2000). *Nicomachean ethics* (R. Crisp, Ed./Trans.). Cambridge University Press.

Adler-Kassner, L., & Wardle, E. (2015). *Naming what we know: Threshold concepts of writing studies*. Utah State University Press.

Baron, D. (1999). From pencils to pixels: The stages of literacy technologies. In G. E. Hawisher & C. L. Selfe (Eds.), *Passions, pedagogies, and 21st Century technologies* (pp. 15–33). Utah State University Press; National Council of Teachers of English.

Baron, N. S. (2000). *Alphabet to email: How written English Evolved and where it's heading*. Routledge.

Bazerman, C. (1981a). *The informed writer: Using sources in the disciplines*. Houghton Mifflin.

Bazerman, C. (1981b). What written knowledge does: Three examples of academic discourse. *Philosophy of the Social Sciences, 11,* 361–88. https://doi.org/10.1177/004839318101100305.

Bazerman, C. (1984). The writing of scientific non-fiction: Contexts, choices and constraints. *Pre/Text, 5,* 39–74.

Bazerman, C. (1988). *Shaping written knowledge: The genre and activity of the experimental article in science*. University of Wisconsin Press.

Bazerman, C. (1991). How natural philosophers can cooperate: The rhetorical technology of coordinated research in Joseph Priestley's History and Present State of Electricity. In C. Bazerman & J. Paradis (Eds.), *Textual dynamics of the professions* (pp. 13–44). University of Wisconsin Press.

Bazerman, C. (1993). Intertextual self-fashioning: Gould and Lewontin's representations of the literature. In J. Selzer (Ed.), *Understanding scientific prose* (pp. 20–41). University of Wisconsin Press.

Bazerman, C. (1994). Systems of genre and the enactment of social intentions. In A. Freedman & P. Medway (Eds.), *Genre and the New Rhetoric* (pp. 79–101). Taylor & Francis.

Bazerman, C. (1997). *Involved: Writing for college, writing for your self*. Houghton Mifflin.

Bazerman, C. (2000). Letters and the social grounding of differentiated genres. In D. Barton & N. Hall (Eds.), *Letter writing as a social practice* (pp. 15–30). John Benjamins.

Bazerman, C. (2001). Anxiety in action: Sullivan's interpersonal psychiatry as a supplement to Vygotskian psychology. *Mind, Culture and Activity, 8,* 174–186. https://doi.org/10.1207/S15327884MCA0802_04.

Bazerman, C. (2003). What is not institutionally visible does not count: The problem of making activity assessable, accountable, and plannable. In C. Bazerman & D. Russell (Eds.), *Writing selves/Writing societies*. The WAC Clearinghouse; Mind, Culture, and Activity. https://doi.org/10.37514/PER-B.2003.2317.2.13.

Bazerman, C. (2004). Intertextualities: Volosinov, Bakhtin, literary theory, and literacy studies. In A. Ball & S. W. Freedman (Eds.), *Bakhtinian perspectives on language, literacy, and learning* (pp. 53–65). Cambridge University Press.

Bazerman, C. (2007). WAC for cyborgs: Discursive thought in information rich environments. In P. Takayoshi & P. Sullivan (Eds.), *Labor, writing technologies, and the shaping of composition in the academy* (pp. 97–110). Hampton Press.

Bazerman, C. (2017). The psychology of writing situated within social action: An empirical and theoretical program. In P. Portanova, M. Rifenburg, & D. Roen (Eds.), *Contemporary perspectives on cognition* (pp. 21–38). The WAC Clearinghouse; University Press of Colorado. https://doi.org/10.37514/PER-B.2017.0032.2.01.

Bazerman, C. (2018). What do humans do best? Developing communicative humans in the changing socio-cyborgian landscape. In S. Logan & W. Slater, *Perspectives on academic and professional writing in an age of accountability* (pp. 187–203). Southern Illinois University Press.

Bazerman, C. (2019). Inscribing the world into knowledge: Data and evidence in disciplinary academic writing. In C. Bazerman, B. Gonzalez Pinzón, D. Russell, P. Rogers, L. Peña, E. Narváez Cardona, M. Castelló Badía, & M. Tapia Ladino (Eds.), *Conocer la Escritura: Investigación Más Allá de las Fronteras / Knowing Writing: Writing Research Across Borders* (pp. 279–294). Universidad Javeriana.

Bazerman, C., Applebee, A., Berninger, V., Brandt, D., Graham, S., Jeffery, J. V., Matsuda, P. K., Murphy, S., Rowe, D. W., Schleppegrell, M., & K. C. Wilcox. (2018). *Lifespan development of writing abilities*. National Council of Teachers of English.

Bazerman, C., & Baltar, M. (2010) Genre [Special Issue]. *Revista Brasileira de Linguistica Aplicada, 10*, 2.

Bazerman, C., Bonini, A. D., & Figueiredo, D. (Eds.). (2009). *Genre in a changing world*. The WAC Clearinghouse; Parlor Press. https://doi.org/10.37514/PER-B.2009.2324.

Bazerman, C., Dean, C., Early, J., Lunsford, K., Null, S., Rogers, P., & Stansell, A. (Eds.), (2012). *International advances in writing research: Cultures, places, measures*. The WAC Clearinghouse; Parlor Press. https://doi.org/10.37514/PER-B.2012.0452.

Bazerman, C., Krut, B., Lunsford, K., McLeod, S., Null, S., Rogers, P., & Stansell, A. (Eds.). (2010). *Traditions of writing research*. Routledge.

Bazerman, C., & Moritz, M. (Eds.). (2016). Writing in Latin American higher education [Special Issue]. *Ilha do Desterro, 69*(3).

Bazerman, C., & Self, B. (2017), Writing the world to build the world, iteratively: inscribing data and projecting new materialities in an engineering design project. In R. K. Durst, G. E. Newell, & J. D. Marshall (Eds.), *English Language Arts research and teaching: Revisiting and extending Arthur Applebee's contributions* (pp. 91–106). Routledge.

Bazerman, C., Simon, K., Ewing, P., & Pieng, P. (2013). Domain-specific cognitive development through writing tasks in a teacher education program. *Pragmatics & Cognition, 21*, 530–551. https://doi.org/10.1075/pc.21.3.07baz.

Bazerman, C., Simon, K., & Pieng, P. (2014). *Writing about reading to advance thinking: a study in situated cognitive development*. In P. Boscolo & P. Klein (Eds.), *Writing as a learning activity* (pp. 249–276). E Brill.

Beaufort, A. (1999). *Writing in the real world: making the transition from school to work.* Teachers College Press.

Bereiter, C., & Scardamalia, M. (1987). *The psychology of written composition.* Lawrence Erlbaum Associates.

Berkenkotter, C. (2008). *Patient tales: Case histories and the uses of narrative in psychiatry.* University of South Carolina Press.

Berkenkotter, C., Huckin, T., & Ackerman, J. (1991). Social context and socially constructed texts: The initiation of a graduate student into a writing research community. In C. Bazerman & J. Paradis (Eds.), *Textual dynamics of the professions* (pp. 191–215). University of Wisconsin Press.

Berkenkotter, C., & Ravotas, D. (1997). Genre as tool in the transmission of practice over time and across professional boundaries. *Mind, Culture, and Activity, 4,* 256–274. https://doi.org/10.1207/s15327884mca0404_4.

Bonini, A., Figueiredo, D., & Bazerman, C. (Eds.). (2009). L1 sudies in Brazil. [Special issue]. *L1-Educational Studies of Language and Literature, 9*(2).

Brandt, D. (2001). *Literacy in American lives.* Cambridge University Press.

Brandt, D. (2015). *The rise of writing: Redefining mass literacy.* Cambridge University Press.

Carroll, L. A. (2002). *Rehearsing new roles: How college students develop as writers.* Southern Illinois University Press.

Castelló Badia, M., & Donahue, C. (Eds.). (2012). *University writing: Selves and texts in academic societies.* Emerald Publishing.

Csikszentmihalyi, M. (1996). *Creativity: Flow and the psychology of discovery and invention.* Harper Collins.

Daly, J. A. (1978). Writing apprehension and writing competency. *The Journal of Educational Research, 72,* 10–14. https://doi.org/10.1080/00220671.1978.10885110.

Daly, J. A. & Wilson, D. A. (1983). Writing apprehension, self-esteem, and personality. *Research in the Teaching of English 17,* 327–341.

Damásio, A. R. (1999). *The feeling of what happens: Body and emotion in the making of consciousness.* Houghton Mifflin.

Damásio, A. R. (2012). *Self comes to mind: Constructing the conscious brain.* Random House.

Devitt, A. R. (1991). Intertextuality in tax accounting: Generic, referential, and functional. In C. Bazerman & J. Paradis (Eds.), *Textual dynamics of the professions* (pp. 336–357). University of Wisconsin Press.

Dias, P., Pare, A., Freedman, A., & Medway, P. (1999). *Worlds apart: Acting and writing in academic and workplace contexts.* Lawrence Erlbaum Associates.

Dippre, R. J., & Phillips, T. (Eds.). (2020). *Approaches to lifespan writing research: Steps toward an actionable coherence.* The WAC Clearinghouse; University Press of Colorado. https://doi.org/10.37514/PER-B.2020.1053.

Dyson, A. H. (1993). *Social worlds of children learning to write in an urban primary school.* Teachers College Press.
Dyson, A. H. (1997). *Writing Superheroes: Contemporary childhood, popular culture, and classroom literacy.* Teachers College Press.
Dyson, A. H. (2003). *The brothers and sisters learn to write: Popular literacies in childhood and school cultures.* Teachers College Press.
Ede, L., & Lunsford, A. (1990). *Singular texts/plural authors: Perspectives on collaborative writing.* Southern Illinois University Press.
Edelman, G. (1992). *Bright air, brilliant fire: On the matter of the mind.* Basic Books.
Eisenstein, E. L. (1979). *The printing press as an agent of change.* Cambridge University Press.
Emig, J. (1971). *The composing processes of twelfth graders.* National Council of Teachers of English.
Fahler, V., & Bazerman, C. (2019). Data power in writing: Assigning data analysis in a general education linguistics course to change ideologies of language. *Across the Disciplines, 16*(4), 4–25. https://doi.org/10.37514/ATD-J.2019.16.4.18.
Festinger, L. (1957). *A theory of cognitive dissonance.* Stanford University Press.
Fleck, L. (1979). *Genesis and development of a scientific fact* (F. Bradley & T. Trenn, Trans.). Chicago: University of Chicago Press.
Flower, L. S., & Hayes, J. (1977). Problem-solving strategies and the writing process. *College English, 39,* 449–461. https://doi.org/10.2307/375768.
Flower, L. S., & Hayes, J. (1981). A cognitive process theory of writing. *College Composition and Communication, 32,* 365–87. https://doi.org/10.2307/356600.
Haas, C. (1996). *Writing technology: Studies in the materiality of writing.* Lawrence Erlbaum Associates.
Hayes, J. R., & Flower, L. S. (1987). On the structure of the writing process. *Topics in Language Disorders, 7*(4), 19–30.
Halliday, M. A. K., & Martin, J. (1994). *Writing science: Literacy and discursive power.* University of Pittsburgh Press.
Heath, S. B. (1983). *Ways with words: Language, life and work in communities and classrooms.* Cambridge University Press.
Herrington, A., & Curtis, M. (2000). *Persons in process: four stories of writing and personal development in college.* National Council of Teachers of English.
Hillocks, G. (2002). *The Testing Trap: How State Writing Assessments Control Learning.* Teachers College Press.
Kellogg, R. T. (1994). *The psychology of writing.* Oxford University Press.
Kellogg, R. T. (1996). A model of working memory in writing. In C. M. Levy & S. Ransdell (Eds.), *The science of writing: Theories, methods, individual differences, and applications* (pp. 57–71). Lawrence Erlbaum Associates.
Klein, P. D. (1999). Reopening inquiry into cognitive processes in writing-to-learn. *Educational Psychology Review, 11,* 203–270. https://doi.org/10.1023/A:1021913217147.
Kohl, H. (1967). *36 children.* New American Library.
Lee, C. D., & Smagorinsky, P. (Eds.). (1999). *Vygotskian perspectives on literacy research: Constructing meaning through collaborative inquiry.* Cambridge University Press.

LeFevre, K. B. (1987). *Invention as a social act*. University of Illinois Press.
McCarthy, L. P. (1991). A psychiatrist using DSM-III. In C. Bazerman & J. Paradis (Eds.), *Textual dynamics of the professions* (pp. 358–378). University of Wisconsin Press.
Medway, P. (1994). Language, learning and "communication" in an architect's office. *English in Education, 28*, 3–13.
Medway, P. (1996). Virtual and material buildings: Construction and constructivism in architecture and writing. *Written Communication, 13*, 473–514. https://doi.org/10.1177/0741088396013004002.
Medway P., & Clark B. (2003). Imagining the building: Architectural design as semiotic construction. *Design Studies 24*, 255–273. https://doi.org/10.1016/S0142-694X(02)00055-8.
Meyer, J. H. F., & Land, R. (2005). Threshold concepts and troublesome knowledge: Epistemological considerations and a conceptual framework for teaching and learning. *Higher Education, 49*, 373–388. https://doi.org/10.1007/s10734-004-6779-5.
Miller, C. R. (1984). Genre as social action. *Quarterly Journal of Speech, 70*, 151–167. https://doi.org/10.1080/00335638409383686.
Moffett, J. (1981). *Coming on center: English education in evolution*. Boynton/Cook.
Myers, G. (1985). The social construction of two biologists' proposals. *Written Communication, 2*, 219–245. https://doi.org/10.1177/0741088385002003001.
Myers, G. (1990). *Writing biology: Texts in the social construction of scientific knowledge*. University of Wisconsin Press.
Nelson, N., & Calfee, R. C. (Eds.). (1998). *The reading-writing connection*. National Society for the Study of Education.
Orlikowski, W. J., & Yates, J. A. (2002). It's about time: Temporal structuring in organizations. *Organization Science, 13*, 684–700. https://doi.org/10.1287/orsc.13.6.684.501.
Orlikowski, W. J., Yates, J. A., Okamura, J. A. K., & Fujimoto, M. (1995) Shaping electronic communication: The metastructuring of technology in the context of use. *Organization Science, 6*, 423–444. https://doi.org/10.1287/orsc.6.4.423.
Paradis, J., Dobrin, D., & Miller, R. (1985). Writing at Exxon ITD: Notes on the writing environment of an R&D organization. In L. Odell & D. Goswami (Eds.), *Writing in nonacademic settings* (pp. 281–308). Guilford Press.
Perl, S. & Egendorf, A. (1979). The process of creative discovery: Theory, research, and implications for teaching. In D. McQuade (Ed.), *Linguistics, stylistics, and the teaching of composition* (pp. 118–134). University of Akron.
Plane, S., Bazerman, C., Rondelli, F., Donahue, C., Applebee, A. N., Boré, C., Carlino, P., Larruy, M. M., Rogers, P., & Russell, D. R. (Eds.). (2017). *Research on writing: Multiple perspectives*. The WAC Clearinghouse; CREM. https://doi.org/10.37514/INT-B.2017.0919.
Poe, M., Lerner, N., & Craig, J. (2010*). Learning to communicate in science and engineering: Case studies from MIT*. MIT Press.
Prior, P. (1998). *Writing/Disciplinarity*. Lawrence Erlbaum Associates. https://doi.org/10.4324/9780203810651.

Ramachandran, V. S. (2011). *The tell-tale brain: A neuroscientist's quest for what makes us human*. W.W. Norton & Company.

Rogers, P. M. (2010). The contributions of North American longitudinal studies of writing in higher education to our understanding of writing development. In C. Bazerman, R. Krut, K. Lunsford, S. McLeod, S. Null, P. Rogers, & A. Stansell (Eds.), *Traditions of writing research* (pp. 365–377). Routledge.

Rohman, D. G., & Wlecke, A. O. (1965). *Pre-writing: The construction and application of models for concept formation in writing*. United States Office of Education.

Russell, D. R. (1997) Rethinking genre in school and society: An activity theory analysis. *Written Communication, 14*, 504–554. https://doi.org/10.1177/0741088397014004004.

Shaughnessy, M. P. (1977). *Errors and expectations: A guide for the teacher of basic writing*. Oxford University Press.

Smagorinsky, P. (1997). Personal Growth in social context: A high school senior's search for meaning in and through writing. *Written Communication, 14*, 63–105. https://doi.org/10.1177/0741088397014001002.

Smart, G. (1993). Genre as community invention. In R. Spilka (Ed.), *Writing in the workplace* (pp. 124–140). Southern Illinois University Press.

Smart, G. (2006). *Writing the economy: Activity, genre, and technology in the world of banking*. Equinox.

Spinuzzi, C. (2008). *Network: Theorizing knowledge work in telecommunications*. Cambridge University Press.

Spivey, N. N. (1984). *Discourse Synthesis: Constructing texts in reading and writing*. International Reading Association.

Spivey, N. N. (1990). Transforming texts: Constructive processes in reading and writing. *Written Communication, 7*, 256–287. https://doi.org/10.1177/0741088390007002004.

Sternglass, M. (1997). *Time to know them: A longitudinal study of writing and learning at the college level*. Routledge.

Sullivan, H. S. (1953). *The interpersonal theory of psychiatry*. W.W. Norton & Company.

Swales, J. M. (1981). *Aspects of article introductions: ESP research report*. Aston University.

Swales, J. M. (1990). *Genre analysis: English in academic and research settings*. Cambridge University Press.

Swales, J. M. (1998). *Other floors, other voices: A textography of a small university building*. Lawrence Erlbaum Associates.

Syverson, M. A. (1999). *The wealth of reality: An ecology of composition*. Southern Illinois University Press.

Taczak, K. & Robertson, L. (2017). Metacognition and the reflective writing practitioner: An integrated knowledge approach. In P. Portanova, J. M. Rifenburg, & D. Roen. (Eds.). *Contemporary perspectives on cognition and writing* (pp. 211–229). The WAC Clearinghouse; University Press of Colorado. https://doi.org/10.37514/PER-B.2017.0032.2.11.

Thaiss, C., Brauer, G., Carlino, P., Ganobcsik-Williams, L., & Sinha, A. (Eds.). (2012). *Writing programs worldwide: Profiles of academic writing in many places.* The WAC Clearinghouse; Parlor Press. https://doi.org/10.37514/PER-B.2012.0346.

Thaiss, C. J., & Zawacki, T. M. (2006). *Engaged writers and dynamic disciplines: Research on the academic writing life.* Boynton/Cook.

Villanueva, V. (1993). *Bootstraps: From an American academic of color.* National Council of Teachers of English.

Vygotsky, Lev. (1986). *Thought and language* (Alex Kozulin, Trans.). MIT Press.

Winsor, D. A. (1990). Engineering writing/writing engineering. *College Composition and Communication, 41,* 58–70.

Winsor, D. A. (2012). *Writing power: Communication in an engineering center.* SUNY Press.

Woodmansee, M., & Jaszi, P. (Eds.). (1994). *The construction of authorship: Textual appropriation in law and literature.* Duke University Press.

Wysocki, A. (2008). Multimedia. In C. Bazerman (Ed.), *Handbook of research on writing.* Routledge.

Yancey, K. B. (Ed.). (2016). *A rhetoric of reflection.* Utah State University Press.

Yates, J. A. (1989). *Control through communication: The rise of system in American management.* Johns Hopkins University Press.

Yates, J. A., & Orlikowski, W. J. (1992). Genres of organizational communication: a structurational approach to studying communication and media. *Academy of Management Review 17,* 299–326. https://doi.org/10.2307/258774.

Section Two.

Multilingualism and University Writing

Multilingüismo y Escritura Universitaria

Multilinguismo e Escrita Universitária

5

A Produção Textual no Curso de Letras-Francês: Uma Comparação das Capacidades de Linguagem Requeridas em Disciplinas de Língua Francesa e Literatura Francófona

Jaci Brasil Tonelli e Eliane G. Lousada
UNIVERSIDADE DE SÃO PAULO

Resumo / Resumen / Abstract

Este capítulo apresenta uma análise comparativa das capacidades de linguagem requeridas pelas produções textuais solicitadas por duas disciplinas, uma de Língua e outra de Literatura, cursadas no mesmo semestre por graduandos em Letras-Francês. As análises dos textos foram realizadas com base no Interacionismo Sociodiscursivo (Bronckart, 1999/2012, 2019), que propõe um modelo de análise para os textos e os conceitos de modelo didático (De Pietro et al., 1997; De Pietro & Schneuwly, 2003) e de capacidades de linguagem (Dolz, Pasquier & Bronckart, 1993). Os resultados indicam que há um descompasso entre o que é solicitado nas aulas de literatura e nas aulas de língua, por conseguinte, os graduandos têm dificuldades para mobilizar as capacidades de ação e discursivas necessárias para a produção textual requerida pela disciplina de literatura, na qual não há atividades que visem ao ensino do gênero textual.

Este capítulo presenta un análisis comparativo de las capacidades de lenguaje requeridas por las producciones textuales solicitadas por dos disciplinas, una de lengua y otra de literatura, cursadas durante el mismo semestre por graduandos en Letras-Francés. Los análisis de los textos fueron realizados con base en el Interaccionismo Sociodiscursivo (Bronckart, 1999/2012, 2019), que propone un modelo de análisis para los textos y los conceptos de modelo didáctico (De Pietro et al., 1997; De Pietro & Schneuwly, 2003) y de capacidades de lenguaje (Dolz et al., 1993). Los resultados indican que hay un desajuste entre lo que es solicitado en las clases de literatura y en las clases de lengua; por consiguiente, los graduandos tienen dificultades para movilizar las capacidades de acción y discursivas necesarias para la producción textual requerida por la disciplina de literatura, en la cual no hay actividades que persigan la enseñanza del género textual.

This chapter presents a comparative analysis of the language skills required for the textual productions requested by two disciplines, language and literature, studied during the same semester by graduates in French Letters. The analyzes of the texts were carried out based on Sociodiscursive Interactionism (Bronckart, 1999/2012, 2019), which proposes a model of analysis for the texts and concepts of the didactic model (De Pietro et al., 1997; De Pietro & Schneuwly, 2003) and of language skills (Dolz et al., 1993). The results indicate that there is a mismatch between what is requested in literature classes and in language classes; therefore, graduates have difficulties mobilizing the action and discursive skills necessary for the textual production required by the literature discipline, where there are no activities that pursue the teaching of the textual genre.

Este capítulo tem por objetivo apresentar uma análise das capacidades de linguagem requeridas de alunos no segundo semestre da habilitação de Letras-Francês, procurando comparar o que é solicitado na disciplina de língua francesa e na disciplina de literatura francófona. Essa análise visa a contribuir, de forma mais ampla, para a reflexão sobre a formação do graduando em Letras-Francês que é oferecida na habilitação na Universidade de São Paulo (USP-Brasil). Para tanto, descreveremos os gêneros textuais solicitados pelos professores de um curso de graduação em Letras (habilitação em Francês) e apresentaremos uma análise das produções dos graduandos, propondo uma comparação entre o que é exigido pelos professores e o que é efetivamente produzido pelos alunos. Dessa forma, acreditamos que poderemos contribuir para uma discussão sobre os desafios de produção textual dos graduandos.

Para atingir nossos objetivos, faremos uma análise comparativa das capacidades de linguagem (Dolz et al., 1993; Lousada et al., 2017; Machado, 2009) necessárias à produção de gêneros textuais requeridos por duas disciplinas obrigatórias, uma de língua e outra de literatura, ministradas no mesmo semestre no curso de Letras-Francês, com vistas a descrever pontos em comum e divergências com relação às capacidades de linguagem requeridas em cada disciplina. O interesse de tal comparação reside no fato de que os alunos relatam, como constatado em estudos anteriores (Lousada, Bueno, & Dezutter, 2019) que analisaram respostas de universitários a um questionário sobre gêneros textuais produzidos durante a graduação, o descompasso existente entre as exigências dos professores em disciplinas de língua e de literatura, mesmo quando se trata de disciplinas cursadas no mesmo semestre. Por serem disciplinas necessárias para a formação em Letras, aprender a escrever textos adequados para ambas é um dos objetivos que se busca nesse contexto formativo. Nosso estudo procura compreender como se dá essa aprendizagem, além de trazer reflexões mais amplas sobre a formação do estudante de Letras, que tem que aprender, no mesmo curso de graduação, uma maneira de escrever que é típica dos estudos universitários, mas difere muito segundo a disciplina de referência, Linguística ou Literatura (Ferreira & Lousada, 2016).

O capítulo traz um recorte de uma pesquisa de doutorado em andamento cujo objetivo geral é estudar, de maneira longitudinal, a produção escrita de alunos do curso de Letras-Francês, buscando analisar suas dificuldades e acompanhar o desenvolvimento das capacidades de linguagem necessárias à redação de gêneros textuais que circulam na esfera dos estudos universitários (Lousada & Dezutter, 2016). A originalidade da pesquisa reside no fato de propor um estudo, ao longo do percurso da graduação, que acompanhe os alunos em sua aprendizagem da escrita na esfera universitária e reúna os conteúdos ligados às disciplinas língua francesa e literatura francófona, de ordem declarativa e procedimental, ligada à aprendizagem da língua (Courtillon, 2003). Durante a graduação em francês, há momentos em que são aprendidos conteúdos declarativos, como conceitos e noções mais abstratas, que é o caso da aprendizagem da literatura; já em outros momentos, os conteúdos são procedimentais, ligados ao saber-fazer.

Nesse sentido, nossa pesquisa se assemelha a outras que vêm sendo realizadas sobre a aprendizagem da escrita ao longo de um período amplo de estudo, como é o caso de Bazerman et al. (2018), que relatam experiências de acompanhamento do desenvolvimento da escrita em diferentes contextos (escolar, universitário, profissional). No entanto, nossa pesquisa difere dessas, pois: trata da língua francesa; abrange a aprendizagem da língua estrangeira; se preocupa com uma situação de aprendizagem de conteúdos disciplinares em que as disciplinas de referência, linguística e literatura, não compartilham o mesmo modo de escrever (Ferreira & Lousada, 2016); ainda não há pesquisas longitudinais que investiguem a produção escrita durante todo o percurso universitário do estudante de Letras do ponto de vista do Interacionismo Sociodiscursivo. Embora, em nossa pesquisa, analisemos os textos produzidos pelos estudantes durante os quatro anos da graduação em Letras-Francês, neste artigo limitar-nos-emos a apresentar as análises dos dados de apenas um semestre.

Para realizar a comparação, analisamos textos produzidos pelos alunos do quarto semestre do curso de Letras-Francês da USP para as disciplinas *Francês II e Introdução à literatura francesa*, oferecidas concomitantemente. Essas disciplinas ocorrem quando os estudantes estão no segundo semestre de língua francesa, já que, na habilitação em línguas estrangeiras na USP, os alunos fazem um ciclo básico, no qual não há aprendizagem de uma LE, antes de escolherem uma delas para a habilitação. Apresentaremos de forma mais detalhada esse contexto e a forma de coleta de dados na próxima seção.

Contexto e Coleta de Dados

A coleta de dados foi realizada no segundo semestre de 2017, momento em que os universitários estavam no quarto semestre da graduação. Como dissemos, durante os dois primeiros semestres eles cursam o Ciclo Básico, que visa à formação geral do aluno de Letras, e, a partir do terceiro semestre, inicia-se as aulas da habilitação escolhida.

No caso da habilitação em francês, no terceiro semestre da graduação, os universitários são introduzidos à língua francesa (disciplina *Francês I*) e estudam conteúdos linguísticos e comunicativos equivalentes ao nível A1 do Quadro Europeu Comum de Referência. No quarto semestre, além da disciplina de língua, *Francês II*, é oferecida a primeira disciplina de literatura francesa, *Introdução à literatura francesa*, ministrada em português a partir de leituras de textos literários em francês.

Diante da imensa quantidade de textos que são redigidos pelos alunos a cada semestre, optamos por escolher um gênero representativo de cada semestre para análise. Para tanto, fizemos entrevistas semidirigidas com os professores da habilitação em francês, com o objetivo de identificar quais gêneros poderiam ser mais representativos da aprendizagem desejada em cada disciplina e a cada semestre. Com base nesse levantamento e em algumas considerações que expomos abaixo, optamos pela escolha de dois gêneros representativos do segundo semestre da habilitação em Francês.

Na disciplina de *Francês II*, foram solicitadas diversas produções textuais ao longo do semestre que não tinham o objetivo de avaliar os alunos, com exceção de uma delas, o resumo (*résumé*). Justamente, o resumo também era a única produção textual pertencente à esfera dos estudos universitários; portanto, selecionamos o **resumo** de dois capítulos de um livro teórico sobre estratégias de aprendizagem em francês para nossa análise relativa à disciplina de língua francesa. Para preparar os alunos para a produção do resumo, durante o curso foi ministrada uma aula sobre esse gênero textual; além disso, a professora tem uma parceria com o Laboratório de Letramento Acadêmico (LLAC[1]) da FFLCH (Faculdade de Filosofia, Letras e Ciências Humanas) que tem por objetivo auxiliar os alunos na escrita. A realização de um atendimento no LLAC vale 1 ponto na nota do resumo, ou seja, se o aluno não o realiza, sua produção poderá obter, no máximo, 9/10. Essa parceria dá subsídios para que os alunos reforcem o conhecimento, visto em aula, sobre as especificidades do gênero a ser produzido e ajuda-os na escrita do texto.

Na disciplina de *Introdução à literatura francesa*, foi solicitada a produção de apenas um texto ao longo do semestre, pertencente ao gênero **antologia** de poemas, contendo uma introdução de uma página e 7 ou 8 poemas seguidos de comentários. A nota semestral foi dada de acordo com o desempenho do aluno na escrita da introdução da antologia e na apresentação oral da temática escolhida para ela, realizada em sala. Dessa forma, tomamos a "introdução a uma antologia de poemas" como a produção escrita solicitada por essa disciplina.

No segundo semestre de 2017, coletamos 18 resumos e 18 introduções a uma antologia de poemas. No entanto, selecionamos apenas alguns dos textos coletados para a análise neste capítulo. Para a seleção, optamos por escolher os textos dos alunos que tinham escrito o resumo em francês, de forma a permitir a comparação com a introdução a uma antologia de poemas; então, selecionamos os únicos sete resumos escritos em francês e as sete introduções a uma antologia correspondentes aos mesmos alunos.

Como mencionamos, o objetivo da análise foi identificar as capacidades de linguagem (Dolz, Pasquier, & Bronckart, 1993) requeridas para a produção de cada gênero, para, em seguida, comparar as capacidades de linguagem mobilizadas pelos alunos na produção do resumo e da introdução a uma antologia de poemas e verificar seus pontos em comum e seus pontos de divergência, de forma a propor uma reflexão sobre o percurso do aluno de Letras-Francês que cursa paralelamente essas duas disciplinas.

Quadro Teórico-Metodológico

Para realizar a análise dos textos, apoiamo-nos nos pressupostos teórico-metodológicos do interacionismo sociodiscursivo (Bronckart, 1999/2012, 2019), que, inserindo-se na orientação epistemológica do Interacionismo Social (Vygotski, 1997), tem por objetivo estudar o papel específico da linguagem no desenvolvimento das pessoas. Com esse intuito, os pesquisadores

---

1 Criado em 2011 pelas Profas. Dras. Marília Ferreira (inglês) e Eliane Lousada (francês): http://letramentoacademico.fflch.usp.br/

do Interacionismo Sociodiscursivo (ISD) construíram um modelo de análise de textos e propuseram algumas noções fundamentais para as pesquisas em Didática das Línguas: modelo didático (De Pietro et al., 1997; De Pietro & Schneuwly, 2003), sequência didática (Dolz et al., 2001) e capacidades de linguagem (Dolz et al., 1993). Neste estudo, servimo-nos sobretudo das noções de "modelo didático" e "capacidades de linguagem", que apresentaremos a seguir.

O modelo didático (De Pietro et al., 1997; De Pietro & Schneuwly, 2003) pode ser compreendido como um espaço de cristalizações e elaborações didáticas, ligado à engenharia didática. Ele caracteriza-se por descrever um gênero textual a ser ensinado e aprendido, apontando seus objetos potenciais para o ensino, fornecendo as bases para a elaboração de sequências didáticas. Neste capítulo, usamos essa noção apenas para compreender as características dos gêneros solicitados pelos professores.

Para elaborar o modelo didático de um gênero textual são usados quatro conjuntos de dados (De Pietro & Schneuwly 2003): as *práticas sociais de referência*, das quais é feito um detalhamento dos elementos que aparecem regularmente ou ocasionalmente nos textos empíricos, sendo constitutivos do gênero; a *literatura sobre o gênero*, ou seja, como os especialistas o descrevem; as *práticas linguageiras dos alunos*, apontando sobretudo quais aspectos do gênero textual podem ser difíceis de serem aprendidos; as *práticas escolares*, que informam quais são as maneiras de se ensinar esse gênero textual. Com base nessas informações, o modelo didático será composto de: 1. definição do gênero; 2. parâmetros do contexto comunicativo; 3. conteúdos específicos; 4. estrutura textual global; 5. operações de linguagem e suas marcas linguísticas (De Pietro & Schneuwly, 2003).

Com vistas a detalhar as capacidades de linguagem (Dolz et al., 1993) necessárias à produção dos gêneros textuais requeridos pelos professores, elaboramos seus modelos didáticos, usando a proposta de De Pietro e Schneuwly (2003), assim como o modelo da arquitetura textual (Bronckart, 1999/2012) para efetuar as análises contextuais, discursivas e linguístico-discursivas. O modelo de análise textual proposto por Bronckart (1999/2012, 2019) parte de um levantamento de hipóteses sobre o contexto de produção textual para propor, em seguida, uma análise em três níveis: infraestrutura geral do texto, mecanismos de textualização, mecanismos enunciativos.

Para descrever o contexto de produção textual, Bronckart (1999/2012) propõe levantar hipóteses sobre o contexto de produção físico e sociossubjetivo no qual o gênero textual é produzido, descrevendo o enunciador, destinatário, objetivo da interação, local social e momento da produção. No nível da infraestrutura geral do texto, observamos primeiramente o plano global dos conteúdos temáticos, apresentando quais são os conteúdos mobilizados e em qual ordem, para, em seguida, identificar os tipos de discurso (Bronckart, 1999/2012) presentes: o discurso teórico (expor autônomo), discurso interativo (expor implicado), o relato interativo (narrar implicado) ou a narração (narrar autônomo). Nesse nível também são descritos os tipos de sequências presentes no texto: narrativa, descritiva, argumentativa, injuntiva, explicativa, e dialogal.

Já no nível dos mecanismos de textualização, analisamos como se dão a conexão, a coesão nominal e a verbal. Por fim, no nível dos mecanismos enunciativos, observamos as avaliações formuladas sobre um ou mais aspectos do conteúdo temático trazido e quais instâncias se responsabilizam tanto pelo conteúdo temático quanto pelas avaliações (Bronckart, 1999/2012). Nesse nível são descritos o uso de modalizações, que podem ser lógicas, apreciativas, deônticas e pragmáticas, a gestão das vozes e o(s) posicionamento(s) enunciativos adotados.

A noção de capacidades de linguagem tem sido usada de maneira profícua em inúmeras pesquisas que se filiam ao ISD, como, por exemplo: Machado (2009), Dias e Lousada (2018), Bueno e Zani (2019), entre outras. Essas pesquisas nos permitiram aprofundar a noção e propor estudos complementares, como, por exemplo, a transferência de capacidades de linguagem (Dias & Lousada, 2018). Segundo a proposta inicial de Dolz, Pasquier e Bronckart (1993), as capacidades de linguagem se dividem em: capacidades de ação, relacionadas à habilidade do produtor do texto em representar para si a situação de produção: quem escreve, para quem e com qual objetivo; capacidades discursivas, ligadas aos conteúdos mobilizados, sua organização e os tipos discursivos e de sequência usados; as capacidades linguístico-discursivas, relacionadas à textualização, que podem ser exemplificadas no uso de coesão nominal e verbal, conexão, modalizações e gerenciamento de vozes. As capacidades de linguagem encontram correspondência no modelo de análise textual de Bronckart (1999/2012), que utilizamos para analisar os textos produzidos pelos alunos. Sendo assim, as capacidades de ação estão relacionadas com a mobilização de elementos do contexto de produção do texto; as capacidades discursivas estão relacionadas com a infraestrutura geral do texto e as capacidades linguístico-discursivas agrupam os mecanismos de textualização e enunciativos. A divisão em capacidades de linguagem, bem como o modelo de análise textual, propõem uma divisão dos fenômenos e dos aspectos que subjazem à produção textual apenas com finalidades didáticas e descritivas. Na concepção do ISD, compreende-se que esses fenômenos e aspectos agem conjuntamente na produção textual, sempre de forma dialógica, ou seja, levando em conta a situação de produção, o local social, o enunciador, o destinatário e os objetivos.

Para realizar o modelo didático do resumo, servimo-nos do que foi elaborado por Dias (2017), adaptando-o para nosso contexto. Sendo assim, levamos em conta as práticas escolares de nosso contexto, por meio das entrevistas realizadas com os professores. Como coletamos os textos dos alunos após o término do semestre e pelo fato de nossa pesquisa não focalizar o ensino dos gêneros, não analisamos as práticas linguageiras específicas dos alunos de nosso contexto. Porém, pela natureza de nossa pesquisa, tínhamos dados sobre o que os alunos eram capazes de escrever no semestre anterior e isso nos serviu de apoio para a elaboração dos modelos didáticos. Já para o modelo didático da antologia, analisamos textos que circulam nas práticas sociais de referência, consultamos a literatura sobre o gênero e também procuramos conhecer as práticas escolares, por meio das entrevistas realizadas com os professores. Da mesma forma que para o resumo, não analisamos as práticas linguageiras dos alunos, mas tínhamos dados sobre o que os alunos eram capazes de escrever no semestre anterior e isso foi levado em conta. A seguir, descrevemos os modelos didáticos dos gêneros, para que possamos compreender as capacidades de linguagem requeridas para redigi-los.

Os Modelos Didáticos: Résumé e Introdução a uma Antologia de Poemas

Descreveremos, primeiramente, os modelos didáticos do résumé[2] e da introdução a uma antologia; em seguida, compararemos as capacidades de linguagem exigidas por esses dois gêneros.

Para elaborar o modelo didático do *résumé*, tomamos por base o trabalho de Dias (2017), que elaborou o modelo didático desse gênero a partir da análise de 20 *résumés* disponíveis em sites de livraria, *résumés* de obras, do que dizem os especialistas, das práticas escolares e das práticas linguageiras dos alunos. Para o modelo didático aqui descrito, usamos, ainda, a ficha de instruções fornecida pela professora para solicitar esse gênero textual. Já para o modelo didático da introdução a uma antologia de poemas, analisamos as 15 menores introduções de antologias em francês disponíveis na biblioteca da FFLCH no mês de agosto de 2018, pois o professor da disciplina disse aos alunos que a introdução deveria ter ao menos três parágrafos, cada um com cerca de 5 linhas, o que resulta em um texto de cerca de uma página, portanto, bastante reduzido. Procuramos, dessa forma, analisar um corpus o mais próximo possível do que foi solicitado pelo professor.

---

2   O *résumé* em francês não é igual ao resumo em português. Segundo os especialistas (Charnet & Robin-Nipi, 1997; Cotentin-Rey, 1995), ao escrever um *résumé*, o produtor age como o autor do texto resumido não usando expressões como "segundo o autor", além de manter a mesma ordem de conteúdos do texto de base e representar apenas um quarto do texto resumido. A partir deste momento, utilizamos o termo "*résumé*" em francês.

Na instrução dada pela professora de Francês II, os alunos tinham a descrição de uma situação de comunicação: "Écrivez un résumé du livre, en vous basant sur les deux premiers chapitres, pour un site qui présente des livres pour la lecture. (portugais ou français, maximum 25 lignes)". A instrução indica o número máximo de linhas e dá aos alunos uma situação possível na qual um *résumé* pode ser produzido, ajudando-os a imaginar o contexto de produção sociossubjetivo. O objetivo do texto a ser produzido é apresentar o livro, sem emitir opinião sobre ele, e o enunciador é uma pessoa que trabalha em site que apresenta livros, dispondo de um certo conhecimento sobre a obra (Dias, 2017, p. 85). Tendo em vista a situação de comunicação proposta, ele escreve para alguém interessado em livros; mas não é possível esquecer que também tem como destinatário a professora que vai avaliá-lo, pois, estando em ambiente universitário, a situação de produção se assemelha a uma situação escolar (Schneuwly & Dolz, 1999). Observemos, ainda, que a professora determinou duas línguas possíveis para a escrita: português ou francês. Na entrevista semidirigida, ela explicou que, como se trata de alunos com nível A1/A2 do QECR, muitas vezes eles não têm nível linguístico para escrever em francês, o que os leva, frequentemente, a utilizarem tradutores automáticos. Portanto, ela optou por deixar a escolha da língua livre para os alunos.

No que se refere aos conteúdos temáticos a serem mobilizados, Dias (2017, pp. 89–90) afirma que, primeiramente, há uma contextualização, seguida da apresentação do tema da obra ou de sua intriga. No *résumé*, o tipo de discurso predominante é o discurso teórico, ou seja, o expor autônomo. Já no que se refere às sequências mobilizadas, Dias (2017, p. 90) as descreve como esquematizações (expositivas e/ou informativas), nas quais o livro resumido é apresentado de forma neutra.

No nível da textualização, a conexão do *résumé* é caracterizada pelo uso de organizadores textuais como *d'abord*, *enfin*, de conectores aditivos (*et*), adversativos (*mais*) e conclusivos (*donc*), sendo que, geralmente, as frases são curtas e a pontuação é uma das principais responsáveis pela conexão (Dias, 2017, p. 91). Já a coesão nominal se dá pelo uso de retomadas pronominais (*il/elle*; *qui*), de pronomes possessivos e de retomadas nominais acompanhadas de demonstrativo (*ce livre*). Há, portanto, um esforço para evitar a repetição de palavras. Pode haver a presença de nomes dos autores do livro resumido ou de retomadas nominais fazendo referência a eles (*l'écrivain*).[3] Ainda segundo

---

[3] Isso ocorreu nos exemplares analisados pela autora, embora, na literatura sobre o gênero "*résumé*", o nome dos autores não apareça, já que o autor do *résumé* se coloca na posição enunciativa do autor do texto.

Dias (2017), a maioria dos verbos dos *résumés* está no presente do indicativo, mas há também verbos no infinitivo e no pretérito, em número bem menor.

Por fim, no nível dos mecanismos enunciativos, Dias (2017) encontrou diversos exemplos de asserções, forma usada para ressaltar o valor de verdade do que é dito. Na maioria dos *résumés*, a pesquisadora não encontrou modalizações apreciativas, já que o produtor do texto não exprime sua opinião sobre a obra resumida: é uma característica desse gênero (Cotentin-Rey, 1995; Dias, 2017, p. 92). Já com relação às vozes, Dias (2017) afirma não haver citações explícitas de trechos da obra resumida, podendo haver frases curtas entre aspas; porém, nos textos analisados existem frases como "l'auteur explique", nas quais são usados verbos *dicendi* para introduzir conteúdos da obra resumida, contrariando o que especialistas do gênero dizem (Cotentin-Rey, 1995, p.7).

O resumo é um gênero textual bastante presente nas práticas escolares brasileiras, sendo solicitado no Ensino médio e também no Ensino superior (Lousada, Bueno, & Dezutter, 2019) para verificar se o aluno compreende o texto de base, pois é capaz de resumi-lo. No caso dos alunos de Francês II, eles tiveram uma aula sobre o gênero durante o semestre e também dispuseram de atendimentos individuais com os monitores do LLAC para esclarecer suas dúvidas. De acordo com informações obtidas por meio de entrevista com a professora responsável e de análise do programa do curso, alguns dos conteúdos trabalhados em Francês II são a reutilização do presente do indicativo e as retomadas nominais e pronominais. No *résumé*, espera-se justamente que os alunos utilizem esses conteúdos, o que justifica a escolha do gênero.

Quanto à introdução a uma antologia, observemos que há uma irregularidade na maneira de nomear essa parte de uma antologia de poemas: ela pode ser chamada de "*préface*" ou "*avant-propos*". Adotamos o termo "introdução" por ser o mais frequente no corpus analisado: onze ocorrências nos quinze textos analisados.

Quando levantamos hipóteses sobre o contexto sociossubjetivo da antologia de poemas, percebemos que a produção do gênero está ligada a escolhas que geram a necessidade de defender as decisões tomadas: o autor da introdução que, na maior parte dos casos, também é autor da coletânea, justifica as escolhas feitas para compor a antologia. Percebemos, ainda, por marcas textuais e por buscas sobre os autores, que eles são especialistas em poesia, ou poetas; e o destinatário mais frequente são especialistas e/ou interessados em poesia. O objetivo principal é apresentar as escolhas realizadas; consequentemente, o produtor do texto defende e justifica as decisões que tomou para compor o tema e o corpus da antologia.

No que se refere à infraestrutura geral, esse gênero tem uma organização do plano global dos conteúdos bastante fluida. Os conteúdos recorrentes são a apresentação da temática, a sua explicação e justificativa das escolhas, podendo ou não haver um detalhamento da coletânea de poemas.

Os tipos discursivos mobilizados são o discurso teórico e o discurso interativo. O produtor do texto alterna o uso dos dois tipos discursivos, mantendo o expor, ora implicado, ora autônomo. As sequências textuais predominantes são as explicativas e argumentativas, algumas vezes de maneira incompleta, sem todas as fases. Há um efeito argumentativo global (Melão, 2014), produzido pelo acúmulo de argumentos ao longo dos parágrafos.

Para dar conexão à "introdução de uma antologia", são usados conectores argumentativos variados (oposição, concessão, adição, causa, consequência) e sequenciais. Os asteriscos e a pontuação também têm papel importante, pois funcionam como um meio para separar partes do texto e gerenciar a progressão dos conteúdos.

As escolhas lexicais mantêm a coesão nominal, que se dá pelo uso de retomadas nominais ou pronominais, ou pela repetição de palavras-chave, como poesia, poema ou o tema da antologia. Já no que se refere ao posicionamento enunciativo adotado pelos produtores de texto, há uma predominância do uso do "*je*" para explicar as escolhas realizadas, mesmo que alguns autores usem o "*nous*". Mas também é recorrente o uso de "*cette anthologie*", "*ce livre*", "*cet ouvrage*" para a apresentação dos objetivos. Em onze das antologias analisadas há ao menos uma dessas fórmulas, mesmo quando o produtor do texto usa também o "*je*" para falar de suas escolhas, o que nos mostra que um uso não impede o outro.

Os autores das "introduções" usam algumas estratégias argumentativas para justificar e explicar suas escolhas, dentre elas estão o uso de modalizações lógicas e apreciativas. Os textos possuem ainda muitos adjetivos; eles são usados principalmente para caracterizar a poesia, o tema escolhido e os autores. Por fim, alguns autores recorrem a uma linguagem mais literária, com o uso de imagens, de metáforas, por exemplo, para defender suas escolhas.

A "introdução a uma antologia de poemas" é um gênero bastante novo para os graduandos: é, provavelmente, a primeira vez que vão elaborar tanto uma antologia quanto sua introdução, sendo essa uma dificuldade a ser considerada. Além disso, durante o semestre não houve uma aula sobre o gênero; o professor apresentou a proposta de produção textual oralmente e no dia em que os alunos apresentaram o tema escolhido para a coletânea de poemas, fez comentários para dar um direcionamento para a justificativa do tema e a escolha dos poemas. A preocupação pedagógica do professor ao pedir esse gênero textual era fazer com que os alunos entrassem em contato com a produção literária francófona (informação obtida por meio de entrevista). Apenas alguns dos graduandos realizaram atendimentos individuais com os monitores do LLAC para esclarecer suas dúvidas sobre a "introdução de uma antologia de poemas", pois esses atendimentos não foram encorajados pelo professor, como foi o caso do Francês II.

Ao comparar as capacidades de linguagem requeridas pelos dois gêneros, levamos em conta os modelos didáticos dos gêneros descritos acima, assim como as especificidades das instruções de elaboração dadas pelos professores. Há dois pontos em comum entre os dois gêneros pedidos no mesmo semestre: ambos mobilizam o discurso teórico, característica frequente nos textos que circulam na esfera dos estudos universitários, e demandam estratégias de coesão nominal, como o uso de sinônimos, para evitar a repetição de palavras e assegurar a progressão temática.

No que se refere às capacidades de ação, geralmente, a introdução de uma antologia é elaborada por um especialista que detalha e justifica suas escolhas; dessa forma, o aluno precisa ser capaz de representar para si mesmo essa situação de produção, um pouco longe de sua realidade de estudante de Letras. Já o *résumé* não tem essa especificidade, sendo um gênero que os universitários comumente produzem. Além disso, o contexto de produção proposto pela professora ao pedir o texto é relativamente familiar aos graduandos, assim como o ato de resumir.

Com relação às capacidades discursivas, os universitários devem mobilizar sequências argumentativas na introdução a uma antologia, o que demanda maior capacidade de se exprimir em LE do que a sequência denominada "esquematização"[4] (Bronckart, 1999/2012) requerida pelo *résumé*. Por fim, as capacidades linguístico-discursivas requeridas pelo *résumé* são menos elaboradas. Por exemplo, há menor exigência do uso de conectores do que na introdução a uma antologia, pois, como dissemos, a conexão é estabelecida, geralmente, pela pontuação. No entanto, ambos demandam o uso de estratégias de coesão nominal (pronomes, sinônimos, retomadas nominais etc.) como já apontado. Sendo assim, concluímos que a introdução da antologia exige maior desenvolvimento das capacidades de linguagem, pois tem maior caráter argumentativo, já que o produtor do texto deve justificar suas escolhas.

Análises dos Dados Coletados

Como mencionamos, apesar de o número total de alunos inscritos nas disciplinas durante o segundo semestre de 2017, período no qual foi feita coleta de dados, ser maior, analisaremos apenas as produções textuais de sete universitários, pois esses foram os alunos que redigiram os *résumés* em francês.

---

4   Trata-se de uma sequência na qual os conteúdos são apenas expostos sem que haja necessidade de emprego de estratégias de argumentação.

A seguir, descreveremos de maneira sintética as análises das produções dos alunos divididas em dois grupos: primeiramente, os textos de Bernardo, que parece ter mais dificuldades; no segundo grupo, temos uma análise global dos textos de Adriana, Chloé, Fred, Inês, Italo e Vera.[5]

Bernardo não mobiliza adequadamente as capacidades de ação na escrita de nenhum dos dois gêneros. Tanto no *résumé* quanto na introdução a uma antologia, Bernardo compreende mal a situação de produção e elabora um texto que não atende aos critérios do gênero textual solicitado. No caso do *résumé*, insere apreciações: "Le livre est très interéssant(sic) pour les étudiantes ainsi pour les professeurs. Par(sic) les étudiantes, c'est très bon pour organizer ces(sic) études"(Résumé de Bernardo), característica típica da resenha e não do *résumé*; já no caso da introdução a uma antologia, ele elabora apenas dois parágrafos: no primeiro, apresenta o tema, o erotismo em Baudelaire e nos poetas malditos, e, no segundo, afirma que "on **analysera** trois types d'érotisme" (Introdução Antologia - Bernardo -grifo nosso), como se apresentasse uma análise de poemas e não uma antologia. Nos dois textos, Bernardo não é capaz de representar para si as situações de produção, o que faz com que não mobilize as capacidades discursivas e linguístico-discursivas esperadas para os dois gêneros. Em suas produções textuais, há problemas na mobilização dos conteúdos temáticos, pois ele acrescenta conteúdos como a apreciação no *résumé* e a análise literária na introdução da antologia, e também nos mecanismos enunciativos mobilizados, já que insere modalizações apreciativas em um resumo, como neste excerto: "Par (sic) les professeurs c'est un livre essentiel pour developer (sic) des stratégies plus efficaces"(Résumé de Bernardo), o que não é típico desse gênero.

Passando para a análise das produções dos outros seis alunos, observaremos, primeiramente o *résumé*. Percebemos que os outros seis graduandos produzem textos com as características do gênero textual solicitado e, então, atendem às exigências da professora. Assim, eles mobilizam em seus textos as capacidades de linguagem requeridas, já que são capazes de: representar para si a situação de produção; produzir um *résumé* que apresenta o conteúdo temático esperado para o gênero (apresenta o livro e seu conteúdo); mobilizar o discurso teórico e a esquematização, além de fazer uso do presente e de frases curtas. Também são mobilizados poucos conectores lógicos e sequenciais, tal como descrito no modelo didático.

Os *résumés* elaborados possuem alguns erros linguísticos, sobretudo no que se refere à conjugação de verbos no presente, às elisões e às contrações de preposições e artigos, características da língua francesa. Notamos também a

---

[5] Os nomes dos alunos foram trocados por pseudônimos.

repetição de palavras, como estratégia, pesquisa, tipologia, etc., indicando que eles ainda possuem dificuldades para realizar uma cadeia anafórica que evite essas repetições. Lembramos, no entanto, que os universitários estão cursando o segundo semestre da habilitação em língua francesa e esses são conteúdos em processo de aprendizagem.

Já na introdução a uma antologia, algumas das características do gênero não estão presentes, como a presença de um enunciador claramente marcado pelo uso de "eu", enquanto outros aspectos tomam a forma "escolar"[6] do gênero. Levantamos essa hipótese, pois há marcas nas produções textuais que indicam que o professor é destinatário da argumentação para justificar a escolha do tema, como nesse excerto da introdução de Fred: "Le poème de Jacques Prévert a été montré en classe pour (sic) le professeur".

Nas antologias que circulam nas práticas sociais de referência, os autores justificam suas escolhas para especialistas ou para um público interessado em poesia, enquanto que os graduandos, geralmente, defendem a escolha do tema pensando no professor da disciplina como destinatário e chegando mesmo a mencioná-lo, como no excerto acima.

As produções também indicam que os graduandos já desenvolveram parcialmente as capacidades de linguagem necessárias para mobilizar os conteúdos que precisam ser ditos, como a justificativa da escolha, ou seja, demonstram ser capazes de mobilizar as capacidades discursivas referentes aos conteúdos temáticos do gênero.

Alguns graduandos mobilizam o discurso interativo em suas introduções (Inês e Fred), implicando-se na justificativa e na apresentação do tema, usando dois tipos de discurso para tornar suas introduções mais argumentativas, pois usam o discurso interativo para apresentar a escolha do tema ou a dificuldade de fazê-la:

> L'auteur [Freud] a défini le rêve, génériquement, comme une manifestation de l'inconscient et c'est justement ce que *nous observons* dans la poésie.
>
> *J'ai observé* trois principaux manifestátions des rêves dans poèmes avec cette thématique. Il y a quelques poèmes qu'(sic) ont fait une définition, en général lyrique, de rêve, par exemple le poème de Pierre-Louis Matthey. [. . .] C'est intéressant

---

6 Estamos usando o termo "escolar" para nos referirmos aos estudos de Schneuwly e Dolz (1999) sobre as práticas escolares, mas poderíamos chamar esses textos de "universitários", no sentido de que, ao entrarem na universidade, eles sofrem transformações para adequarem-se a esse contexto.

> comment les trois possibilités établissent un dialogue avec les souhaits d'une subjectivité humaine eu (sic) donc l'inconscient—d'une personne ou d'un collectif. (Introdução Antologia - Inês - grifos nossos)
>
> Cette anthologie est un recueil de poèmes français sur l'ivresse. *J'ai choisi* ce thème pour deux motifs: Primer (sic), c'est un sujet intéressant. *Je voulais* quelque chose original et différent (sic) et *je savais* que les français, les poètes principalement, aiment le vin, ainsi *j'aurais* beaucoup des (sic) options de poèmes pour rechercher(sic). (Introdução Antologia - Fred - grifos nossos)

Além disso, nesses excertos vemos que Inês usa adjetivos, característica presente nas antologias que circulam nas práticas sociais de referência e Fred mobiliza modalizações apreciativas. Há também a presença, em alguns dos textos, como os de Vera e Italo, de sinônimos para evitar a repetição de palavras, ou seja, há indícios da mobilização de capacidades linguístico-discursivas ligadas à essa operação de linguagem (a coesão nominal), que, no caso de estudantes de uma LE em nível A2, está em processo de aprendizagem.

Conclusões

A partir das análises, pudemos perceber que seis dos sete alunos têm mais facilidade de se colocar na situação de produção do *résumé*. Essa situação de produção é mais comum e recorrente para eles, pois provavelmente não é a primeira vez que produzem um *résumé*, apesar de demonstrarem algumas dificuldades em fazê-lo em LE. Portanto, concluímos que, para a produção do *résumé*, a maior parte dos alunos mostra bom domínio das capacidades de ação e discursivas. Suas maiores dificuldades estão nas capacidades linguístico-discursivas, devido ao nível linguístico que possuem (A2); mesmo assim, podemos dizer que o texto que produzem e os erros que cometem são apropriados para o nível esperado na disciplina Francês II.

A elaboração de uma antologia e de sua introdução prevê que o autor seja um especialista e essa situação de comunicação molda algumas características do gênero, como o uso do "eu" e a justificativa de suas escolhas para um público de especialistas ou de interessados em poesia. Na versão "escolar/universitária" do gênero, produzida no contexto que analisamos, os alunos defendem a escolha do tema tendo o professor como destinatário; portanto, trata-se de um gênero cuja situação de produção é mais difícil de ser compreendida e imaginada pelos alunos. Isso deixa-os muitas vezes confusos em relação a como escrever o texto, fazendo-os, inclusive, produzir frases difíceis de serem compreendidas.

Decorrem da incompreensão da situação de produção e do próprio gênero esperado, já que, como dissemos, ele não foi objeto de estudo nas aulas da disciplina, as dificuldades na mobilização das capacidades discursivas, pois os alunos não sabem organizar seu texto conforme o esperado; também, das capacidades linguístico-discursivas, pois os alunos não conseguem escolher modos de se posicionar no texto. Nesse sentido, concluímos que há uma grande diferença, para os alunos, na produção dos dois gêneros requeridos nas duas disciplinas, uma de língua e outra de literatura. Para a disciplina de língua, o gênero já é conhecido dos alunos, a situação de produção é clara; eles têm uma aula sobre o gênero textual, aprendem sua organização textual e têm incentivo para os atendimentos no LLAC. A maior dificuldade está restrita aos aspectos linguístico-discursivos, porém, isso é esperado para o nível linguístico dos alunos. Já para a disciplina de literatura, os alunos têm que mobilizar capacidades de ação, discursivas e linguístico-discursivas que não dominam e que não foram trabalhadas no curso; portanto, os alunos têm menos possibilidades de produzir a introdução à antologia de poemas como o que é esperado para o gênero. Outra reflexão que podemos fazer é que, como na graduação em Letras e em LE os estudantes têm que aprender a língua para estudar as disciplinas de Literatura, eles precisam desenvolver as aprendizagens de ordem procedimental para poderem aprender os conteúdos de ordem declarativa.

Com este estudo, pudemos compreender melhor as dificuldades dos graduandos em Letras-Francês da USP e, também, entender as razões pelas quais eles acreditam que há um "descompasso" entre o que é ensinado/aprendido e exigido nas disciplinas de Língua e Literatura, mesmo quando cursadas concomitantemente. Também pudemos mostrar, por meio de uma análise dos textos produzidos pelos alunos em uma situação concreta, o que as pesquisadoras Ferreira e Lousada (2016) afirmam ao dizerem que os alunos de Letras têm que aprender, durante a graduação, gêneros textuais próprios a duas disciplinas de referência que não compartilham o mesmo modo de escrever: Linguística e Literatura. Nesse sentido, acreditamos que nossa pesquisa poderá contribuir para uma melhor compreensão das dificuldades de escrita dos graduandos em Letras e, também, para a melhoria dos programas de ensino, das formas de avaliação e de ensino na universidade, além de demonstrar a importância de auxílios à escrita no ensino superior, seja concretizados nas próprias disciplinas, seja por meio de estruturas de apoio como o LLAC.

Referências Bibliográficas

Bazerman, C., Applebee, A., Berninger, V. W., Brandt, D., Graham, S., Jeffery, J. V., Matsuda, P. K., Murphy, S., Wells Rowe, D., Schleppegrell, M., & Campbell Wilcox, K. (2018). *The lifespan development of writing*. National Council of Teachers of English.

Bronckart, J-P. (2012). *Atividade de linguagem, textos e discursos: Por um interacionismo sócio-discursivo*. EDUC. (Original work published 1999)

Bronckart, J-P. (2019). *Théories du langage: Nouvelle introduction critique*. Éditions Mardaga.

Bueno, L., & Zani, J. B. (2019). O ensino de um gênero textual oral e a elaboração de uma ferramenta didática. *Entretextos, 19*(1), 43–63.

Contentin-Rey, G. (1995). *Le résumé, le compte-rendu, la synthèse*. CLE International.

Courtillon, J. (2003). *Élaborer un cours de FLE*. Hachette.

De Pietro, J-F., Erard, S., & Kaneman-Pougatch, M. (1997). Un modèle didactique du "débat": De l'objet social à la pratique scolaire. *Enjeux, 39/40*, 100–129.

De Pietro, J-F., & Schneuwly, B. (2003). Le modèle didactique du genre: Un concept de l'ingénierie didactique. *Recherches en didactiques. Les Cahiers Théodile, 3*, 27–52.

Dias, A. P. S. (2017). *O desenvolvimento da produção escrita de alunos de francês a partir do trabalho com gêneros acadêmicos résumé e note de lecture* [Unpublished master's thesis]. Universidade de São Paulo. https://doi.org/10.11606/D.8.2017.tde-03042017-122349.

Dias, A. P. S., & Lousada, E. G. (2018). O trabalho com os gêneros textuais acadêmicos em sala de aula: desenvolvimento e transparência de capacidades de linguagem. *Diálogo das Letras, 7*(2), 10–25. https://doi.org/10.22297/dl.v7i2.3203.

Dolz-Mestre, J., Noverraz, M., & Schneuwly, B. (Org.). (2001). *S'exprimer en français. Séquences didactiques pour l'oral et l'écrit*. Corome.

Dolz-Mestre, J., Pasquier, G., & Bronckart, J.-P. (1993). L'acquisition des discours: émergence d'une compétence ou apprentissage des capacités langagières diverse? *Etudes de Linguistique Appliquée, 89*, 25–35.

Ferreira, M., & Lousada, E.G. (2016). Ações do Laboratório de Letramento Acadêmico da Universidade de São Paulo: Promovendo a escrita acadêmica na graduação e na pós-graduação. *Ilha do Desterro, 69*(3), 125–140. https://doi.org/10.5007/2175-8026.2016v69n3p125.

Lousada, E. G., Bueno, L., & Dezutter, O. (2019). Gêneros textuais na universidade na perspectiva de graduandos brasileiros e canadenses. In E. L. Nascimento, V. L. L. Cristovão, & E. G. Lousada (Eds.), *Gêneros de texto/discurso: novas práticas e desafios* (pp. 113–135). Pontes.

Lousada, E. G., & Dezutter, O. (2016). La rédaction de genres universitaires: Pratiques et points de vue d'étudiants universitaires au Brésil et au Québec. *Le français à l'université, 21*(01).

Lousada, E. G., Dezutter, O., & Zavaglia, A. (2017) Se former à la rédaction de la note de lecture en contexte universitaire. *Scripta, 21*(43), 65–85. https://doi.org/10.5752/P.2358-3428.2017v21n43p65.

Machado, A. R. (2009). Um instrumento de avaliação de material didático com base nas capacidades de linguagem a serem desenvolvidas no aprendizado de produção textual. In L. S. Abreu-Tardelli, & V. L. L. Cristovão (Eds.), *Linguagem e Educação—O Ensino e a Aprendizagem de Gêneros Textuais*. Mercado de Letras.

Melão, P. (2014). *O gênero textual anúncio publicitário no ensino do FLE: O desenvolvimento da capacidade discursiva "argumentar" por meio de recursos verbais e visuais.* [Unpublished master's thesis]. Universidade de São Paulo. https://doi.org/10.11606/D.8.2014.tde-08102014-165506.

Schneuwly, B., & Dolz-Mestre, J. (1999) Gêneros escolares: Das práticas de linguagem aos objetos de ensino. *Revista Brasileira de Educação, 11* (Maio/Julho/Agosto), 1–16.

Vygotski, L. S. (1997). *Pensée et langage*. La Dispute.

6

Biliteracidad Avanzada en la Escritura Académica de Usuarios Bilingües de Sueco y de Español como Lengua de Herencia

Alejandra Donoso
LINNÉ UNIVERSITET, SUECIA

Rakel Österberg
STOCKHOLMS UNIVERSITET, SUECIA

Enrique Sologuren
UNIVERSIDAD DE CHILE, CHILE

Resumen / Abstract / Resumo

En el presente estudio se contrasta la producción escrita de tres grupos de usuarios de español: usuarios nativos, usuarios de español L2 y usuarios de español lengua de herencia (LH). Estos últimos, quienes constituyen nuestro foco de atención, se caracterizan por haber estado expuestos a una LH en su entorno más cercano desde la infancia, y por haber tenido contacto, simultánea o secuencialmente, con una lengua dominante (Montrul, 2010). Sus habilidades lingüísticas varían, dado que factores tales como el nivel de escolaridad en la LH o su nivel de contacto con esta lengua tendrán un impacto en su repertorio lingüístico. El corpus está compuesto por 75 informes de anteproyecto de trabajo final de grado en los que se explora la organización retórico-discursiva, la complejidad sintáctica y el uso de conectores textuales. Los resultados obtenidos permiten construir perfiles de competencia escritural en contexto académico para cada grupo lingüístico.

The present study contrasts the written production of three groups of Spanish users: native speakers, L2 Spanish language users, and users of Spanish as heritage language (HL). The latter group constitutes the focus of our study and they are defined as individuals who have been exposed to a HL in their closest environment since childhood while simultaneously or sequentially being in contact with a dominant language (Montrul, 2010). Their linguistic skills vary, as elements such as their educational level in the HL or their level of contact with this language will have an impact on their linguistic repertoire. The corpus is composed of 75 prospectus reports for capstone projects, which are explored in terms of their rhetoric and discursive organization, syntactic complexity, and use of textual connectives. Findings allow the construction of academic writing competency profiles for each linguistic group.

No presente estudo contrasta-se a produção escrita de três grupos de usuários de espanhol: usuários nativos, usuários de espanhol L2 e usuários de espanhol língua de herança (LH). Estes últimos, que constituem nosso foco de atenção, caracterizam-se por terem ficado expostos a uma LH no seu entorno mais próximo desde a infância, e por terem tido contato, simultânea ou sequencialmente, com uma língua dominante (Montrul, 2010). Suas habilidades linguísticas variam, pois fatores tais como o nível de escolaridade na LH ou seu nível de contato com esta língua terão um impacto no seu repertório linguístico. O corpus é composto por 75 relatórios de anteprojeto de trabalho final de graduação, nos quais se explora a organização retórico-discursiva, a complexidade sintática e o uso de conectores textuais. Os resultados obtidos permitem construir perfis de competência da escrita no contexto acadêmico para cada grupo linguístico.

El número de hablantes bilingües de sueco y de español como lengua de herencia (LH) es considerable en Suecia (King & Ganuza, 2005). Sin embargo, la investigación sobre estos hablantes es aún escasa y de reciente data (Parada, 2016). Los usuarios de LH son aquellos individuos que han estado expuestos desde su nacimiento a una lengua materna (L1), en este caso español, habiendo tenido contacto, ya sea de forma simultánea o secuencial, con una lengua mayoritaria fuera del hogar (en este caso sueco) (Irizarri, 2016; Montrul, 2010). A medida que crecen, la lengua de su entorno (L2) pasa a ser su lengua dominante; su LH, por otro lado, pasa a ser usada con menor frecuencia en comparación con la L2 (Valdés, 1997).

Como es de esperar, los hablantes de LH constituyen un grupo heterogéneo cuyas habilidades lingüísticas varían (Flores et al., 2018; Yanguas, 2010), dado que factores externos al individuo (grado de contacto y nivel de instrucción en la LH, edad de adquisición de la L2) pueden repercutir en algunas de sus habilidades lingüísticas en la L1 (Bylund & Díaz, 2012; Donoso, 2017). Una falta de contacto con la LH puede afectar, por ejemplo, su percepción del sistema fonológico en esta lengua (Ahn et al., 2017). Asimismo, un acceso a instrucción escolar adecuada en la LH, puede potenciar ciertas habilidades, tales como la comprensión de textos en esta lengua, e incluso, en la L2 (Ganuza & Hedman, 2019). En Suecia, los hablantes de LH pueden asistir a clases de lengua materna, asignatura cuya existencia data de la década de los 60. No obstante, y a pesar de los beneficios que su asistencia genera en términos de éxito académico general (Macswan et al., 2017), muchos estudiantes no asisten a ella, por razones que actualmente se discuten ampliamente. Entre estas razones están, por ejemplo, el que la asignatura no sea obligatoria, y que, por lo general, sea impartida fuera del horario escolar. Además, la escasez de horas de clase que pueden dedicársele a la semana (un máximo de una hora aproximadamente), junto con el cuestionamiento de la formación de los profesores que imparten la asignatura, contribuyen de forma negativa al debate (Bardel et al., 2019; Ganuza & Hedman, 2015).

En Suecia, uno de los grupos más representativos de hablantes de español LH corresponde al de los inmigrantes provenientes de Chile. Su población se extiende incluso a tres generaciones, las que han sido investigadas desde varias perspectivas (Baeza & Österberg, 2019; Bylund, 2008; Donoso, 2017; King & Ganuza, 2005; Parada, 2016). Sin embargo, y a pesar de la importancia atribuida al desarrollo de la biliteracidad, es decir, de la competencia académica bilingüe de leer y escribir (Bauer & Colomer, 2016; Hornberger, 2002), los estudios referidos a la producción escrita en géneros académicos de este grupo de usuarios de lengua son prácticamente inexistentes dentro del contexto sueco. Los usuarios de español LH corresponden a un grupo que, no obstante, ha sido ampliamente estudiado en otros lugares del mundo, particularmente en Estados Unidos (ver, por ejemplo, Abbott & Martínez, 2018; Elola, 2018; Montrul, 2010).

El nicho particular que aquí nos interesa investigar es el de la escritura de géneros académicos al interior de la universidad (Bazerman, 2012; Marinkovich et al., 2018), definidos estos como fenómenos discursivos requeridos para participar en contextos académicos y profesionales (Askehave & Swales, 2001; Swales, 2004), específicamente en la asignatura de español. Como es sabido, el desarrollo de la escritura en torno a este tipo de géneros plantea un desafío considerable para los estudiantes universitarios (Navarro, 2014; Swales, 2014). En este sentido, los hablantes de LH no representan una excepción. Su situación es, además, particularmente compleja: en general evidencian resultados escolares que están por debajo de la media de los estudiantes no bilingües, lo que de alguna forma apunta a que sus necesidades educativas no están siendo satisfechas por el sistema escolar sueco (Hyltenstam & Milani, 2012).

Los usuarios de LH rara vez desarrollan una competencia escrita de nivel avanzado en su LH y tienden, en cambio, a usar exclusivamente un lenguaje coloquial (Valdés, 2001). Asimismo, las clases de español que se imparten en la universidad están diseñadas, por lo general, desde una perspectiva monolingüe (Ganuza & Hedman, 2019), de manera tal que los usuarios de español LH reciben un tipo de instrucción concebida para estudiantes que no presentan un manejo previo de la lengua, es decir, para estudiantes que tienen sueco como lengua materna.

En este marco, el propósito central de este estudio es, en primer lugar, describir las convenciones escriturales del español que adoptan los usuarios de LH y determinar el grado de adecuación que este grupo presenta frente al género anteproyecto de tesina de investigación (Venegas, 2010) en relación con tres medidas: organización retórico-discursiva, complejidad sintáctica y uso de conectores. El mismo propósito se repite para dos grupos más: el de usuarios nativos de español y el de usuarios de español L2, todo ello con el objeto de explorar las diferencias que pudieran desprenderse como consecuencia de los antecedentes escolares de los tres grupos en cuestión.

Dado que los usuarios de español LH que componen este estudio han tenido contacto con el español desde su nacimiento, se espera que su uso de distintos elementos léxico-gramaticales en el género académico estudiado presente rasgos similares al uso nativo. En cambio, y tomando en cuenta que estos usuarios se encuentran insertos dentro del sistema educativo sueco, se espera que el estilo retórico y la estructura de la información presentes en sus textos sean similares a los de los usuarios de español L2 con sueco como L1. Asimismo, y al contrastar las convenciones de escritura académica que exhiben los usuarios de español L2 frente a los usuarios de español LH, se proyecta que los primeros exhiban características no nativas en su léxico-gramática, tratándose en este caso de una muestra de influencia interlingüística, aspecto previamente investigado por Ryan (2018) en textos escritos por usuarios de L2 y LH.

Este capítulo se organiza del modo siguiente: en los dos primeros apartados, se presentan antecedentes teóricos e investigativos sobre el desarrollo de la escritura en usuarios bilingües de sueco y español como LH. Luego, se describen los métodos, materiales y procedimientos analíticos desplegados para el desarrollo de la investigación. Posteriormente, se presentan los principales hallazgos y se discuten en el marco de la biliteracidad avanzada. Finalmente, se entregan las conclusiones y proyecciones en los ámbitos teóricos y aplicados del desarrollo de las competencias de literacidad en segundas lenguas.

La Enseñanza del Español en Suecia: Conflicto de Intereses

Estudios acerca de la enseñanza del español en los Estados Unidos apuntan a que las variedades de las lenguas étnicas habladas por los hablantes de herencia no pueden ser comparadas de manera justa con la norma monolingüe y escolarizada; y que, en ese sentido, menos puede ser evaluada de acuerdo con patrones diseñados para medir la proficiencia de usuarios de L2 (Montrul, 2008; Valdés et al., 2006). Según Valdés et al. (2006), estas mediciones no capturan las verdaderas habilidades de los usuarios de una LH. En general, este patrón observado en el contexto norteamericano se repite en Suecia, particularmente y con mayor énfasis si nos referimos a la enseñanza a nivel universitario, para la cual no existe un plan estratégico que integre las habilidades de este grupo a la enseñanza.

En el caso de los usuarios de español LH en Suecia, y de todas las otras lenguas fuera del sueco, la escolarización regular puede ser complementada, no obstante, con la asistencia a clases de la asignatura de lengua materna, asignatura optativa garantizada por ley (Skolverket, 2016, 2018), pero que solo se ofrece y garantiza a nivel escolar, y queda ausente en el aula universitaria. Para acceder a la asignatura, es requisito hablar la lengua en casa con al menos uno de los padres y tener algunos conocimientos básicos sobre esta. Las clases de lengua materna cuentan con currículo propio y están bajo el alero administrativo de cada comuna; se imparten, por lo demás, siempre y cuando en cada establecimiento escolar haya, como mínimo, cinco alumnos.

En suma, la posibilidad de acceder a la asignatura de lengua materna no está exenta de desafíos. Por un lado, su implementación está sujeta a la cantidad de alumnos que pueden optar por la materia; por otro, solo puede ser cursada de manera consecutiva por una cantidad total de siete años. En cuanto a su contenido, se observan, asimismo, algunas limitaciones. Si bien su plan curricular apunta a que los estudiantes desarrollen una competencia comunicativa oral y escrita que les permita adecuarse a distintos tipos de situaciones y hablantes, aspectos tales como el desarrollo de la escritura en el contexto de géneros académicos más complejos, como la redacción de informes y resúmenes de investigación, están, sin embargo, ausentes. En consecuencia, la redacción de este tipo de géneros en español como LH representa un área que escasamente se desarrolla en el periodo escolar.

En contraste, la asistencia a clases de español como lengua moderna/extranjera presenta unos objetivos más encaminados a desarrollar los aspectos de uso formal de la lengua en contextos tanto orales como escritos; no obstante, el umbral de conocimientos que los estudiantes pueden alcanzar al terminar la enseñanza media no supera el nivel B2 del Marco Común Europeo de Referencia para las lenguas (MCER), de modo que los estudiantes difícilmente alcanzan a desarrollar su escritura en contextos de producción de textos de mayor envergadura.

Por esta razón, muchos de los estudiantes que luego se enlistan en cursos a nivel universitario de español, cumpliendo con el requisito mínimo de haber alcanzado el Nivel 3 de español (equivalente a B2 del MCER), presentan una preparación, si no escasa, prácticamente mínima en cuanto a la producción de textos escritos de nivel académico. Este tipo de situaciones también ocurre en otros contextos educativos donde el español es lengua mayoritaria debido al *shock* comunicativo, cultural, cognitivo, académico y social que presenta gran parte de los estudiantes al ingresar a una nueva comunidad discursiva (Navarro et al., 2019). De allí se desprende la necesidad de proponer pasos de intervención didáctica para aumentar la sensibilidad retórica (Guerra, 2016) y el desarrollo de la conciencia metadiscursiva.

Desarrollo de la Escritura en Usuarios de Español LH

La bibliografía especializada disponible (Colombi, 2009; Schleppegrell, 2012; Valdés et al., 2006) ha puesto en evidencia una escasa formación de los estudiantes de los diferentes niveles educativos para escribir en registros académicos en español LH. Frente a esto, cabe preguntarse si los textos producidos por usuarios de LH presentan el mismo tipo de patrones retóricos, sintácticos y discursivos que los textos que se escriben dentro del marco del español como lengua nativa/ L1; esto con miras a abordar la creciente necesidad de formación de los estudiantes multilingües en un contexto de creciente globalización (Alberius et al., 2017), y permitirles, así, un desarrollo óptimo en ámbitos que vayan más allá de los puramente escolares.

En este escenario, el *input* o las muestras del caudal lingüístico al que los usuarios de español LH están expuestos es, en definitiva, y como diversos estudios expresan (Castillo-Fadic, 2002; Montrul, 2008; Valdés et al., 2006), distinto en cuanto a cantidad y calidad si se lo compara tanto con el de los usuarios nativos de español como con el input que reciben los estudiantes de español L2. Sin embargo, muchas de las diferencias reportadas en la literatura en cuanto a la proficiencia de los usuarios de LH, apuntan a que estas podrían tener su origen, específicamente, en sus experiencias de aprendizaje (Bowles & Bello-Uriarte, 2019; Kisselev & Polinsky, 2020). En general, los usuarios de LH tienden a no haber sido familiarizados con terminología metalingüística a lo largo de su desarrollo. Asimismo, exhiben una orientación enfocada en el significado frente a tareas lingüísticas, mientras que los estudiantes de L2 típicamente presentan una alta exposición y conocimiento de terminología metalingüística y una aproximación a las tareas de tipo lingüístico más bien orientadas a los aspectos formales (Bowles & Bello Uriarte, 2019; Torres, 2018).

De acuerdo con Beaudrie, Ducar y Potowski (2014), la investigación enfocada en la escritura de usuarios de LH es incipiente aún si se la compara con la efectuada hasta el momento en L1 y L2. Según Bowles y Bello-Uriarte (2019), esta puede ser categorizada, *grosso modo*, en tres áreas: estudios sobre las habilidades escriturales en LH, descripción de la escritura de hablantes de LH y estudios acerca del efecto de la retroalimentación en la escritura de hablantes de LH. Nuestro aporte puede ser agrupado dentro de las dos primeras áreas, siendo la segunda de ellas nuestro particular foco de interés. Los hallazgos serán discutidos tomando en cuenta los antecedentes generales de escolarización pertinentes a los tres grupos estudiados.

Metodología

Tipo de Investigación y Decisiones de Diseño

Este estudio con foco contrastivo combina el análisis del género (Swales, 2004) y la retórica contrastiva con aportes de la lingüística de corpus (Connor & Upton, 2010), y recurre a una plataforma metodológica de corte mixto con un diseño no experimental *ex post facto* transeccional, con alcance exploratorio-descriptivo y con un muestreo no probabilístico intencionado.

Corpus

El corpus textual del presente estudio lo constituyen *informes de anteproyecto de trabajo final de grado*, $n = 75$ (Género TFG-pm), escritos por estudiantes universitarios de pregrado, e introducciones de Artículos de Investigación Científica (AIC) escritos y publicados en español y sueco en revistas indexadas de corriente principal, $n = 16$, pertenecientes a las siguientes áreas del conocimiento: lingüística aplicada del español, literatura, ciencias sociales y didáctica. En este sentido, la unidad de análisis la constituyen, por un lado, los textos escritos por los estudiantes y, por otro lado, las introducciones de artículos de investigación que conforman un subcorpus de escritura experta para efectos de contrastación entre ambos tipos de escritura. Estos últimos textos fueron recolectados de las siguientes revistas académicas en línea:

Tabla 6.1. Revistas Académicas Seleccionadas para la Obtención de los Artículos que Forman el Subcorpus de Escritura Experta

AIC en Sueco (2016–2018)	AIC en español (2016–2018)
Nordand	Acta literaria
Samlaren	Civilizar. Ciencias sociales y humanas
Utbildning & Lärande	CLAC
Statsvetenskaplig tidskrift	Comunicar

Análisis del Género: Categorías de Análisis y Procedimientos Analíticos

El género *TFG-pm* constituye una tarea muy exigente dados los desafíos que los estudiantes universitarios de pregrado enfrentan al producir este género en específico (Swales, 2018; Venegas et al., 2016). En efecto, escribir un anteproyecto de trabajo final de grado exige coordinar recursos lingüístico-discursivos en diferentes dimensiones de la textualidad y orquestar elementos procesuales, normativos y disciplinarios a partir de un determinado objetivo funcional de escritura.

Este género epistémico (Thaiss & Zawacki, 2006) o de formación (Ávila Reyes & Cortés, 2017) fue descrito y analizado en términos de unidades retóricas estructurantes: macromovidas (Parodi, 2008), movidas y pasos, utilizando la metodología de análisis del género de Swales (2004) complementada con perspectivas latinoamericanas de estudio de los géneros discursivos (Parodi & Burdiles, 2015) para determinar la organización retórico-discursiva (Burdiles, 2015). Esto permite definir el modelo retórico para un género en específico y analizar los rasgos retóricos de estos textos, el cumplimiento de los propósitos comunicativos (Askehave & Swales, 2001) y los efectos deseados en la comunicación académica (Connor, 1996).

La macromovida es una unidad funcional discursiva en la que se evidencia un macropropósito comunicativo (Parodi, 2008) y que estructuralmente se corresponde con los grandes apartados de un macrogénero o un género determinado. La movida, por su parte, se conceptualiza como una unidad retórico-funcional que realiza un propósito comunicativo en un género discursivo determinado. Un paso retórico corresponde a una unidad retórica menor que permite alcanzar el propósito de la movida y que comporta un mecanismo lexicogramatical que habilita una determinada movida (Swales, 1990, 2004).

Los participantes que facilitaron sus textos para la conformación del corpus textual se dividen en los siguientes grupos: hablantes de español LH (bilingües simultáneos y secuenciales), $n = 25$; hablantes de español L2 (sueco L1), $n = 25$ y nativos de español, $n = 25$ (sueco L2). En el momento de la recopilación de datos, los grupos se encontraban en el tercer nivel de español C1 como lengua extranjera en el subsistema universitario en los términos planteados por el MCER. En cada uno de los subcorpus (español LH, L2 y L1, AIC) los textos fueron analizados a partir de las siguientes categorías retórico-discursivas y léxico-gramaticales: organización retórica (Burdiles, 2015), complejidad sintáctica, en específico la medida de subordinación (Bulté & Housen, 2012), y uso de marcadores discursivos y conectores textuales (Martín Zorraquino & Portolés, 1999; Portolés, 2003).

Las categorías de análisis y sus respectivas definiciones operacionales se detallan a continuación:

Tabla 6.2. Sobre las Categorías Analíticas y Procedimientos de Análisis

Categoría analítica	Definición operacional
Organización retórico-discursiva	La organización retórica se define como "la estructura funcional de un género, a partir de la sistematización de sus unidades y subunidades retóricas-discursivas" (Burdiles, 2015, p. 198). Un género es definido como un evento comunicativo. En palabras de Swales estos eventos comprenden: "not only the discourse itself and its participants, but also the role of that discourse and the environment of its production and reception, including its historical and cultural associations" (Swales, 1990, p. 46). También es relevante para la definición de género desde esta perspectiva los propósitos comunicativos que comparte una comunidad. Este conjunto de propósitos comunicativos es de vital importancia para la organización retórica de los textos, ya que son los propósitos los que le dan forma y una lógica interna al género. El propósito comunicativo corresponde al objetivo último para el cual un género discursivo se utiliza en un determinado intercambio comunicativo (Askehave & Swales, 2001; Parodi, 2008, 2015).
Complejidad sintáctica	El constructo de complejidad sintáctica es considerado un instrumento válido para evaluar la calidad y el desarrollo de la actuación en una segunda lengua (Bulté & Housen, 2012, 2014; Norris & Ortega, 2003, 2009; Ortega, 2003; Wolfe-Quintero et al., 1998). Se considera un mayor grado de complejidad sintáctica cuando hay un desarrollo que va desde la producción de enunciados de naturaleza paratáctica a otros de carácter hipotáctico (Crespo et al., 2011). La elaboración de un texto cada vez más complejo equivaldría a un paso de una sintaxis de unidades aisladas y vinculadas por medio de la coordinación o yuxtaposición (parataxis), al de unidades incrustadas o subordinadas (hipotaxis y endotaxis). De acuerdo con Bulté y Housen (2018) y Meneses, Ow y Benítez (2012), la complejidad se trata de un constructo polifacético; por lo tanto, se requiere un uso de varias medidas para que se pueda hacer una evaluación correcta. Esto se problematiza en el modelo propuesto por Bulté y Housen (2012). Según Pallotti (2015), se le adscriben a la noción tres perspectivas diferentes: la complejidad inherente al sistema lingüístico, a la cognición y, finalmente, al ser adquirida por un aprendiente de una L2.
Conectores textuales	Los conectores considerados en el análisis del género estudiado pueden ser definidos como una categoría especial de marcadores discursivos cuyo rol central es el de indicar relaciones semánticas lógicas al interior de los textos. Sus funciones abarcan las de añadir información e indicar consecuencia; asimismo, pueden presentar funciones argumentativas (Martín Zorraquino & Portolés, 1999).

En relación con los procedimientos analíticos, para medir el grado de complejidad sintáctica de la escritura académica hemos usado dos medidas: el número de cláusulas subordinadas por el total de cláusulas usadas, por sus siglas en inglés, SCR (*Subclause Ratio*) y el número de palabras por oración, por sus siglas en inglés, MLS *(Mean Length of the Sentence)* (ver Bulté & Housen, 2012). En este trabajo se usarán las siglas en inglés en adelante.

Hemos usado el programa *Text inspector* (s/f) para contar el número de palabras por oración. A pesar de ser un programa basado en inglés, sirve para identificar las oraciones y el vocabulario en español. El cómputo se hizo después de haber omitido los títulos y la bibliografía de los textos.

El análisis de las cláusulas subordinadas se hizo de forma manual. Hemos considerado las cláusulas adjetivas, adverbiales (causales, comparativas, concesivas, consecutivas, finales, temporales), completivas, de relativa, interrogativas y sustantivas. Además, hemos contado las construcciones absolutas, es decir, los casos del uso de un participio, gerundio, sustantivo más grupo preposicional o grupo preposicional que equivale a una oración subordinada adverbial. Este número se incluye en la cantidad total de cláusulas. Se obtiene la proporción entre el total de cláusulas y construcciones absolutas y cláusulas subordinadas. La construcción absoluta se incluyó en el análisis pues parece ser un rasgo importante de los géneros académicos (ver Martínez-Linares, 2007).

El análisis en cuanto a la variación en el uso de los conectores se ha llevado a cabo mediante un análisis de tipos y casos (*type/token ratio*). Los conectores fueron identificados de forma manual mediante codificación independiente establecida por dos miembros de nuestro equipo. En la mayoría de los casos (más de un 90% y de forma aleatoria al examinar los conectores) hubo consenso entre ambos investigadores, el que fue corroborado mediante consistencia cualitativa con una confiabilidad por dos analistas: Kappa de Cohen (k = 0.897).

Resultados

A continuación, se presentan los resultados obtenidos en esta investigación. En primer lugar, se hace una revisión de los resultados obtenidos en cuanto a la primera categoría de análisis, la que corresponde a la organización retórico-discursiva; luego, se detallan los hallazgos obtenidos en relación con la complejidad sintáctica, para luego referirnos a los resultados derivados de un análisis acerca de la variación en el uso de los conectores.

Anteproyecto de Trabajo Final de Grado como Género Discursivo

Este género de formación (TFG-pm) es parte de una cadena de géneros (*chain* en la terminología de Swales, 2004) que pertenece al macrogénero o a la familia de géneros *trabajo final de grado* y que culmina en la mayoría de los casos con una defensa oral posterior a la entrega del informe final (TFG).

Figura 6.1. Cadena genérica para el macrogénero TFG[1]

Desde el punto de vista de su organización funcional, este género de formación comparte propósitos comunicativos con la macromovida 1 y la macromovida 3 del *informe final de tesis* o *trabajo final de grado* (Venegas et al., 2016), lo que da cuenta de su carácter híbrido y preparatorio de planificación de una investigación. En la siguiente tabla se puede apreciar la configuración retórico-discursiva propuesta por la literatura especializada para estas unidades retóricas.

Tabla 6.3. Macromovida 1 y 3 de un TFG de Lingüística (Venegas et al., 2016)

Macromovida 1 Introducir al lector en la investigación	Macromovida 3 Exponer los procedimientos metodológicos
Movida 1: Establecer el territorio *Paso 1* · Generalización del tópico con especificidad creciente *Paso 2* · Presentación biográfica del autor en estudio	**Movida 2: Presentar los aspectos metodológicos de la investigación** *Paso 1* · Presentación del enfoque, alcance y diseño de la investigación *Paso 2* · Presentación de los objetivos *Paso 3* · Presentación de las preguntas de investigación *Paso 4* · Presentación de las hipótesis *Paso 5* · Explicación de aspectos metodológicos
Movida 2: Establecer el nicho *Paso 1a* · Indicación del vacío *Paso 1b* · Presentación de información conocida *Paso 2* · Presentación de justificaciones positivas	
Movida 3: Ocupar el nicho *Paso 1* · Anuncio del objetivo de la investigación *Paso 2* · Presentación de algunas preguntas de investigación y/o hipótesis *Paso 3* · Clarificación de algunas definiciones *Paso 4* · Resumen de los métodos *Paso 5* · Anuncio de los principales productos *Paso 6* · Establecimiento del valor de la investigación *Paso 7* · Delineado de la estructura	

---

1   TFG-a: Informes de avances. DEFO: Defensa oral final.

Asimismo, la macromovida 1 comparte ciertos propósitos comunicativos con el subgénero *introducción de un Artículo de Investigación Científica* (AIC), recurso genérico que fue definido por Swales en su modelo CARS (Swales, 1990, 2004). En efecto, la contrastación con el género experto AIC nos permite observar la interrelación que mantiene este género articulatorio en la formación de pregrado con el discurso académico experto y asimismo observar el grado de ajuste de las producciones estudiantiles a las convenciones lingüísticas y discursivas de las disciplinas concernidas en este estudio.

A partir del análisis del corpus, la organización funcional resultante de este género es la siguiente:

Tabla 6.4. Configuración Retórica Discursiva del Género TFG-pm Elaborado a partir de Venegas et al. (2016)

Género Anteproyecto de tesina TFG-pm	
Macromovida: Contextualizar al lector en la propuesta de investigación	
Movida	Paso
Movida 1: Establecer el territorio	*Paso 1* · Generalización del tópico con especificidad creciente *Paso 2* · Presentación biográfica del autor en estudio
Movida 2: Establecer el nicho	*Paso 1a* · Indicación del vacío *Paso 1b* · Presentación de información conocida *Paso 2* · Presentación de justificaciones positivas
Movida 3: Ocupar el nicho	*Paso 1* · Anuncio del objetivo de la investigación *Paso 2* · Presentación de algunas preguntas de investigación y/o hipótesis *Paso 3* · Clarificación de algunas definiciones *Paso 4* · Resumen de los métodos *Paso 5* · Anuncio de los principales productos *Paso 6* · Establecimiento del valor de la investigación *Paso 7* · Delineado de la estructura
Macromovida: Exponer aspectos metodológicos	
Movida 2: Presentar los aspectos metodológicos de la investigación	*Paso 1* · *Presentación del enfoque, alcance y diseño de la investigación* *Paso 2* · *Presentación de los objetivos* *Paso 3* · *Presentación de las preguntas de investigación* *Paso 4* · *Presentación de las hipótesis* *Paso 5* · *Explicación de aspectos metodológicos*

Patrones Retóricos de la Organización Funcional del Género TFG-pm

A partir del análisis del corpus textual podemos observar los siguientes patrones resultantes para el género TFG-pm en la Tabla 6.5:

Tabla 6.5. Patrones Retóricos Discursivos Predominantes en cada Subcorpus

Español L1	Español L2	Español LH
MM1	MM1	MM1
M1: Establecer el territorio	M1: Establecer el territorio	M2: Establecer el nicho
(M2: Establecer el nicho)	M3: Ocupar el nicho	P1b:
M3: Ocupar el nicho	MM3	Presentación de información conocida
MM3	M2: Presentar aspectos metodológicos	
M2: Presentar aspectos metodológicos		
76% de ocurrencia en el subcorpus	91% de ocurrencia en el subcorpus	98% de ocurrencia en el subcorpus

En el subcorpus de español L1 emerge la MM1 y en los textos se establece el territorio (M1) y se ocupa el nicho (M3), es decir, están presentes las movidas 1 y 3. De forma opcional, en algunos de los casos emerge la movida 2 (*establecer el nicho*). Asimismo, los textos satisfacen el propósito comunicativo de presentar aspectos metodológicos (M2 de la MM3). En este sentido, se observa una contextualización de la temática, un establecimiento del tópico y el anuncio descriptivo de la investigación. Sin embargo, existe dificultad en los escritores para establecer el nicho: indicar el vacío, justificar la investigación y problematizarla, lo que da cuenta de los desafíos implicados en la formulación de un proyecto de investigación. No obstante, una cantidad relevante de usuarios nativos sí establece el nicho, lo que estaría dando cuenta de un mayor dominio de la competencia retórico-discursiva y de mayor conciencia genérica. Este patrón se encuentra presente en el 76% del subcorpus textual.

Los textos de los usuarios de español L2 exhiben un patrón retórico muy similar al comportamiento nativo, es decir, la configuración retórica está formada por la M1 y M3 de la MM1 y por la M2 de la MM3. Sin embargo, ninguno de los textos que forma parte de este subcorpus establece el nicho (M2 de la MM1). Esto parece indicar que, si bien estos usuarios tienen un buen dominio a nivel de competencia lingüística y en consecuencia de elementos de superficie textual, aún necesitan desarrollar competencia discursiva y retórica en la lengua meta. En este sentido, estudios de retórica contrastiva entre el discurso académico en sueco y en español son necesarios para alumbrar con mayor precisión las necesidades comunicativas del escritor en formación. Este patrón se encuentra presente en el 91% del subcorpus textual.

Los textos analizados del grupo de hablantes de herencia presentan características particulares en términos de organización retórico-funcional. En primer lugar, podemos observar que solo emerge una movida retórica perteneciente a la MM1. Unidades retóricas propias de una MM3 (Metodología) no están presentes en esta muestra. En segundo lugar, y en contraste con los otros dos grupos lingüísticos, los textos del género TFG-pm se construyen con base en la movida 2, establecer el nicho, y en específico es recurrente la emergencia del paso 1b: presentación de información conocida. En este sentido, los escritores de este grupo entienden este género fundamentalmente como una respuesta al problema u objetivo específico que buscan tratar entregando la relevancia del nicho para el área disciplinaria a través de la mención de hallazgos relevantes en investigaciones previas relacionadas (paso 1b). Esto lo llevan a cabo sin contextualizar (M1) ni explicitar los objetivos y las preguntas asociadas al vacío identificado (M3). Asimismo, sin referirse a los aspectos metodológicos (M2 de la MM3). Este patrón se encuentra presente en el 98% del subcorpus textual.

Complejidad Sintáctica en la Escritura Académica Experta y Estudiantil

Los resultados del análisis del género Artículo de Investigación Científica (AIC) apuntan a que existen diferencias entre los idiomas en cuanto al número de palabras usadas por oración. Además, el género experto en sueco manifiesta menor grado de complejidad en comparación con los textos correspondientes en español. Es decir, hay menos cláusulas subordinadas y construcciones absolutas comparado con los textos expertos en español. A pesar de que los datos constituyen una muestra reducida, los resultados evidencian una diferencia significativa en relación con el género discursivo. La diferencia en cuanto al número de palabras es $t(6) = -6.612$, $p = 0.027$ y con respecto a la subordinación, $t(6) = -2.923$, $p = 0.001$. Los géneros AIC en español y sueco parecen tener convenciones diferentes de escritura, pero habría que comparar un mayor número de textos para validar estos resultados. Los gráficos 6.1 y 6.2 muestran los resultados.

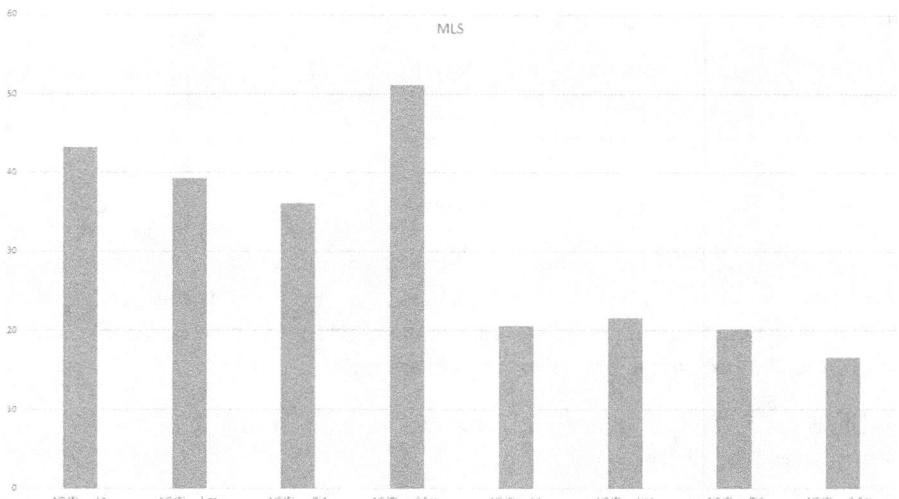

Gráfico 6.1. Sobre el número de palabras por oración (MLS) del género AIC

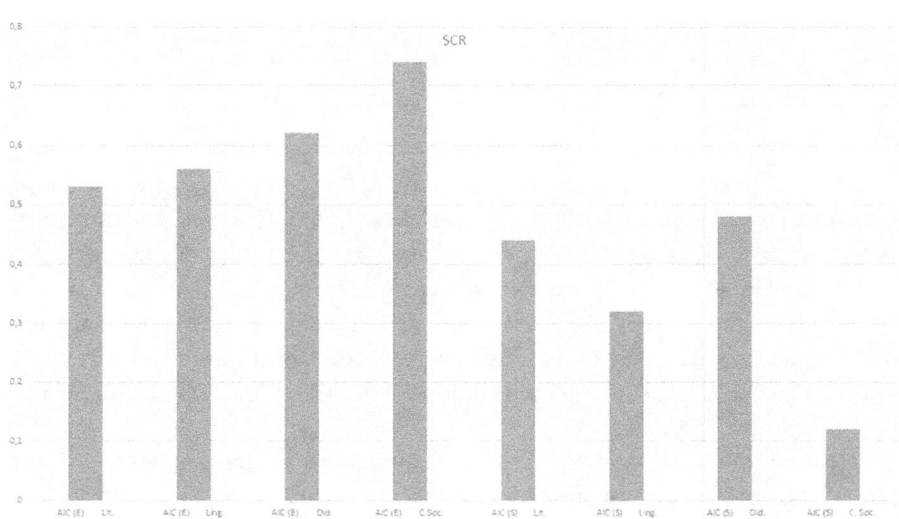

Gráfico 6.2. Sobre la complejidad sintáctica (SCR) del género AIC

La tabla 6.6 siguiente muestra los resultados en forma de promedios y desviación estándar de 1) la proporción entre el número de cláusulas subordinadas y todas las cláusulas, SCR (Bulté & Housen, 2012), y 2) el promedio de palabras usadas por oración (MLS, Bulté, & Housen, 2012).

Tabla 6.6. Complejidad Sintáctica del Género AIC

Idioma	N	SCR Media	SCR Desv. Est.	MLS Media	MLS Desv. Est.
sueco	4	0.34	0.16	19.73	2.18
español	4	0.61	0.09	42.45	6.51
Total	8	0.48	0.19	31.10	12.95

El análisis de los anteproyectos (TFG-pm) indica que los tres grupos se acercan a la escritura académica en español en las dimensiones analizadas. Como se aprecia a continuación, los textos del grupo de usuarios nativos presentan los valores más altos y un mayor rango de dispersión.

Tabla 6.7. Complejidad Sintáctica de los Anteproyectos de Tesina (TFG-pm)

Trasfondo lingüístico	N	SCR Media	SCR Desv. Est.	MLS Media	MLS Desv. Est.
L1	22	0.50	0.14	28.10	6.49
LH	21	0.37	0.15	22.43	4.37
L2	25	0.34	0.09	23.60	4.67
Total	68	0.40	0.14	24.70	5.70

Un análisis de un modelo lineal generalizado, por sus siglas en inglés GLM *(General Lineal Model Univariate Analysis),* indica diferencias significativas al nivel de grupo en cuanto a la proporción entre el número de cláusulas subordinadas (SCR) y todas las cláusulas, la medida llamada *Subclause ratio* de Bulté y Housen, (2012). El post-hoc Duncan's new multiple range test muestra que la diferencia es significativa, $p = < 0.05$ entre los usuarios nativos y los de LH y L2. El mismo resultado se obtiene al analizar el número de palabras por oración, MLS.

Los diagramas de caja siguientes visualizan las diferencias entre los grupos. Cabe señalar el mayor grado de dispersión de los usuarios de LH en comparación con los otros grupos.

A modo de conclusión, existe una diferencia significativa entre el grupo L1 y los otros dos grupos con respecto a todas las medidas aplicadas. Los usuarios de L1 escriben oraciones más largas y usan el mayor número de cláusulas subordinadas y construcciones absolutas. Los usuarios de LH no presentan ninguna diferencia significativa en comparación con los usuarios de L2 salvo por una mayor dispersión en cuanto al uso de construcciones absolutas.

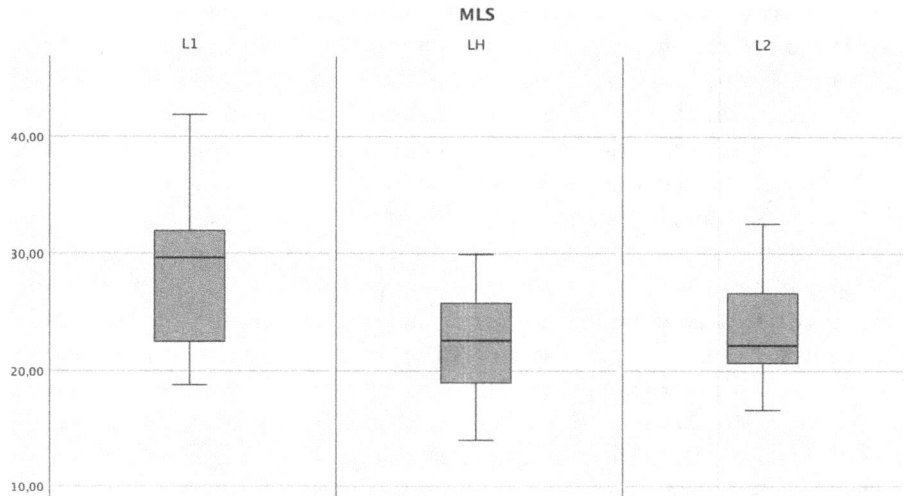

Diagrama 6.1. Sobre el número de palabras por oración

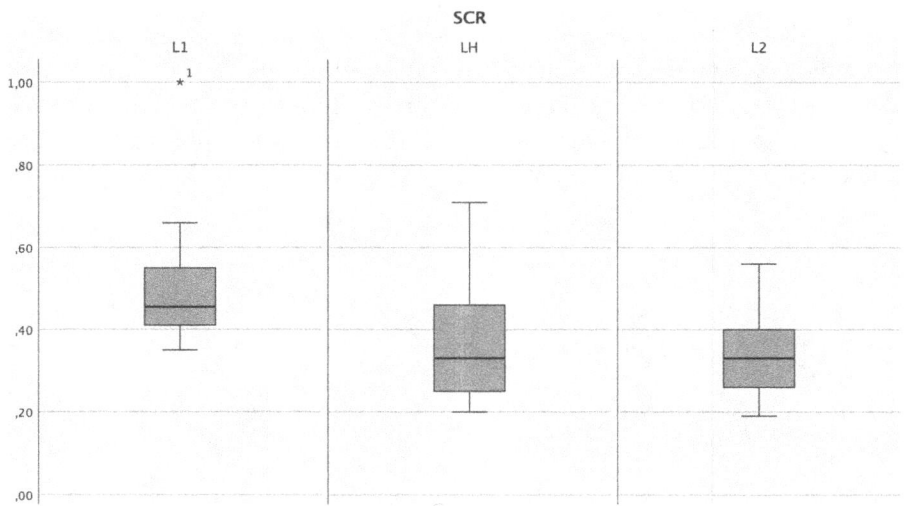

Diagrama 6.2. Sobre la proporción de cláusulas subordinadas

Variación en el Uso de los Conectores en la Escritura Académica Experta y Estudiantil

En esta investigación se ha establecido, en primer lugar, el grado de variación que presentan los AIC en cuanto a la variación en el uso de los conectores, para luego observar las posibles diferencias intergrupales (LH, L1 y L2) en cuanto a esta medida. Con el fin de cuantificar el grado de variación que presenta cada grupo, se ha llevado a cabo un análisis de tipos y casos (*type/token ratio*), el que nos ha permitido pesquisar las diferencias existentes entre los grupos contrastados. Estas diferencias han sido luego establecidas a nivel estadístico mediante un análisis *t* para muestras independientes. Los conectores que han sido considerados dentro del análisis tienen como función la de indicar relaciones semánticas lógicas al interior de los textos y pueden abarcar las funciones de añadir información e indicar consecuencia; asimismo, pueden presentar funciones argumentativas.

La comparación de los textos que corresponden al género experto arroja notorias diferencias entre los idiomas en cuanto a la variación en el uso de los conectores. Estas diferencias se visibilizan, particularmente, a nivel de área disciplinar.[2] Curiosamente, el análisis pone en evidencia similitudes por cada área entre ambos idiomas (los expertos de cada área, a pesar de escribir en lenguas distintas, no difieren entre sí en cuanto a la variación en el uso de conectores); por otro lado, las disciplinas se alinean en forma de pendiente, siendo el área de literatura la que menos variación presenta, y la de didáctica, la que presenta el mayor grado de variación. El género AIC en español y sueco parece adherir a convenciones disciplinares, las que se ven reflejadas tanto en la medida de complejidad sintáctica como en la medida de variación del uso de conectores. Sin embargo, habría que comparar un mayor número de textos por cada disciplina estudiada para validar los resultados. En el gráfico 6.3 se aprecian las diferencias en cuanto a la variación en el uso de los conectores:

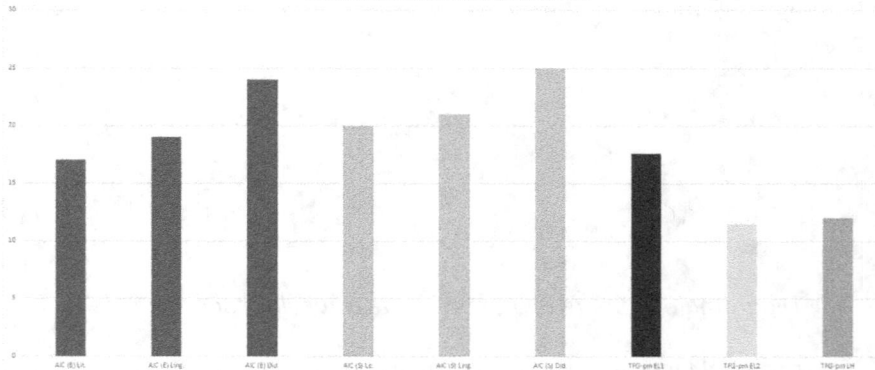

Gráfico 6.3. Sobre las diferencias en cuanto a la variación en el uso de conectores textuales. (E = español, S = sueco)

---

2   Dado que los patrones de uso de los conectores y complejidad sintáctica presentes en las áreas de literatura, lingüística y didáctica arrojan resultados disciplinares semejantes, optamos en este último análisis por no incluir el área de ciencias sociales.

En relación con la comparación entre los grupos de estudiantes (L1, L2 y LH), el mismo gráfico pone en evidencia que los nativos de español usan un repertorio más amplio de conectores que los usuarios de español LH y los usuarios de español L2. Este resultado, como se aprecia en la siguiente tabla, es estadísticamente significativo. Notablemente, la comparación entre usuarios de LH y L2 no arroja diferencias estadísticamente significativas (0.78).

Tabla 6.8. Diferencias Estadísticas entre los Usuarios de Español L1 y L2 y L1 y LH

			Valor p
Trasfondo lingüístico	L1	L2	0.0012*
Media	17.6	11.5	
Desv.	6.30	3.8	
Trasfondo lingüístico	L1	LH	0.013*
Media	17.6	12	
Desv.	6.30	6.62	

Cualitativamente, en los textos producidos por el grupo de L2, los conectores utilizados sí reflejan las metas argumentativas de los hablantes; sin embargo, el uso de estos conectores evidencia desvíos formales que no adhieren a la norma (errores formales). En los textos correspondientes al grupo LH, a diferencia de lo que ocurre con los hablantes de L2, los desvíos están más bien relacionados con la función que se les adjudica a ciertos conectores, de manera tal que un único conector puede llegar a asumir distintas funciones argumentativas. Estos conectores tienden, además, a ser sobreutilizados (por ejemplo, la sobreutilización de 'y', el que asume diversas funciones en las que podrían utilizarse otros conectores para indicar la función de adición).

Discusión

Los resultados exploratorios ponen en evidencia que los textos producidos por los nativos de español presentan un grado de estructuración retórica que implica ciertos desafíos en cuanto a su nivel de adecuación al género *TFG-pm*. Por su parte, los usuarios de L2 presentan un mayor grado de acierto formal que los hablantes de LH, pero ese grado de acierto formal no es tan claro cuando avanzamos hacia el manejo de unidades retórico-discursivas. Asimismo, los usuarios de LH presentan una característica singular, son más exitosos al emular el género *TFG-pm* en español al concentrarse en la relevancia del nicho, pero no logran satisfacer de forma integral los propósitos comunicativos esperados en este género de formación.

En cuanto a la subordinación se refiere, el análisis de los anteproyectos de trabajo final de grado (*TFG-pm*) arroja una diferencia significativa entre el grupo L1 y los otros dos grupos con respecto a todas las medidas aplicadas. Los usuarios de L1 escriben oraciones más largas y usan el mayor número de cláusulas subordinadas y construcciones absolutas. Los usuarios de LH no presentan ninguna diferencia significativa en comparación con los usuarios de L2 salvo por una mayor dispersión en cuanto al uso de construcciones absolutas; las funciones conectivas en LH aparecen, asimismo, generalmente expresadas por medio de estructuras paratácticas y parafraseo. Sin embargo, para la obtención de una caracterización más detallada y que pudiera dar cuenta a fondo de las diferencias intergrupales, sería necesario complementar el instrumental analítico con herramientas que permitieran captar la diversidad de cláusulas subordinadas utilizada y, además, con medidas de exactitud lingüística (Wolfe-Quintero et al., 1998).

Sumado a esto, y con relación a la variación en el uso de los conectores, los resultados cuantitativos muestran que las principales diferencias se hallan al comparar a los usuarios nativos con los otros dos grupos. A nivel cualitativo, y en cuanto a forma y función se refiere, los resultados muestran, por un lado, que los usuarios de LH presentan un uso creativo de los conectores en el que a algunos de estos se les adjudican funciones no presentes en el español canónico. Por otro lado, los usuarios de español L2 presentan más desvíos de tipo léxico-gramatical que el grupo de LH y que el grupo de nativos; no obstante, muestran un mayor grado de adecuación al género. En otras palabras, los usuarios de LH comparten entre sí rasgos que son más bien típicos del español coloquial, lo cual está en línea con resultados obtenidos por Valdés (2001).

Las diferencias encontradas a nivel de subordinación y uso de conectores podrían tener su origen en el tipo de escolarización que ambos grupos de usuarios de español reciben dentro del sistema educativo sueco. En etapa escolar, la instrucción que los usuarios de LH reciben en su lengua materna está principalmente enfocada en la competencia comunicativa en su modalidad oral y no escrita, mientras que la instrucción escolar en español como lengua extranjera que se proporciona a los estudiantes de español L2 está enfocada, principalmente, en la corrección idiomática. En otras palabras, el *input* educativo al que este último grupo es expuesto desarrolla una conciencia metalingüística distinta a la que reciben los usuarios de LH en la asignatura de lengua materna, la que, por lo general y como hemos planteado anteriormente, no ahonda en estos aspectos. Ciertamente existen en Suecia usuarios de LH que asisten a clases de español lengua moderna/extranjera, pero desconocemos la forma en que son integrados a estas clases. Tampoco conocemos el número de usuarios de LH que participan de esta asignatura, cuestión en la que sería necesario ahondar en futuras investigaciones.

Estos resultados son consistentes con lo planteado por Torres (2018) y Bowles y Bello-Uriarte (2019), lo que daría cuenta de que la situación para los usuarios de LH presenta desafíos similares en distintos lugares del globo en los que el grupo de migrantes hispanófonos es considerable y en los que el sistema educativo no da cuenta de satisfacer de forma plena las necesidades de los usuarios de LH (Carreira & Kagan, 2018). Los usuarios de LH, en consecuencia, presentan textos que, si bien cumplen con sus funciones comunicativas, se alejan, en parte, de las convenciones formales en las tres categorías analíticas examinadas, razón por la que el trasfondo educativo al que hacemos alusión podría representar una evidencia orientadora para la política educativa en el ámbito de la enseñanza de lenguas a nivel escolar y universitario.

Conclusiones

Esta investigación de corte exploratorio-descriptivo ha tenido como finalidad indagar en el grado de adecuación al registro académico en la producción escrita de tres grupos de estudiantes de español de nivel universitario: usuarios de español LH y L2, y usuarios nativos de español. Tomando en cuenta que los tres grupos cumplen con el requisito exigido en Suecia para cursar estudios de nivel universitario en lengua española, su producción escrita en esta lengua ha sido comparada en cuanto a tres categorías de análisis: organización retórico-discursiva, complejidad sintáctica y uso de conectores textuales. El punto de partida está dado por los textos pertenecientes al género AIC, los cuales han servido para determinar los rasgos comunes entre género de formación (TFG-pm) y género experto (AIC).

En cuanto a la primera categoría de análisis, nuestros resultados muestran la configuración de patrones retórico-discursivos característicos y diferenciados para cada grupo lingüístico al momento de la actualización del género anteproyecto de trabajo final de grado (*TFG-pm*) en el marco del aula universitaria sueca. Asimismo, este análisis evidencia la complejidad en el despliegue del conocimiento de los géneros escritos de cada grupo de usuarios bilingües si consideramos los desafíos existentes al momento de satisfacer los propósitos comunicativos de este género de formación académica.

Paralelamente, el análisis de la complejidad sintáctica arroja diferencias estadísticamente significativas entre los usuarios de español L1 y los otros dos grupos; sin embargo, las diferencias no son significativas si se compara entre sí a los usuarios de LH y a los de español L2, permitiéndonos concluir que, en el fondo, los textos de estos dos grupos reflejan ser igual de complejos en cuanto a estructura, pero no en cuanto a funciones y contenidos. El análisis de la variación en cuanto al uso de conectores presenta resultados similares: las diferencias son estadísticamente significativas entre la producción de los nativos y los otros dos grupos, pero no entre los grupos de LH y L2. En síntesis, nuestros resultados apuntan a que el uso de los recursos del género y los recursos lingüísticos difiere entre los tres grupos. Estos hallazgos indican que los usuarios de LH y L2 abordan la tarea de escribir en este género académico adoptando posiblemente patrones adquiridos mediante su alfabetización en sueco. El grupo LH presenta, asimismo, patrones retóricos asociados al uso coloquial de la lengua.

Como hemos apuntado anteriormente, los fenómenos descritos podrían estar relacionados con el trasfondo educativo de los grupos estudiados; sin embargo, a esto se podría añadir explicaciones directamente relacionadas con los antecedentes lingüísticos de los tres grupos, cuestión en la que pretendemos ahondar en futuras investigaciones. Los hallazgos referidos pueden estar entrelazados con posibles influencias interlingüísticas, es decir, con la interacción generada entre las lenguas previas y la lengua meta (Odlin, 1989; Ryan, 2018). Esto se aplica particularmente para el grupo de usuarios de español L2, cuya escritura da muestras de estar influenciada por el sueco L1, lo que se ve reflejado, en este estudio en particular, en el uso de conectores que cumplen con su función argumentativa, pero que presentan fallos léxico-gramaticales derivados del sueco.

El caso de los usuarios de LH podría ser evaluado, asimismo, a la luz del marco de tres hipótesis relevantes para este grupo: la transferencia inversa, es decir, la transferencia de rasgos léxico-gramaticales que va desde la L2 a la L1 (transferencia inversa o *reverse transfer,* Cook, 2003); la transferencia de habilidades escriturales que han sido aprendidas a través de la escolarización en la L2 afectando a la L1 (*backwards biliteracy,* García, 2002); y, finalmente, la transferencia que ocurre como resultado de las experiencias transculturales y la posible ruptura con las normas retóricas clásicas (*forward biliteracy,* Spicer-Escalante, 2005). Una comparación de tipos textuales producidos tanto en sueco como español por el mismo grupo de usuarios, es decir, un análisis detallado de su biliteracidad o competencia académica en por lo menos dos de sus sistemas lingüísticos podría conducirnos a entender mejor la forma en que tanto los antecedentes escolares como los lingüísticos impactan en el desarrollo de la escritura en los usuarios de L2 y, particularmente, en los usuarios de LH.

Referencias

Abbott, A., & Martínez, G. (2018). Spanish for professions and community service learning. In K. Potowski (Ed.). *The Routledge handbook of Spanish as a heritage language* (pp. 389–402). Routledge.

Ahn, S., Chang, C. B., DeKeyser, R., & Lee-Ellis, S. (2017). Age effects in first language attrition: speech perception by Korean-English bilinguals. *Language Learning, 67*(3), 694–733. https://doi.org/10.1111/lang.12252.

Alberius, L., Callin, M., Hoffman, A., Johansson, S., & Norén, C. (2017). *Behovet av en språkstrategi för Sverige.* SUHF.

Askehave, I., & Swales, J. M. (2001). Genre identification and communicative purpose: A problem and a possible solution. *Applied Linguistics, 22*(2), 195–212. https://doi.org/10.1093/applin/22.2.195.

Ávila Reyes, N., & Cortés, A. (2017). El género "informe de caso" en la formación inicial docente: una aproximación basada en la actividad. *Lenguas Modernas, 50,* 153–174.

Baeza, P., & Österberg, R. (2019). *Acogida e inserción de migrantes en Chile y en Suecia: un estudio de caso comparativo.* Segunda jornada "Enseñanza de lenguas en contextos multiculturales". SONAPLES y Universidad Arturo Prat, Iquique, Chile.

Bardel, C., Erickson, G., & Österberg, R. (2019). Learning, teaching and assessment of second foreign languages in Swedish lower secondary school—dilemmas and prospects. *Apples—Journal of Applied Language Studies, 13*(1), 7–26. https://doi.org/10.17011/apples/urn.201903011687.

Bauer, E., & Colomer, S. E. (2016). Biliteracy. In M. A. Peters (Ed.). *Encyclopedia of educational philosophy and theory* (pp. 1–6). Springer.

Bazerman, C. (2012). Actos de habla, géneros y sistemas de actividades: de qué manera los textos organizan las actividades y los grupos sociales. In C. Bazerman (Ed.), *Géneros textuales, tipificación y actividad* (pp. 122–161). Benemérita Universidad Autónoma de Puebla.

Beaudrie, S. M., Ducar, C., & Potowski, K. (2014). *Heritage language teaching: Research and practice.* McGraw-Hill Education Create.

Bowles, M., & Bello-Uriarte, A. (2019). What impact does heritage language instruction have on spanish heritage learners' writing? In M. Sato & S. Loewen (Eds.), *Evidence-based second language pedagogy: A collection of instructed second language acquisition studies* (pp. 219–239). Routledge. https://doi.org/10.4324/9781351190558-10.

Bulté, B., & Housen, A. (2012). Defining and operationalising L2 complexity. In A. Housen, F. Kuiken, & I. Vedder (Eds.), *Dimensions of L2 performance and proficiency* (pp. 21–46). John Benjamins.

Bulté, B., & Housen, A. (2014). Conceptualizing and measuring short-term changes in L2 writing complexity. *Journal of Second Language Writing, 26,* 42–65. https://doi.org/10.1016/j.jslw.2014.09.005.

Bulté, B., & Housen, A. (2018). Syntactic complexity in L2 writing: Individual pathways and emerging group trends. *International Journal of Applied Linguistics, 28*(1), 147–164. https://doi.org/10.1111/ijal.12196.

Burdiles, G. (2015). La organización retórica de la macromovida relato del caso en el género caso clínico en español: Convenciones y desacuerdos en nueve especialidades médicas. In G. Parodi, & G. Burdiles (Eds.), *Leer y escribir en contextos académicos y profesionales* (pp. 187–220). Planeta.

Bylund, E. (2008). *Age differences in first language attrition: A maturational constraints perspective*. [Unpublished doctoral dissertation]. Centre for Research on Bilingualism, Stockholm University.

Bylund, E., & Díaz, M. (2012). The effects of heritage language instruction on first language proficiency: A psycholinguistic perspective. *International Journal of Bilingual Education and Bilingualism, 15*(5), 593–609. https://doi.org/10.1080/1367 0050.2012.676620.

Carreira, M., & Kagan, O. (2018). heritage language education: A proposal for the next 50 years. *Foreign Language Annals, 51*(1), 152–168. https://doi.org/10.1111/flan.12331.

Castillo-Fadic, M. N. (2002). El préstamo léxico y su adaptación: un problema lingüístico y cultural. *Onomázein, 7*, 469–496.

Colombi, M. C. (2009). A Systemic Functional approach to teaching Spanish for heritage speakers in the United States. *Linguistics and Education, 20*(1), 39–49. https://doi.org/10.1016/j.linged.2009.01.004.

Connor, U. (1996). *cCntrastive rhetoric: Cross-cultural aspects of second-language writing*. Cambridge University Press.

Connor, U., & Upton, T. A. (2010). *Applied corpus linguistics: A multidimensional perspective*. John Benjamins

Cook, V. (Ed.). (2003). *Effects of the second language on the first*. Multilingual Matters.

Crespo, N., Alfaro, P., & Góngora, B. (2011). La medición de la sintaxis: evolución de un concepto. *Onomázein, 24*(2), 155–172.

Donoso, A. (2017). Camino, base y Manera en bilingües de español y sueco: efectos de una segunda lengua en los patrones de expresión del movimiento de una primera lengua. *Onomázein, 36*, 198–231. https://doi.org/10.7764/onomazein.36.01.

Elola, I. (2018). Writing in Spanish as a second and heritage language: Past, present, and future. *Hispania, 100*(5), 119–124. https://doi.org/10.1353/hpn.2018.0029.

Flores, C., Kupisch, T., & Rinke, E. (2018). linguistic foundations of heritage language development from the perspective of romance languages in Germany. In P. Trifonas & T. Aravossitas (Eds.), *Handbook of research and practice in heritage language education* (pp. 1–8). Springer. https://doi.org/10.1007/978-3-319-44694-3_12.

Ganuza, N., & Hedman, C. (2015). Struggles for legitimacy in mother tongue instruction in Sweden. *Language & Education, 29*(2), 125–139. https://doi.org/10.1 080/09500782.2014.978871.

Ganuza, N., & Hedman, C. (2019). The impact of mother tongue instruction on the development of biliteracy: Evidence from Somali-Swedish bilinguals. *Applied Linguistics, 40*(1), 108–131. https://doi.org/10.1093/applin/amx010.

García, O. (2002). Writing backwards across languages. In M. Schleppegrell & M. Colombi (Eds.), *Developing advanced literacy in first and second languages* (pp. 245–60). Lawrence Erlbaum Associates.

Guerra, J. C. (2016). Cultivating a rhetorical sensibility in the translingual writing classroom. *College English*, *78*(3), 228–233.

Hornberger, N. H. (2002). Biliteracy and schooling for multilingual populations. In *International Journal of the Sociology of Language*, *2002* (155–156), 137–142. http://doi.org/10.1515/ijsl.2002.020.

Hyltenstam, K., & Milani, T. (2012). Flerspråkighetens sociopolitiska och sociokulturella ramar. In K. Hyltenstam, M. Axelsson, & I. Lindberg (Eds.), *Flerspråkighet: en forskningsöversikt* (pp. 17–152). Vetenskapsrådet.

Irizarri van Suchtelen, P. (2016). *Spanish as a heritage language in the netherlands: A cognitive linguistic exploration*. LOT.

King, K., & Ganuza, N. (2005). Language, identity, and transmigration: Chilean adolescents in Sweden. *Journal of Language, Identity & Education*, *4*(3), 179–199. https://doi.org/10.1207/s15327701jlie0403_1.

Kisselev O. D., & Polinsky M. (2020) Form-focused instruction in the heritage language classroom: Toward research-informed heritage language pedagogy. *Frontiers in Education*, *5*(53). https://doi.org/10.3389/feduc.2020.00053.

Macswan, J., Thompson, M., Rollstad K., McAlister, K., & Lobo, G. (2017). Three theories of the effects of language education programs: an empirical evaluation of bilingual and English-only policies. *Annual Review of Applied Linguistics*, *37*, 218–240. https://doi.org/10.1017/S0267190517000137.

Marinkovich, J., Sologuren, E., & Shawky, M. (2018). The process of academic literacy in civil engineering computer science: An approach to academic writing and its genres in a learning community. *Círculo de Lingüística Aplicada a la Comunicación*, *74*, 195–220. https://doi.org/10.5209/CLAC.60520.

Martín Zorraquino, M., & Portolés, J. (1999). Los marcadores del discurso. In I. Bosque, & V. Demonte (Eds.), *Gramática descriptiva de la lengua española* (pp. 4051–4213). Espasa Calpe.

Martínez-Linares, A. (2007). Sobre la (morfo)sintaxis de las lenguas de especialidad. In E. Alcaraz Varó, J. Mateo Martínez, & F. Yus Ramos (Eds.), *Las lenguas profesionales y académicas* (pp. 13–26). Editorial Ariel.

Meneses, A., Ow, M., & Benítez, R. (2012). Complejidad sintáctica: ¿modalidad comunicativa o tipo textual? Estudio de casos de producciones textuales de estudiantes de 5° básico. *Onomázein*, *25*, 65–93.

Montrul, S. (2008). *Incomplete acquisition in bilingualism: Re-examining the age factor*. John Benjamins.

Montrul, S. (2010). Current issues in heritage language acquisition. *Annual Review of Applied Linguistics*, *30*, 3–23. https://doi.org/10.1017/S0267190510000103.

Navarro, F. (2014). Géneros discursivos e ingreso a las culturas disciplinares. Aportes para una didáctica de la lectura y la escritura en educación superior. In F. Navarro (Ed.), *Manual de escritura para carreras de Humanidades* (pp. 29–52). Editorial de la Facultad de Filosofía y Letras de la Universidad de Buenos Aires.

Navarro, F., Uribe, F., Lovera, P., & Sologuren, E. (2019). Encuentros con la escritura en el ingreso a la educación superior: representaciones sociales de los estudiantes en seis áreas de conocimiento. *Revista Ibérica*, *38*, 75–98.

Norris, J. M., & Ortega, L. (2003). Defining and measuring SLA. In C. Doughty & M. Long (Eds.), *The handbook of second language acquisition* (pp. 717–761). Blackwell.

Norris, J. M., & Ortega, L. (2009). Towards an organic approach to investigating CAF in instructed SLA: The case of complexity. *Applied Linguistics, 30*(4), 555–578. https://doi.org/10.1093/applin/amp044.

Odlin, T. (1989). *Language transfer*. Cambridge University Press. https://doi.org/10.1017/CBO9781139524537.

Ortega, L. (2003). Syntactic complexity measures and their relationship to L2 proficiency: A research synthesis of college-level L2 writing. *Applied Linguistics, 24*, 492–518. https://doi.org/10.1093/applin/24.4.492.

Pallotti, G. (2015). A simple view of linguistic complexity. *Second Language Research, 31*(1), 117–134. https://doi.org/10.1177/0267658314536435.

Parada, M. (2016). *Lexical availability in diaspora Spanish: A cross generational analysis of Chilean Swedes* [Unpublished doctoral dissertation]. University of Chicago at Illinois, Chicago.

Parodi, G. (Ed.). (2008). *Géneros académicos y profesionales: accesos discursivos para saber hacer*. Ediciones Universitarias Valparaíso, EUV.

Parodi, G. (2015). Leer a través de las disciplinas en la Universidad: ¿Qué géneros permiten acceder al conocimiento en la formación doctoral? In G. Parodi & G. Burdiles (Eds.). *Leer y escribir en contextos académicos y profesionales:* Géneros, corpus y métodos (pp. 31–66). Ariel.

Parodi, G., & Burdiles, G. (2015). *Leer y escribir en contextos académicos y profesionales: Géneros, corpus y métodos*. Ariel.

Portolés, J. (2003). Pragmática y sintaxis. *Círculo de lingüística aplicada a la comunicación, 16*, 42–54.

Ryan, J.M. (2018). Spanish composition errors from a combined classroom of heritage (L1) and non-heritage (L2) learners: A comparative case study. *Journal of Language Teaching and Research, 9*(3), 439–452. https://doi.org/10.17507/jltr.0903.01.

Schleppegrell, M. (2012). Academic language in teaching and learning. *The Elementary School Journal, 112*(3), 409–418. https://doi.org/10.1086/663297.

Skolverket. (2016). *Skolor och elever I gymnasieskolan*. http://www.skolverket.se/statistik-och-utvardering/statistik-i-tabeller/gymnasieskola/skolor-och-elever.

Skolverket. (2018). *Greppa flerspråkigheten—en resurs i lärande och undervisning*. https://www.skolverket.se/getFile?file=3905.

Spicer-Escalante, M. L. (2005). Writing in two languages/living in two worlds: Rhetorical analysis of Mexican American written discourse. In M. Farr (Ed.), *latino language and literacy in ethnolinguistic Chicago* (pp. 217–244). Lawrence Erlbaum Associates.

Swales, J. M. (1990). *Genre analysis: English in academic and research settings*. Cambridge University Press.

Swales, J. M. (2004). *Research genres: Explorations and applications*. Cambridge University Press. https://doi.org/10.1017/CBO9781139524827.

Swales, J. M. (2014). Variation in citational practice in a corpus of student biology papers from parenthetical plonking to intertextual storytelling. *Written Communication, 31*(1), 118–141. https://doi.org/10.1177/0741088313515166.

Swales, J. M. (2018). *Other floors, other voices: A textography of a small university building.* (20th anniversary edition). University of Michigan Press. https://doi.org/10.3998/mpub.9859761.

Textinspector (s.f.). https://textinspector.com/help/who-are-we/.

Thaiss, C. J., & Zawacki, T. (2006). *Engaged writers and dynamic disciplines: Research on the academic writing life.* Boynton/Cook.

Torres, J. (2018). The effects of task complexity on heritage and L2 Spanish development. *Canadian Modern Language Review, 74*(1), 128–152. https://doi.org/10.3138/cmlr.3770.

Valdés, G. (1997). The teaching of Spanish to bilingual Spanish-Speaking students: Outstanding issues and unanswered questions. In M. C. Colombi, & F. X. Alarcón (Eds.), *La enseñanza del español a hispanohablantes. Praxis y teoría* (pp. 8–44). Houghton Mifflin.

Valdés, G. (2001). Heritage language students: Profiles and possibilities. In J. Peyton, D. Ranard, & S. McGinnis (Eds.), *Heritage languages in America: Preserving a national resource* (pp. 37–80), Center for Applied Linguistics and Delta Systems.

Valdés, G., Fishman, J., Chávez, R., & Pérez, W. (2006). *Developing minority language resources: The case of Spanish in California.* Multilingual Matters.

Venegas, R. (2010). Multi-Dimensional analysis of the PUCV–2006 Corpus of Academic Spanish. In G. Parodi (Ed.). *Discourse genres in Spanish: Academic and professional connections* (pp.112–134). John Benjamins.

Venegas, R., Zamora, S., & Galdames, A. (2016). Hacia un modelo retórico-discursivo del macrogénero Trabajo Final de Grado en Licenciatura. *Revista Signos, 49*(1), 247–279. http://doi.org/10.4067/S0718-09342016000400012.

Wolfe-Quintero, K, Inagaki, S., & Kim, H-Y. (1998). *Second language development in writing: measures of fluency, accuracy and complexity.* University of Hawaii Press.

Yanguas, I. (2010). A quantitative approach to investigating Spanish HL speakers' characteristics and motivation: A preliminary study. *Hispania, 93*(4), 650–670.

Section Three.

Literacy Practices and the Teaching of Writing

Prácticas Letradas y Enseñanza de la Escritura

Práticas Letradas e Ensino da Escrita

7
"Ensayar una Voz": Un Análisis Interaccional de Prácticas en Torno a lo Escrito en Eventos de Escritura Colaborativa

Laura Eisner
UNIVERSIDAD NACIONAL DE RÍO NEGRO, ARGENTINA

Resumen / Abstract / Resumo

En este trabajo se presentan las potencialidades de un abordaje etnográfico e interaccional para el estudio de prácticas de escritura en contextos educativos formales. Se analiza un evento de escritura colaborativa en una escuela secundaria de adultos a partir de la identificación de patrones interaccionales para la co-construcción del escrito, la puesta en juego de recursos de literacidad heterogéneos por parte de los estudiantes y la negociación del registro sociolingüístico a utilizar, en función de las evaluaciones metapragmáticas de los participantes. Los resultados evidencian la fuerte incidencia del registro de prestigio, en tanto voz social asociada a los materiales escolares, en las disposiciones de los estudiantes frente a la tarea escolar, y la diversidad de resoluciones que estos despliegan para afrontar las demandas institucionales con los recursos lingüísticos de que disponen en sus repertorios. En las conclusiones, se plantean posibles implicancias pedagógicas de una mirada situada de las prácticas de escritura.

In this paper, we consider the contribution of an ethnographic and interactional approach to the study of writing practices in formal educational contexts. We analyze a collaborative writing event in a secondary school within the adult education system. We focus on the interactional patterns scaffolding the co-construction of the written text, the use of heterogeneous literacy resources and the negotiation of an "adequate" sociolinguistic register based on the students' metapragmatic evaluations. Findings show the strong influence of the "prestige" register—in terms of a social voice linked to written materials involved in school lessons—on the dispositions of the students toward school tasks, and the diversity of strategies that they deploy in order to deal with institutional demands by resorting to the linguistic resources available in their repertoires. In the conclusions, we discuss the pedagogical implications of adopting a situated perspective on writing practices.

Neste trabalho apresentam-se as potencialidades de uma abordagem etnográfica e interacional para o estudo de práticas de escrita em contextos educativos formais. Analisa-se um evento de escrita colaborativa em uma escola secundária de adultos a partir da identificação de padrões interacionais para a co-construção do escrito, a disponibilização de recursos de literacidade heterogêneos da parte dos estudantes e a negociação do registro sociolinguístico que será utilizado, em função das avaliações metapragmáticas dos participantes. Os resultados evidenciam a forte incidência do registro de prestígio, quanto voz social associada os materiais escolares, nas disposições dos estudantes perante a tarefa escolar, e a diversidade de resoluções que estes desdobram para encararem as demandas institucionais com os recursos linguísticos de que dispõem nos seus repertórios. Nas conclusões, são propostas possíveis implicações pedagógicas de um olhar situado das práticas de escrita

Desde su surgimiento en la década de 1980, los estudios socioculturales han introducido un profundo cambio de perspectiva en el campo de la investigación en escritura.[1] A partir de la categoría fundacional de *práctica de literacidad*, propuesta inicialmente por Heath (2004/1982), esta línea se alejó de los estudios centrados en desarrollo de habilidades cognitivas individuales, para ocuparse del modo en que los sujetos participan, junto con otros, de actividades que involucran la escritura, en el marco de relaciones sociales atravesadas por el poder y la identidad (Street, 1984). Esto requiere necesariamente situar las prácticas en sus contextos sociales e institucionales, y ha llevado al desarrollo de estudios etnográficos de larga duración basados en la observación participante y entrevistas en profundidad. Sin embargo, en los últimos años, se ha planteado la necesidad de incorporar nuevas herramientas metodológicas para el análisis de las (micro)prácticas que componen la actividad de

---

[1] Este trabajo se desarrolló en el marco del PI UNRN 40-B-800: "Prácticas, trayectorias y sentidos de la escritura en jóvenes y adultos: perspectivas socioculturales y discursivas" y PICT 2016-1774: "Alfabetizaciones multimodales y repertorios sociolingüísticos: un abordaje etnográfico de las nuevas prácticas de lectura, escritura y oralidad en las aulas de educación secundaria."

la escritura en diferentes contextos; dichas herramientas, procedentes de las investigaciones interaccionales, permiten dar cuenta de las formas en que se realizan, performativamente, las identidades en el marco de los eventos de literacidad (Burgess & Ivanič, 2010; Mondada & Svinhufvud, 2016).

Desde ese enfoque, el presente artículo se centra en el análisis de un evento de escritura colaborativa en el marco de una investigación sobre prácticas de escritura en una escuela secundaria de adultos en la ciudad de Bariloche (provincia de Río Negro, Argentina). Como lo han señalado diversos autores (entre otros, Ivanič & Moss, 2004), la educación de adultos constituye un contexto particularmente interesante para la investigación porque se trata de una población con trayectorias no lineales de escolarización. Así, los estudiantes, al retomar la relación con la institución años más tarde, ya han desarrollado una gran variedad de prácticas de literacidad con diferentes propósitos sociales en contextos no escolares, como el ámbito laboral, familiar o de grupos de pares (Hamilton, 2009).

Desde esa perspectiva, en este trabajo, se analizan los intercambios de tres grupos de estudiantes en el marco de un evento de escritura en clase y se observa cómo los participantes, a través del fenómeno interaccional de la coenunciación, proponen, negocian y finalmente consensúan determinadas opciones verbales para la elaboración de un texto escrito. El análisis evidencia cómo los estudiantes movilizan recursos de literacidad vinculados con otros ámbitos de uso a fin de resolver la tarea, y los incorporan de acuerdo con criterios de adecuación, basados en evaluaciones implícitas de los registros sociolingüísticos correspondientes a "lo escolar".

Estudiar la Escritura desde Perspectivas Situadas

Como se planteó más arriba, diferentes autores han señalado recientemente la importancia de analizar la escritura como una práctica situada y corporizada, que involucra acciones, objetos y relaciones sociales encarnadas en cada acto de inscripción. Esta perspectiva reconoce uno de sus primeros antecedentes en los Nuevos Estudios de Literacidad (NEL) (Gee 2004/1986; Street 1984, 2003), que rechazan una concepción "autónoma" de la literacidad, como una mera tecnología de la palabra, que involucra únicamente dimensiones cognitivas. Para ello, centran su atención en las prácticas de lectura y escritura cotidianas de diferentes comunidades y en sus relaciones, de continuidad o desencuentro, con las que predominan en las instituciones hegemónicas, principalmente la escuela. Desde esta concepción, la lectura y escritura se entienden como prácticas culturales que pueden adquirir significados y valores diferenciados en función de los contextos en los que se produzcan (Barton & Hamilton, 1998).

Al adoptar como unidad los *eventos de literacidad*, los NEL incorporan al análisis dimensiones como los materiales involucrados, los participantes directos e indirectos y los propósitos sociales de la actividad. De este modo, desplazan al texto del centro de la escena y ponen en cuestión la concepción de la lectura y la escritura como actividades individuales, en el sentido de que —aun si se realizan en soledad— están impregnadas por prácticas socialmente forjadas y transmitidas, y contribuyen a su reproducción o progresiva modificación.

En esa misma línea, otros estudios socioculturales sobre la escritura (Bazerman, 2008, 2013) ponen el acento en el rol de los géneros y la actividad semiótica en la organización social, a lo largo de la historia y en contextos contemporáneos. Al igual que los NEL, estos trabajos han señalado la importancia de ampliar el objeto de estudio de la escritura a "los artefactos escritos y las acciones asociadas que están dispersos dialógicamente entre diferentes personas, herramientas, momentos y lugares" (Prior, 2015, p. 1).

Centrándose en la construcción identitaria involucrada en la escritura, trabajos como los de Ivanič (1998) resultaron pioneros en la investigación con estudiantes que se incorporaban en nuevas comunidades de prácticas, a través de la técnica del *talk around text* (un diálogo con los escritores en interacción con sus propias producciones). En la misma línea, Lillis (2001, 2008) presenta una propuesta teórico-metodológica de corte etnográfico que permite dar cuenta de las perspectivas de los propios participantes sobre sus prácticas de escritura a través del uso de entrevistas reiteradas a lo largo de un tiempo prolongado. La perspectiva longitudinal también es adoptada por Roozen (Roozen, 2009; Roozen & Erikson, 2017) en estudios de caso centrados en las trayectorias de literacidad de estudiantes y docentes a lo largo de sus vidas. Por su parte, autores como Dyson (2013) o Kamberelis (2001) han realizado análisis etnográficos de eventos de literacidad en contextos escolares, para dar cuenta de fenómenos de hibridación a través de la puesta en juego de recursos procedentes de diferentes ámbitos culturales en la producción de textos.

En América Latina, la recepción de estas líneas de investigación se centró, en una primera etapa, en contextos educativos de nivel primario, en áreas rurales y en muchos casos con población indígena. Un interés por el estudio de los *usos sociales de la escritura* se encuentra inicialmente en los trabajos de Rockwell (1982), desde la antropología de la educación. Por su parte, la perspectiva de literacidad ha sido retomada por los estudios de Zavala en contextos rurales del Perú (2002); aunque también para recuperar las experiencias de estudiantes indígenas en el ámbito universitario (2011, 2019). Esta autora tuvo un rol fundacional en la difusión de estas corrientes en el entorno de habla hispana (Zavala et al., 2004, y, más recientemente, Niño-Murcia et al., 2020).

Asimismo, las investigaciones de Kleiman (1995, 2019) se centran en la formación de docentes y alfabetizadores en Brasil desde una perspectiva de *letramento*. En el campo de la alfabetización de adultos, se destacan los trabajos de Kalman en contextos alfabetizadores no formales en México (2004; Kalman et al., 2018) y, específicamente en la Argentina, la investigación de Lorenzatti (2011) sobre la participación de sujetos no escolarizados en prácticas de literacidad. Sin embargo, permanece en general como una perspectiva poco explorada, a pesar del interés que existe en ámbitos educativos y de formación docente en la región por los abordajes didácticos de corte sociocultural (para una presentación más detallada, ver Atorresi & Eisner, 2021).

Desde una perspectiva microdiscursiva, una potente línea de estudios —originados en el campo de la enseñanza de segundas lenguas y de la comunicación en contextos multilingües— aborda los eventos de escritura a través de herramientas del análisis interaccional y la etnometodología. Entre ellos, Mondada (2005) y Mondada y Svinhufvud (2016) adoptan una perspectiva multimodal sobre la interacción, analizando la articulación entre escritura, habla y otros sistemas semióticos (audiovisual, corporal) en la producción y recepción de lo escrito.

Por su parte, la sociolingüística de la escritura ha aportado al estudio de lo escrito categorías analíticas desarrolladas primordialmente para la oralidad (Lillis & McKinney, 2013). Estas investigaciones se han centrado, entre otros, en la distribución social de los recursos de literacidad, que forman parte de los repertorios sociolingüísticos de los hablantes, y en los regímenes evaluativos que operan en los diferentes contextos (Blommaert, 2008). Desde esta perspectiva, se han estudiado en la escritura los fenómenos de *indexicalidad*, entendida como el vínculo semiótico que se establece entre formas lingüísticas y sentidos sociales (Bucholtz & Hall, 2010). Esto permite identificar el uso de determinados elementos léxicos y gramaticales, estilos tipográficos, registros de lenguaje, e incluso el encuadre genérico del texto, como modos de inscripción identitaria, que son leídos como tales desde las evaluaciones metapragmáticas (Agha, 2005) de los propios participantes.

Muchos de estos estudios analizan la escritura en colaboración, ya sea en contextos laborales (Mortensen, 2013) o educativos (Kunitz, 2015; Nussbaum & Unamuno, 2000; Szymanski, 2002; ver Godoy, 2020, para una revisión de estudios sobre escritura colaborativa en plataformas digitales). Como lo señalan estos trabajos, la observación de las configuraciones grupales y los intercambios entre participantes permite acceder al proceso de selección de opciones del repertorio verbal, que habitualmente queda invisibilizado cuando se analizan actividades individuales de escritura. En el análisis que desarrollamos a continuación, la observación de los intercambios nos permite

—a través de un análisis interaccional— relevar los recursos verbales que los distintos estudiantes ponen en juego y las evaluaciones que ellos mismos despliegan al negociar las opciones de escritura, en función del propósito compartido de resolver la tarea.

Datos y Metodología

Los datos se obtuvieron en el marco de una investigación de campo realizada entre 2012 y 2014 en una escuela secundaria para adultos (Centro Educativo de Nivel Medio para Trabajadores), de tres años de duración, ubicada en un barrio popular de la ciudad de San Carlos de Bariloche. Las edades de los estudiantes oscilan entre los 21 y los 60 años al ingreso y la población se compone en su mayoría de mujeres (67% según datos elaborados por el propio Centro Educativo en 2012). Más de la mitad de los estudiantes trabaja y en otros casos son beneficiarios de planes sociales gubernamentales.

Para la recolección de datos, se realizaron observaciones con una frecuencia semanal acompañando al mismo grupo durante todo su ciclo escolar. A lo largo de ese período se produjeron diferentes tipos de datos: registros de eventos escolares en torno a lo escrito en la cotidianidad de las clases y de otros eventos institucionales, como actos escolares, fiestas, recreos, conversaciones en la sala de profesores (compuestos por alrededor de 300 horas de registros en audio y notas de campo); entrevistas semiestructuradas a estudiantes, egresados, docentes y directivos; y un corpus conformado por los materiales didácticos de la unidad, las consignas de trabajo y los productos finales entregados por los estudiantes, así como normativa y documentación institucional del Centro Educativo.

El análisis que presentamos en este artículo se basa en registros en audio de interacciones correspondientes a tres grupos de estudiantes, de entre tres y cinco integrantes cada uno, durante un evento de escritura grupal en una clase del 3er año. Los intercambios fueron transcriptos según convenciones de la etnografía del habla (ver Anexo) y analizados a partir de las herramientas del análisis interaccional. Si bien no fue posible, por las condiciones del trabajo de campo, contar con registros en video, las notas de campo de los eventos analizados permiten complementar los audios para recuperar aspectos praxeológicos y de gestualidad corporal que contribuyen a la interpretación de las interacciones. A su vez —y siguiendo lo planteado por Unamuno y Nussbaum (2017)— los registros correspondientes a los eventos seleccionados se articularon con el resto de los datos de campo, a fin de situar el análisis en el marco más amplio de los sentidos otorgados a las prácticas y los recursos de literacidad por los distintos actores que forman parte del Centro Educativo.

Análisis

En función del abordaje etnográfico y situado del estudio, esta sección se organizará de la siguiente manera: en primer lugar, se presentará una descripción del evento letrado estudiado, con una caracterización de la configuración grupal y los roles de escritura que se habilitan a partir de ella. A continuación, se abordarán tres dimensiones del evento, que articulan las perspectivas adoptadas en este trabajo (interaccional, sociolingüística y de literacidad): a) los patrones interaccionales que predominan en los intercambios grupales; b) el proceso de (re)formulación de los enunciados en función de los registros considerados adecuados para "lo escolar", y c) los recursos lingüísticos y de literacidad que movilizan los estudiantes para resolver la tarea.

El Evento de Escritura

El evento de escritura que analizaremos tuvo lugar en una clase del último año de cursada del Centro Educativo, en el módulo de Ciencias de la Salud; la tarea consistía en responder grupalmente un cuestionario sobre la base de una película que se había visto en clase la semana anterior (*Escritores de la libertad*). Se trataba de una actividad "rutinaria" dentro de la cotidianeidad escolar, y el propósito de las docentes era que los estudiantes pudieran poner en juego categorías teóricas que se habían trabajado previamente sobre la relación individuo-ambiente ("ambientalismo", "innatismo", "interaccionismo").

El evento se inicia con la copia del cuestionario que las docentes han escrito en el pizarrón:

1. ¿En qué escenas de la película pueden reconocer posiciones innatistas o ambientalistas?
2. ¿Qué posición tenía la dirección del colegio, los docentes y los alumnos?
3. ¿Cuál es el mensaje de la película?

En el inicio de la tarea, los estudiantes reacomodan total o parcialmente la ubicación de las mesas individuales en el aula para poder mirarse e interactuar con mayor facilidad en la configuración grupal. Es importante señalar que, al ingresar al Centro Educativo, muchos de ellos no estaban familiarizados con esta modalidad de trabajo debido a sus experiencias previas de escolarización (ya que en algunos casos habían perdido contacto con las instituciones educativas desde hacía 25 años). Por ello, la configuración grupal fue —en las primeras semanas de cursada— iniciativa de los docentes; sin embargo, fue rápidamente apropiada por los estudiantes y, a partir de ese momento, comenzaron a organizarse de este modo incluso aunque no hubiera indicación docente de hacerlo.

En la observación del evento de respuesta al cuestionario, se puede ver que la actividad de escritura colaborativa lleva a que las participantes vayan ocupando diferentes roles, más dinámicos o estáticos según la conformación de cada grupo: *quien transcribe las respuestas, quien dicta la versión que finalmente quedará por escrito, quien regula la actividad cotejando la adecuación de las respuestas a la consigna y los modos de proceder para resolverla.* Sin embargo, estos roles no están investidos siempre con el mismo sentido: de hecho, en el grupo 2, la estudiante encargada de transcribir adopta un rol más bien pasivo, siguiendo las indicaciones de sus compañeras; por el contrario, en el grupo 1, como se verá más adelante, el rol de "escriba" es realizado por la estudiante a la manera de una evaluación final, ya que termina definiendo la formulación que quedará plasmada en la hoja de respuestas; en el grupo 3, finalmente, las estudiantes optan por transcribir la respuesta simultáneamente en todas las carpetas, de manera que el rol queda diluido como tal.

Del mismo modo, la regulación de la tarea puede ser una actividad realizada alternativamente por diferentes estudiantes o bien localizarse en un/a estudiante que lleva adelante la interacción a fin de completar la actividad, como se puede ver en el siguiente ejemplo:

Ejemplo 1

[En el inicio de la interacción, Kiara parece estar inhibida por la presencia del grabador y Rita toma la iniciativa en el diálogo]

R: yo lo escribí así {(DC) en la escena en que están reunidos | discutiendo la posibilidad de que la profesora les siga dando clases el próximo año | los que están reunidos son los profesores | y la directora}\ esta es una escena INNATISTA (. . .) qué te parece XXX /

(. . .)

Kiara: bueno sí sí | es- es innatista pero-

R: contame alguna otra escena

K: y bueno | hubieron muchas

(Registro de clase, grupo 3)

En efecto, a lo largo de las semanas, desde el ingreso a primer año, algunos de los estudiantes se han ido categorizando de un modo más estable en un rol especial de apoyo, como compañeros "expertos" (Lee & Bucholz, 2015):

se trata de aquellos que han logrado comprender e inscribirse en el *régimen de literacidad* (Blommaert, 2005) de la institución, en tanto identifican las expectativas escolares (implícitas) para poder así encuadrar apropiadamente las respuestas.

Por otra parte, la configuración grupal favorece un determinado tipo de interacciones, como puede verse en el relato que realizan dos estudiantes, en contexto de entrevista, de un intercambio grupal en que participaron. En este caso, las participantes produjeron un escrito final a partir de versiones preliminares elaboradas individualmente:

Ejemplo 2

A: pero ahora con el grupo nuestro | viste el trabajo que hicimos con las chicas / este en la casa de cómo es / de Fabiana /

R: fuimos grupo

A: fuimos un grupo

R: sin duda

A: yo había puesto una cosa | había escrito una cosa | ellas habían escrito una cosa | cada una había escrito una cosa | cada cual leyó su parte| ah me gusta más lo de Ángela | vamos a poner-ponemos lo de Ángela | y acá en esta parte me gusta más lo de Rita | vamos a poner lo de Rita | y así \ cada cual hizo su parte y después lo presentamos

L. y el efecto final

R: me encantó \

(Entrevista a Rita y Ángela, septiembre 2014)

En la reconstrucción que realiza Ángela se puede identificar cómo, a partir de la modalidad de trabajo grupal, las participantes cooperan, evaluando y negociando opciones de formulación, para llegar a un escrito que consideren satisfactorio, en función de sus expectativas de adecuación a un contexto escolar.

Patrones Interaccionales en la Co-construcción del Escrito

Desde el punto de vista de la estructura interaccional, los intercambios en torno a la respuesta a un cuestionario siguen una organización secuencial típica en la que uno o más participantes ofrecen respuestas tentativas, que serán evaluadas y luego aceptadas, rechazadas o reformuladas por el resto de los participantes. En los eventos estudiados, esto se realiza mayormente a través de una dinámica de coenunciación, en que uno de los hablantes inicia un enunciado que es completado por otro/s participante/s. Se trata de "un espacio cooperativo por antonomasia, una trama discursiva tejida a dos voces en la medida que supone una atención máxima por parte de quien coenuncia y una identificación con los propósitos de la otra persona" (Masats et al., 1999, p. 1776) y esto adquiere, como se verá a continuación, particular importancia en la realización de una tarea poco familiar para los estudiantes.

En el siguiente extracto, el grupo está respondiendo a la primera consigna del cuestionario y, para ello, seleccionan un diálogo de la película a analizar, entre la directora de la escuela y la protagonista, docente recién llegada. Al elaborar la respuesta escrita, el fenómeno de coenunciación es aquí muy intenso, ya que las distintas intervenciones se van entramando en la construcción de un mismo enunciado final:

Ejemplo 3

E: {(P) y le- sugiere que deje de usar}   =

G: = un colgante =

E: = un colgante que en ese momento ella tenía | sugiriendo o {(AC) no | sugiriendo otra vez no}

G: advirtiéndole que podía llegar a (.) hacer eh

E: que podrían llegar a robárselo \

G: ahí está | advirtiéndole

N: [lee de su carpeta] le sugiere que deje de usar su colgante de plata | ya que se lo podrían robar /

G: exacto \

(Registro de clase, grupo 1)

Aquí se pueden identificar distintos tipos de coenunciación: una intervención con función de adhesión, cuando Gloria continúa el enunciado de Estefi ("que deje de usar" y "un colgante") en que la repetición casi simultánea de Estefi indica su aceptación; también coenunciación por reparación ante una duda o hesitación ("llegar a (.) hacer eh" y "que podrían llegar a robárselo"). En el turno anterior, es el metacomentario evaluativo de Estefi ("no | sugiriendo otra vez no", apoyado en el habitus escolar de "no repetir palabras") lo

"Ensayar una Voz"

que habilita a Gloria a sugerir la reformulación. La secuencia es finalmente resuelta por Nuria —como se señaló más arriba, en su rol de transcriptora de la respuesta en la carpeta— en una formulación integradora que resulta aprobada por sus compañeras.

Ahora bien, en este proceso, según la propuesta de Szymanski (2002), se realizan dos subactividades simultáneas: por una parte, *responder la pregunta*, que involucra una negociación sobre los contenidos propiamente dichos que solicita el cuestionario, y, por otra, *encuadrar [frame] la respuesta* de forma adecuada para el género y el contexto en que se produce, seleccionando las formas léxicas y gramaticales más apropiadas.

En efecto, en los extractos analizados, las respuestas tentativas para la reformulación de los enunciados se presentan como más cercanas a lo esperado, en su precisión conceptual, pero sobre todo en cuanto a las formas lingüísticas utilizadas. Y esta búsqueda de la formulación adecuada se produce por "aproximación gradual": en las reformulaciones (ya sean intraturno en el mismo hablante, o bien co-construidas entre los participantes) se puede ver un pasaje paulatino de un marco conversacional a uno escrito-descontextualizado.

A lo largo de las interacciones, el paso progresivo a la respuesta final evidencia la permeabilidad de las fronteras entre "lo escrito" (como producto final de la actividad y resolución de la tarea) y otras formas orales. Se trata de un continuo que se cristaliza en la versión entregada, pero que tiene una serie de instancias intermedias en las que se va dando forma a la respuesta, seleccionando opciones y articulando los enunciados hasta llegar a una formulación definitiva. La interacción oral, al ser más flexible a la reformulación y más efímera, permite esos desplazamientos fluidos entre distintos tipos de recursos léxicos y gramaticales.

Se va realizando así un *discurso oral para ser escrito* (o, como plantea Rockwell,1982, una *oralidad escrita*) que se manifiesta en la prosodia, ya que se va previendo la segmentación de palabras (se trata de una oralidad que absorbe rasgos de la escritura). Así, se utilizan figuras tonales que prefiguran u orientan la puntuación, una modulación más marcada y un ritmo ligado a los requerimientos de la motricidad (en el dictado a la compañera que ocupa el rol de escriba):

Ejemplo 4

N: bueno pero redacten porque- ustedes me PAH @@

G: (dicta) {(DC) es cuando la señora | que ayudó a esconder a Ana Frank (.)} {(AC) poné ahí} | cuando la señora (.) que ayudó a esconder a Ana Frank (.) después del relato-{(AC)

(P) no | después de su relato} aconsejó (.) a los chicos (.) a valorizarse (.) como personas (.) valorizarse como personas y seguir adelante | {(AC) sí pará} | y seguir adelante | por todos los obstáculos que les ponían

(Registro de clase, Grupo 1)

En estos segmentos de la interacción, se pueden distinguir dos niveles enunciativos: el de la regulación de la tarea, que involucra las negociaciones entre participantes y el de los enunciados que se producirán "para entregar", como resultado de la misma. Ese doble nivel se manifiesta mediante la alternancia entre registros, por ejemplo, en el extracto anterior, en el contraste entre el segmento "para ser escrito" y los enunciados reguladores emitidos a mayor velocidad y en modo verbal imperativo ("poné ahí", "sí pará").

Con el apoyo de la escritura, los enunciados orales se tornan progresivamente "productos", objetos que pueden ser evaluados y modificados (a diferencia de la oralidad más incidental y menos planificada). Incluso luego de la transcripción del enunciado seleccionado (co-construido en la interacción) el proceso continúa y retorna al modo oral para ser revisado, tal como se ve en el siguiente intercambio:

Ejemplo 5

E: bueno | el relato de la nena | al principio del- de la película

S: [lee lo que va escribiendo] el relato de la nena | al principio del- de la película

E: sí | en el cual dice que el padre le enseña

S: [mientras copia] dice que el padre le enseña /

E: sí | dice que el padre le enseÑÓ

(Registro de clase, grupo 2)

En sus dos turnos de habla, Sabrina "escribe en voz alta" (Mortensen, 2013), oralizando el enunciado que está copiando, habilitando implícitamente a sus compañeras a reformular, y así lo hace Elena, ajustando la correlación temporal con el resto del enunciado.

Ensayar una Voz: Registros Sociolingüísticos y Voces Sociales

Desde una perspectiva sociolingüística, la construcción por coenunciación y el tránsito de lo oral a lo escrito permiten ver, simultáneamente, un tránsito del lenguaje cotidiano a un registro sociolingüístico de prestigio, que involucra elementos léxicos, pero también patrones gramaticales:

Ejemplo 6

M: bueno | y cuál escena elegimos / la de los libros | que no les daban los libros

E: claro

M: no les dejaban utilizar los libros en la escuela

E: pero porque no les sabían- no sabían cómo- cómo =

G: = hacerlos que lean todos juntos =

E: = hacerlos que lean | no los motivaban para tal fin

(Registro de clase, grupo 2)

En este extracto, M. propone sucesivas respuestas tentativas que van desde formulaciones más dependientes del contexto ("la de los libros") a otras más descontextualizadas ("que no les daban los libros") y con usos léxicos menos coloquiales ("no les dejaban *utilizar* los libros en la escuela"); además, E. —a través de la coenunciación— reformula la propuesta de G ("[no sabían cómo] hacer*los* que lean") —con la inserción, coloquial, del enclítico en el verbo causativo— utilizando una estructura sintáctica y un léxico más formal ("no los *motivaban* para *tal fin*").

Del mismo modo, retomando el extracto 2, se puede identificar el uso del gerundio ("advirtiéndole"), que se ha transformado en un marcador de registro formal en español en las últimas décadas; la reformulación del determinante (genérico) en "después *del* relato" al posesivo en "después *de su* relato"; la introducción de mecanismos cohesivos propios de la escritura descontextualizada, como el uso de cláusulas subordinadas adjetivas en lugar de cláusulas coordinadas ("le sugiere que deje de usar su colgante de plata | ya que se lo podrían robar").

Las numerosas reformulaciones centradas en el encuadre de las respuestas, en busca de acercarse progresivamente al registro de prestigio, evidencia que —en sus producciones escritas escolares— los estudiantes están *ensayando una voz*,[2] adentrándose en un terreno poco familiar. En el Centro Educativo,

---

2   El concepto de *voz social* ha sido definido por Agha (2005), a partir del concepto fundacional de Bajtin (1989/1934), como un conjunto de usos lingüísticos que se van volviendo *enregistrados*, es decir, quedan socialmente asociados a determinadas figuras de hablante: "En esos casos, tenemos una regularidad social de tipificación —un sistema de estereotipos metapragmáticos— por los cuales una determinada forma,

lo escrito es asimilado centralmente con *los materiales impresos*, y los recursos verbales de esos textos, con el registro de prestigio, diferenciado del utilizado en otros eventos en la cotidianidad del aula por los mismos participantes.[3] A su vez, inmersos en las prácticas de literacidad escolares, estos recursos recirculan en nuevos eventos en torno a los materiales impresos: lectura colectiva, explicación docente con uso del pizarrón o, como en este caso, en la producción de respuestas a cuestionarios.

La cuestión del registro es frecuentemente abordada en estudios de escritura en términos de "adecuación al contexto" (evaluada por el docente/analista) o de precisión léxica (naturalizando el registro académico como "claro" y "transparente", como plantea Zavala, 2011). Sin embargo, la problemática de la *puesta en registro* en producciones escritas es una cuestión identitaria tanto o más que de amplitud del repertorio lingüístico, y que requiere ser analizada en términos de *acceso* (simbólico) más que de *conocimiento*.

De este modo, el análisis etnográfico permite ver que la utilización de estas formas lingüísticas de prestigio indexa pertenencias sociales que son anteriores, en la experiencia de los estudiantes, a las producciones de identidad en el aula: en las trayectorias de escolarización y de socialización lingüística de los estudiantes, las experiencias de contacto con este registro han dejado huellas, vinculadas con experiencias de exclusión o de desvalorización en términos de capital cultural (como se menciona reiteradamente en las entrevistas). En un proceso de permanente reactualización, estas experiencias inciden en la orientación que los estudiantes puedan desplegar frente a los textos, géneros y eventos que involucran ese registro.

La Movilización de Recursos de Literacidad en la Resolución de la Tarea

Si el encuadre de las respuestas en el registro de prestigio (considerado adecuado para un género escolar) representa un desafío importante para los estudiantes, esto se resuelve de manera situada en cada evento a través de una recombinación de los recursos disponibles de su repertorio. Adoptamos aquí una definición amplia de "recurso" que abarca tanto elementos lingüísticos

---

o repertorio de formas, es tratada como indexical de un tipo social por un conjunto dado de personas" (Agha, 2005, p. 45). En nuestro estudio, esta definición, por su foco en las evaluaciones de los hablantes, permite reconstruir la perspectiva de los propios estudiantes sobre lo que consideran el "registro apropiado", en términos de la voz social que evoca.

3   Este argumento se desarrolla con mayor amplitud en otros trabajos (Eisner, 2018, 2019).

disponibles para los participantes, como el acceso a materiales de apoyo y el dominio de los procedimientos para aprovechar esos materiales en la práctica de literacidad en curso (Ivanič et al., 2009).

En las tareas de escritura analizadas, la fuente principal a la que recurren los estudiantes es, previsiblemente, el material teórico de los módulos ("la fotocopia"), ya que está accesible para su lectura durante la elaboración de las respuestas y funciona como garantía de adecuación en registro:

Ejemplo 7

E: [lee de la fotocopia] interaccionista | ambientalista | interaccionista | el ser humano va adaptando a la modificación que va en el transcurso de su vida y en el medio ambiente | [. . .] la tienen esta hoja ustedes/

(Registro de clase, grupo 2)

Más allá de "la fotocopia", los estudiantes también apelan a otros discursos de circulación pública —escritos u orales— con los que tienen contacto a partir de sus trayectorias personales de socialización lingüística (discursos legales, periodísticos, religiosos o de circulación a través de internet, whatsapp y redes sociales, además de proverbios o "frases hechas" propias del folklore o arte verbal). En una entrevista un estudiante reconstruye su proceso de escritura en un contexto institucional extraescolar (la comisión de fútbol local), destacando la transferencia de recursos procedentes de textos leídos en su vida cotidiana:

Ejemplo 8

G: Yo por ejemplo todo el tiempo estoy haciendo notas | porque como estoy en la comisión de fútbol | entonces todo el tiempo estoy haciendo notas |estoy haciendo . . .

L: y cómo- las primeras veces que tuviste que hacer esas notas| cómo te arreglaste /

G: Por suerte:... por ahí- siempre tuve facilidad al- o sea al tener la lectura digamos de diarios y así cosas y leer artículos | más o menos uno se va-eh- sacando palabras o sacando cosas | o artículos así que uno ve| y por ahí lo va poniendo y va quedando \ o sea| y después le vas agregando otras cositas | y así surge \

(Entrevista a Gabriel, agosto 2014)

Estas transferencias de recursos de su repertorio "a través de las fronteras" producen como efectos textos híbridos, en los que se entremezclan registros y voces sociales. En las interacciones del evento estudiado, esto puede identificarse en algunas respuestas tentativas ofrecidas por las estudiantes (en cursiva):

Ejemplo 9

E: al paso del tiempo | la chica | los padres le dice- ella *mamó de- en su cuna* como quien dice | que ella tenía que ser como ellos habían nacido | que no tenía que *traicionar a su raza* \ pero a la vez cuando empieza a ir a la escuela | y esta profesora les da (.) clase cambia | pasa a ser interaccionista

(Registro de clase, grupo 2)

Ejemplo 10

N: [lee de su carpeta] es cuando la señora que ayudó a esconder a Ana Frank | después de su relato | aconsejó a los chicos a valorizarse como personas | y a *continuar en sus metas* | por más que tengan *obstáculos en el camino*

(Registro de clase, grupo 1)

Los ejemplos muestran que, por ser esta una *zona* poco familiar de su repertorio, los estudiantes parecen establecer un límite más difuso entre las "expresiones cristalizadas" (vinculadas con el arte verbal, los discursos de las redes sociales y, en general, los ámbitos formales no-escolares) y "el lenguaje de la fotocopia", mientras que esta delimitación resulta más nítida para hablantes habituados al registro académico. Es por ello que, en la instancia de producción, recurren a todas estas fuentes como si formaran parte de un mismo conjunto de recursos disponibles, precisamente por su valor indexical de *uso no cotidiano*.[4]

Esto evidencia que las formas lingüísticas asociadas al registro de prestigio efectivamente forman parte del repertorio sociolingüístico de los estudiantes (aunque conviviendo con otras que —para un lector académico— quedarían excluidas de este registro), pero también muestra cómo, en las instancias de escritura, los participantes ponen en juego estos recursos según su propio criterio de adecuación: no se trataba (únicamente) de una cuestión de dominio de estas formas, sino de sus categorizaciones sobre cuándo y para qué usarlas.

---

4   Tomamos esta distinción del trabajo pionero de Blanche-Benveniste (1982), quien propone la denominación de *lenguaje dominguero*, para el registro "reservado para las ocasiones" que incluye tanto expresiones procedentes del campo literario como del técnico-especializado (por oposición a lo popular y lo familiar).

En efecto, la producción de alternativas de formulación descansa sobre las evaluaciones metapragmáticas—tanto implícitas como explícitas—de los propios estudiantes sobre las formas lingüísticas (léxicas y gramaticales) adecuadas para la respuesta escrita a una tarea escolar, como se pudo ver en el extracto 2 y en el siguiente ejemplo:

Ejemplo 11

E: Bueno y la tercera / cuál es el mensaje final de la película

R: Sí se puede @

S: Ese /

E: Que =

M: = QUe la educació:n- porque eso es también una parte de la educación| porque por más que sea de la familia viste que| a la mayoría como que a algunos no...

S: Que por más distintos que seamos de la gente | siempre...

E: Que aunque seamos todos distintos | eh si tenemos una finalidad- *o sea que* a pesar de que eran todos distintos| con un mismo fin=

(Registro de clase, grupo 2)

En este extracto se puede ver una sucesión de respuestas tentativas que parten de la primera propuesta ("sí se puede") planteada irónicamente por la propia Raquel, como lo indican sus risas. La ironía evidencia aquí su propia evaluación de la propuesta como inadecuada en registro (aunque ciertamente apropiada en su contenido para sintetizar el mensaje de la película). A partir de esa evaluación, compartida también por Sabrina en la línea siguiente, se suceden varias propuestas de Mónica y de Elena que van reformulando el movimiento retórico de concesión ("por más distintos que" / "aunque seamos" / "a pesar de que eran"). Las reformulaciones (que realizan la secuencia de "aproximación" al registro descrita más arriba) también dan cuenta de un proceso evaluativo que se da en simultáneo con la emisión de cada respuesta tentativa, y que motoriza la producción de una nueva opción hasta llegar a la definitiva.

Resultados

El análisis multidimensional presentado en la sección anterior nos permitió caracterizar las "prácticas en torno a lo escrito" en estudiantes poco familiarizados con las formas hegemónicas de literacidad. En primer término, a partir de la configuración grupal, fue posible identificar un mecanismo de co-construcción del escrito, con roles diferenciados que eran adoptados alternadamente por los estudiantes, e involucraban diferentes actos de habla, escritos y orales (dictar, copiar, reconfirmar, reparar los enunciados propuestos por los compañeros). De ese modo, se producía un continuum entre oralidad y escritura en que los estudiantes, a través del mecanismo interaccional de la coenunciación, iban aproximándose progresivamente a la respuesta final; en esta búsqueda, lo central era encontrar una "voz autorizada", con formulaciones que se estimaran apropiadas para el ámbito escolar.

En segundo lugar, se evidenció que, para afrontar estos eventos de literacidad, característicos de los regímenes de literacidad escolar, los estudiantes movilizaban procedimientos y recursos de escritura de un dominio a otro, recuperando enunciados, palabras o patrones de construcción gramatical procedentes de textos leídos en la cursada o de otros discursos circulantes. Esta estrategia de transferencia a través de las fronteras de las distintas prácticas sociales produce un efecto de hibridación, como modo de resolver aquello que de otro modo resultaba ajeno e inabordable.

Por último, el análisis de las interacciones reveló una importante actividad de negociación entre los participantes, que permitió reconstruir sus evaluaciones metapragmáticas: al momento de decidir frente a varias opciones alternativas para responder a la consigna, los estudiantes frecuentemente fundamentaban sus propuestas (o sus rechazos) aludiendo a los sentidos que, desde su perspectiva, se asociaban a una u otra palabra, expresión o construcción sintáctica. De ese modo, era posible identificar las ideologías lingüísticas que estaban en juego en esas valoraciones.

Los tres aspectos mencionados (la co-construcción progresiva del texto final, la hibridación de recursos de literacidad heterogéneos y la negociación de las opciones más "adecuadas" para completar la tarea) remiten a uno de los factores que inciden más fuertemente en las disposiciones de los estudiantes frente a lo "escrito": el registro o *voz social* a la que se asocian los materiales que circulan en la escuela, es decir el libro, la fotocopia o el apunte. Estos recursos lingüísticos, cargados de sentidos sociales construidos a lo largo del tiempo, producen ambivalencias, en tanto pertenecen a registros asociados con discursos "de autoridad" (prestigiosos pero muchas veces generadores de exclusión), y por ello son deseados y rechazados a la vez.

Conclusiones

Este trabajo procuró mostrar las potencialidades de los abordajes situados en el estudio de la escritura, destacando la importancia de combinar análisis microdiscursivos e interaccionales con la atención a los procesos sociolingüísticos y la dimensión social de la literacidad, en contextos educativos formales. Dimensionar el peso que tienen las valoraciones de los hablantes en la gestión de sus repertorios permite comprender más profundamente el desempeño escolar de los estudiantes, concibiéndolo no tanto en términos de habilidades (es decir, como medida de lo que un estudiante "es capaz" de hacer), sino en términos de su orientación hacia los usos lingüísticos y las formas de utilizarlos en las tareas de escritura. Cuando se adopta esa mirada, en las observaciones emergen sujetos con capacidad de agencia y competencias metapragmáticas; sujetos que están evaluando, posicionándose, poniendo en juego recursos de su repertorio en función de sus posibilidades y expectativas (Blommaert & Backus, 2013).

En este sentido, el estudio presentado permite identificar fenómenos que también se producen en la escuela secundaria común, destinada a adolescentes, e incluso en el ingreso al nivel universitario, en contextos estructurales de desigualdad que caracterizan a las instituciones educativas, y que son reforzados o desafiados en las dinámicas cotidianas. Ciertamente, estos procesos involucran factores como la clase social, el origen étnico, la región geográfica de procedencia o la condición de migrante, ya señalados por la sociología y la antropología de la educación; sin embargo, investigaciones desde los estudios de literacidad y perspectivas socioculturales sobre la escritura permiten comprobar "en el microanálisis de la interacción por el lenguaje, que los macroprocesos sociales resultantes en preconcepto y estigma que afectan a los grupos históricamente excluidos de la escuela, se (re)construyen paso a paso en el diálogo con el otro" (Kleiman, 2019).

En el contexto latinoamericano actual, de fuertes demandas y discusiones por la ampliación de la masa de estudiantes que acceden al nivel secundario y universitario de la educación, es crucial el desarrollo de análisis situados y con sensibilidad etnográfica, que permitan captar estas tensiones y también los entresijos en los que se habilitan espacios para "ensayar nuevas voces". Estas perspectivas posibilitan, a su vez, el desarrollo de propuestas didácticas centradas en la explicitación de los criterios para la selección de recursos de literacidad, y que promuevan el agenciamiento de los estudiantes en la construcción de su relación con la escritura.

Referencias

Agha, A. (2005). Voice, footing, enregistrement. *Journal of Linguistic Anthropology*, 15(1), 38–59. https://doi.org/10.1525/jlin.2005.15.1.38.
Atorresi, A., & Eisner, L. (2021). Escritura e identidad: perspectivas socioculturales [Número especial]. *Enunciación*, 26.

Bakhtin, M. (1989). Teoría y estética de la novela. Taurus. (Obra original publicada en 1934).
Barton, D., & Hamilton, M. (1998). *Local literacies. Reading and writing in one community*. Routledge.
Bazerman, C. (2008). La escritura de la organización social y la situación alfabetizada de la cognición: Extendiendo las implicaciones sociales de la escritura de Jack Goody. *Revista Signos*, *41*(68), 355–380. https://doi.org/10.4067/S0718-09342008000300001.
Bazerman, C. (2013). Comprendiendo un viaje que dura toda la vida: la evolución de la escritura. *Infancia y Aprendizaje*, *36*(4), 421–441. https://doi.org/10.1174/02103700813808200320.
Blanche-Benveniste, C. (1982). La escritura del lenguaje dominguero. In E. Ferreiro & M. Gómez Palacios (Eds.), *Nuevas perspectivas sobre los procesos de lectura y escritura* (pp. 247–270). Siglo XXI.
Blommaert, J. (2005). *Discourse: A critical introduction*. Cambridge University Press. https://doi.org/10.1017/CBO9780511610295.
Blommaert, J. (2008). *Grassroots literacy: Writing, identity and voice in Central Africa*. Routledge.
Blommaert, J., & Backus, A. (2013). Repertoires revisited: Knowing language' in superdiversity. In I. de Saint-Georges & J-J Weber (Eds.), *multilingualism and multimodality: Current challenges for education studies* (pp. 11–32). Sense Publishers.
Bucholtz, M., & Hall, K. (2010). Locating identity in language. In C. Llamas & D. Watt (Eds.), *Language and identities* (pp. 18–28). Edinburgh University Press.
Burgess, A., & Ivanič, R. (2010). Writing and being written: Issues of Identity across timescales. *Written Communication*, *27*(2), 228–255. https://doi.org/10.1177/0741088310363447.
Dyson, A. H. (2013) The case of the missing childhoods: Methodological notes for composing children in writing studies. *Written Communication*, *30*(4), 399–427. https://doi.org/10.1177/0741088313496383.
Eisner, L. (2018). *El aula como zona de contacto: repertorios sociolingüísticos y prácticas en torno a lo escrito en una escuela media de adultos trabajadores* [Tesis doctoral no publicada]. Universidad de Buenos Aires.
Eisner, L. (2019). *Fronteras simbólicas y producción de identidades: la gestión de registros sociolingüísticos en interacciones entre docentes y alumnos en una escuela de adultos trabajadores*. 64° Congreso Anual de la International Linguistic Association, Universidad Nacional de San Martín, Buenos Aires, Argentina.
Gee, J. P. (2004). Oralidad y literacidad: De *El pensamiento salvaje* a *Ways with words*. In V. Zavala, M. Niño-Murcia & P. Ames (Eds.), *Escritura y sociedad: Nuevas perspectivas teóricas y etnográficas* (pp. 23–55). Red para el Desarrollo de las Ciencias Sociales en el Perú. (Original work published 1986).
Godoy, L. (2020). Escritura digital y colaborativa: una práctica discursiva multifacética. Estado del arte y perspectivas para el futuro. *Quintú Quimún*, *4*.
Hamilton, L. (2008). Relinquishing the practices of a lifetime: Observations in ageing, caring and literacies. *Literacy and Numeracy Studies*, *16*(2) / *17*(1), 63–74. https://doi.org/10.5130/lns.v0i0.1278.

Heath, S. B. (2004). El valor de la lectura de cuentos infantiles a la hora de dormir: habilidades narrativas en el hogar y en la escuela. In V. Zavala, M. Niño-Murcia, & P. Ames (Eds.), Escritura y Sociedad: Nuevas perspectivas teóricas y etnográficas (pp. 143–179). Red para el Desarrollo de las Ciencias Sociales en el Perú. (Obra original publicada en 1982).

Ivanič, R. (1998). *Writing and identity: The discoursal construction of identity in academic writing*. John Benjamins.

Ivanič, R., Edwards, R., Satchwell, C., Mannion, G., Smith, J., & Fowler, Z. (Eds.). (2009). *Improving learning in college: Rethinking literacies across the curriculum*. Routledge

Ivanič, R., & Moss, W. (2004). La incorporación de las prácticas de escritura de la comunidad en la educación. In V. Zavala, M. Niño-Murcia, & P. Ames (Eds.), *Escritura y sociedad: nuevas perspectivas teóricas y etnográficas* (pp. 211–246). Red para el Desarrollo de las Ciencias Sociales en el Perú.

Kalman, J. (2004). *Saber lo que es la letra: vías de acceso a la cultura escrita para un grupo de mujeres de México*. Secretaría de Educación Pública, UNESCO, Siglo XXI.

Kalman, J., Lorenzatti, M., Hernandez Flores, G., Méndez Puga, A. M., & Blazich, G. (2018). *La relevancia de la alfabetización de personas jóvenes y adultas en América Latina hoy*. Crefal.

Kamberelis, G. (2001). Producing heteroglossic classroom (micro)cultures through hybrid discourse practice. *Linguistics and Education, 12*(1), 85–125. https://doi.org/10.1016/S0898-5898(00)00044-9.

Kleiman, Á. (Ed.). (1995). *Os significados do letramento: uma nova perspectiva sobre a prática social da escrita*. Mercado de Letras.

Kleiman, Á. (2019). Literacidad e identidades en las investigaciones sobre formación docente en Brasil. Íkala, *24*(2), 387–416. https://doi.org/10.17533/udea.ikala.v24n02a11.

Kunitz, S. (2015). Scriptlines as Emergent Artifacts in Collaborative Group Planning. *Journal of Pragmatics, 76*, 135–149. https://doi.org/10.1016/j.pragma.2014.10.012.

Lee, J., & Bucholtz, M. (2015). Language socialization across learning spaces. In N. Markee (Ed.) *The handbook of classroom discourse and interaction* (pp. 319–336). Wiley. https://doi.org/10.1002/9781118531242.ch19

Lillis, T. (2001). *Student writing: Access, regulation, desire*. Routledge.

Lillis, T. (2008). Ethnography as method, methodology, and "deep theorizing": Closing the gap between text and context in academic writing research. *Written Communication, 25*(3), 353–388. https://doi.org/10.1177/0741088308319229.

Lillis, T., & Mc Kinney, C. (2013). The sociolinguistics of writing in a global context: Objects, lenses, consequences. *Journal of Sociolinguistics, 17*(4), 415–439. https://doi.org/10.1111/josl.12046.

Lorenzatti, M. (2011). La enseñanza de la lengua escrita en una escuela primaria de jóvenes y adultos en Argentina. *Cuadernos Comillas, 1*, 67–83.

Masats, D., Nussbaum, L., Tusón, A., & Unamuno, V. (1999). *Entre simetría y complementariedad: la coenunciación en el discurso de aprendices de lengua* [Comunicación]. V Congreso de Lingüística general, Universidad de Cádiz.

Mondada, L. (2005). "Il faut d'abord ramasser les arguments": La coordination de la parole-en-interaction et de l'inscription dans l'élaboration collective des topics. In Bouchard, R. y L.Mondada (Éd.). *Les processus de la rédaction collaborative* (pp. 131–164). L'Harmattan.

Mondada, L., & Svinhufvud, K. (2016). Writing-in-interaction: Studying writing as a multimodal phenomenon in social interaction. *Language and Dialogue, 6*(1), 1–53. https://doi.org/10.1075/ld.6.1.01mon.

Mortensen, K. (2013). Writing aloud: Some interactional functions of the public display of emergent writing. *Participatory Innovation Conference 2013 Lahti, Finland*, 119–125.

Niño-Murcia, M., Zavala, V., & de los Heros, S. (Eds.). (2020). *Hacia una sociolingüística crítica. Desarrollos y debates*. Instituto de Estudios Peruanos.

Nussbaum, L., & Unamuno, V. (2000). Fluidité et complexité dans la construction du discours entre apprenants de langues étrangères. *AILE, 12*. https://doi.org/10.4000/aile.1448.

Prior, P. (2015). Writing, literate activity, semiotic remediation: A sociocultural approach. In G. Cislaru (Ed.), *Writing at the crossroads: The process/product interface* (pp. 183–202). John Benjamins. https://doi.org/10.1075/z.194.10pri.

Rockwell, E. (1982). Los usos escolares de la lengua escrita. In E. Ferreiro & M. Gómez Palacios (Eds.), *Nuevas perspectivas sobre los procesos de lectura y escritura* (pp. 296–320). Siglo XXI.

Roozen, K. (2009). "Fan fic-ing" English studies: A case study exploring the interplay of vernacular literacies and disciplinary engagement. *Research in the Teaching of English, 44*, 136–169.

Roozen, K., & Erickson, J. (2017). *Expanding literate landscapes: Persons, practices, and sociohistoric perspectives of disciplinary development*. Computers and Composition Digital Press.

Street, B. (1984). *Literacy in theory and practice*. Cambridge University Press.

Street, B. (2003). What´s new in New Literacy Studies? Critical approaches to literacy in theory and practice. *Current Issues in Comparative Education, 5*(2), 77–91.

Szymanski, M. (2002). Producing text through talk: Question-answering activity in classroom peer groups. *Linguistics and Education, 13*(4), 533–563. https://doi.org/10.1016/S0898-5898(03)00003-2.

Unamuno, V., & Nussbaum, L. (2017). Participation and language learning in bilingual classrooms in chaco (Argentina) / Participación y aprendizaje de lenguas en las aulas bilingües del Chaco (Argentina). *Infancia y Aprendizaje, 40*(1), 120–157. https://doi.org/10.1080/02103702.2016.1263452.

Zavala V. (2002). *Desencuentros con la escritura. Escuela y comunidad en los Andes peruanos*. Red para el desarrollo de las Ciencias Sociales en el Perú.

Zavala, V. (2011). La escritura académica y la agencia de los sujetos. *Cuadernos Comillas, 1*, 52–66.

Zavala, V. (2019). Justicia sociolingüística para los tiempos de hoy. *Íkala, Revista de Lenguaje y Cultura, 24*(2), 343–359. https://doi.org/10.17533/udea.ikala.v24n02a09.

Zavala, V., Niño-Murcia, M., & Ames, P. (Eds.). (2004). *Escritura y sociedad: nuevas perspectivas teóricas y etnográficas*. Red para el Desarrollo de las Ciencias Sociales en el Perú.

Anexo: Simbología de Transcripción

- Secuencias tonales:
- descendente: \
- ascendente: /
- Secuencia mantenida: -
- Pausas:
- breve |
- intermedia (.)
- larga <número de segundos >
- Interrupción de palabra o enunciado dentro del mismo turno: -
- Encabalgamientos: = texto locutor A =
-     = texto locutor B =
- Interrupciones: texto_
- Intensidad:
- piano {(P)texto}
- forte {(F)texto}
- Tempo:
- acelerado {(AC)texto}
- desacelerado {(DC) texto}
- Énfasis: TEXTO
- Enunciados riendo: {(@) texto}
- Comentarios: [texto]

8 Prácticas de Escritura Innovadoras: Lo que los Docentes Hacen Sin Decir

Olga López Pérez y Joanna Koral Chávez López
Universidad Michoacana de San Nicolás de Hidalgo, Mexico

Resumen / Abstract / Resumo

Hacerse cargo de la escritura de los estudiantes de educación superior requiere cambios institucionales que alienten su enculturación a la disciplina y sus formas específicas de escribir. Este trabajo presenta dos tipos de prácticas innovadoras de enseñanza que los docentes desarrollan para incorporar la escritura al currículum, y que emergen como estrategia para enfrentar diversas dificultades y desencuentros entre las expectativas de la institución, el docente y el estudiante. Los resultados introducen los conceptos de Prácticas Innovadoras Institucionales (PII) y las Autogestionadas (PIA) que emergen como hallazgos de un estudio cualitativo más amplio, basado en un diseño interpretativo sobre prácticas docentes y documentos institucionales, que contó con la participación de 115 profesores de Licenciatura en Psicología de una universidad pública mexicana. Las Prácticas de Escritura Innovadoras permiten explorar marcos teóricos sobre la conceptualización de la escritura de los docentes disciplinares y guiar la práctica de su enseñanza en aula.

Taking responsibility for students' writing in higher education requires institutional changes that encourage their enculturation into disciplines and their specific ways of writing. This work presents two types of innovative teaching practices that instructors develop to incorporate writing in their curriculum, which emerge as a strategy to face the different difficulties and conflicts between the institution's expectations, the teacher and the student. The results introduce the concepts of Innovative Institutional Practices (IIP) and the Self-Managed (SIP) that emerge as findings from a broader qualitative study, based on the interpretative design of teaching practices and institutional documents, that engaged the participation of 115 teachers from the psychology major of a public Mexican university. Innovative Writing Practices allow for the exploration of theoretical frameworks on disciplinary instructors' conceptualization of writing and the guidance of practices of their teaching in the classroom.

Assumir a responsabilidade pela escrita dos estudantes de ensino superior requer mudanças institucionais a fim de encorajá-los na enculturação à disciplina e suas formas específicas de escrever. Este trabalho apresenta dois tipos de práticas inovadoras de ensino que os docentes desenvolvem para incorporar a escrita ao currículo, e que emergem como estratégia para enfrentar diversas dificuldades e desencontros entre as expectativas da instituição, o docente e o estudante. Os resultados introduzem os conceitos de Práticas Inovadoras Institucionais (PII) e as Autogestionadas (PIA) que surgem como resultados de um estudo qualitativo mais amplo, baseado em um desenho interpretativo sobre práticas docentes e documentos institucionais, que contou com a participação de 115 professores de licenciatura em psicologia de uma universidade pública mexicana. As Práticas de Escrita Inovadoras permitem explorar quadros teóricos sobre a conceptualização da escrita dos docentes disciplinares e guiar a prática de seu ensino na sala de aula.

La universidad es un escenario de enseñanza y aprendizaje en el que la escritura y la lectura se vinculan a la comunicación y producción del conocimiento, posicionándose como "centro de investigación y enseñanza, una oportunidad formativa, una comunidad que permite comenzar el aprendizaje de una profesión" (Ruiz-Corbella & López-Gómez, 2019, p. 2). No obstante, los estudiantes presentan diversas dificultades para escribir y aprender al enfrentarse con formas específicas de la disciplina (Carlino, 2004; Carrasco & González, 2011). Así, reconocer las dificultades permite comprender que los textos y las actividades a las que se enfrenta el estudiante universitario integran un discurso especializado situado en una disciplina, que difiere de los modos de razonamiento y formas de participación de los niveles educativos previos (Carlino, 2013; Carrasco & González, 2011; Cassany & Morales, 2008; López-Bonilla & Pérez-Fragoso, 2013; Navarro, 2019; Rojas, 2016).

En América Latina, durante estas primeras décadas del siglo XXI, las instituciones de educación superior han emprendido acciones para incorporar la enseñanza de la escritura de forma explícita, acciones como cursos de formación integrados al plan de estudio y ubicados en los primeros años, actividades complementarias, programas de tutoría, e incluso mediante la designación de espacios específicos denominados centros de escritura (Molina-Natera, 2016).

No obstante, cada acción desarrollada responde a diferentes conceptualizaciones teóricas que orientan el objetivo, contenido y las formas de enseñanza y aprendizaje de las prácticas de escritura en la universidad, para lo cual resulta pertinente recuperar lo que Liesa, Castelló y Becerril (2018) afirman al identificar que uno de los retos de los centros educativos implica compartir significados sobre el aprendizaje y la evaluación, actividades donde la escritura se coloca como medio y fin para la enseñanza.

Entonces, hacerse cargo de la escritura de los estudiantes no es cuestión de concepciones ni de voluntades únicamente; requiere cambios institucionales que alienten la integración de la enseñanza de la escritura en el dictado de cada una de las materias (Carlino, 2005). No obstante, también es cierto que los cambios institucionales por sí mismos no garantizan que los docentes cuenten con conocimientos necesarios para hacerse cargo de integrar la escritura en el aula. Tampoco garantiza que exista acuerdo y comprensión sobre las razones para enseñar a escribir en la universidad, ni comprensión del alcance de la escritura para enseñar, comprender y producir los géneros propios de la cultura disciplinar, ni en su función epistémica como herramienta para acceder al conocimiento, al mismo tiempo de apropiarse de los conceptos específicos de la disciplina. Sin embargo, coincidimos con Rojas (2016) en que existen esfuerzos docentes que integran el aprendizaje de la escritura en cada materia curricular, esfuerzos que "aparecen como estrategias regularmente aisladas de docentes interesados en el tema, pero no parecen enmarcarse en procesos de investigación amplios y sistemáticos" (p. 30).

A partir de lo anterior, nos resulta pertinente reconocer la propuesta de Carlino (2013) sobre la alfabetización académica y la de Navarro (2019) sobre la didáctica de los géneros discursivos, las que, a pesar de ser diferentes, presentan formas de enseñanza de la escritura dirigidas a la enculturación del estudiante a la disciplina, es decir, marcos teóricos que permiten analizar y comprender las prácticas de enseñanza. Asimismo, brindan elementos teóricos para configurar prácticas de enseñanza que integren la escritura en las aulas mediante la comprensión de formas de participación en la cultura escrita de las disciplinas (Carlino, 2013) y la función de los géneros discursivos (Navarro, 2019). Así, este trabajo se desarrolla con el interés de mostrar prácticas de enseñanza que los docentes hacen y que no dicen, docentes que no participan en investigación y cuyas instituciones no integran, en los cambios institucionales, acciones para acompañarlos y orientarlos sobre los alcances y aportes que se tienen desde la investigación sobre la literacidad y la alfabetización académica.

De esta manera, para comprender y describir las formas en que las instituciones educativas universitarias y los docentes integran la escritura al currículo escolar y disciplinar, retomamos el concepto de alfabetización académica, entendida como los procesos pedagógicos que buscan propiciar el acceso de los estudiantes universitarios a las prácticas letradas del campo disciplinar (Carlino, 2005, 2013). Además, para comprender lo que los docentes hacen sin decir, refiriéndonos a las prácticas de enseñanza en el contexto de un campo disciplinar específico, se retoma la perspectiva de Gee (2014) sobre los discursos y la de Barton y Hamilton (2004) sobre las prácticas. Así, se comprende la literacidad como el conjunto de prácticas de escritura, que se desarrollan en un contexto social y se orientan por creencias, es decir, no se limita a considerar la escritura como una habilidad cognitiva transferible a diferentes situaciones y contextos, sino como una práctica social e ideológica (Carlino, 2013; López-Bonilla, 2018; Montes & López-Bonilla, 2017; Navarro, 2018).

En este trabajo se presentan tres prácticas de enseñanza que incluyen la escritura y que se reconocen como hallazgos derivados de un estudio realizado mediante el análisis de entrevistas y observaciones de clase a docentes, así como la revisión de documentos institucionales. Cabe mencionar que se reconocen como hallazgo porque son prácticas pedagógicas que no se incluyen en documentos institucionales, ni son resultado de la participación en cursos de actualización docente o procesos de investigación, sino que los docentes las incorporan por iniciativa propia. Así, estas prácticas reflejan una concepción de la escritura como herramienta de aprendizaje; en otras palabras, se incorporan con el objetivo de lograr, en el estudiante, el aprendizaje de la disciplina, posicionando la escritura como medio para pensar y comunicar lo aprendido, y como proceso que se caracteriza por la recursividad (Castelló, 2007).

Metodología

Objetivo General y Pregunta de Investigación

El objetivo de este trabajo corresponde a comprender y describir prácticas de enseñanza que desarrollan los docentes al incorporar la escritura en los cursos curriculares. Para cumplir con este propósito, se busca responder la pregunta de investigación: ¿Cómo el docente de cursos curriculares incorpora la escritura a sus prácticas de enseñanza?

Diseño

Esta investigación se llevó a cabo como un estudio cualitativo basado en un diseño interpretativo (Bogdan & Biklen, 2003), con la finalidad de reconocer y analizar prácticas de enseñanza que integran la escritura en educación superior, por lo que se plantea como una investigación didáctico-educativa.

Muestra

El estudio se realizó en una universidad pública de la zona centro-occidente de México, específicamente en el programa de estudio de la Licenciatura en Psicología en el que laboran profesores de tiempo completo, quienes realizan actividades de docencia e investigación y asignatura, quienes específicamente se dedican a la docencia. Este trabajo se llevó a cabo con la participación de 5 profesores de asignatura con formación en psicología, quienes han participado por siete años consecutivos impartiendo el mismo curso curricular. Este se dicta en el último año del plan de estudio y refiere a contenidos conceptuales y metodológicos específicos de la disciplina. También, dichos profesores han participado en una única ocasión impartiendo el curso de redacción de textos en psicología, curso de tipo optativo, no obligatorio y ubicado en el segundo año del plan de estudios. Una vez constituida la muestra, se analizaron documentos como el plan de estudios a nivel curricular, los programas de los cursos curriculares obligatorios y optativos, y la transcripción de entrevistas semiestructuradas.

Procedimiento

Los primeros datos fueron recolectados de documentos institucionales como el plan de estudios y los programas de enseñanza y contenidos de los 67 cursos curriculares de tipo obligatorio y se integró el del curso optativo de redacción de textos en psicología. Especialmente, el análisis del plan de estudio permite reconocer la expectativa institucional sobre la cual se incorpora la escritura en el currículo; en otras palabras, permite identificar las acciones institucionales y la perspectiva que orienta la enseñanza de la escritura en la universidad.

Enseguida, se elaboró un guion de entrevista semiestructurado para invitar al docente a reflexionar sobre las expectativas institucionales de las acciones de enseñanza de la escritura y sobre su uso en los cursos curriculares. Así, a través de la entrevista buscamos reconstruir teorías subjetivas (Scheele & Groeben, 1988), por lo cual se procedió a explorar las prácticas de enseñanza de los docentes con base en las actividades de escritura que integran los programas de los cursos curriculares. Después, se procedió a propiciar la reflexión sobre cuatro ejes principales de la entrevista: el primero corresponde a por qué y para qué enseñar a escribir o escribir en la universidad; el segundo, sobre cómo y cuándo enseñar a escribir o utilizar la escritura en la universidad; el tercero se enfoca a la relación entre el curso optativo de redacción de textos en psicología con los cursos obligatorios, y el cuarto, sobre la relación entre las diferentes actividades de escritura que se integran a lo largo de la formación en los programas de cursos curriculares.

Resultados y Discusión

Una de las formas en la que las universidades en México han dado respuesta a hacerse cargo de enseñar a escribir en la universidad es mediante la implementación de cursos de escritura dentro del plan de estudio, lo cual coincide con una característica del contexto de investigación. Así, se identifica un curso de escritura situado en el segundo año de formación. Este curso se diferencia de los obligatorios porque sus contenidos corresponden a saberes relacionados a competencias básicas de todo profesionista. El análisis del programa de este curso optativo y de los cursos obligatorios muestra una perspectiva institucional de la escritura como habilidad adquirida de valor instrumental y no específica de la disciplina (Bazerman, 2014a).

Los resultados de las entrevistas y de las observaciones de clase están organizados a través de la descripción y el análisis de tres prácticas de enseñanza mediante las cuales los docentes integran la escritura en sus cursos curriculares, especialmente para plantear situaciones en las que acompañan al estudiante en la construcción de conocimiento sobre la disciplina y la escritura académica. Así, a partir de los datos recolectados en conjunto con la teoría, se identifican prácticas innovadoras de enseñanza que definimos como actividades de escritura que los docentes integran de forma intencional en cursos curriculares, priorizando su función epistémica, brindando tiempos de escribir para aprender, incorporándola a la enseñanza de la disciplina y presentando la escritura desde su forma y contenido como aspectos indisociables. A su vez, estas prácticas innovadoras las dividimos en institucionales y autogestionadas, y se definen en la tabla 8.1. Como es posible apreciar, en ambos tipos de prácticas innovadoras los docentes cumplen con la expectativa institucional de enseñar la escritura en las disciplinas; no obstante, las conceptualizaciones detrás de estas actividades difieren en cada caso.

Tabla 8.1. Definición Operacional de las Prácticas Innovadoras

Categoría	Definición
Práctica Innovadora Institucional (PII)	Actividad que realiza el docente al integrar cambios en la función y uso de la escritura en el aula, pero se define como institucional porque se basa solo en recursos y formas reconocidas en documentos institucionales. El docente reorganiza las actividades de escritura que se integran en el plan de estudios y los diferentes programas de cursos disciplinares.
Práctica Innovadora Autogestionada (PIA)	Actividad que realiza el docente al integrar cambios en la función y uso de la escritura en el aula, pero se define como autogestionada porque diseña estrategias de enseñanza que no son reconocidas por la institución. El docente diseña actividades en donde integra la escritura como práctica situada en la disciplina y con potencial epistémico.

De la Dificultad y el Desencuentro a la Práctica Innovadora

Cuando los estudiantes no cubren la expectativa institucional y pedagógica sobre las tareas escritas, se generan dificultades y desencuentros que el docente enfrenta cambiando las tareas escritas solicitadas y la forma de incorporar la escritura al aula durante el tiempo de clase. El trabajo de Liesa, Castelló y Becerril (2018) establece caminos posibles hacia una institución educativa nueva, especialmente caracterizada por cambios hacia contextos auténticos de aprendizaje y donde se reconoce la posibilidad de que los cambios sean sinónimo de innovación, sobre todo al originarse como necesarios y a favor del aprendizaje; asimismo, consideran que pueden reflejar el desarrollo de competencias para transitar de la sociedad de la información a la sociedad del conocimiento. De la misma forma, Navarro (2018) caracteriza la escritura como compleja ante la diversidad de prácticas letradas que se han generado en la sociedad de la información, la comunicación y el conocimiento. Así, enfatiza la necesidad de formar escritores avanzados mediante una enseñanza de competencias situadas, significativas y transferibles a contextos nuevos y flexibles.

En este trabajo proponemos comprender la práctica innovadora como una actividad de enseñanza que refiere a la transformación de las prácticas de escritura que los docentes utilizan y que, inicialmente, se caracteriza por emerger como forma de enfrentar diversas dificultades y desencuentros entre las expectativas de la institución, el docente y el estudiante. Uno de los principales desencuentros emerge sobre qué es escribir bien o correctamente, y qué cualidades conforman una buena escritura. De esta forma, el análisis del desencuentro percibido por los docentes se posiciona como situación que propicia en ellos el cambio de las prácticas pedagógicas letradas incorporadas a nivel institucional porque reconocen la necesidad de plantear nuevas formas dirigidas a que los estudiantes mejoren su escritura o que aprendan prácticas letradas disciplinares. La relevancia que reconocemos en esta innovación es que "en cualquier disciplina hay una permanente tensión entre renovación y preservación, pero es esa tensión la que promueve el desarrollo del conocimiento" (Tolchinsky, 2013, p. 20).

De acuerdo a lo anterior, la práctica innovadora emerge en el momento en que los docentes transforman su forma de enseñanza, especialmente repensando las condiciones pedagógicas bajo las cuales solicitan escribir a los estudiantes, buscando que, al escribir, reflexionen sobre el contenido del texto a elaborar y las necesidades retóricas, potencializándose la función epistémica de la escritura. Entonces, se asume que tanto estudiantes como docentes se enfrentan a dificultades pedagógicas al utilizar la escritura en el salón de clase y, a su vez, enfrentan desencuentros sobre qué es escribir bien o correctamente, y qué cualidades conforman una buena escritura. Esto coincide con las experiencias que permitieron configurar la presente propuesta de prácticas innovadoras, donde las dificultades no se atribuyen a deficiencias o carencias en los universitarios ni en el sistema educativo. Por el contrario, las dificultades se relacionan con las convencionalidades de la escritura en la profesión y la formación académica universitaria (Carlino 2003).

Respecto a las dificultades, para Carlino (2003), la primera se centra en escribir sin tomar en cuenta al destinatario del texto; la segunda refiere al no uso del potencial epistémico al escribir; la tercera está enfocada a la revisión como actividad para identificar y corregir errores gramaticales u ortográficos; finalmente, la cuarta dificultad se sitúa en postergar el momento de escribir que limita la recursividad para repensar lo escrito. Los resultados muestran que los docentes de cursos disciplinares que transforman su práctica de enseñanza tradicional a una práctica de enseñanza innovadora son quienes incorporan la escritura para hacer frente a las dificultades y desencuentros, ya que estar ante un grupo en un curso disciplinar implica no estar dedicado a la enseñanza de la escritura; no obstante, incluyen tiempo dentro y fuera del aula, para acompañar al estudiante a escribir. En la figura 8.1 se muestran, de forma resumida, los objetivos que guían a los docentes a transitar de la práctica tradicional a la práctica innovadora, integrando la escritura al curso curricular (suplir, acceder, comunicar, construir, participar) y su relación con el aprendizaje de la disciplina.

Los cambios en el uso de la escritura como herramienta de enseñanza y aprendizaje solo se localizaron en la labor pedagógica que realizan los docentes en los cursos disciplinares, es decir, se adhiere como aspecto significativo porque los docentes asumen el desencuentro como posibilidad de cambio, en cómo y cuándo incorporan la escritura, no solo como medio de evaluación y al final del curso. Sin embargo, aunque los docentes coinciden en dónde (curso disciplinar) y cuándo (durante el desarrollo del curso) usar la escritura, se identificaron diferencias entre el tipo de práctica docente, las cuales se agruparon en dos tipos de prácticas innovadoras: por un lado, las institucionales y, por otro, las autogestionadas. Ambas se caracterizan por ser diferentes en tres aspectos: 1. cómo los docentes perciben la escritura; 2. la confianza de los docentes relacionada a conocimientos pedagógicos y de escritura; y, finalmente, 3. la retroalimentación, es decir, la función de la revisión sobre el texto como producto y su elaboración.

Prácticas de Escritura Innovadoras

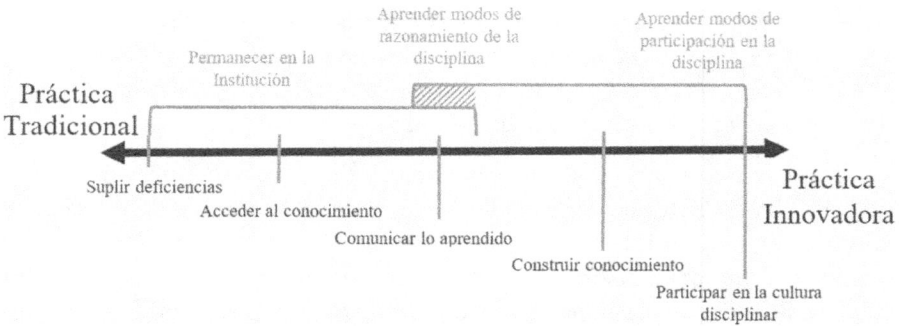

Figura 8.1. Objetivos para enseñar a escribir y escribir para aprender en cursos curriculares

Práctica Innovadora Institucional (PII)

La escritura es parte de las actividades que se incorporan en los diferentes momentos del sistema educativo; de hecho, transita de ser un objeto de enseñanza a ser una herramienta para la enseñanza y el aprendizaje. Específicamente sobre la educación superior, Tolchinsky (2013) brinda razones para escribir y publicar en todo contexto académico, enfatizando la función epistémica y pedagógica de la escritura, reafirmando la importancia de la comprensión del conocimiento más allá de la reproducción solicitada, esperada y valorada en la evaluación. Asimismo, Mortimore (1997) plantea que la percepción, la forma de pensar la escritura, se relaciona con la actitud, como forma de intervenir en la enseñanza a partir de la experiencia personal, la cual determina qué es escribir y cuáles son sus características y su momento de uso en la educación escolarizada.

Así, se propone como "práctica innovadora institucional" la actividad que realiza el docente al integrar cambios en la función y uso de la escritura en el aula, pero se define como institucional porque dichos cambios se basan solo en recursos y formas reconocidas en documentos institucionales; es decir, la transformación la realiza reorganizando las actividades de escritura que se proyectan en el plan de estudios y los diferentes programas de cursos disciplinares. Entonces, los docentes, enseguida de identificar la dificultad como desencuentro, buscan incorporar la escritura al aula, no solo como prescribe el programa del curso que se encuentran desarrollando, sino consultando lo que se plantea en otros, utilizando prácticas diversas; pero que se localizan dentro de lo propuesto en el currículo.

P2: Quité las fichas de lectura que se pedía en el programa y anexé reportes de lecturas que se pide en otras . . . , pero ellos llevan una tutoría previa a la entrega del trabajo, por lo tanto, me doy cuenta qué están elaborando.[1]

Esto coincide con lo expuesto por Street y Stang (2008), quienes encuentran que los docentes reconocen la relevancia de incorporar la escritura en la universidad, pero al mismo tiempo reconocen que se limitan a las formas y medios que marca la institución porque incorporar prácticas ajenas al currículo requiere la autoconfianza que genera la experiencia de formación profesional y el participar como autor de textos escritos de la disciplina.

Concepto, Percepción de la Escritura

En la PII el docente enseña a escribir, pero no utiliza la escritura como herramienta de aprendizaje. Enseñar a escribir tiene el objetivo de lograr las expectativas institucionales a través de que el estudiante conozca las características consideradas indispensables, centradas en el texto para acreditar el aprendizaje, por lo que se enseñan las formas de participación y discursos esperados por la institución y ajenos a la disciplina, lo que López-Bonilla (2017) denomina literacidad escolar. Así, los docentes realizan cambios para evitar la reprobación, dejando de lado el potencial epistémico, y se enfocan a la enseñanza y evaluación de aspectos ortográficos y gramaticales; el interés principal está en el texto, no en el contenido, ni en la escritura como medio para la construcción del conocimiento de la disciplina.

P2: Quité las fichas y anexé reportes de lectura . . pero ellos llevan una tutoría previa a la entrega del trabajo, por lo tanto, me doy cuenta que lo están elaborando . . . **lo trabajo como tutoría porque radica en identificar los problemas de los estudiantes para que precisamente no reprueben.** (Destacados propios).

P1: Dificultades de ortografía, incluso dificultades para realizar copia o la grafía es muy mala, como mis trabajos son a mano, eso es lo principal y al final la redacción del texto y les doy tutoría o les pido que soliciten un tutor y vayan. (Destacados propios).

Es así como el docente de la PII espera que los estudiantes aprendan a escribir a partir de incorporar la escritura como contenido anexo e independiente

---

[1] En adelante, en los diversos extractos de los testimonios de los participantes se indica el número de participante (P) y se transcribe con destacado nuestro.

a enseñarse durante el curso disciplinar, dedicando tiempo de enseñanza a la dimensión normativa de la escritura, incluso la gramática, y los aspectos discursivos y semánticos, priorizando lo considerado como dificultades detectadas y el conocimiento propio de las formas de escribir en la disciplina. Así, en la PII el docente se hace cargo de enseñar la escritura, pero teniendo como guía la meta institucional, la cual responde a lo que Navarro (2018) plantea como función habilitante de la escritura, exponiendo que:

> se requiere que los profesores y las instituciones fomenten contratos pedagógicos más explícitos e inclusivos, por ejemplo, mediante rúbricas o pautas de cotejo, en donde quede claro qué se evalúa y se brinden instrucciones, retroalimentación y oportunidades de revisión de lo evaluado. (p. 36)

De acuerdo con lo anterior, los docentes que desarrollan PII plantean el contrato pedagógico de forma explícita, enfatizando los aspectos de la expectativa institucional, introduciendo actividades y materiales de apoyo, pero solo a partir de soportes que brinda la institución como indicadores y cualidades del texto a ser evaluados.

> P1: **Dentro de las clases no** . . . porque me enfoco a desarrollar sólo el programa de la universidad . . . **pero dentro de un programa de tutoría si** porque ahí es donde se ven temas de redacción como citación, ortografía, que les falta mucho, escritura de ensayos, referencias, pero dentro de clases no.

Trayectoria de Formación Docente y Disciplinar

La experiencia de participar en diferentes prácticas letradas profesionales y académicas es identificada como un aspecto al que recurren los docentes utilizándola como elemento motivador y guía sobre la forma de incorporar cambios en el aula. En otras palabras, las experiencias de la trayectoria académica y profesional determinan el sistema de creencias que alienta y orienta, en los docentes, el por qué y cómo usar la escritura en su práctica pedagógica (Bifuh-Ambe, 2013; Street & Stang, 2008). En la PII el docente busca, en documentos institucionales, actividades y géneros conocidos por él para argumentar y diseñar cómo hacerse cargo de enseñar a escribir, asumiéndolo como responsabilidad de su quehacer docente.

> P4: al inicio les pedía solo reportes de lectura porque no conocía otros programas, solo el de mi materia, luego vi otros y ahora les pido cuadros sinópticos, mapas conceptuales,

hasta reflexiones, depende qué se ocupa, si deben aprender un concepto pues uso una, pero si es construir una definición propia o relacionar pues se ocupa otras.

P3: me di cuenta que seguía el programa, pero vi que otros programas tenían otras cosas y que yo las hice cuando estudiaba, entonces pues ahora meto varias tareas diferentes.

Es así que los docentes utilizan las experiencias de su trayectoria para buscar y seleccionar documentos institucionales, actividades y géneros conocidos, para incorporarlos a su quehacer docente.

Retroalimentación

La percepción docente sobre escribir en la universidad, en conjunto con la relación de sus experiencias previas como escritores se relaciona con las formas de retroalimentar que emprende. Así, la diferencia entre retroalimentar el texto como producto concluido y retroalimentar el proceso de producción del texto proviene tanto de la percepción de la escritura, como de la experiencia del docente como escritor. Otra diferencia reconocida está sobre qué y cómo retroalimenta, lo cual también se sostiene sobre el mismo origen de las razones que le llevan a decidir retroalimentar el texto o el proceso.

De tal manera, la retroalimentación es parte de la PII y se presenta en correlación con la enseñanza intencionada de la escritura. En este caso, los docentes integran la enseñanza explícita de las expectativas hacia el escritor y el texto, en conjunto con lo que Navarro (2018) denomina como monitorear y brindar oportunidades de revisión, lo que incluye las diferentes dimensiones de la escritura y las funciones de la escritura académica en la formación. Entonces, el docente monitorea durante el curso para identificar si se está trabajando sobre las expectativas y las cualidades esperadas en un texto (función habilitante), al tiempo que revisa y retroalimenta la forma de la escritura y la estructura del texto (dimensión normativa):

P2: **Reviso y siempre les retroalimento**, a veces no a todos, pero elijo algunos y los reviso con todos y pues obvio también pongo atención a la ortografía, porque tienen muy mala.

De acuerdo a Mortimore (1997), es necesario que los estudiantes aprendan que escribir es reescribir. Reescribir a partir de la retroalimentación de pares o del docente implica aprender a escribir, sobre todo si se realiza como una actividad constante durante el curso disciplinar y no solo al final. En otras palabras, la retroalimentación durante el proceso de escritura implica que no se reduzca a una actividad de evaluación final que determina si se ha logrado la función habilitante, sino que se amplía a ser una herramienta que orienta el aprendizaje del estudiante.

En el caso de la PII se propone integrar la actividad de retroalimentación enfatizando las cualidades esperadas en la tarea escrita, ya que, precisamente, se muestra al estudiante lo que se espera en cuanto al texto y se acompaña el proceso, atendiendo a retroalimentar los aspectos reconocidos en la función habilitante de la escritura que integra la institución y el docente. Entonces, la retroalimentación se realiza durante diferentes momentos del curso, no solo al final, por lo que se relaciona a comprender que producir un texto escrito es una práctica que conlleva un proceso.

> P3: ya se los pido, el último, ya digamos como ensayo final se los pido en computadora pero **ya han pasado todo el semestre escribiendo** a mano y **les reviso todo**.
>
> P1: pero ellos **llevan una tutoría previa a la entrega del trabajo**, por lo tanto, me doy cuenta que lo están elaborando.

A partir de lo anterior, el docente que desarrolla una PII busca retroalimentar como forma de enseñarle al estudiante lo que no hace o hace mal sobre el texto, explicitando los elementos que se esperan en cuanto forma y no contenido. En este sentido, se integra el hecho de que se enseña a escribir de forma independiente al curso disciplinar y al margen de los contenidos, al tiempo que se retroalimenta la forma del texto durante su elaboración, no el contenido y las formas de comunicar el conocimiento.

Entonces, se plantea que en la PII el docente se enfoca a retroalimentar y revisar las formas correctas de estructurar el texto, es decir, enseña a escribir, no a escribir para aprender la disciplina. Así, su enseñanza incluye la escritura, pero no como herramienta de enseñanza aprendizaje.

Práctica Innovadora Autogestionada (PIA)

Aprender a escribir a lo largo de la vida es una actividad que se reconoce necesaria para propiciar el crecimiento del ser humano, especialmente sobre su participación en situaciones sociales y culturales. Cada contexto y situación social incluye prácticas de escritura de las que la educación debería brindar conocimientos, esto es posible a través de establecer en la enseñanza lo que Bazerman (2014b) denomina "metas desafiantes pero realistas y alcanzables para el nivel siguiente" (p. 432). Para la educación superior cabría agregar: alcanzable para cada situación social y profesional. Así, plantear metas y currículos evolutivos pero articulados requiere comprender la escritura como herramienta educativa y social que, en la educación superior, conlleva a una enseñanza que brinde al estudiante experiencias de aprendizaje para escribir y fortalezca su seguridad personal como escritor.

A partir de lo anterior se plantea como "práctica innovadora autogestionada" la actividad que realiza el docente al integrar la enseñanza de la escritura durante el curso disciplinar obligatorio; pero que no se localiza en documentos institucionales, sino que las diseña por sí mismo, teniendo en cuenta las posibilidades y necesidades del estudiante, las expectativas institucionales y su experiencia, tanto personal como profesional.

> P1: **Les di una bitácora que le llamo diario de asignatura** donde les pido que me anoten lo que les queda claro de la sesión, además que **me platiquen todo el proceso** que hicieron . . .
>
> P3: Ahora lo que estoy haciendo es un fichero grupal que estoy experimentando, cada clase un estudiante hace una ficha, esa ficha la puede usar para su reporte, entonces hago productos de sesión y productos de casa . . .

Asimismo, el docente incorpora la escritura como herramienta pedagógica para aprender la disciplina, atendiendo a enseñar de forma explícita la función de la escritura, las formas de comunicar el conocimiento, así como las normas bajo las cuales se organiza. Es entonces que la alfabetización académica toma lugar en el aula como respuesta al desencuentro entre expectativas sobre las exigencias de las características de los textos escritos.

> P1: Siempre hay un momento en mis materias que lo dedico a enseñar cómo leer un texto, porque leo con ellos **y juntos hacemos una ficha**.

Concepto, Percepción de la Escritura

La PIA se categoriza como innovadora y autogestionada debido a que visualiza incorporar la escritura desde su función epistémica como herramienta de aprendizaje. Se busca enseñar a escribir como meta orientada a lo institucional, social y profesional, por lo que se incorpora la escritura desde diferentes tareas y momentos, contextos y propósitos de comunicación:

> P2: Para mí **deben de escribir en diferentes momentos**, a veces durante las clases y otras al final, diferentes actividades, creo que **me voy de menor a mayor complejidad**. . . . y así **evalúo integrando todo** lo que escriben

Como se aprecia la escritura no se limita a ser contenido a enseñar por el docente (tal es el caso de la PII), sino se coloca como actividad que fortalece el proceso de enseñanza y aprendizaje, como herramienta que fortalece el pensamiento, que genera aprendizaje, aspectos que el docente asume como necesarios y posibles de lograr en la enseñanza de cursos disciplinares.

Bajo el mismo orden de ideas, mediante el movimiento WAC se han documentado trabajos como el de Walvoord y Parkinson (2008), quienes trabajaron con profesores interesados en que sus estudiantes aprendieran a escribir y escribieran para aprender, abiertos a nuevas ideas y con autoconfianza suficiente para permitir ser observados durante sus clases. Así, en la PIA se identifica cómo influye en el éxito del estudiante el significado y la valoración que cada profesor asigna al texto y las expectativas sobre su contenido y estructura.

> **P5:** El alumno **poco a poco ha logrado tener claro qué debe escribir y cómo estructurar,** pero es que ahora que lo pienso hasta yo cambie porque antes pensaba que hasta escribían así porque están de malas o algo así, pero pues ahora veo que **yo aprendí también cómo estructurar las tareas y poder decirles qué estructura espero,** quizás aprendí a tener una estructura propia porque nadie me enseñó.

Las actividades de escritura que el docente incorpora son propuestas como autogestionadas porque se localizan al inicio, durante y al final del curso, lo cual coincide con lo que Carlino, Iglesias y Laxalt (2013) organizan y caracterizan con dos formas en las que los docentes se hacen cargo de enseñar a escribir y leer. Una corresponde a incluir la escritura para escribir sobre los contenidos de la disciplina, donde el docente interactúa y guía al estudiante durante el curso (trabajo durante); y la otra corresponde a cómo el docente incluye tiempos en donde adhiere la escritura como actividad o contenido a enseñar, solicitar o evaluar (trabajo en los extremos).

Trayectoria de Formación Docente y Disciplinar

Esta práctica de enseñanza autogestionada emerge de la transformación que han hecho los docentes sobre la representación de la escritura y la forma de usarse en la enseñanza y el aprendizaje en la universidad. De manera que resulta ser innovadora y autogestionada porque se recuperan experiencias pasadas con resultados favorables, personales y profesionales, pero son utilizadas siendo repensadas a partir del contexto vigente; en palabras de Litwin (2013): "recuperar buenas experiencias requiere distinguir los contextos en que las experiencias fueron buenas para volver a pensar si en los nuevos contextos y realidades, esas creaciones podrían ser faros de la buena enseñanza, tal como fueron en el pasado." (p.65).

> **P4:** los apoyo porque creo que hay algo sobre lo que está pasando, no sé si es generacional, a lo mejor soy una tradicionalista, espero no, pero es que ellos dicen "no sé cómo hacerlo", más el caso clínico, **entonces pienso "a mí nadie me enseñó"** pero tampoco me pidieron escribir esas cosas, pero uno aprendía a golpes de las calificaciones y ellos ni así, entonces decidí meter cosas del mundo real para que se motiven.

> P3: Aprendí hasta que me topé con un profesor que me dijo lo bueno de mi trabajo, recuerdo que me dijo "Muy bien, dices claro lo que piensas", por eso creo que yo quiero ayudarles y veo cómo los chavos hasta se divierten en mi clase, conmigo, porque les pongo ejemplos cotidianos y les digo "a ver cómo le dirigían a alguien que te gusta y cómo se lo dirías a tu amigo", entonces me dicen "es diferente", es cuando les digo, así tienen que pensar cómo decir las cosas en su trabajo.

Entonces, coincidimos con Walvoord y Parkinson (2008), quienes expresan la importancia de que la formación docente comparta experiencias exitosas de otros profesores; además, sugieren invitar a los docentes a comprenderlas como herramientas para comenzar a desarrollar y proponer nuevas prácticas, investigando su propia clase. También, exponen nueve principios sobre la enseñanza efectiva, dentro de los cuales se encuentra brindar de forma explícita las instrucciones, revelando las expectativas sobre el trabajo escrito y, a su vez, guiar el proceso de elaboración de las tareas solicitadas a los estudiantes.

Retroalimentación

Evaluar una tarea escrita como producto final que refleje el aprendizaje esperado, tanto por la institución como por el docente, es la función principal de la escritura que se localiza en los programas de los cursos curriculares del contexto donde emerge este trabajo. No obstante, los docentes que desarrollan PIA acuerdan con la demanda institucional de solicitar tareas escritas como medio de evaluación. Sin embargo, incorporan tareas diferentes y, a su vez, implementan actividades diversas como revisión de pares, lectura en voz alta del texto escrito, revisión y retroalimentación de borradores, entre otras, durante el desarrollo del curso. Entonces se ocupan de orientar al estudiante, principalmente realizando revisiones de borradores en donde retroalimentan sobre aspectos que parten de comprender la escritura desde las cinco funciones que plantea Navarro (2018): retórica, habilitante, epistémica, expresiva y crítica.

> P3: como que **cuando revisamos juntos eso en la clase pues ellos dicen que están motivados,** yo creo que están conscientes porque de hecho pues se nota como mejoran.

> P5: les dije que **haríamos la tarea de escribir el caso clínico en las clases,** entonces **nadie se quejó de escribir,** me di cuenta que cuando escribo y reviso con ellos, ellos escriben, pienso que quizás siempre les decía qué esperaba y les pedía y pedía, pero nunca les decía qué haría yo para lograr lo que esperaba de ellos, bueno es que lo pensé cuando vi que cuando escribían juntos aprendían mucho.

Finalmente, la retroalimentación en la PIA se caracteriza como forma de incentivar al estudiante a escribir, al tiempo de propiciar el aprendizaje mediante actividades significativas que le permiten escribir para aprender, siendo la revisión y retroalimentación actividades que se sostienen durante el curso. Esto conlleva a que la revisión incluya que los estudiantes comprendan la escritura como proceso que requiere la recursividad (Tolchinsky, 2013) y que identifiquen qué han hecho correcto en el texto, reafirmando su conocimiento (Mortimore, 1997). Asimismo, la retroalimentación se establece como forma de interacción donde el docente explicita las formas de escribir esperadas, presenta modelos, guía la revisión de pares e incluye la señalización de aspectos de contenido del curso disciplinar, orienta el razonamiento sobre la relación entre el contenido y la forma de comunicar el conocimiento, así como explicita la corrección del lenguaje con la selección de palabras y la organización de la información del texto, en su conjunto estas actividades propician "la progresión del aprendizaje hasta la entrega final del texto" (Bazerman, 2016, p. 263).

Entonces, desarrollar nuevas formas de enseñar a escribir para aprender la disciplina requiere prestar atención a qué es lo que los docentes hacen, no hacen o dejan de hacer en el salón de clase, sobre todo lo que hacen y no dicen, para identificar las estrategias de enseñanza que integran con la escritura, buscando resolver las dificultades que sus estudiantes enfrentan, en consonancia con las expectativas de la institución y situando las características de la disciplina. Así, en la tabla 8.2 que se presenta enseguida, se integran de forma resumida las características principales que cualifican las prácticas innovadoras propuestas como institucional y autogestionada.

Tabla 8.2. Descripción de las Prácticas Innovadoras Institucionales y Autogestionadas

	Práctica Innovadora Actividad de enseñanza que refiere a la transformación de las prácticas de escritura que los docentes integran en la enseñanza. Se caracteriza por emerger como forma de enfrentar diversas dificultades y formas de desencuentro entre las expectativas de la institución, del docente y del estudiante.		
	Concepto, percepción de la escritura	**Trayectoria de formación docente y disciplinar**	**Retroalimentación**
Práctica Innovadora Institucional (PII) Actividad que realiza el docente al integrar cambios en la función y uso de la escritura en el aula, pero se define como institucional porque se basa solo en recursos y formas reconocidas en documentos institucionales. El docente realiza la transformación reorganizando las actividades de escritura que se integran en el plan de estudios y sus diferentes programas de cursos disciplinares.	Escritura como contenido de enseñanza, independiente de los contenidos disciplinares, y se orienta al logro de la meta institucional (no reprobación y permanencia).	Los docentes utilizan las experiencias de su trayectoria para integrar la escritura con base en documentos institucionales.	El docente monitorea durante el curso para evaluar, centra su revisión en cualidades esperadas en un texto, retroalimenta la forma de la escritura y la estructura del texto.
Práctica Innovadora Autogestionada (PIA) Actividad que realiza el docente al integrar cambios en la función y uso de la escritura en el aula, pero se define como autogestionada porque diseña estrategias de enseñanza que no se apegan a las reconocidas por la institución. El docente realiza la transformación a partir de diseñar actividades en donde reconoce la escritura como práctica situada en la disciplina y con potencial epistémico.	Incorporar la escritura desde su función epistémica, desarrollando situaciones orientadas a los modos de razonamiento y participación en la disciplina.	Los docentes recuperan y replantean experiencias de enseñanza y aprendizaje de su trayectoria, personal y profesional, considerando el contexto como cultura disciplinar.	El docente se ocupa de orientar al estudiante realizando revisiones de borradores. Retroalimentan sobre aspectos que parten de comprender la escritura desde las cinco funciones que plantea Navarro (2018): retórica, habilitante, epistémica, expresiva y crítica.

Conclusiones

La educación centrada en incorporar a la enseñanza la escritura como herramienta de aprendizaje requiere tener como objetivo la formación de escritores en desarrollo. Por ello, se plantea la necesidad de generar e identificar prácticas pedagógicas que emerjan de reconceptualizar la escritura como práctica letrada que responde a un propósito comunicativo. Así, identificar y analizar formas de enseñanza generadas por docentes, como experiencias que refieren a incluir la escritura en sus cursos de corte disciplinar, conlleva reconocer cómo integrar prácticas letradas como actividades de uso real dentro y fuera de la escuela, es decir, relacionadas a la alfabetización académica y profesional. Entonces, las Prácticas Innovadoras de escritura se plantean como muestra de la enseñanza centrada en preparar estudiantes para aprender a escribir durante la vida, no solo para la escuela, propiciando una enseñanza cuyo objetivo responde a formar escritores de la disciplina.

Igualmente, resulta pertinente enfatizar la importancia de las experiencias de aprendizaje que brindan al estudiante la oportunidad de posicionar su voz para incorporarse a una comunidad discursiva disciplinar. Esto requiere diseñar consignas de escritura que no se limiten a la revisión para identificar aspectos de corrección de gramática y ortografía, sino que la revisión se acompañe de la retroalimentación como apertura a la reescritura del texto. Entonces, las Prácticas Innovadoras Institucionales y Autogestionadas parten de propiciar acortar la brecha o llevar al encuentro entre docentes y estudiantes, no solo para la enseñanza dirigida al logro de aprendizajes disciplinares que reconoce la institución, sino también en el momento que la enseñanza incluye apoyar al estudiante a transitar e incorporarse a la comunidad disciplinar porque se apropia de la cultura académica de su disciplina.

Cabe resaltar que la propuesta de PII y PIA, desde el marco de la alfabetización académica y la didáctica de los géneros discursivos, apremian a la escritura como herramienta de aprendizaje y enseñanza para la enculturación del estudiante en las prácticas letradas de la disciplina. Asimismo, se propone brindar a los docentes un papel activo para aprender de su propia trayectoria. Lo anterior, a través de propiciar espacios donde los docentes puedan identificar prácticas de enseñanza diseñadas para resolver y atender los desencuentros y dificultades de los estudiantes al escribir. Bajo la misma idea, se reconoce que existe una amplia propuesta teórica desarrollada con interés en la escritura en la universidad, por lo que se cuentan con diversos marcos teóricos, bajo los cuales es posible no solo explicar lo que hace y no hace el docente con la escritura en el aula, sino usarlos como andamios de conocimiento que impulsen al docente a reconocerse como experto para participar en el diseño de sus propias prácticas de enseñanza, tal como es el caso de los docentes que refieren a la PIA.

Asimismo, se reafirma cómo las instituciones sostienen acciones sobre implementar programas de tutoría, centros de escritura y otros medios de apoyo similares, lo cual resulta ser un recurso eficiente cuando los profesores de la disciplina comprenden la utilidad de integrarlos como acciones complementarias para aprender a escribir y escribir para aprender. Por lo tanto, a través de la PII y la PIA, se plantea fortalecer la experiencia de uso de la escritura de los docentes al posibilitar espacios de formación que le permitan: 1. explorar marcos teóricos sobre la conceptualización de la escritura; 2. repensar la evaluación en términos de la retroalimentación como faro de la reescritura durante el desarrollo de los cursos disciplinares, y 3. propiciar que los docentes reconozcan sus propias prácticas de enseñanza como recursos para hacerse cargo de enseñar a escribir y enseñar la disciplina mediante actividades de escritura situadas.

Finalmente, este trabajo invita a ampliar la investigación a otras disciplinas, así como anticipa la necesidad de pensar en acciones de formación docente que atiendan a reconocer las prácticas innovadoras institucionales y autogestionadas para analizarse y reconstruirse, situando no solo la escritura, sino también la enseñanza. En este trabajo identificamos cómo los docentes no solo diseñan prácticas de enseñanza con la escritura para responder a las demandas institucionales, sino también docentes que configuran prácticas innovadoras mediante las cuales logran la integración de la escritura para el aprendizaje de la disciplina y, al mismo tiempo, propician el transitar y la incorporación del estudiante a la comunidad disciplinar. Así, la innovación se coloca como forma de cambio que se sostiene al comprender que la escritura no es un conocimiento genérico en las disciplinas, ni las prácticas de escritura se aprenden fuera de su contexto de uso.

Referencias

Barton, D., & Hamilton, M. (2004). La literacidad entendida como práctica social. In V, Zavala (Ed.), *Escritura y sociedad. Nuevas perspectivas teóricas y etnográficas*, (pp. 109–139). Red para el Desarrollo de las Ciencias Sociales en el Perú.

Bazerman, C. (2014a). La escritura en el mundo del conocimiento. Al encuentro de nuestra voz en la escuela, la universidad, la profesión y la sociedad. *Verbum, 9*(9), 23–35.

Bazerman, C. (2014b). Understanding the lifelong journey of writing development. *Infancia y Aprendizaje, 36*(4), 421–441. https://doi.org/10.1174/021037013808200320.

Bazerman, C., Little, J., Bethel, L., Chavkin, T., Fouquee, F., & Garufis, J. (2016). *Escribir a través del Curriculum: Una Guía de referencia* (F. Navarro, Ed.). Universidad Nacional de Córdoba.

Bifuh-Ambe, E. (2013). Developing successful writing teachers: Outcomes of professional development exploring teachers' perceptions of themselves as writers and writing teachers and their students' attitudes and abilities to write across the curriculum. *English Teaching: Practice and Critique, 12*(3), 137–156.

Bogdan. R., & Biklen, S. (2003). *Qualitative research for education: An introduction to theories and methods.* Allyn & Bacon.

Carlino, P. (2003). Pensamiento y lenguaje escrito en universidades estadounidenses y australianas. *Propuesta Educativa, 12*(26), 22–33.

Carlino, P. (2004). El proceso de escritura académica: Cuatro dificultades de la enseñanza universitaria. *Educare, 8*(26), 321–327.

Carlino, P. (2005). *Escribir, leer y aprender en la universidad. Una introducción a la alfabetización académica.* Fondo de Cultura Económica.

Carlino, P. (2013). Alfabetización académica diez años después. *Revista Mexicana de Investigación Educativa, 18*(57), 355–381.

Carlino, P., Iglesia, P., & Laxalt, I. (2013). Concepciones y prácticas declaradas de profesores terciarios en torno al leer y escribir en las asignaturas. *REDU Revista de docencia Universitaria, 11*(1), 105–135. https://doi.org/10.4995/redu.2013.5594.

Carrasco, A., & González, K. (2011). *Dificultades de escritura entre estudiantes universitarios* [Ponencia]. XI Congreso Nacional de Investigación Educativa, Consejo Mexicano de Investigación Educativa.

Cassany, D., & Morales, A. (2008). Leer y escribir en la universidad: Hacia la lectura y la escritura crítica de géneros científicos. *Revista Memoralia,* (5), 69–82.

Castelló, M. (2007). El proceso de composición de textos académicos. In M. Castelló (Ed.), *Escribir y comunicarse en contextos científicos y académicos* (pp. 47–81). Graó.

Gee, J. (2014). *Literacy and Education.* Routledge.

Liesa, E., Castelló, M., & Becerril, L. (2018). Nueva escuela, ¿nuevos aprendizajes? *Revista de Estudios y Experiencias en Educación, 2* (1), 15–29. https://doi.org/10.21703/rexe.Especial2_201815291.

Litwin, E. (2013). *El oficio de enseñar.* Paidós.

López-Bonilla, G. (2017). Alfabetización y literacidad disciplinar: El acceso al conocimiento en las disciplinas académicas. In E. Ramírez (Ed.), *La enseñanza de la lectura en la universidad* (pp. 29–42). Universidad Autónoma de México.

López-Bonilla, G. (2018). Culturas epistémicas y culturas escolares. Relación entre las disciplinas académicas y el conocimiento escolar. In Y. De la Torre & A. Ponce (Eds.), *Lectura, escritura y matemáticas. Una mirada desde los estudios de literacidad* (pp. 155–177). Centro Universitario de Ciencias Sociales y Humanidades Coordinación Editorial.

López-Bonilla, G., & Pérez-Fragoso, C. (2013). Debates actuales en torno a los conceptos "alfabetización", "cultura escrita" y "literacidad". In A. Carrasco & G. López-Bonilla (Eds.), *Lenguaje y educación. Temas de investigación educativa en México* (pp. 21–50). Fundación SM; Consejo Puebla de Lectura; Instituto de Evaluación y Asesoramiento IDEA.

Molina-Natera, V. (2016). Los centros de escritura en Latinoamérica: Consideraciones para su diseño e implementación. In G. Bañales-Faz, M. Castelló-Badía, &

N. Vega-López (Eds.), *Enseñar a leer y escribir en la educación superior. Propuestas educativas basadas en la investigación* (pp. 341–362). Fundación SM.

Montes, M., & López-Bonilla, G. (2017). Literacidad y alfabetización disciplinar: Enfoques teóricos y propuestas pedagógicas. *Perfiles Educativos, 39*(155), 162–178.

Mortimore, M. (1997) Writing Across the Curriculum: Lessons from a Writing Teacher. *College Teaching, 45*(1), 14–15. https://doi.org/10.1080/87567559709596179.

Navarro, F. (2018). Más allá de la alfabetización académica: las funciones de la escritura en educación superior. In M. A. Alves & V. Iensen Bortoluzzi (Eds.), *Formação de professores: Ensino, linguagens e tecnologias* (pp. 13–49). Editora Fi.

Navarro, F. (2019). Aportes para una didáctica de la escritura académica basada en géneros discursivos. *DELTA: Documentação de Estudos em Lingüística Teórica e Aplicada, 35*(2), 1–32. https://doi.org/10.1590/1678-460x2019350201.

Rojas, I. (2016). Enseñar a leer y escribir en las disciplinas. Estado de la cuestión en las universidades colombianas. *FOLIOS, 45,* 29–49.

Ruiz-Corbella, M., & López-Gómez, E. (2019). La misión de la universidad en el siglo XXI: Comprender su origen para proyectar su futuro. *Revista de la Educación Superior, 48*(189), 15–29. https://doi.org/10.36857/resu.2019.189.612.

Scheele, B., & Groeben, N. (1988). *Dialog-konsens-methoden zur rekonstruktion subjektiver theorien die heidelberger struktur-lege-technik (SLT), konsensuale ziel-mittel-argumentation und kommunikative flußdiagramm-beschreibung von handlungen.* Francke.

Street, Ch., & Stang, K. (2008). Improving the teaching of writing across the curriculum: A model for teaching in-service secondary teachers to write. *Action In Teacher Education, 30*(1), 37–49. https://doi.org/10.1080/01626620.2008.10463480.

Tolchinsky, L. (2013). *La escritura académica a través de las disciplinas.* Octaedro; ICE-UB.

Walvoord, B., & McCarthy, L. P. (2008). *Thinking and writing in college: A naturalistic study of students in four disciplines.* The WAC Clearinghouse. https://wac.colostate.edu/books/landmarks/thinkingwriting/ (Originally published 1990 by National Council of Teachers of English)

9

Transferring Writing Strategies Across Disciplines and Levels: Results from a Longitudinal Study of Writing

Joan Mullin and Jan Rieman
UNIVERSITY OF NORTH CAROLINA CHARLOTTE, USA

Abstract / Resumen / Resumo

Whether an educational system has a dedicated writing course, or students learn to write within discipline-specific courses, or if they are tutored in writing centers, writing teachers seldom know if students subsequently use the strategies they are taught. We report here the results from a three-year, longitudinal study of student writing that examined whether students transfer writing strategies they learn in a first-year writing class (FYW) at a U.S. research university to other genres in subsequent classes. Students' cumulative first-year writing portfolios were coded for evidence of the course's learning outcome strategies (SLOs). These results were then compared to written work completed in subsequent university courses and to brief questions students answered about the assignments as well as transcripts of participant focus groups. Findings suggest that students do transfer FYW SLOs to other genres, but also raised interesting questions about future research as well as about methodology in longitudinal studies.

Ya sea que un sistema educativo implemente cursos de composición, cursos de escritura en las disciplinas, o tutorías en centros de escritura, siempre es difícil determinar si los estudiantes usan las estrategias que les han enseñado. Reportamos los resultados de un estudio longitudinal de tres años en una universidad de investigación en EEUU en el que examinamos si los estudiantes transfieren las estrategias que aprenden en un curso de primer año (FYW) a géneros y cursos posteriores. Los portafolios de escritura de los estudiantes se codificaron en términos de evidencia de los objetivos de aprendizaje del curso

FYW. Estos resultados se compararon con trabajos en clases posteriores, con respuestas breves sobre estos trabajos y transcripciones de su participación en grupos focales. Los hallazgos sugieren que los estudiantes sí transfieren los aprendizajes del primer año a otros géneros. Los resultados también generan preguntas interesantes sobre las metodologías longitudinales y futuras investigaciones.

Quando um sistema educativo implementar um curso de composição, um curso de escrita nas disciplinas ou tutorias no centro de escrita, sempre será difícil determinar se os estudantes irão usar as estratégias que lhes ensinaram. Reportamos aqui os resultados de um estudo longitudinal de três anos em uma universidade de pesquisa nos EEUU no que examinamos se os estudantes transferem as estratégias que aprendem em um curso de primeiro ano (FYW) a outras tarefas escritas posteriores. Foram codificados portfólios de escrita para dar evidência dos objetivos de aprendizagem do curso FYW. Estes resultados foram comparados com trabalhos em aulas posteriores, bem como com respostas breves sobre estes trabalhos e transcrições de sua participação em grupos focais. Os achados sugerem que os estudantes transferem sim as aprendizagens do primeiro ano a outros gêneros. Os resultados também geram perguntas interessantes sobre as metodologias longitudinais e futuras pesquisas

In 1986 David Bartholomae claimed that

> Every time a student sits down to write for us, he has to invent the university.... He has to learn to speak our language, to speak as we do, to try on the peculiar ways of knowing, selecting, evaluating, reporting, concluding, and arguing that define ... the various discourses of our community. (p. 4)

Since then, many more researchers have studied negotiations of discourse communities and genres, and teachers of writing have crafted writing pedagogies to prepare students to write in and beyond the university. Despite this careful work, faculty across the disciplines still struggle with student writing—even after students have taken a first-year writing class (Hesse, 2017). Whether an educational system has such a dedicated course, whether students learn to write within discipline-specific courses, or if they are tutored in writing centers, writing teachers seldom know if students subsequently use the strategies they are taught. The results from a three-year, longitudinal study of student writing described here add to a growing body of knowledge on what students carry from one class in which they have learned to write, to another. Do they apply genre and audience analysis strategies, or do "students metaphorically put what they've learned each semester in a box under the bed instead of trying to make connections and see how things learned in previous classes apply in other situations?" (Driscoll & Jin, 2018, p. 148).

Scholarship and the Curriculum: Our Research Question

This research project drew on scholars using a variety of perspectives to study how writing takes place within genres and activity systems, crosses borders, and is repurposed, as well as how genre approaches from any scholarly tradition (multilingual or literacy studies, sociolinguistics, rhetoric) affect the success of classroom pedagogy (e.g., Bazerman & Prior, 2003; Cope & Kalantzis, 1993; Lillis, 2013; Pennycook, 2007). Decades of scholarship conclude that students acquire writing skills developmentally, recursively, and through reinforcement in multiple contexts, building on foundational strategies as they write for new audiences and situations (e.g., Navarro & Revel Chion, 2013). Research also has broken down how students take up the language of the academy as they enter discourse communities (e.g., Motta-Roth, 2009; Russell & Ynez, 2003). As a result, writing pedagogies seeking to strengthen students' practices have been based on these studies (e.g., Anderson et al., 2016; Bazerman, 2013). Yet students still often believe that if they learn to write in one context prior to university, they can write well in any context. Changing this paradigm has been the work of writing-focused instruction worldwide, and, most recently, questions about how students respond to writing pedagogy has led to studies of transfer (e.g., Driscoll & Wells 2012; Nowacek, 2011; Russell & Ynez, 2003; Yancey et al., 2018).

Theoretical foundations resulting from studies of writing transfer have grown in the last fifteen years. Among these is Anne Beaufort's *College Writing and Beyond: A New Framework for University Writing Instruction* (2007), which draws on discourse community theory to urge attention to contextual elements that encourage transfer of knowledge from one writing situation to another. Rebecca Nowacek (2011) proposes that we design longitudinal studies to focus on integrative learning—the "how (and why and when) students connect learning in one domain with learning in another domain and how teachers can facilitate such connections." (p. 3) Wardle (2007) offers an example of studying writing transfer over time, and Jessie Moore (2012) presents an overview of transfer studies. *Writing Across Contexts: Transfer, Composition, and Sites of Writing* (Yancey et al., 2014) proposes attending to students' prior knowledge and Adler-Kassner and Wardle (2015) suggest that transfer can be tracked by looking at threshold concepts. New lifespan studies of writing offer new ways to process how writing develops over time, an idea we return to in our discussion (Bazerman et al., 2018).

Complicating any study of writing transfer, however, are the multiple factors that go into student learning and that have often been elided in longitudinal and other studies. As Russell (1995) outlines, writing takes place within activity systems, which in themselves are complex, composed of actors and tools, historical contexts and other factors. Hogan, Ferris, and Whithaus, (2016) expand on Russell's work as they seek to measure "dynamic transfer," how students draw on current resources in new contexts in order to meet writing expectations. Learning in the first-year writing classroom is further complicated by students' varied concepts about writing, as well as their affective behaviors (Driscoll et al., 2017). In addition, our own faculty development meetings have demonstrated to us that the activity system is also formed by faculty who hold different understandings about writing that, in turn, inform their pedagogy. Nonetheless, for this longitudinal study of writing transfer, we wanted to take into account our particular institution with our specific curriculum and faculty in order to understand whether our student learning objectives and goals for the course were delivering on their promise: to teach students strategies that will help them write throughout college and beyond. Our primary research question—whether anything we taught students about writing was being used by them in subsequent classes—contained a subset of inquiries for us as teacher-researchers: what further questions should we be asking? Can we, realistically, trace writing transfer? From what methodological positions should we be building further research?

The curriculum developed for First-Year Writing (FYW) at our institution recognizes that "the protean tool called writing is appropriated and transformed by each activity system according to its object(ive)s and the material conditions of its work to evolve myriad genres within academia" (Russell, 1995, p. 60). However, we also recognize that while we can talk all we want about "our" FYW student learning objectives on which we say we agree, inevitably these are taught differently, with varying levels of effectiveness, by each FYW instructor. Moreover, they are taken up differently by the students we teach, complicated not only by previous writing instruction and experiences, but also by their affective orientations (Driscoll et al., 2017) and their metacognitive ability (Khost, 2017; Taczak & Robertson, 2017). In addition, if we are measuring the effectiveness of FYW student writing transfer, we have to consider that faculty assigning writing in other disciplines also have their own expectations and language about writing. These faculty seldom understand that "the protean tool called writing is appropriated and transformed by each activity system" (Russell, 1995 p. 60); they assume that writing is generic and their students have already learned university writing skills in FYW. Thus, as Bartholomae indicated over thirty years earlier, students are still left to figure out how to apply what they have learned within their classes—often with little instruction on how to do so.

Since we know we can't teach students all the genres they need to know—and we couldn't anyway since genres don't operate as formulas—our FYW course claims to teach students how activity systems "give writing meaning and motive;" we propose to teach that this knowledge is transferable and useful for writing in the multiple and intersecting activity systems in which they participate (Russell, 1995), and we seek to teach them how to shift their writing strategies within contexts. But we wanted to find out if we could determine whether teaching students to understand how writing works in multiple academic and other contexts—even from our varied disciplinary understandings of our learning objectives as writing instructors—is usefully applied after they left our instructional writing space.

Research Context and Demographics

UNC Charlotte is an urban university of 29,000 undergraduate and graduate students. Each year, around 2,700 undergraduates need to take FYW, a course typically required in US colleges and universities. These entering students reflect the demographics of our urban university: 75% are entering directly from high school (17–19 years old); 25% are adult students (20 years old or over) who may be returning to college after a hiatus, getting a college education after being discharged from the military, or entering college for the first time after starting a family, choosing a different career path, or for a variety of other reasons. While only 5% of our first-year students enter with Honors, 42% of our students are "first-gen," that is, the first in their families to ever attend college. The overall average weighted GPA (a score determined by high school grades) is 4.1 out of 5.0, quite high overall for an institution with a high average of first-gen students. About 60% are White, 17% Black, 2% are international students, and the remainder declare as Hispanic (9%), Asian (6%), more than two races (4%) or don't answer.

Our students do well with national standardized tests and the high school pedagogy that supports them, but often they enter university with a limited concept of and practice with research; they lack analytical and information literacy skills, and have not yet developed the critical thinking that leads to effective writing. FYW faculty scaffold instruction to teach these skills, but also work to shift students' paradigms about what constitutes "good" writing; they focus on rhetorical and research strategies as skills applied in both digital-born and print texts. Central to this instruction is teaching students to transfer this knowledge and their strategies from one task to another, as well as from their FYW class to courses and writing assignments in other disciplines.

Methods

Purpose and Research Questions

The purpose of this study is to explore how effectively the five Student Learning Outcomes (SLOs) from a required first-year writing course transferred to subsequent courses over a five-semester period. Nineteen distinct participants submitted writing samples, completed surveys, and participated in focus groups. The five SLOs studied are: Composing Processes, Knowledge of Conventions, Critical Reading, Rhetorical Knowledge, and Critical Reflection.

Using a longitudinal approach, our study seeks to answer the following primary question: Do students use writing concepts and strategies taught in first-year writing in subsequent classes? We are interested in knowing if our curriculum and pedagogies are successful in promoting writing transfer to other courses. Secondarily, we want to understand what other questions we should be asking to best understand what students retain and transfer from a writing class their first year of college to their final year of undergraduate work. Finally, we are interested in knowing if the methods we have used realistically trace writing transfer so we can consider widening our study or considering other methodologies we could apply to better answer our research questions.

Participant Recruitment

This study took place at a large, urban research university in the Southeastern United States. After obtaining IRB approval, researchers asked first-year writing faculty if we could visit their classes to recruit study participants. During class visits, we explained the study, passed out information about how to participate and students either signed up on the spot or contacted us later to express interest. From the possible 2,129 students enrolled in first-year writing the semester of recruitment, 60 students initially expressed interest. Ultimately, 30% of those students (19) participated in the study. We coded 278 pieces of writing and the accompanying reflections students submitted with that writing and conducted 20 interview sessions with focus groups. Participants were compensated with a $25 gift card for submitting their work and reflection and another $25 gift card if they participated in a focus group.

Data Collection

Participants' FYW portfolios were used as a baseline for this study. At the end of each term, participants uploaded writing completed in all classes to an individual and secure file in the campus' learning management system. The number of documents submitted varied by student and depended on what classes they took any one semester and on what was assigned in classes. However, we were interested in collecting any writing that students completed for any other course at our university other than FYW. This included formal essays, lab reports, reflective journals, short answer essays to assigned readings, etc.

Upon uploading their work, students answered a brief survey that consisted of questions about their texts. These were also collected and coded as part of this study. The survey questions that students answered with each writing submission were a combination of open-ended and drop-down menu choices. The questions were: Which submission is your strongest / weakest and why? Who is the audience for the piece? What was your writing process like? Did you receive feedback before a final draft (from peers, teacher)? Which writing strategies were most useful? The researchers applied the same codes and coding processes to these artifacts.

In order to understand more about the writing that students submitted to the learning management system site and the accompanying brief survey, we held a series of focus groups each semester. Participation in focus groups depended on whether participants had writing assigned during any one semester, whether they could find a time to schedule with a focus group and whether they chose to participate in a focus group at all. While some longitudinal studies follow one group of students or even one student over a number of contexts and years (Beaufort, 2007), we believe our participant-volunteer approach suited our population: students have busy schedules and a four-year commitment upfront would have seriously limited participants. However, influenced by Bob Broad's (2003) and others' approaches to data collection in the field (see Bazerman et al., 2009), we chose to see what would arise organically from non-enforced participation in focus groups or even submissions. Groups therefore varied in size from two to five participants. During the thirty-minute interviews, researchers asked participants about which strategies and concepts they used from FYW in the writing tasks they had completed since leaving that class. Groups were asked preset questions, but interviewers then allowed students to respond and converse freely; these conversations were collected as recordings and interviewers also took notes.

Coding and Analysis

Using NVivo coding software (and later Dedoose), each FYW portfolio was initially coded for evidence of our writing program SLOs. This was to determine a baseline of student achievement overall, per the course's high stakes final document in which students themselves address what they know and understand about the SLOs—and how they arrange evidence for this knowledge as proof. Before coding portfolios or the submissions each semester, the primary researcher de-identified each submission. The researcher and research assistant then participated in ongoing collaborative coding methods as outlined in Saldaña (2013). The coders relied on intensive discussions of scores after each coding session to establish interrater reliability. Each piece of writing submitted was coded for each of the proficiency level of each SLO: Composing Processes, Knowledge of Conventions, Critical Reading, Rhetorical Knowledge, and Critical Reflection. A four-point scale was applied to each SLO: 1=emerging ability to evidence the SLO; 2=proficiency in evidencing a basic understanding of the SLO; 3=mastery of the SLO; 4=exemplary use and understanding of the SLO.

Focus groups were conducted each semester with a subset of volunteers who submitted their writing that term, so not always the same students each time. They were recorded, transcribed, and the same codes and coding processes were applied to phrases or discussion points that identified use of and knowledge of the SLOs. We triangulated the quantitative data gathered from coding the portfolios, papers and qualitative data gathered from the written responses to the drop-down menu (answered when students uploaded their papers) and from the focus groups' reflective interviews about writing strategies. Findings relevant to our research questions emerged from this aggregation of data, though of course we recognize the limitations of the study.

Limitations

The limitations of this study are varied. For one, our participant population fluctuated due to three primary factors: whether study participants were assigned papers during any one semester; whether they graduated or transferred to another institution; whether they chose not to participate. Two, our coding of students' responses to assignments in other disciplines is somewhat limited: we did not have the actual assignments to which students responded. For example, we often could not find evidence of composing processes only because we did not see drafts of work submitted as they were often not required, nor was much reflective writing about the composing processes required. While some of this information came through in focus groups, we realize that, in most cases, we coded evidence of our learning outcomes without all the information we might have wanted and, therefore, through our own disciplinary perspective. Three, our feedback from students occurred in retrospect, as they submitted their papers online and in focus groups at the end of the semester. Students were also aware that we were studying writing, and being in the project seemed to make them more conscious about their writing. Finally, our switch from the data-analysis software NVivo to Dedoose in subsequent semesters made the coding process and aggregation easier, but may have affected results between the first and second years.

Findings

Despite the limitations described, clear patterns emerged across the years. In this section we lay out the results from the study—expected and unexpected. Transcriptions from the focus group discussions were more informative and richer than coded materials. While all data was useful to some extent, we believe that the discussions that resulted from the study prove more beneficial to the curriculum and the campus community. We take that up in the Discussion section that follows.

Coded Assignments

Student writing was coded in areas that correspond with program SLOs: critical reading, genre knowledge, metacognition, and composing strategies. In addition, each identified SLO was assigned one of four competency levels: emerging, proficient, mastery, and exemplary. In year one, coding showed that student portfolios as well as papers submitted from other classes exhibited expected "emerging" and "proficient" levels. However, while it was relatively easy to see evidence in papers for "composing" in FYW where drafts are submitted, that was not the case in other courses where students only produced and submitted final products. Likewise, "critical reading" and "metacognition" were seen as emergent (46% and 42%) overall within papers from the first year since evidence of these are demanded in FYW, but not in other classes, but it was difficult to measure these in final products submitted from other classes. Instead, it was much easier to see evidence of proficiency with genre conventions (56%) and rhetorical strategies (55%) in papers overall.

Results are not surprising as few entries beyond FYW were submitted the first year; we found students also weren't being assigned much writing in their second year at university. The writing that was assigned the first two years usually required only short responses: a paragraph in response to a reading, a template-driven lab report, a brief discussion post. This was a most important finding for the university as it showed that even in their second year, students 1) did not do extensive research and writing; 2) did not need to show evidence of their writing process; 3) were not often asked to reflect on their writing or strategies used.

Thus coding results were repeated in the second year, when students are still developing their writing: assignments showed students' abilities as still emergent (42% average) rather than proficient (21% average) in composing, critical reading and critical reflection, key elements of completed work. While more students were proficient in genre conventions and use of rhetorical strategies (42% average), 37% coded as emerging, across composing, critical reading and reflection; only 5% exhibited mastery (none exemplary). While 11% demonstrated mastery in genre conventions, only 2.2% were exemplary.

In the final year of the study, the two areas where coders saw the most use of FYW strategies were with rhetorical knowledge (52%) and genre conventions (average score of 53%). The least visible writing strategy from FYW was with composing (8%), which makes sense since we were receiving only final drafts of decontextualized work.

Coded Surveys

Information from the brief survey accompanying uploaded papers provides more information about the use of FYW strategies, ones that supported mastery of the SLOs. Students were asked: "Which of the following strategies did you use in your writing process most frequently this semester? Choose your top three" (table 9.1). While coding assignments didn't show evidence of critical reading in papers students submitted, students consistently responded that it was one of the most important strategies they employed. We also found that reliance on particular techniques varied from year to year, based, naturally, on the types of assignments students completed. Table 9.1 demonstrates that students shifted their reliance on strategies each semester, depending on the number and complexity of the assignments.

Table 9.1. Year Two and Three Comparison: Top Three Writing Strategies Used After Taking FYW

Choice of writing strategy	Year 2 / Fall 2016	Year 2 / Spring 2017	Year 3 / Fall 2017	Year 3/ Spring 2018
Critical reading of source material	81.8%	64.3%	70%	80%
Rhetorical analysis	45.5%	14.3 %	40%	10%
Analysis of audience, context and/or purpose	36.4%	28.6%	20%	30%
Inquiry-based research	54.5%	50%	60%	50%
Genre conventions	9.1%	7.1%	10%	20%
Critical reflection on your writing choices	54.5%	7.1%	50%	50%
Brainstorming techniques	63.3%	50%	50%	60%
Drafting and/ or revising	63.3%	64.3%	10%	90%
Peer review	45.5%	28.6%	30%	50%

Year two reflects the FYW emphasis on reading, rhetorical analysis, research, composing and metacognitive reflection. The variation in the strategies students use each term appears on the one hand to confirm that students are able to shift their writing strategies to meet the needs of an assigned task, but we are not so sure that claim would be valid, given the types of assignments students received. Even in year three, our participants reported that they wrote zero to only one or two extensive, complex papers and, as shown in the focus groups, several of those were formulaic. For example, a business memo or a short reflective piece in response to a one-sentence prompt.

Types of papers assigned also affected student perception of genre conventions. That coded papers increasingly exhibited higher proficiency in genre knowledge may be the result of genre conventions of their majors becoming tacit, so other strategies we see as the working elements of writing—those that students still had to think through, and, therefore, noticed. However, it may also be that those conventions were built into the assignments and therefore regulated. Our focus groups helped shed light on this.

Coded Focus Groups

From year to year, comments didn't vary, except that students became more articulate about their writing practices. Across the years it was not unusual to hear: "We haven't done much writing this semester." More often, students spoke of regimented, templated assignments:

> She [the professor] gave us a bolded list of exactly what she wanted, so I was able to kind of plan it out that way, and like, what I'll do is write, like, little bullets underneath what she wants us to talk about and then I'll turn it into a paragraph.

They exhibit their rhetorical, or school learned savvy, by writing "what she wants," but on the other hand, it's questionable whether such instructions actually teaches disciplinary genres:

> He [professor] knows what he wants and he'll tell you what he wants. And so he gave us an actual template to write our, uh, to write our little article on. He included four boxes . . . a box down below to recognize all the work that our engineer has done, and he said, 'Build this out, make sure you have the captions in Arial font, so many words, uh, on your review you have to have 300 words, same font, Arial Narrow.' It was very, very prescriptive.

Time and again, across disciplines, we heard students casually note that they wrote without considering anything but the template given. The richest and most varied assignments came from internships: "the first two and a half months, we just finished our training and about 50% of the time we were writing papers . . . So we had to learn more about the bank and how it works and the lines of businesses and etc." However, a student about to graduate noted that "I've had two papers that were short papers and then everything else has been like extra credit and like optional papers."

Though revision and critical reflection are key FYW components, it was not unusual to hear "So she did give us feedback but we weren't required to revise it or turn it back in." One participant commented that students just use their notes to write to an assigned topic "and the computer grades it." However, when students have opportunities to revise, especially advanced students, they report reading through instructor's comments:

> as a whole and see what I can work on, cause she would do like specific notes and then general notes as a whole that she

would notice from the class that we all did, so I would address those to the whole paper itself.

Students' composing processes ranged, as expected, from the last minute procrastinator to the carefully scripted writer:

> I look at the criteria that my professor is looking for, like what kind of information she wants in there, . . . I'm gonna start with an introduction, so this is an overview of what I'm talking about, conclusion is just summarizing what I've already talked about and what I've learned, that's kind of where I put that in there, and everything in between I will use the criteria, so ok this topic can go in this one, this one can go in this one, and I'll start out with an outline. . . . And then once I formulate, once I think about what I want to write, I'll go back and I'll use what I already have written, the topic, and just format everything, and then go back and review everything a couple times, grammar checks, peer review, etc.

As they progressed in their education, students noted their increasing reliance on critical reading, the importance of inquiry in research and their audience awareness. However, focus groups also revealed a reliance on peer review that didn't emerge in coding nor in the survey. Students articulated a change in their orientation toward writing:

> I guess, because I was thinking that my writing was perfect the first time, but it's not always. . . . I've become way more accepting of [peer review] and like in two of my classes it's become required anyway so, you know, seeing how it sounds when you read it out loud with someone else and it's like, 'Oh that sentence doesn't really sound right, so maybe I should cut that.' So, you know, just things like that. Listening to what other people think about your writing.

Students report that they often

> run things by like friends and stuff like that or I'll read my essays out loud. I tend to, like if I read it in my head, it sounds fine, but if I'll read it out loud I'll kind of stutter over parts of my sentence or it'll sound different.

One student had his "computer read it back to me, cause even when I'm reading, like sometimes it may say 'the' twice but I'll only read it once, so I'll have it play and it'll say 'the the' and I'm like what?"

When asked directly about transfer of writing skills from FYW to current assignments, we certainly did get the comment, "I can't really remember that much of FYW...sorry." Yet later in the same interview, this student also said: "Yeah, I mean at the time I just swore up and down that peer review wasn't helpful but now I'm seeing that it's very helpful." Students connected peer review with brainstorming, not just revision, and provided further insight into reasons for their processes:

> I think having your classmates review your work is one of the strongest ways that you can better yourself as a writer, um, because you can sit here all day and get feedback from your professor and you might understand half of what they're saying, but I just feel like with your classmates, it's just more of a personal type of connection, they know how...like what level you're at because they're at the same level. And just like that you can collaborate and help each other out.

Brainstorming and peer review often surfaced together: "I didn't really know how to brainstorm [prior to FYW], I would just jump right into it." Brainstorming was also valued for "looking at writing as an outlet for what you want to talk about and then like diving into more of the details." This reliance on peers and brainstorming increased over time, tracking closely to the survey results collected. As one senior student said, "I feel like I never actually used any of these [FYW strategies] . . . like the only technique that I've been consistent with is the brainstorming part, but like everything else, I feel like I'm using more now this semester."

One other factor emerged in focus groups, as well as outside of the usual data collected. In two instances, students contacted us the summer before fall classes started, asking if we were again collecting papers. Each were looking forward to the semester, since they were going to take classes with more writing in them. This points to the element within the focus groups that is clearly a factor in our and other longitudinal studies: when there is contact with participants through interviews or focus groups, they become more mindful about their writing. We heard our students become more articulate about their writing the longer they participated, and it may well be that our discussions provided the cognitive space for them to reflect on their writing in ways they might not otherwise have done. This surely affected the richness of our conversations, their thinking, their use of vocabulary about their writing, and our, and other longitudinal researchers' interpretations overall.

Discussion

Evidence that students lack experiences writing after FYW reinforced our assumptions that students don't have opportunities to practice and thus have few opportunities to transfer writing strategies over time; this is certainly a factor in the lack of student writing proficiency later in the university. It also explains a number of national workplace surveys calling on better proficiency in writing. If students are not given many opportunities to apply what they learned right after taking FYW, there is no reinforcement of learning, crucial to transfer of knowledge. Furthermore, as other data indicated, the types of writing assigned did not often provide students agency, so they had fewer opportunities to critically decide which strategies to apply to a new task or one seemingly familiar.

In an attempt to foster some learning transfer to at least the sophomore-level writing class that students take after FYW, we created a glossary of terms used in FYW that we derived from a faculty survey of most-used terms and their definitions. We distributed it for use in key second year general education courses in the university and made it available to departments or Colleges with which we interact. We stress that the vocabulary represents concepts they should expect their students to know or at least have heard of. We stress that we are not asking them to adopt our terminology but rather reference it or make explicit the similarities or differences to their own writing expectations in order to encourage transfer. We continue to seek other ways to link what we teach in FYW with writing across campus and have been thoughtful about what more we need to know about assigned writing outside of FYW. This has made us rethink how we approach any future longitudinal study.

Data collected through coding texts or surveys proved not as rich as the focus groups. That could well rest in what we coded for since critical reading, reflection and composing processes are difficult to pinpoint in a paper for which you have no assignment, no classroom directions that may have been given, and no instructor input. Any future study would be crossdisciplinary, include faculty from other disciplines in the study and likely focus on one discipline. Contextualization of writing assignments would help us understand the fluctuation in strategies students employ at any one time. Interviewing students individually could also center around a single contextualized text.

That being said, the data did prove useful for our FYW faculty, students, and curriculum. Since we could not see evidence of critical reading in data collected the first year, we asked FYW faculty how they were teaching and measuring critical reading: the initial silence and lack of response showed us all a gap that needed addressing. We focused the following year's faculty development on critical reading theory and pedagogy, invited an expert to campus to conduct a workshop, emphasized reading as a theme in our annual regional conference and invited a reading scholar as keynote. We held in-house discussions about reading that impacted the results in portfolios that year: it was much easier to recognize evidence of students' critical reading ability. Positive results in that area not only increased but have remained high, as measured in annual portfolio assessments. However, we don't know whether and how critical reading is supported once students leave FYW, even as students report it is one of the most used skills thereafter.

However, to those of us in FYW, this study has made apparent the need for us to more explicitly draw students' attention to elements of transfer. While in retrospect we shouldn't have been surprised, we found students in our study still possessed a narrow view of "writing." In one focus group a student declared she'd done little writing that semester, yet she was a computing and informatics major. When asked if she wrote code, she went on to say "Oh yes, lots of code. Oh, and then we have to justify why we wrote it the way we did, and . . . oh, I guess I did a lot of writing." Asked if she had uploaded the texts? She hadn't. We realized more and more that we weren't capturing all the writing students might be doing, suggesting to us that a more ethnographic approach to studying writing on campus would prove valuable.

Checking our own faculty's use of vocabulary and especially our own disciplinary screens with which we approach writing has proven the most valuable lesson of this work. Partnering with colleagues in other disciplines, enlisting those faculty to norm and help code, focusing on a particular transition year (perhaps first year to second), and including disciplinary faculty in interpreting data, seem the most important next steps learned from this study. We also believe that the design as well as the study of results would benefit from student involvement, perhaps using writing about writing pedagogy (Bird et al., 2019) to teach transfer across a university's curriculum by assigning students collaborative longitudinal research projects more in line with lifespan writing studies (Bazerman et al., 2018) that will serve them into their futures as well as researchers.

We are not in a position to work across campus systematically, but we have reported on our findings at every appropriate opportunity. Our study did produce new alliances on campus, one with the Office of Assessment that helped with focus groups, statistics and transcription. Their involvement in this study shifted their understanding of what we value in writing assessment as well as their understanding of how writing proficiency might be measured. Their interest and campus-wide responsibility for creating assessment measures affected institutional attitudes toward writing and curricular assessment across disciplines.

References

Adler-Kassner, L., & Wardle, E. (2015). *Naming what we know: Threshold concepts of writing studies.* Utah State University Press.

Anderson, P., Anson C., Gonyea, R., & Paine, C. (2016). How to create high-impact writing assignments that enhance learning and development and reinvigorate WAC/WID programs: What almost 72,000 undergraduates taught us. *Across the Disciplines, 13.* https://doi.org/10.37514/ATD-J.2016.13.4.13.

Bartholomae, D. (1986). Inventing the university. *Journal of Basic Writing, 5*(1), 4–23. https://doi.org/10.37514/JBW-J.1986.5.1.02.

Bazerman, C. (2013). *A rhetoric of literate action: literate action volume 1.* The WAC Clearinghouse; Parlor Press https://doi.org/10.37514/PER-B.2013.0513.

Bazerman, C., Applebee, A., Berninger, V., Brandt, D., Graham, S., Jeffery, J., Matsuda, P. K., Murphy, S., Rowe, D. W., Schleppegrell, M., & Wilcox, K. C. (2018). *The lifespan development of writing.* National Council of Teachers of English.

Bazerman, C., Krut, R. Lunsford, K., McLeod, S., Null, S., Rogers, P., Stansell, A. (2009). *Traditions of writing research.* Routledge.

Bazerman C., & Prior, P. (2003). *What writing does and how it does it: an introduction to analyzing texts and textual practices.* Routledge.

Beaufort, A. (2007). *College writing and beyond: A new framework for university writing instruction.* Utah State University Press.

Bird, B., Downs, D., McCracken, M., & Rieman, J. (2019). *Next steps: New directions for/in writing about writing.* Utah State University Press.

Broad, B. (2003). *What we really value: Beyond rubrics in teaching and assessing writing.* Utah State University Press.

Cope, B., & Kalantzis, M. (1993). *The powers of literacy: A genre approach to teaching writing.* Falmer.

Driscoll, D., Gorzelsky, G., Wells, J., Hayes, C. Jones, E., & Salchak, S. (2017). Down the rabbit hole: Challenges and methodological recommendations in researching writing-related student dispositions. *Composition Forum, 35.* http://compositionforum.com/issue/35/.

Driscoll, D., & Jin, D. (2018). The box under the bed: How learner epistemologies shape writing transfer. *Across the Disciplines, 15*(4), 1–20. https://doi.org/10.37514/ATD-J.2018.15.4.19

Driscoll, D., & Wells, J. D. (2012). Beyond knowledge and skills: Writing transfer and the role of student dispositions. *Composition Forum, 26.*

Hesse, D. (2017, January 3). We know what works in teaching composition. *The Chronicle of Higher Education.*

Hogan, H., Ferris, D., & Whithaus, C. (2016). Dynamic transfer in first-year writing and "writing in the disciplines" settings. In C. M. Anson & J. L. Moore

(Eds.), *Critical transformations: Writing and the question of transfer*. The WAC Clearinghouse; University Press of Colorado. https://doi.org/10.37514/PER-B.2016.0797.2.07.

Khost, P. (2017). Researching habits-of-mind self-efficacy in first-year college writers. In P. Portanova, J. M. Rifenburg, & D. Roen (Eds.), *Contemporary perspectives on cognition and writing* (pp. 271–289). The WAC Clearinghouse; University Press of Colorado. https://doi.org/10.37514/PER-B.2017.0032.2.14.

Lillis, T. (2013). *The sociolinguistics of writing*. Edinburgh University Press.

Moore, J. (2012). Mapping the questions: The state of writing-related transfer research. *Composition Forum, 26*, 1–13.

Motta-Roth, D. (2009) academic literacies in the South: writing practices in a Brazilian university. In C. Bazerman, A. Bonini, & D. Figueiredo (Eds.), *Genre in a changing world*. The WAC Clearinghouse; Parlor Press. https://doi.org/10.37514/PER-B.2012.0346.2.09.

Navarro, F., & Revel Chion A. (2013). *Escribir para aprender: Disciplinas y escritura en la escuela secundaria*. Paidós.

Nowacek, R. (2011). *Agents of integration: Understanding transfer as a rhetorical act*. Southern Illinois University Press.

Pennycook, A. (2007). *Global Englishes and transcultural flows*. Routledge.

Russell, D. (1995.) Activity theory and its implications for writing instruction. In J. Petraglia (Ed.), *Reconceiving writing, rethinking writing instruction* (pp. 51–78). Routledge.

Russell D., & Ynez, A. (2003). "Big picture people rarely become historians": Genre systems and the contradictions of general education. In C. Bazerman & D. Russell (Eds.), *Writing selves, writing societies: Research from activity perspectives* (pp. 331–362). The WAC Clearinghouse. https://doi.org/10.37514/PER-B.2003.2317.2.10.

Saldaña, J. (2013). *The coding manual for qualitative researchers* (2nd ed.). SAGE Publications.

Taczak, K., & Robertson, L. (2017). Seeing is believing: Re-presentation, cognition, and transfer in writing classes. In P. Portanova, J. M. Rifenburg, & D. Roen (Eds.), *Contemporary perspectives on cognition and writing* (pp. 211–230). The WAC Clearinghouse; University Press of Colorado. https://doi.org/10.37514/PER-B.2017.0032.2.12.

Wardle, E. (2007). Understanding "transfer" from FYC: Preliminary results of a longitudinal study. *WPA: Writing Program Administration: Journal of the Council of Writing Program Administrators, 31*(1/2), 65–85.

Yancey, K. B., Robertson L., & Taczak, K. (2014). *Writing across contexts: transfer, composition, and sites of writing*. Utah State University Press.

Yancey, K. B., Davis, M., Robertson, L. Taczak, K., & Workman, E. (2018). Writing across college: Key terms and multiple contexts as factors promoting students' transfer of writing knowledge and practice. *The WAC Journal, 29*. https://doi.org/10.37514/WAC-J.2018.29.1.02

10 Explorando la Escritura Profesional en Casos Colombianos: Lecciones a Través de las Fronteras

Elizabeth Narváez
Universidad Autónoma de Occidente, Colombia

Blanca González
Grupo Interdisciplinar de Investigación en Educación y Procesos Humanos, Colombia

Luz Ángela García, Marisol Gómez, e Ingrid Luengas
Universidad Autónoma de Occidente, Colombia

Hermínsul Jiménez
Universidad de la Amazonía, Colombia

Resumen / Abstract / Resumo

El capítulo presenta resultados de un estudio interdisciplinario (2017–2019) que explora las variaciones con respecto a la escritura y la comunicación en los lugares de trabajo de egresados colombianos de Ecología, Comunicación, Publicidad, Diseño gráfico, Fonoaudiología y Licenciatura en Lengua castellana, de cuatro universidades. Se defiende la importancia de realizar investigación empírica de prácticas profesionales para explorar la escritura y la comunicación desde enfoques multimodales sistémicos. Conocer casos colombianos de experiencias en el lugar de trabajo es útil para ilustrar prácticas de escritura y comunicación en economías emergentes. Dicha descripción cualitativa podría informar las decisiones de ofertas de internacionalización de la educación superior orientadas a fomentar la cooperación profesional en intercambios comerciales, así como nutrir diseños curriculares desde perspectivas sistémicas de la escritura.

This chapter presents results from an interdisciplinary study (2017–2019) exploring the variations in writing and communication in the workplace for Colombian graduates of Ecology,

Communication, Advertising, Graphic Design, Speech and Language Pathology, and Spanish Language Arts. It advances the importance of conducting empirical research of professional practices to explore writing and communication from systemic multimodal perspectives. These Colombian cases of workplace experiences are useful to illustrate practices of writing and communication in emergent economies. Such qualitative description could inform decisions in offers of internationalization of higher education oriented to promote professional cooperation and commercial exchanges, as well as enrich curricular designs with systemic perspectives on writing.

O capítulo apresenta resultados de um estudo interdisciplinar (2017–2019) que explora as variações a respeito da escrita e a comunicação nos lugares de trabalho de formados colombianos em Ecologia, Comunicação, Publicidade, Design, Fonoaudiologia e Licenciatura em Língua castelhana, de quatro universidades. Defende-se a importância de realizar uma pesquisa empírica de estágios profissionais para explorar a escrita e a comunicação desde abordagens multimodais sistêmicas. Conhecer casos colombianos de experiências no lugar de trabalho é útil para ilustrar práticas de escrita e comunicação em economias emergentes. Dita descrição qualitativa poderia informar as decisões de ofertas de internacionalização do ensino superior orientadas a fomentar a cooperação profissional em intercâmbios comerciais, bem como nutrir desenhos curriculares desde perspectivas sistêmicas da escrita.

La formación universitaria apoya el desarrollo de valores culturales, estéticos, humanísticos, cívicos, disciplinarios y profesionales (Martínez, 2010). Si bien todos estos valores deben estar presentes como una meta central de las reformas académicas, la preparación para el mundo laboral es una de las presiones más altas que las universidades enfrentan (Moore & Morton, 2017). Los intercambios comerciales entre las economías desarrolladas y emergentes han aumentado; por lo tanto, los cambios en el entorno comercial son una de las razones para hacer reformas académicas en la educación superior. Dentro del clima económico actual, enfoques sobre la literacidad son útiles para explorar los desempeños profesionales y poner en relación el uso de la comunicación y la escritura especializada (Brandt, 2005; Lillis, 2017; Rai & Lillis, 2013), por ejemplo, en la creación de redes, la toma de decisiones en procesos sistémicos (Spinuzzi, 2012), la innovación y el emprendimiento (McNely et al., 2015).

El estudio de la comunicación escrita en la educación superior en América Latina es un campo que se nutre de las ciencias sociales, humanas, del lenguaje y la educación (Navarro et al., 2016). En Colombia se han realizado estudios de manera sostenida desde el año 2000 y han sido sistematizados por diversas compilaciones (González & Vega, 2013; Narváez-Cardona, 2017; Ortiz Casallas, 2011; Uribe-Álvarez & Camargo-Martínez, 2011). También, en Colombia, desde el 2009 se aplica una prueba de comunicación escrita hacia el final de la formación de pregrado, como parte de una política pública de calidad de la educación superior. La información oficial de la prueba muestra que la escritura se conceptualiza como una habilidad genérica que se desarrolla independiente de los aprendizajes disciplinares y profesionales y, por tanto, se evalúa a los estudiantes a través de la producción de un texto, tipo ensayo o reporte. Sin embargo, se afirma que los objetivos de su aplicación incluyen: analizar la preparación de los estudiantes para escribir en sus lugares de trabajo e informar a futuros empleadores sobre los niveles de escritura de los egresados (Instituto Colombiano para la Evaluación de la Educación [ICFES], 2018).

Enfoques de los estudios retóricos sobre el desarrollo y el aprendizaje de las prácticas de escritura en la educación superior han demostrado su variación y, por eso, no se conciben como habilidades genéricas (Beaufort, 2007; Carroll, 2002; Dias et al., 2003; Freedman, 2006; Paltridge, 2012). La variación de las prácticas de escritura depende, entre otros factores, de:

- sus usos y funciones durante distintos momentos de formación (el pregrado, el postgrado, el ámbito laboral);
- la influencia de rasgos específicos relacionados con el diseño y administración de currículos por parte de las instituciones educativas;
- las íntimas trayectorias de aprendizaje individual recorridas por cada estudiante; y,
- los modos particulares de pensar y actuar (identidades profesionales y disciplinares) desarrollados como parte de membresías ligadas a roles y actuaciones específicas en las organizaciones de trabajo.

Inclusive en América Latina y en Colombia se han desarrollado estudios que describen variaciones a lo largo de la formación del pregrado y postgrado por disciplinas e instituciones (González & Vega, 2010; Pérez-Abril & Rincón-Bonilla, 2013; Rincón-Bonilla & Gil-Rojas, 2010), basándose principalmente en el análisis de textos especializados y en entrevistas con profesores de cursos avanzados (Arnoux et al., 2016; Braidot et al., 2008; Natale & Stagnaro, 2012; Navarro, 2012; Navarro & Chiodi, 2013; Parodi, 2009, 2008; Parodi & Gramajo, 2003). La revisión de literatura realizada en español muestra que las publicaciones tienden a ser artículos tipo ensayo, más que estudios empíricos, y utilizan, principalmente, perspectivas lingüísticas de la escritura (Álvarez et al., 2012; Arnoux et al., 2016; Bach & López Ferrero, 2011; Cassany, 2004; González, 2010; González & Vega, 2013; González de la Torre, 2011; López Ferrero, 2002; Marinkovich et al., 2017; Mateos Cortés et al., 2016; Morales, 2010; Narváez-Cardona, 2015; Ortega, Bedoya & Scarpetta, 2017; Sánchez Upegui, 2016). Mientras que los estudios en inglés se centran en profesionales de las ingenierías y los negocios (Bourelle, 2015; Clayson, 2018; Conrad, 2017; Hynninen, 2018; Johnson et al., 2016; Lentz, 2013; Leydens, 2008; Narváez-Cardona, 2016, 2018; Nelson, 2003). No encontramos, al menos en español, trabajos que exploren profesionales en sus organizaciones de trabajo para describir las prácticas de escritura como fenómenos imbricados en roles y eventos especializados de la vida profesional.

En este contexto, se formuló la propuesta de investigación titulada "Estudio sobre prácticas de escritura de egresados en organizaciones de trabajo aportando a los resultados de las pruebas de comunicación escrita Saber PRO en Colombia", cuyo objetivo fue identificar relaciones y variaciones entre las prácticas de escritura de egresados en seis campos profesionales (Comunicación social-periodismo, Publicidad, Diseño gráfico, Ecología, Licenciatura en Lengua castellana y Fonoaudiología), con el fin de agregar datos a los resultados ofrecidos por la prueba genérica de comunicación escrita que se aplica en Colombia, Saber PRO.

En este capítulo se reportan los resultados del análisis de documentos oficiales de las Pruebas Saber PRO y respuestas de los cuestionarios relacionadas con la caracterización de proyectos laborales desafiantes en los que se generaban contenidos escritos lingüísticos y no lingüísticos como parte de la actividad laboral colectiva reportada por los egresados consultados.

Marco Teórico

Este estudio adopta el marco de referencia de las comunidades de práctica (Blackmore, 2010; Wenger, 2010), que explica que los seres humanos aprendemos como parte de la acción colectiva y, por eso, la transformación humana, su evolución y consecución de experticia/competencia es solo posible en contextos de participaciones grupales en las que ganamos membresía y desarrollamos identidades de afiliación con uno o varios grupos de constitución institucional formal (ej. una empresa, un colectivo de arte) o informal (ej. la familia, el género, la profesión). En este modelo, el aprendizaje se entiende como una trayectoria de ingreso al grupo que mueve a los individuos desde la periferia hacia el centro del colectivo en la medida que se gana experticia o competencia y se desarrolla una identidad de afiliación (Wenger, 2010). Bajo este enfoque, la acción humana y el aprendizaje en sistemas de relaciones de interdependencia y, por consiguiente, la experticia o la competencia no se concibe como un conjunto de saberes y habilidades que van a ser adquiridos en su totalidad por un solo individuo en un momento específico, sino que se trata de saberes y habilidades que podrán estar dispersos, articulados y bajo el dominio de un colectivo dependiendo de las condiciones en las que se desarrolle la actividad colectiva y las metas que se persigan (Blackmore, 2010; Chaiklin & Lave, 2001; Spinuzzi, 2015; Wenger, 2010;).

Esta perspectiva sistémica del aprendizaje y la acción social se complementa con el modelo de la teoría de la actividad. Este enfoque explora el comportamiento humano colectivo dirigido hacia un objetivo, situado históricamente en el marco de interacciones humanas cooperativas y, al mismo tiempo, competitivas, en las que hay una división social del trabajo debido al acceso jerárquico a los recursos y herramientas disponibles, tanto materiales como simbólicas, lo que deriva en variedad de derechos y deberes para y entre los participantes (Engeström & Sannino, 2016; Spinuzzi, 2015). El estudio toma entonces las contribuciones de la teoría de la actividad como una lente para describir las acciones humanas, especialmente el desempeño profesional basado en resultados; en dicho marco, el lenguaje se convierte simultáneamente en herramienta mediadora y productos finales que van tejiendo y son tejidos por la actividad humana colectiva. Este fenómeno está estructurado por roles, jerarquías y contradicciones debido a la superposición de motivos personales y objetivos colectivos; tensiones que brindan oportunidades para la transformación individual o grupal (Engeström, 2001, 2014; Spinuzzi, 2015).

En suma, el estudio asume que la escritura y la comunicación se interrelacionan y están social, histórica y culturalmente situadas para ser vistas como constitutivas de la actividad humana colectiva (Brandt, 2014a, 2014b). Los contenidos escritos que se comunican pueden funcionar como productos intermedios (ej. correos electrónicos o hilos de WhatsApp, tablas, gráficos) y como productos finales (ej. entregables impresos o digitales de proyectos de comunicación) en diversos medios. En consecuencia, se ha recopilado y analizado información para explorar cómo los profesionales se organizan y toman decisiones basadas en interacciones interdependientes para producir contenidos con efecto retórico; es decir, orientados por objetivos para generar reacciones específicas en audiencias definidas.[1]

---

[1] En este análisis se entiende la retórica como una práctica reflexiva que supone una acción deliberada de agentes humanos para articular decisiones (evaluar y explicar) con recursos multimodales orientados a lograr respuestas apropiadas/deseadas en otros agentes humanos, reconociendo las posibilidades y limitaciones de las decisiones tomadas y los recursos utilizados (Boyle, 2016).

Dentro de este enfoque, se adopta el concepto de género discursivo como una categoría teórica para explicar y organizar la interacción/comunicación humana a través del lenguaje. Los géneros discursivos son, al mismo tiempo, conocimiento sobre el funcionamiento de la interacción humana, así como las características materiales de los productos derivados. Los géneros discursivos estabilizan y regulan, a través del tiempo, las interacciones humanas y también estimulan el cambio (Miller, 1984). Por lo tanto, los géneros son expectativas y convenciones mentales interactivas para anticipar y responder dentro de ciertos límites (Andersen et al., 2014). Como materialidad, los géneros cobran vida a través de diversos medios, como sonidos, imágenes, impresiones gráficas, el cuerpo o híbridos entre ellos (Kress, 2005). Por consiguiente, este estudio analiza las variaciones relacionadas con la escritura y la comunicación en los lugares de trabajo a través de la circulación de contenidos más allá de los productos lingüísticos, organizados a través de materialidades distintas de las alfabéticas.

Finalmente, en este estudio, consideramos diferencias entre las disciplinas y profesiones basándonos en las distinciones entre prácticas académicas y científicas propuestas por Russell y Cortes (2012), quienes afirman que la mayoría de estudiantes universitarios no se convierten en investigadores, sino en profesionales de instituciones no académicas, en las que se demanda una escritura profesional, pero no científica. Asumimos, en consecuencia, que las disciplinas tienen una orientación científica más que las profesiones, aunque las dos prácticas, académicas y científicas, pueden considerarse en interacción (ej. utilizar la investigación para la toma de decisiones profesionales).

Análisis de Contenidos Emergentes de Publicaciones Oficiales de la Pruebas Saber PRO

Se realizó un análisis de contenido, tanto deductivo como inductivo, de seis documentos oficiales, dado que su autoría corresponde a El Instituto Colombiano para la Evaluación de la Educación (ICFES), encargado del diseño y aplicación del componente de comunicación escrita de la Prueba Saber PRO. En dichos documentos se identificaron menciones que respondieran la siguiente pregunta analítica: ¿Qué expectativas sobre la escritura en la educación superior emergen de los documentos oficiales: escribir para qué y cómo en la educación superior?

Se realizó una codificación con el software Atlas.ti a partir de las siguientes subpreguntas analíticas: ¿Para qué evaluar la escritura en la educación superior?; ¿a quién se evalúa?; ¿qué se vuelve "unidad de evaluación"?; y, ¿qué se escribe, cómo y por qué? La mínima unidad de segmentación para asignar códigos fue el párrafo ortográfico. Esta codificación se aplicó a los seis documentos oficiales seleccionados de manera aleatoria a través del buscador de Google en octubre de 2017. Se observa en el análisis que los documentos oficiales reclaman el dominio de la escritura en la educación superior (38 menciones de un total de 52 codificaciones). En relación con los códigos que responden las subpreguntas: ¿Qué se escribe, cómo y por qué? y ¿Qué se vuelve "unidad de evaluación"? El análisis de contenido indica que las siguientes expectativas están asociadas a las habilidades de escritura de un egresado profesional en Colombia:[2]

- Escribir sobre un tema de manera cohesiva y coherente (17/93 conteos).
- Escribir para un lector particular y con un propósito comunicativo específico (13/93 conteos).
- Dar formato o estructura jerárquica al contenido del escrito (12/93 conteos).
- Manejar convenciones gramaticales (11/93 conteos).
- Usar el lenguaje (vocabulario y recursos estilísticos) para afectar/impactar a un lector particular (10/93 conteos).

Cuestionario sobre Prácticas de Escritura en las Organizaciones de Trabajo

Para la aplicación de un cuestionario sobre prácticas de escritura en organizaciones de trabajo se elaboró una base de datos de egresados y se reclutaron participantes entre enero y noviembre de 2018. La selección de los campos de estudio y de las instituciones participantes se realizó por proximidad académica entre los investigadores participantes, quienes estaban afiliados a cuatro universidades ubicadas en distintas regiones del país. El reclutamiento de participantes se realizó a través de distintas estrategias como envíos de cuestionarios digitales a las bases de datos desde las oficinas de egresados o de los directores de programas académicos; correos electrónicos directos entre investigadores participantes y antiguos estudiantes, practicantes o colegas; así como aplicación de cuestionarios impresos en reuniones o eventos académicos que convocaran egresados. Por esa razón, no fue posible seguir protocolos para determinar las tasas de respuesta.

---

2   Se destacan las menciones cuyo conteo es mayor o igual a la distribución total de conteos entre la cantidad de códigos creados; en este caso, 93 (conteos de menciones)/11 (códigos creados) indica visibilidad de presencia para aquellos códigos con conteos de menciones iguales o mayores de 8,5.

Dado que el proyecto se enmarca en estudios sistémicos del aprendizaje humano, se utilizó la exploración de experiencias profesionales desafiantes como estrategia metodológica en el diseño del cuestionario al considerar a los sujetos como agentes en permanente capacidad de aprender, especialmente cuando se enfrentan a experiencias poco rutinarias que les exigen transformación. Desde este enfoque, los momentos de transición y cambio se presentan cuando las contradicciones emergentes entre los motivos individuales y las motivaciones sociales de una actividad colectiva se pueden convertir en fuentes de transformación personal o para un grupo (Engeström & Sannino, 2016; Rounsaville, 2012). Por eso, el cuestionario aplicado pidió a los participantes mencionar un proyecto profesional desafiante en el contexto laboral como marco para recoger la información.

El cuestionario incluyó 17 preguntas de respuesta abierta, y una cerrada, organizadas en cuatro secciones que se describen a continuación.

La primera sección del cuestionario solicitaba información para la *caracterización del participante* y las preguntas indagaban sobre aspectos como la organización de trabajo, cargo, antigüedad y años de vinculación, así como estudios de posgrado.

La siguiente sección caracterizaba *una experiencia profesional* y, por eso, se solicitaba a los participantes seleccionar un proyecto profesional desafiante y describir sus características y el rol asumido.

La siguiente sección incluía preguntas sobre *características de la escritura en la profesión*, relacionadas con situaciones, responsabilidades, formas de cooperación, desafíos y aspectos que resultaron fáciles durante su participación en la experiencia profesional descrita. En una sección final se pidió a los participantes sus datos personales en caso de que aceptaran ser contactados para suministrar más información.

Las respuestas cualitativas obtenidas se codificaron de manera inductiva y el grupo investigador realizó aproximadamente cuatro reuniones, entre mayo y noviembre de 2018, en las que se calibraba la aplicación de los códigos a las respuestas emergentes de los cuestionarios hasta determinar un libro de códigos para generar conteos de presencia.

Dado que la participación de los informantes fue voluntaria y no se hizo seguimiento a la tasa de respuestas, los resultados obtenidos solo describen tendencias entre los conteos y no se utilizan con fines de generalización (Bonilla-García & López-Suárez, 2016; Merriam, 1998; Schettini & Cortazzo, 2015). Finalmente la cantidad de cuestionarios recogidos por campo de conocimiento fueron: Comunicación, Publicidad y Diseño: 103; Fonoaudiología: 24; Ecología: 24; y Licenciatura en Lengua castellana: 39.

A continuación se reportan los resultados relacionados con la caracterización de los proyectos desafiantes y su relación con la escritura. En la codificación de algunas respuestas, el total sobre el que se reportan las menciones no será el total de cuestionarios obtenidos porque los investigadores hicieron conteos incluyendo como total los códigos cualitativos emergentes de las respuestas ofrecidas por los participantes; por consiguiente, había códigos que podrían estar presentes en más de un caso de respuesta.

Comunicación, Publicidad y Diseño gráfico

La información analizada indica que en su mayoría estos egresados son empleados en organizaciones (85/103) y que existen otras formas de generar sus ingresos como son el emprendimiento o prestación de servicios (9/103). Estos resultados indicarían que los egresados están empleados o trabajando en el campo profesional que estudiaron (75/105 mencionan un rol asociado a la profesión). Los participantes que respondieron el cuestionario egresaron entre 2016/2017 (28/103) y entre 2012/2013 (21/103). Los casos analizados podrían no buscar formación postgraduada (75/103); una de las posibles razones es que, tal vez, son recién egresados, y quienes aspiran al postgrado tienden a buscar maestrías (21/42). Los resultados confirman que tienden a trabajar en lo que estudiaron y a ser los líderes de los proyectos (97/101). 58/101 mencionan actividades profesionales asociadas con proyectos.

Los desafíos que los egresados mencionaron fueron:

1. capacidades de evaluación: definición y cumplimiento de indicadores en los proyectos: 37/152.
2. enfrentarse a estrategias de autoaprendizaje: 34/152.
3. manejo de logística y planeación de tiempos y recursos: 23/152
4. medición de efectos sobre las audiencias/caracterización y evaluaci.ón de usuarios y efectos: 17/152.

Los análisis de las preguntas 13, 15, y 17 indican que se espera de estos profesionales las siguientes competencias autónomas cuyos dominios no dependen de trabajos cooperativos o distribuidos:

1. la escritura de gestión: 53/140.
2. la escritura con efectos retóricos: 37/140. También la observamos como aspectos que consideraron difíciles al abordar la escritura: Escritura con orientación retórica, estilo, especialización y efectividad hacia las audiencias: 46/134.
3. creación de contenidos desde múltiples voces o con distintos formatos/materialidades/usos: 41/134.

4. gestión, control y dominio de la información y del tiempo: 25/134.
5. habilidades para la revisión de estándares, en tanto normativas: 15/140.
6. escritura con dominio digital y gráfico: 10/140.
7. redacción (aspectos gramaticales): 10/134.
8. escritura/producción de géneros (formatos) específicos de la profesión: 9/140.

En cuanto a la creación de productos/entregables, los resultados podrían indicar que los profesionales están más centrados en la generación de contenidos[3] (96/158 menciones relacionados con el tipo de entregables) que en la planeación y desarrollo de trabajos estratégicos (57/158 menciones sobre creación de proyectos estratégicos y su evaluación).

Sin embargo, los roles que desempeñaban durante la experiencia con los proyectos desafiantes estaban concentrados en ocupaciones asociadas a dirección, gestión y estrategia[4] (46/89 menciones), y un poco menos a ocupaciones asociadas a la creación de contenidos (39/89 menciones). Por otra parte, estos resultados son reforzados por la caracterización de la escritura en la profesión, que muestra que hay una dimensión de la escritura o los entregables que estaban asociados a actividades de gestión (51/91), y un poco menos a la escritura asociada a creación de contenidos análogos o digitales (34/91). Esta tendencia a clasificar la escritura orientada a la gestión más que a la creación de productos/entregables también se corrobora con los resultados sobre lo que se producía de manera cooperativa, que reportó presencia de contenidos y entregables asociados a la escritura de gestión (28/118) y a la creación de contenidos (21/118).

Los resultados indican que en 76/110 menciones la escritura/producción cooperativa (al mismo tiempo, en sinergia) no es una práctica frecuente. En pocos casos pueden escribir con profesionales u ocupaciones de otros campos (15/110), y escribir con profesionales de su mismo campo (12/110). Sin embargo,

---

3   Ejemplo de entregables o generación de contenidos serían: piezas gráficas o impresas (incluyendo empaques, señalética, camisetas, botones, pendones); fotografías; productos audiovisuales; productos periodísticos y para medios sin fines comerciales; productos de comunicación organizacional; directrices y protocolos (ej. libreto del presentador, guión para demo, mapa de navegabilidad, modelos, códigos, políticas); productos radiales; o productos de comunicación para fines comerciales (en audio, impreso, audiovisual análogo o digital).

4   Entendimos por escritura orientada a la gestión, dirección o estrategia, por ejemplo, informes de diagnóstico, avance o finales; informes financieros de inversión o presupuestos; estadísticas y gráficas de medición (mediciones cuantitativas y cualitativas, como por ejemplo a través de entrevistas); o estrategias de comunicación y planes de comunicación/negocio/mejoramiento (ej. concepto y racional, imagen corporativa, campañas).

producir sí es una actividad colectiva, y se observa que deben tener actitudes de trabajo interprofesional dado que colegas asumen roles durante la escritura para aportar contenidos desde su experiencia y dominio (79/123) y, en menor medida, como evaluadores de las producciones (22/123). Finalmente, la caracterización de las interacciones indica que parecen ser campos profesionales que deben tener mayor experiencia interorganizacional e interdisciplinaria (altas interacciones con otras profesiones y organizaciones: 98/148).

Fonoaudiología

La totalidad de los participantes eran empleados (24/24). 17/24 mencionan roles asociados a la profesión, mientras que 7/24 mencionan roles no asociados a la profesión (educadora, profesional de educación y cultura, profesor, docente universitario, docente y menciones a roles administrativos). Al revisar los años de egreso, se observa que 12/24 egresaron antes de 2010 y 9/24, entre 2012–2013. Dicha distribución podría mostrar que los participantes no eran recién egresados. Respecto a la formación en postgrado, 15/27 reportaron maestría y 8/27 especialización.

Los proyectos desafiantes y las razones que los hacen desafiantes podrían indicar que los egresados recuerdan proyectos y trabajos de grado/investigación (14/24) como experiencias de escritura intensiva, así como proyectos para una entidad/persona/evento (8/24). Esta tendencia de hablar sobre proyectos, algunos de ellos asociados a experiencias más académicas que laborales, se asocia con el tipo de entregables mencionados: por un lado, productos académicos-científicos (9/24) o informes de diagnóstico, avance o finales (5/24); y, por el otro, planes, programas y proyectos (sociales, organizacionales, escolares y clínicos) (8/24). Las menciones sobre aspectos difíciles al escribir el proyecto desafiante confirman que es un desafío responder a los requerimientos específicos de estos entregables (15/49). Del mismo modo, estos resultados se articulan con el tipo de roles reportados y asociados con docencia o investigación (9/24) o a roles de dirección, liderazgo, coordinación o gestión de proyectos (13/24).

Así mismo, la complejidad de esas experiencias parece relacionarse con el resultado esperado del proyecto (local, nacional, nivel de detalle, pionero, generar cambios) (10/24). Aparecen también menciones sobre falta conocimiento previo (12/24) (ej. pasar de la fonoaudiología clínica a la administración). Los profesionales de este campo reportan la presencia transversal de la escritura (15/24) a través de la preparación de informes/proyectos o reportes/organización y sistematización de información/análisis de contenidos (sobre casos individuales en seguimiento, proyectos institucionales/comunitarios o proyectos con orientación académica/investigativa) (15/29).

Para llevar a cabo los proyectos y los entregables que los participantes mencionaron como desafiantes se destacan interacciones interdisciplinarias (15/38), así como interorganizacionales (13/38). Las situaciones de escritura cooperativa exigieron la creación de informes (5/30); propuestas, programas, proyectos (3/30) e investigaciones, trabajo de campo y análisis de resultados (3/30). En estos casos, al parecer, se espera que los egresados dominen de manera autónoma la preparación y presentación de informes/presentaciones (7/42); la generación de información "veraz" para toma de decisiones, incluyendo el análisis de datos (comparación de teoría con hallazgos/trabajo de campo) (11/42); la creación de estrategias/metodologías/planes/proyectos/propuestas (6/42); la elaboración de marcos teóricos/revisión documental (en una o varias lenguas) (4/42); así como la revisión, edición y corrección (ortografía, redacción, coherencia, errores de impresión) (3/42). En cuanto a las responsabilidades que colegas u otros actores aportan a la producción cooperativa, se destaca experticia/conocimiento en el tema (18/38), y la revisión/edición de aspectos formales (redacción/coherencia) o de aspectos persuasivos y de eficacia de la información (10/38), así como completar informes de avance y finalización (9/38).

Ecología

La información analizada indica que en su mayoría estos egresados son empleados en organizaciones (23/24). En cuanto a los cargos que ocupan, se concentran en cargos directivos (7/24) y en investigación (7/24). La mayoría tiene formación postgraduada (18/24), concentrándose en maestría (13/24). La distribución de los cargos en direcciones e investigación podría explicar lo que se consideró desafiante: liderar un proyecto (8/24) y enfrentarse al autoaprendizaje (7/24), así como el tipo de productos/entregables que se les demandan: documentos con orientación académico-investigativa (13/24) y documentos de gestión (8/24). Estos resultados también se refuerzan con los roles de liderazgo, coordinación, facilitador o proponente de un proyecto (13/22) asociados con los proyectos desafiantes, y a roles de investigación y manejo de software para análisis de datos (5/22).

Se observa que estos profesionales se concentran en interacciones interinstitucionales (27/36) e interdisciplinarias (16/36). Inclusive, reportaron en 19/26 casos que escribían de manera colaborativa con editores o colegas de otros campos.

Sobre responsabilidades individuales, se observa que se espera de estos egresados autonomía y control como revisores y editores en español e inglés (14/24); sin embargo, de los colegas con quienes colaboran se espera lo mismo

(12/24 casos mencionan que los colegas actuaron como revisores, editores, correctores). En otros casos, los colegas parecen ofrecer complementariedad metodológica (8/24). Estos resultados podrían explicar que los participantes percibieron en 12/24 casos que la escritura estuvo presente de manera transversal y permanente en los proyectos desafiantes, y 9/24 la asociaron con escritura para la gestión (preparación de informes, reportes, organización y sistematización de información o análisis de contenidos, incluyendo el dominio del software especializado de sistema de información geográfica, SIG).

Propuestas curriculares que podrían diseñarse para apoyar a estos egresados son sugeridas por las menciones que asociaron a lo que fue difícil al escribir para el proyecto desafiante: adecuación del lenguaje para ajustar los productos a diferentes audiencias, incluyendo los efectos retóricos de lo que se reporta (10/24), y escritura de informes y análisis de información, que podría estar más asociado a escritura con orientación investigativa (7/24). En cuanto a lo que podría considerarse de dominio autónomo y controlado por parte de estos egresados, y que puede indicar que lo han "naturalizado", se observa la escritura de proyectos y sus respectivos informes; les resultó sencillo estructurar el documento, plantear los objetivos, recoger información y escribir los informes de resultados y la sección de metodología (10/24) y conocimientos previos sobre el tema (5/24).

Licenciatura en Lengua Castellana

Los 39 participantes están vinculados a instituciones del sector educativo, 36/39 a la educación pública y 3/39 a instituciones privadas. La condición de antigüedad en la institución y en el cargo muestra que son egresados recientes quienes respondieron el cuestionario, que se ubican en las franjas de 4 a 6 años (8/39 y 16/39, respectivamente) y de 1 a 3 años (9/39 y 8/39, respectivamente).

Los cargos que ocupan los egresados son mayoritariamente como docentes (25/39) y tutores del Programa Todos a Aprender (PTA) (8/39).[5] Los participantes en su mayoría (28/37) son licenciados en Lengua castellana y Literatura. De los egresados que respondieron el cuestionario, cerca de la mitad tienen título de maestría (18/47) y especialización (17/47).

La identificación de experiencias desafiantes muestra que estos están trabajando en distintos tipos de proyectos (13/39), participan en un programa nacional de acompañamiento a docentes (PTA) (12/39) y enfrentan desafíos en su ejercicio docente en diferentes niveles educativos (8/39).

---

5   Programa nacional de acompañamiento a docentes *in situ* en sus instituciones educativas, Programa Todos a Aprender (PTA).

Lo desafiante de los proyectos incluye: la introducción de innovaciones curriculares o institucionales (10/41); el alto nivel de exigencia de trabajo con docentes (8/41) y la exigencia de la producción textual (6/41), que incluye la escritura académica (estudios de posgrado, apoyo a estudiantes, exigencias de escritura de documentos académico-administrativos). El campo de las licenciaturas parece concentrarse en la escritura asociada a la planeación de experiencias (16/34), y escritura asociada al reporte de experiencias profesionales (13/34).

En relación con el carácter interdisciplinar, esta exploración podría sugerir que es un campo más bien endógeno que mantiene relaciones entre docentes de una misma organización o de otras (49/84) y relaciones con otras especialidades o áreas docentes (18/84). Las menciones mayoritarias asociadas a la docencia se confirman con los roles centrados en la enseñanza (20/42), así como la presencia de la escritura en los proyectos desafiantes concentrada en procesos didácticos de aula (14/30); por otro lado, el trabajo intraprofesional en la misma organización y entre organizaciones se ve también confirmado con roles de líder o coordinador de proyecto (8/42) y roles de comisiones en equipos (8/42), así como con el uso de la escritura en la profesión para proyectos institucionales (11/30) y la presencia de escritura cooperativa en los proyectos desafiantes, también, para la ejecución de proyectos institucionales (21/43).

Sobre dificultades de la escritura para el trabajo en equipo, los egresados mencionaron: desconocimiento, por parte de los colegas con quienes trabajan, del tipo de documento para producir (8/38) y limitación de conocimientos disciplinares (8/38); falta de reconocimiento de la escritura como proceso (6/38) y limitación en el dominio de las dimensiones intratextuales para unir ideas en los párrafos, establecer cohesión, acordar y organizar ideas (4/38). Lo que los participantes consideraron fácil del proyecto desafiante y se podría asumir como un conocimiento autónomo que consideran dominado, está asociado a sus conocimientos profesionales (17/49) y su conocimiento de la textualidad (12/49); especialmente, la escritura como proceso que se planea y requiere del cuidado de la cohesión y la coherencia (10/49).

Discusión

Escritura con Orientación Investigativa

En Ecología, Fonoaudiología y Licenciatura los egresados aspiran a la formación postgraduada, especialmente a las maestrías. Este resultado incentiva a los currículos de pregrado a mantener espacios de investigación formativa. Para el campo de la comunicación, diseño y publicidad, nuestros datos parecen indicar que los participantes eran recién egresados y, por tanto, no estaban en búsqueda de formación postgraduada. Se requieren estudios que indaguen si son profesiones que no requieren de postgrado para acceder al mercado laboral, si existe poca oferta, si las condiciones laborales y salariales no les permiten acceder a la formación postgraduada, si acceder al postgrado no añade perfiles competitivos, o si las organizaciones en la actualidad requieren profesionales que diversifiquen y, por tanto, especializarse podría no representar opciones de ascenso e inclusive de continuidad laboral en una organización.

Los análisis muestran que los proyectos laborales desafiantes con orientación académico-investigativa se asocian más al campo de la Ecología y la Fonoaudiología; por consiguiente, conviene explorar en futuros estudios las distinciones entre la investigación como parte del perfil académico (ej. investigar en el postgrado, o investigar en campos con orientación disciplinar) en comparación con la investigación como parte del perfil profesional (ej. crear evidencia para aportar a la toma de decisiones). No encontramos menciones a perfiles profesionales con orientación investigativa en los demás campos de conocimiento. Para el caso de la Ecología, la Fonoaudiología y la Licenciatura encontramos también la escritura asociada con el uso de la evidencia para la generación de informes que son utilizados para la toma de decisiones.

Para el campo de la Comunicación, el Diseño, la Publicidad y la Fonoaudiología surgió que los egresados consideraron desafiante definir y cumplir con indicadores de evaluación/impacto en los proyectos. Estos resultados podrían indicar que los currículos u ofertas de actualización profesional se beneficiarían de ofrecer enfoques de mediciones de evaluación de impacto desde perspectivas investigativas de las profesiones.

Esta discusión aportaría, por ejemplo, al debate conceptual en el campo de los estudios de la escritura sobre límites e interacciones entre las disciplinas y las profesiones (Russell & Cortes, 2012).

Escritura para el Trabajo Colectivo e Interdisciplinario

Los resultados indican que, en todos los campos, los egresados asumen en algún grado responsabilidades de liderazgo y coordinación de proyectos. Sin embargo, para el caso de Comunicación, Diseño y Publicidad, los profesionales asumen al mismo tiempo roles de producción de contenidos/entregables. Se requieren posteriores estudios que exploren si asumir ambos roles se asocia a modos de producción en organizaciones poco especializadas donde la oferta salarial comprometa asumir tantas responsabilidades como se requiera. Estas caracterizaciones ocupacionales son útiles también para generar oportunidades curriculares en las que los estudiantes roten por distintos roles y responsabilidades dado que el mercado les exigirá versatilidad en el cumplimiento de las funciones.

Roles ocupacionales de liderazgo y coordinación pueden asociarse a conocimientos sobre la escritura que los egresados reportaron como desafiantes, y que pueden convertirse en ofertas de actualización profesional: i) escritura de gestión de proyectos, incluyendo su argumentación e informes de avance que sintetizan contenidos desde múltiples voces o con distintos formatos/materialidades; ii) creación de contenidos con adecuaciones específicas para audiencias diversas, especialmente no especializadas, y iii) cumplimiento con los entregables en equipos temporales/transitorios y ajustando cronogramas.

Para los campos de Comunicación y Fonoaudiología, la escritura entre pares y de manera colectiva es una práctica en la que los egresados asumieron roles como ser aportadores de contenidos desde su experiencia y dominio; para Ecología, los egresados plantean funciones de complementariedad metodológica. De otra parte, en comunicación asumieron roles de evaluadores; y, en Fonoaudiología, de revisión/edición de aspectos formales (redacción/coherencia) o de aspectos persuasivos y de eficacia de la información.

Los campos de la Comunicación, el Diseño, la Publicidad, la Ecología y la Fonoaudiología se destacan como campos altamente interdisciplinarios con relaciones intra e interorganizacionales; por el contrario, el campo de conocimiento más endógeno es la Licenciatura. Los egresados de licenciaturas mantienen relaciones intraprofesionales en la misma organización o con otras organizaciones (relaciones con otros docentes de la misma disciplina o de otras disciplinas); estos egresados podrían beneficiarse con procesos de formación profesional que aporten a la comprensión de la escritura más como un fenómeno interdisciplinario, cooperativo y colegiado que como el dominio individual de la textualización.

El análisis nos permitió empezar a hacer distinciones entre *escritura colectiva*[6] y la *escritura cooperativa*.[7] En pocos casos se presenta la escritura o producción cooperativa de contenido, a varias manos y al mismo tiempo; en Comunicación y en Fonoaudiología aparecieron menciones sobre escritura con colegas del mismo campo, de otros campos, con jefes o líderes. La escritura colectiva se presentó más en nuestros datos, principalmente porque los colegas ofrecen complementariedad a lo que se produce o porque pueden asumir roles de evaluadores de las producciones.

---

6   *Escritura colectiva*: producir, de manera individual y en distintos momentos, contenidos como parte de un grupo.

7   *Escritura cooperativa*: producir contenidos a varias manos y en sinergia, al mismo tiempo.

Diseños y ofertas curriculares que incorporen dimensiones colectivas e interdisciplinares como las que nos mostraban algunas de las experiencias de los egresados consultados podrían ser nutridas por los modelos teóricos de las comunidades de práctica y la teoría de la actividad —expuestos al inicio de este texto— para ser aplicadas al currículo de la escritura y la comunicación especializada en las disciplinas y profesiones.

La naturaleza colectiva y distribuida de las responsabilidades de la escritura puede ser usada para diseñar experiencias curriculares de trabajos en grupo en las que se asignen roles diferenciados (líder y ejecutor), y se evalúen/califiquen los desempeños atendiendo a dichas diferencias más que centrar dicha evaluación en un producto final que sabemos no fue, ni será en el ámbito profesional, de responsabilidad simétrica colectiva. Este análisis de las relaciones entre la actividad colectiva y la producción de contenidos también es evidencia importante para que los diseñadores de currículos analicen qué tanto los planes de estudio y las asignaturas exponen a los estudiantes a experiencias colectivas interdisciplinarias y cooperativas, más que colectivas profesionalizantes.

Conclusión

Algunos documentos oficiales asociados a las pruebas Saber PRO declaran que su aplicación arroja datos sobre la preparación de los estudiantes para escribir en sus lugares de trabajo e informar a futuros empleadores sobre los niveles de escritura de los egresados (ICFES, 2018). Nuestro análisis de dichos documentos indican que las expectativas de escritura para un egresado profesional en Colombia, desde la política pública, se concentran en una práctica individual de control sobre la cohesión y coherencia de un texto alfabético dirigido a un lector particular, con un propósito comunicativo específico y un formato o estructura jerárquica, independiente del tema, mientras maneja convenciones gramaticales y usa los recursos estilísticos para impactar al lector previsto. Nuestros datos, por el contrario, ofrecen evidencia de experiencias laborales con la escritura y la comunicación que se materializan en escenarios colectivos e implican dominios interdisciplinarios, intra e interorganizacionales con interacciones entre la escritura alfabética, la escritura multimodal y las tecnologías digitales. Esta tensión emergente de los análisis es útil para diversificar propuestas de currículo sobre escritura profesional que reconozcan tanto la perspectiva individual del escritor como sujeto responsable de la generación y control de la escritura alfabética, así como la mirada sistémica de la escritura y la comunicación profesional que gestiona e integra múltiples voces y contenidos lingüísticos y no lingüísticos.

Referencias

Álvarez, A., Perlaza, D., Rivera, D., & Suárez, A. (2012). *Análisis discursivo de los textos que escriben los profesionales en Fonoaudiología en diferentes ámbitos laborales* [Tesis de pregrado no publicada]. Universidad del Valle.

Andersen, J., Bazerman, C., & Schneider, J. (2014). Beyond single genres: Pattern mapping in global communication. In E. M. Jakobs & D. Perrin (Eds.), *Handbook of writing and text production*, (Vol. 10), (305–322). De Gruyter Mouton. https://doi.org/10.1515/9783110220674.305.

Arnoux, E. N. D., Di Stefano, M., & Pereira, M. C. (2016). Las escrituras profesionales: dispositivos argumentativos y estrategias retóricas. *Revista Signos, 49*, 78–99. https://doi.org/10.4067/S0718-09342016000400005.

Bach, C., & López Ferrero, C. (2011). De la academia a la profesión: análisis y contraste de prácticas discursivas en contextos plurilingües y multiculturales. *Cuadernos Comillas,* (1), 142–153.

Beaufort, A. (2007). *College writing and beyond: A new framework for university writing instruction.* Utah State University Press.

Blackmore, C. (2010). Introduction. In C. Blackmore (Ed.), *Social learning systems and communities of practice* (pp. xi–xv). Springer.

Brandt, D. (2005). Writing for a living: Literacy and the knowledge economy. *Written Communication, 22*(2), 166–197. https://doi.org/10.1177/0741088305275218.

Brandt, D. (2014a). *The rise of writing: Redefining mass literacy.* Cambridge University Press. https://doi.org/10.1017/CBO9781316106372.

Brandt, D. (2014b). Deep writing: New directions in mass literacy. In A. C. Edlund, L. E. Edlund, & S. Haugen (Eds.), *Vernacular literacies-past, present and future* (pp. 102–121). Umeå University. https://doi.org/10.1057/9780230245693_4

Braidot, N., Moyano, E. I., Natale, L., & Roitter, S. (2008). *Enseñanza de la lectura y la escritura como política institucional a lo largo de las carreras de ingeniería del IDEI-UNGS* [Ponencia]. VI Congreso Argentino de Enseñanza de la Ingeniería (CAEDI). Salta, EUNSa.

Bonilla-García, M. Á., & López-Suárez, A. D. (2016). Ejemplificación del proceso metodológico de la teoría fundamentada. *Cinta de moebio,* (57), 305–315. https://doi.org/10.4067/S0717-554X2016000300006.

Bourelle, T. (2015). Writing in the professions: An internship for interdisciplinary students. *Business and Professional Communication Quarterly, 78*(4), 407–427. https://doi.org/10.1177/2329490615589172.

Boyle, C. (2016). Writing and rhetoric and/as posthuman practice. *College English, 78*(6), 532–554.

Carroll, A. (2002). A concluding look at development. In *`Rehearsing new roles: how college students develop as writers* (pp. 118–149). Southern Illinois University Press.

Cassany, D. (2004). La lectura y escritura de géneros profesionales en EpFE *Español para Fines Específicos. Actas del II Congreso Internacional de Español para Fines Específicos. CIEFE, Amsterdam, noviembre de 2003.* Ministerio de Educación y Ciencia del Reino de España.

Chaiklin, S., & Lave, J. (Eds.). (2001). *Estudiar las prácticas: Perspectivas sobre la actividad y contexto*. Amorrortu.

Clayson, A. (2018). Distributed cognition and embodiment in text planning: A situated study of collaborative writing in the workplace. *Written Communication, 35*(2), 155–181. https://doi.org/10.1177/0741088317753348.

Conrad, S. (2017). A comparison of practitioner and student writing in civil engineering. *Journal of Engineering Education, 106*(2), 191–217. https://doi.org/10.1002/jee.20161.

Dias, P., Freedman, A., Medway, P., & Par, A. (2013). *Worlds apart: Acting and writing in academic and workplace contexts*. Routledge.

Engeström, Y. (2001). Expansive learning at work: Toward an activity theoretical reconceptualization. *Journal of education and work, 14*(1), 133–156. https://doi.org/10.1080/13639080020028747.

Engeström, Y. (2014). *Learning by expanding*. Cambridge University Press. https://doi.org/10.1017/CBO9781139814744.

Engeström, Y., & Sannino, A. (2016). Expansive learning on the move: Insights from ongoing research/el aprendizaje expansivo en movimiento: aportaciones de la investigación en curso. *Infancia y aprendizaje, 39*(3), 401–435. https://doi.org/10.1080/02103702.2016.1189119.

Freedman, A. (2006). Pushing the envelope: Expanding the model of RSG theory. In N. Artemeva & A. Freedman (Eds.), *Rhetorical genre studies and beyond* (pp. 102–121). Inkshed Publications.

González Pinzón, B. (2010). Strategies, policies and research in colombian universities. In C. Bazerman, L. Krut, & K. Lunsford (Eds.), *Traditions of writing research* (pp. 122–132). Routledge. https://doi.org/10.4324/9780203892329.

González Pinzón, B., & Vega, V. (2010). Prácticas de lectura y escritura en cinco asignaturas de diferentes programas de la Universidad Sergio Arboleda. *Civilizar: Ciencias Sociales y Humanas, 10*(18), 101–116. https://doi.org/10.22518/16578 953.11.

González Pinzón, B. & Vega, V. (2013). Lectura y escritura en la educación superior colombiana. *Interacción, 12*, 195–201. https://doi.org/10.18041/1657-7531/interaccion.0.2325.

González de la Torre, Y. (2011). Configuraciones de las prácticas lectoras en contextos sociales: La lectura situada en la escuela y el trabajo. *Perfiles Educativos, 33*(133), 30–50.

Hynninen, N. (2018). Impact of digital tools on the research writing process: A case study of collaborative writing in computer science. *Discourse, Context & Media, 24*, 16–23. https://doi.org/10.1016/j.dcm.2018.01.005.

Instituto Colombiano para la Evaluación de la Educación (ICFES). (2018). *Guía de orientación Saber Pro: Módulos de competencias genéricas*. ICFES.

Johnson, F., Garza, S., & Gutierrez, K. (2016, October). Research on the use of voice to text applications for professional writing. *2016 IEEE International Professional Communication Conference* (IPCC), 1–6. https://doi.org/10.1109/IPCC.2016.7740532.

Kress, G. (2005). Gains and losses: New forms of texts, knowledge, and learning. *Computers and Composition, 22*(1), 5–22. https://doi.org/10.1016/j.compcom.2004.12.004.

Lentz, P. (2013). MBA students' workplace writing: Implications for business writing pedagogy and workplace practice. *Business Communication Quarterly, 76*(4), 474–490. https://doi.org/10.1177/1080569913507479.

Leydens, J. A. (2008). Novice and insider perspectives on academic and workplace writing: Toward a continuum of rhetorical awareness. *IEEE Transactions on Professional Communication, 51*(3), 242–263. https://doi.org/10.1109/TPC.2008.2001249.

Lillis, T. (2017). Imagined, prescribed and actual text trajectories: The "problem" with case notes in contemporary social work. *Text & Talk, 37*(4), 485–508. https://doi.org/10.1515/text-2017-0013.

López Ferrero, C. (2002). Aproximación al análisis de los discursos profesionales. *Revista Signos, 35*(51–52), 195–215. https://doi.org/10.4067/S0718-09342002005100013.

Marinkovich J., Velásquez, M., & Astudillo, M. (2017). Hacia una caracterización de las prácticas de escritura en la comunidad académica de biología. *Lenguas Modernas, 50,* 131–151.

Martínez, J. (2010). *La universidad productora de productores: entre biopolítica y subjetividad.* Universidad de la Salle.

Mateos Cortés, L. S., Dietz, G., & Mendoza Zuany, R. G. (2016). ¿Saberes-haceres interculturales? Experiencias profesionales y comunitarias de egresados de la educación superior intercultural veracruzana. *Revista Mexicana de Investigación Educativa, 21*(70), 809–835.

McNely, B., Spinuzzi, C., & Teston, C. (2015). Contemporary research methodologies in technical communication. *Technical Communication Quarterly, 24*(1), 1–13. https://doi.org/10.1080/10572252.2015.975958.

Merriam, S. B. (1998). *Qualitative research and case study applications in education. revised and expanded from "case study research in education".* Jossey-Bass Publishers.

Miller, C. (1984). Genre as social action. *Quarterly Journal of Speech, 70,* 151–167. https://doi.org/10.1080/00335638409383686.

Moore, T., & Morton, J. (2017). The myth of job readiness? Written communication, employability, and the "skills gap" in higher education. *Studies in Higher Education, 42*(3), 591–609. https://doi.org/10.1080/03075079.2015.1067602.

Morales, O. A. (2010). *Los géneros escritos de la odontología hispanoamericana* [Tesis doctoral no publicada]. Universitat Pompeu Fabra. https://doi.org/10.13140/RG.2.2.22629.81123.

Narváez-Cardona, E. (2015). Exploración del desarrollo de la escritura de dos egresados de medios y comunicación a propósito de una prueba de escritura a gran escala en Colombia. *Revista Espaço Pedagógico, 22*(1), 51–78. https://doi.org/10.5335/rep.v22i1.5190.

Narváez-Cardona, E. (2016). Latin-American writing initiatives in engineering from Spanish-speaking countries. *Ilha do Desterro, 69*(3), 223–248. https://doi.org/10.5007/2175-8026.2016v69n3p223.

Narváez-Cardona, E. (2017). Las teorías de los géneros discursivos en el campo de la lectura y la escritura en la educación superior: análisis de datos emergentes de artículos publicados en una revista científica colombiana. *Acción Pedagógica, 26*(1), 70–87.

Narváez-Cardona, E. (2018). Creating accounts of diverse developmental writing paths within a Colombian major in industrial engineering. *Writing & Pedagogy, 10*(3), 371–399. https://doi.org/10.1558/wap.34588.

Natale, L., & Stagnaro, D. (2012). Desarrollo de habilidades de lectura y escritura en la trayectoria académica del ingeniero: la experiencia de un programa desafiante e innovador. *Revista Argentina de Enseñanza de la Ingeniería, 2*(3), 45–52.

Navarro, F. (2012). ¿Qué son los géneros profesionales? Apuntes teórico-metodológicos para el estudio del discurso profesional. In A. Cristófalo & J. Ledesma (Eds.), *Actas del IV Congreso Internacional de Letras "Transformaciones Culturales. Debates de la teoría, la crítica y la lingüística en el Bicentenario" (Buenos Aires, 22–27 noviembre de 2010)* (pp. 1294–1303). Universidad de Buenos Aires.

Navarro, F., Ávila Reyes, N., Tapia-Ladino, M., Cristovão, V. L., Moritz, M. E. W., Narváez-Cardona, E., & Bazerman, C. (2016). Panorama histórico y contrastivo de los estudios sobre lectura y escritura en educación superior publicados en América Latina. *Revista Signos, 49*, 78–99. https://doi.org/10.4067/S0718-09342016000400006.

Navarro, F., & Chiodi, F. (2013). Desarrollo interdisciplinario de pautas de escritura, revisión y evaluación de textos académico-profesionales. El caso del Informe Final de Práctica Profesional Supervisada en Ingeniería Industrial. In L. Natale (Ed.), *El semillero de la escritura. Las tareas escritas a lo largo de tres carreras de la UNGS* (pp. 173–204). UNGS.

Nelson, S. (2003). Engineering and technology student perceptions of collaborative writing practices. *IEEE Transactions on Professional Communication, 46*(4), 265–276.

Ortega, B. C. A., Bedoya, N. G., & Scarpetta, L. M. (2017). Los informes de la práctica profesional en Fonoaudiología: análisis textual y pragmático. *Traslaciones. Revista latinoamericana de Lectura y Escritura, 4*(8), 187–203.

Ortiz Casallas, E. M. (2011). La escritura académica universitaria: estado del arte. Íkala, *Revista de lenguaje y cultura, 16*(28), 17–41.

Paltridge, B. (2012). Genre and English for specific purposes. In B. Paltridge & S. Starfield (Eds.), *The handbook of english for specific purposes* (pp. 347–367). Wiley.

Parodi, G. (2008). *Géneros académicos y géneros profesionales: Accesos Discursivos para Saber y Hacer*. Ediciones universitarias de Valparaíso.

Parodi, G. (2009). Written genres in university studies: Evidence from an academic corpus of Spanish in four disciplines. In C. Bazerman, A. Bonini, & D. Figueiredo (Eds.), *Genre in a Changing World* (pp. 483–501). The WAC Clearinghouse; Parlor Press. https://doi.org/10.37514/PER-B.2009.2324.2.24.

Parodi, G., & Gramajo, A. (2003). Los tipos textuales del corpus técnicoprofesional PUCV 2003: una aproximación multiniveles. *Revista Signos, 36*(54), 207–223. https://doi.org/10.4067/S0718-09342003005400006.

Pérez-Abril, M., & Rincón-Bonilla, G. (Eds.) (2013). *¿Para qué se lee y se escribe en la universidad colombiana? Un aporte a la consolidación de la cultura académica del país.* Editorial Pontificia Universidad Javeriana.

Rai, L., & Lillis, T. (2013). "Getting it write" in social work: Exploring the value of writing in academia to writing for professional practice. *Teaching in Higher Education, 18*(4), 352–364. https://doi.org/10.1080/13562517.2012.719157.

Rincón Bonilla, G., & Rojas, J. S. G. (2010). Las prácticas de lectura y de escritura académicas en la Universidad del Valle: tendencias. *Lenguaje, 38*(2), 387–419. https://doi.org/10.25100/lenguaje.v38i2.4919

Rounsaville, A. (2012). Selecting genres for transfer: The role of uptake in students' antecedent genre knowledge. *Composition Forum, 26.* Retrieved May 24, 2021 from, https://compositionforum.com/issue/26/selecting-genres-uptake.php.

Russell, D. R., & Cortes, V. (2012). Academic and scientific texts: The same or different communities? In M. Castelló & C. Donahue (Eds.), *University writing: Selves and texts in academic societies* (pp. 3–17). Emerald Publishing.

Sánchez Upegui, A. A. (2016). Alfabetización académica: Leer y escribir desde las disciplinas y la investigación. *Revista Lasallista de Investigación, 13*(2), 200–209. https://doi.org/10.22507/rli.v13n2a18.

Schettini, P., & Cortazzo, I. (2015). *Análisis de datos cualitativos en la investigación social.* Editorial de la Universidad Nacional de La Plata. https://doi.org/10.35537/10915/49017.

Spinuzzi, C. (2012). Working alone together: Coworking as emergent collaborative activity. *Journal of Business and Technical Communication, 26*(4), 399–441. https://doi.org/10.1177/1050651912444070.

Spinuzzi, C. (2015). Toward a typology of activities: Understanding internal contradictions in multiperspectival activities. *Journal of Business and Technical Communication, 29*(1), 3–35. https://doi.org/10.1177/1050651914548277.

Uribe-Álvarez, G., & Camargo-Martínez, Z. (2011). Prácticas de lectura y escritura académicas en la universidad colombiana. *Magis, Revista Internacional de Investigación en Educación, 3*(6), 317–341.

Wenger, E. (2010). Communities of practice and social learning systems: The career of a concept. In *Social Learning Systems and Communities of Practice* (pp. 179–198). Springer. https://doi.org/10.1007/978-1-84996-133-2_11.

11 Transformados por la Escritura: Concepciones de Estudiantes Universitarios a través del Currículum y de las Etapas Formativas

Federico Navarro
UNIVERSIDAD DE O'HIGGINS, CHILE

Fernanda Uribe Gajardo
UNIVERSIDAD DE CHILE

Soledad Montes
LANCASTER UNIVERSITY, UK

Pablo Lovera Falcón, Bárbara Mora Aguirre, y Enrique Sologuren Insúa
UNIVERSIDAD DE CHILE

Martín Álvarez y Claudia Castro Acuña
PONTIFICIA UNIVERSIDAD CATÓLICA DE CHILE

Sebastián Vargas Pérez
UNIVERSIDAD DE CHILE

Resumen / Abstract / Resumo

La escritura favorece el aprendizaje, desempeño y retención universitarias, pero se conoce poco sobre las perspectivas de estudiantes-escritores en distintas disciplinas y etapas formativas. Esta investigación analiza cualitativa y cuantitativamente los desafíos y los espacios y formas de enseñanza y aprendizaje de la escritura reportados por 360 estudiantes ingresantes y graduados de 6 áreas disciplinares de una universidad chilena estatal y metropolitana. Los resultados demuestran un proceso de enculturación disciplinar: los ingresantes anticipan desafíos de escritura de géneros escolares, pero los graduados reportan dificultades frente a géneros avanzados de investigación (artículos, tesis), sobre todo en Ciencias de la Salud e Ingenierías. Tanto ingresantes como graduados presentan útiles concepciones transaccionales y epistémicas de la escritura, pero los graduados reportan experiencias formativas solitarias y por ensayo y error. Considerar estas concepciones y experiencias puede orientar el diseño de iniciativas de enseñanza de la escritura con foco en los estudiantes-escritores.

Writing fosters university learning, achievement, and retention, but little is known about student-writers' perspectives in different disciplines and educational stages. This study aims to qualitatively and quantitatively analyze the challenges and the spaces and forms of teaching and learning writing reported by 360 freshmen and graduate students from 6 disciplinary areas of a Chilean public and metropolitan university. The results show a process of disciplinary enculturation: freshmen anticipate challenges in writing school genres but graduates report difficulties with advanced research genres (articles, dissertations), especially in Health Sciences and Engineering. Both freshmen and graduates show useful transactional and epistemic conceptions of writing but graduates report solitary and trial-and-error formative experiences. Taking these conceptions and experiences into account can guide the design of writing instruction initiatives focused on student-writers.

A escrita favorece a aprendizagem, desempenho e retenção universitárias, mas se conhece pouco sobre as perspectivas de estudantes-escritores em diferentes disciplinas e etapas formativas. Esta pesquisa analisa qualitativa e quantitativamente os desafios e os espaços e formas de ensino e aprendizagem da escrita informados por 360 estudantes ingressantes e graduados de 6 áreas disciplinares de uma universidade chilena estatal e metropolitana. Os resultados demonstram um processo de enculturação disciplinar: os ingressantes antecipam desafios de escrita de gêneros escolarizantes, mas os graduados relatam dificuldades perante os gêneros avançados de pesquisa (artigos, teses), sobretudo em Ciências da Saúde e Engenharias. Tanto ingressantes quanto graduados apresentam úteis concepções transacionais e epistêmicas da escrita, mas os graduados relatam experiências formativas solitárias e por tentativa e erro. Considerar estas concepções e experiências pode orientar o desenho de iniciativas de ensino da escrita com foco nos estudantes-escritores.

En las últimas dos décadas se han incrementado en Latinoamérica los dispositivos de enseñanza de la lectura y la escritura académicas en educación superior (Molina Natera, 2015), fenómeno que se desarrolla en el marco de procesos más amplios como la expansión de la matrícula (Chiroleu & Marquina, 2017), la creación de mecanismos estatales de acreditación (Lemaitre, 2015) y el desarrollo de dispositivos de apoyo al aprendizaje y acompañamiento estudiantiles con foco en equidad e inclusión (Santelices et al., 2018), así como el desarrollo del campo interdisciplinario de los estudios de la escritura (Navarro et al., 2016). En este panorama, se reconoce el valor de la escritura como una herramienta que favorece el desempeño académico y la retención (Garrett et al., 2017). Esto se debe a que ingresar, permanecer y egresar en la educación superior supone participar de disciplinas académicas que constituyen áreas de conocimiento situadas en tradiciones intelectuales con una historia previa de áreas de discusión, prácticas de recolección y análisis de datos y, en particular, formas propias de comunicar (Tusting & Barton, 2016), con variaciones según la etapa formativa, el grado de experticia y el rol de cada estudiante (Swales, 2004). Sin embargo, las expectativas y prácticas de las comunidades disciplinares no siempre son explícitas ni se integran al currículum, sino que suelen constituir un "rito del misterio" que puede dejar afuera a estudiantes tradicionalmente ajenos a este ámbito (Lillis, 2001).

En los últimos años se han incrementado las investigaciones que buscan entender mejor las perspectivas de los estudiantes en tanto escritores en roles válidos en educación superior (Ávila Reyes et al., 2020): sus experiencias y expectativas sobre escribir en la universidad; las transformaciones que experimentan mediante la participación en prácticas nuevas; su reconocimiento de apoyos y obstáculos pedagógicos e institucionales; las formas de escritura, de enseñanza y de evaluación que reconocen, rechazan o prefieren; la negociación de sus identidades, discursos y conocimientos respecto de las comunidades educativas y disciplinares en las que se insertan; y las tensiones vinculadas a clase social, etnia, identidades de género, capitales culturales, sociolectos o localización geográfica que vivencian. El foco investigativo en las y los escritores permite comprender la escritura en educación superior no como producto neutral a asimilar y reproducir, sino como fenómeno situado y experiencial que adquiere significados a partir de la interacción entre subjetividades y contextos específicos (Zavala, 2019).

Las concepciones de la escritura, abordadas desde diferentes marcos teóricos como la metacognición, la fenomenografía o el aprendizaje situado (Villalón & Mateos, 2009) permiten profundizar en esta línea de investigación. Abordadas de forma situada, con atención por elementos contextuales, las concepciones respecto de la escritura y su aprendizaje pueden variar y adaptarse en diferentes estadios, como etapas particulares en el currículum universitario, pero también en prácticas concretas de escritura o géneros discursivos determinados. Su importancia radica en que median los procesos cognitivos y de aprendizaje, las actitudes y autopercepciones, y las prácticas discursivas y sociales, por lo que tienen un impacto directo en los desempeños letrados y académicos (Trigwell & Ashwin, 2006).

La presente investigación tiene como propósito ofrecer un panorama de las experiencias y concepciones sobre la escritura y su enseñanza en estudiantes universitarios a través del currículum y de las etapas formativas. En lugar de delimitar un grupo disciplinar o una instancia de formación particulares, como es frecuente en la bibliografía especializada, se intenta identificar permanencias y contrastes entre estudiantes que pertenecen a ámbitos diversos y que participan en niveles formativos distintos dentro de una misma institución de educación superior. A partir de respuestas abiertas a un cuestionario, se realizó un análisis cualitativo de contenidos mediante categorías emergentes en cuatro dimensiones de interés (géneros discursivos, dimensiones textuales, espacios y formas de enseñanza), con asistencia de software NVivo 11 Pro y control de integridad, y se cuantificaron las ocurrencias para su contraste y análisis estadístico descriptivo. Con ello, se buscó dar cuenta de los contrastes y transformaciones en las concepciones y experiencias sobre y con la escritura asociados a los roles que los estudiantes ocupan a lo largo de su recorrido académico en una comunidad educativa, con foco en dos momentos clave: al inicio y en la conclusión de sus estudios superiores.

Escribir a través del Currículum: Una Perspectiva Latinoamericana

La escritura es una habilidad central a lo largo de la carrera universitaria. Así, desde la propuesta pedagógica de escribir a través del currículum se ha enfatizado en la relevancia de la escritura como un eje clave de los procesos de enseñanza y aprendizaje a través de las distintas etapas y áreas curriculares (Russell, 2002; Thaiss & Porter, 2010). Lo anterior es concordante con el rol atribuido a la escritura como herramienta epistémica, capaz de transformar el conocimiento (Craig, 2013; Miras, 2000) y que, por lo tanto, supone un aporte para el aprendizaje en las disciplinas. Una perspectiva de escritura a través del currículum enfatiza la responsabilidad institucional de acompañar curricularmente a los estudiantes en el proceso de hacerse partícipes de culturas discursivas y disciplinares a través de sus formas específicas de comunicar y de construir conocimiento.

Este reconocimiento de la escritura como una práctica transversal a diferentes etapas y ámbitos curriculares supone un foco en las trayectorias de aprendizaje de la escritura a lo largo de la vida (Bazerman et al., 2018) y en el rol de la escritura en los procesos de enculturación en los contextos disciplinares y profesionales (Prior & Bilbro, 2012). La formación de escritores expertos es un proceso en permanente desarrollo y, por tanto, no se aprende desde una "hoja en blanco", sino sobre la base de expectativas y experiencias previas en la trayectoria biográfica, identitaria y de formación de los sujetos (Bourgeois, 2009).

En un contexto en que la población universitaria es cada vez más diversa, con trayectorias de escritura y formación distribuidas inequitativamente en la sociedad, la perspectiva de escribir a través del currículum puede adquirir nuevos matices: si se escribe a lo largo de diferentes etapas de la carrera, desarrollar la escritura en la universidad supone reconocer la diversidad de oportunidades y de prácticas en las trayectorias previas de las y los estudiantes. En efecto, la lectura y la escritura constituyen prácticas que están determinadas por el contexto social e histórico y por las relaciones de poder construidas en esos contextos (Barton & Hamilton, 2000). De acuerdo con esta perspectiva, no habría una manera "correcta" de escribir, sino más bien una diversidad de literacidades más o menos legitimadas en ciertos contextos o grupos sociales. Se ha reconocido que la idea de que los estudiantes universitarios aprenden las prácticas de escritura académica a través de la sola exposición a ellas supone un estudiante tradicional (Curry, 2003), que puede activar sus propias experiencias familiares y académicas para enfrentarse a la cultura y convenciones de la universidad (Gee, 2015), muchas veces a través del currículum oculto (Schleppegrell, 2004) y sin enseñanza explícita ni, mucho menos, crítica (Lillis, 2001).

La diversidad étnica, socioeconómica, etaria, cultural y lingüística de los perfiles actuales en educación superior pone en crisis esta expectativa hegemónica sobre los estudiantes. Latinoamérica es una región donde esta tensión es central: ha atravesado cuatro décadas de expansión inédita del sistema universitario; apuesta por la educación y la investigación pública como sinónimos de prestigio y calidad; ofrece —en muchos casos— gratuidad o apoyos fiscales a los estudiantes; pero al mismo tiempo es una de las regiones más desiguales del mundo y conserva un vínculo estrecho entre el origen socioeconómico del estudiante y sus posibilidades de graduación (Chiroleu & Marquina, 2017). En el contexto segregado e inequitativo de Latinoamérica, no puede obviarse que existen trayectorias previas que son más valoradas por la academia que otras. Se trata de escrituras propias de los grupos dominantes que gozan de mayor prestigio social, pero que con frecuencia son presentadas como descontextualizadas y desideologizadas, es decir, se comprenden desde un modelo autónomo de la escritura (Street, 1984) como naturales y correctas en sí mismas (Zavala, 2019). Así, desde una perspectiva de escritura a través del currículum que dé espacio a la agencia y subjetividad de las y los estudiantes para que las prácticas educativas sean realmente liberadoras (Freire, 1970), deberían ser reconocidos y valorados los recorridos diversos de los que provienen los estudiantes y los aportes que hacen a las instituciones (Eodice et al., 2016; Guerra, 2015). En ese sentido, es fundamental que las investigaciones y las iniciativas de enseñanza reconozcan y visibilicen las propias voces de los estudiantes, indaguen en los desafíos que identifican y las experiencias con la escritura que les resultan significativas, y se hagan cargo de las expectativas que expresan.

Concepciones Situadas de Escritura: A través del Currículum y de las Etapas Formativas

Son diversos los enfoques y los términos técnicos que se han elaborado para abordar las creencias, representaciones y concepciones de los sujetos, en marcos teóricos provenientes de la metacognición, la fenomenografía o el aprendizaje situado (Villalón & Mateos, 2009). Desde la fenomenografía, en particular, se privilegia a los sujetos como agentes de construcción y significación de su propia experiencia. Las investigaciones han abordado especialmente las concepciones en torno al aprendizaje (Ellis & Calvo, 2006; Marton & Säljö, 2005), por ejemplo respecto de las maneras en que las personas conciben los objetos y procesos involucrados en el aprender (Benson & Lor, 1999). Estas concepciones sobre el aprendizaje presentan variaciones dependientes del contexto (Eley, 1992; Laurillard, 2005). Para Trigwell y Ashwin (2006), las concepciones situadas emergen en contextos o situaciones particulares y se vinculan estrechamente a la experiencia de los sujetos.

Existe un rico campo de investigaciones en torno a las concepciones sobre la escritura, entendidas como conjunto de valoraciones, supuestos y conocimientos sobre el proceso de escribir (Difabio de Anglat, 2013). Ellis y otros (2007) identifican una escala cohesiva y otra fragmentada respecto de la escritura en estudiantes universitarios: la primera refiere a una concepción centrada en aspectos de contenido y a la comprensión profunda, mientras que la segunda se centra en aspectos de superficie o formales de escritura. Lavelle y Zuercher (2001) distinguen estudiantes universitarios con aproximaciones profundas y de superficie sobre la escritura; el primer grupo concibe la escritura como un proceso recursivo, complejo y orientado hacia la audiencia, mientras que el segundo entiende la escritura como un proceso de uso pasivo de información y se centra en aspectos locales de la escritura.

Se ha observado que las concepciones con las que operan los estudiantes universitarios inciden en sus prácticas escritas. Martínez Fernández y otros (2016) encuentran un patrón entre el involucramiento y motivación positiva hacia la escritura, las concepciones profundas respecto del aprendizaje y el desempeño en tareas de escritura de estudiantes universitarios. White y Bruning (2005) determinan que estudiantes universitarios con concepciones transaccionales de la escritura (centradas en la escritura como proceso constructivo) desarrollan mejores escritos que aquellos con concepciones transmisivas (escritura como transmisión de información). De manera similar, Sanders-Reio y otros (2014) hallan que los estudiantes con mayor conciencia de la audiencia presentan mejores resultados en sus composiciones escritas que aquellos que centran su atención en la mera transmisión de información. También Aguilar et al. (2016) concluyen que los estudiantes universitarios con concepciones transaccionales muestran un mejor desempeño escrito.

Menos frecuentes son las investigaciones en torno a las concepciones de la escritura que observan variaciones en diferentes disciplinas y etapas curriculares en educación superior. Además, son poco usuales las investigaciones que combinan análisis cualitativo con análisis estadístico de patrones cuantitativos. En la presente investigación, se buscó comparar las concepciones sobre escritura y su aprendizaje en estudiantes ingresantes, que aún no han cursado en la universidad y que se basan en experiencias en niveles educativos previos, con las concepciones de estudiantes egresados, que han culminado recientemente su trayectoria formativa y basan sus concepciones en la experiencia universitaria. Los contrastes entre una cohorte y otra pueden poner en evidencia cómo los procesos de enculturación en educación superior transforman las concepciones situadas de los estudiantes. A su vez, se contrastaron las concepciones a través de seis áreas disciplinares con el fin de comprender mejor la dependencia cultural y disciplinar de las concepciones estudiantiles.

Metodología

Participantes

Los participantes del estudio son estudiantes de una universidad estatal, metropolitana, centenaria y altamente selectiva de Chile de dos niveles curriculares diferenciados: ingreso (inscritos que aún no han comenzado sus estudios) y egreso (graduados recientes). Los estudiantes de las dos cohortes recibieron la invitación a responder un cuestionario; el primer grupo correspondió a la cohorte de estudiantes ingresantes a la universidad en 2017 (n = 6309), de quienes un 81% respondió al instrumento (n = 5083) entre el 12/1/17 y el 9/3/17, mientras que el segundo grupo correspondió a estudiantes graduados del año 2015 (n = 2881) de quienes se obtuvo una tasa de respuesta del 42% (n = 1215) entre el 14/6/17 y el 20/7/17. Se seleccionó de manera aleatoria a 180 estudiantes ingresantes y 180 estudiantes graduados pertenecientes proporcionalmente a seis áreas disciplinares con formas de escritura y marcos institucionales, epistemológicos y culturales diversos (Ciencias de la Salud,

Ingenierías, Artes, Pedagogías en Ciencias, Humanidades y Ciencias Sociales) para analizar cualitativamente sus respuestas abiertas al cuestionario ($n = 720$). En los fragmentos brindados como ejemplo más abajo, se aclara la carrera y el código asignado al estudiante.

Instrumento

Se desarrolló un cuestionario autoaplicado en línea compuesto de 16 preguntas cerradas y 2 preguntas abiertas (Navarro & Mora-Aguirre, 2019). Estas últimas buscan levantar concepciones sobre las dificultades para elaborar clases tipificadas y situadas de textos y sobre las prácticas de enseñanza y aprendizaje de la escritura en la universidad, según se detalla a continuación:

1. Para ti, ¿cuáles son los textos más difíciles de escribir en la universidad? ¿Por qué?
2. Según tu perspectiva, ¿cómo se enseña y se aprende a escribir en la universidad?

Antes de su aplicación, el cuestionario fue revisado por cuatro pares expertos en escritura académica y por metodólogos del Departamento de Pregrado de la Facultad de Ciencias Sociales de la universidad en la que se realiza el estudio.

Procedimientos de Análisis de Datos

Las 720 respuestas a las preguntas abiertas se codificaron cualitativamente (Saldaña, 2016) a partir de un análisis de contenido (Krippendorff, 2004) utilizando el software QSR NVivo 11 Pro. Se siguieron procedimientos para el control de integridad metodológica (Levitt, 2019): calibración, confiabilidad interanalistas (Kappa de Cohen = 0.898) y auditoría. Para el análisis cualitativo, se utilizaron cuatro dimensiones definidas a priori, con subcategorías emergentes en el análisis: 1) géneros discursivos; 2) dimensiones de escritura; 3) espacios de enseñanza y aprendizaje; y 4) formas de enseñanza y aprendizaje (ver Tabla 11.1 en Anexo). Estas dimensiones, intencionadas en las preguntas del cuestionario, buscan recoger evidencias sobre las clases tipificadas de textos que representan un mayor desafío para los estudiantes-escritores en formación según sus expectativas y experiencias, junto con las dimensiones textuales que consideran clave. A su vez, buscan determinar expectativas y experiencias vinculadas con el aprendizaje de la escritura en contextos de educación superior.

Finalizada la codificación, se calculó la frecuencia de aparición de los diferentes códigos. Adicionalmente, se utilizó la prueba de chi-cuadrado para identificar asociaciones estadísticamente significativas entre los diferentes grupos.

En este estudio, se presenta el análisis comparativo global de los hallazgos, que fueron reportados parcialmente respecto de la etapa de inicio en Navarro et al. (2019) y de la etapa de egreso en Navarro y Montes (en prensa).

Resultados y Discusión

¿Cuáles son los Textos más Difíciles de Escribir en la Universidad?

Los estudiantes ingresantes anticipan que el *ensayo* será el género discursivo más difícil de escribir (41.7% de las menciones), pero este consenso se reduce marcadamente en la perspectiva de los graduados (19.1%), como se aprecia en el gráfico 11.1. Esta expectativa sobre la predominancia del ensayo, luego modificada tras la enculturación universitaria en las disciplinas, puede estar motivada por la presencia del género en educación media; de la misma manera, los ingresantes mencionan con frecuencia categorías típicas de aulas escolares como "textos argumentativos", las cuales no aparecen entre los graduados. En sentido inverso, se incrementa la percepción de dificultad asociada a tesis y trabajos de investigación. Las tesis y memorias, típicos géneros de egreso en educación superior, pasan de 11.3% de menciones en ingresantes a 21.9% en graduados. Por su parte, los trabajos de investigación (también denominados *papers*, artículos científicos, artículos de investigación o textos científicos) pasan de 11.3% en ingresantes a 18% en graduados. Estos contrastes entre ingreso y egreso son estadísticamente significativos (X^2 (df = 5) = 38.4, p < 0.0000001). Los hallazgos muestran que los graduados consideran que las clases de textos orientadas a la producción de investigación científica son desafiantes, y brindan evidencias para el desarrollo de programas de escritura en las disciplinas y en cursos avanzados de la formación universitaria.

También se incrementa, aunque en menor medida y sin alcanzar significancia estadística, la concepción del *informe* como género desafiante: del 15.2% en ingreso al 19.4% en egreso. Lo anterior puede tal vez explicarse por la existencia de informes asociados a la aplicación de conocimientos o a las prácticas profesionales en las etapas terminales de algunas carreras.

Otro aspecto que permanece relativamente estable a lo largo de las etapas curriculares son las menciones a géneros diversos categorizados como "otros" (alrededor del 20% en ambas cohortes). Esto puede ser un resultado de la amplia variabilidad de géneros de formación (Navarro, 2014) en el nivel universitario a lo largo de toda la carrera, tanto en el ingreso como en el egreso. Sin embargo, también puede estar evidenciando la generalización de tareas escolarizantes y poco específicas, y la falta de formación en un metalenguaje específico de las clases de escritos de cada ámbito. De hecho, la mención de un género escolar como la *prueba*, aunque marginal en las encuestas, tiene mayor presencia entre graduados (2.1%) que en las proyecciones que hacen los ingresantes (0.4%), lo cual puede ser indicador de cierta centralidad de géneros escolarizantes aún en etapas avanzadas de la formación universitaria.

Más allá de los contrastes entre ambas cohortes, puede identificarse una continuidad en los géneros discursivos percibidos como más desafiantes (ensayos, informes, tesis, trabajos de investigación), que se llevan el 80% de las menciones. Este hallazgo muestra estudiantes ingresantes con expectativas en cierta medida informadas respecto de la experiencia que tendrán en educación superior, más allá del excesivo peso que dan en sus trayectorias al ensayo, y un proceso de enculturación en educación superior que distribuye de forma más balanceada la percepción de dificultad en esos cuatro géneros discursivos. Al mismo tiempo, refuerza con evidencias la necesidad de apoyo a la escritura en el nivel universitario de forma permanente y específica para distintos momentos del currículum académico.

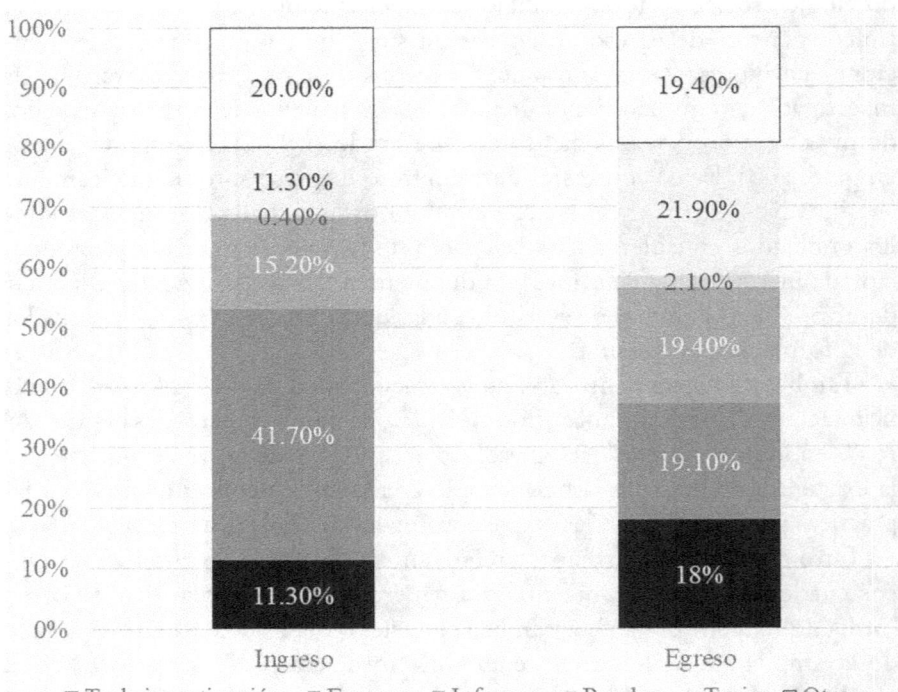

Gráfico 11.1. Géneros discursivos desafiantes según estudiantes ingresantes y graduados

El análisis por áreas disciplinares muestra que el choque entre expectativas y experiencias durante el proceso de enculturación en educación superior no es homogéneo (ver detalles en Tabla 11.1 en Anexo). En Ciencias de la Salud, los ensayos engloban más de la mitad de las menciones de ingresantes (52.5%) y son marginales las referencias a trabajos de investigación (12.5%) y tesis (5%), pero estos últimos géneros triplican las menciones entre egresados (32.7% y 18.4%, respectivamente). Estos contrastes entre ingreso y egreso son estadísticamente significativos (X^2 (df = 4) = 16.2, p < 0.01).

De manera similar, en Ingenierías se desploman las menciones a ensayos: del 41.5% en ingresantes al 8.6% en graduados, al tiempo que estos refuerzan la identificación de informes (29.3%) y tesis (24.1%) cómo géneros desafiantes; los contrastes son estadísticamente significativos (X^2 (df = 4) = 17.5, p < 0.01). En Artes, la reducción en las menciones a ensayos (33.3% a 12%) es simultánea con la triplicación de las menciones a informes (7.1% a 24%), si bien estos contrastes no alcanzan significancia estadística. Por su parte, en Pedagogías en Ciencias se incrementa con claridad la dificultad atribuida a trabajos de investigación (4.9% a 19.6%) y a tesis (9.8% a 21.4%); los contrastes son estadísticamente significativos (X^2 (df = 5) = 12.5, p < 0.05).

Las expectativas de los ingresantes se acercan más a las de los graduados en Humanidades y, en menor medida, en Ciencias Sociales. El rol central del ensayo como género de gran dificultad en estas áreas puede deberse a que esta denominación opera como término paraguas para una gran variedad de manifestaciones discursivas, en general implícitas (Lea & Street, 1998). De esta forma, aprender a escribir un ensayo en una asignatura no necesariamente habilita la transferencia exitosa del conocimiento del género a otra.

Estos hallazgos por área pueden implicar que la escritura en la escuela está alineada con el área de Humanidades y Ciencias Sociales, pero que no anticipa los desafíos y la diversidad de géneros de otras áreas científicas. Así, los resultados deberían motivar un mayor énfasis en escritura en las disciplinas científicas en la educación media. Asimismo, la variación disciplinar en los géneros identificados como difíciles da cuenta de que los desafíos de escritura responden a dinámicas contextuales específicas y no son necesariamente generalizables.

¿Por Qué es Difícil Escribir Textos en la Universidad?

La identificación y clasificación de las razones específicas por las cuales ciertos géneros académicos resultan desafiantes arrojó que más de dos de cada tres menciones se refieren a elementos discursivos (vinculados a la progresión de las ideas en el texto, la estructura de los géneros, entre otros) y procesuales (referidos al proceso de escritura como las etapas de acceso a la información científica, la planificación, la revisión, entre otros), como muestra el gráfico 11.2. Este énfasis contrasta con la importancia marginal que se les otorga a aspectos como el léxico, la gramática y la normativa (12.8% en ingresantes, 11.7% en graduados) y al conocimiento del tema sobre el que se escribe (14.8% en ingresantes, 14.2% en graduados). Estos hallazgos muestran que tanto ingresantes como graduados tienen una concepción de la escritura en la que aspectos como la organización de las ideas o la construcción de argumentos (elementos discursivos) o los procesos de revisión y planificación (dimensión procesual) son más desafiantes que el contenido mismo, lo cual puede reflejar una perspectiva transaccional de la escritura.

El mayor contraste entre ambas cohortes reviste interés: los aspectos discursivos, específicos de los rasgos de los textos, incrementan las referencias (35% en ingresantes, 50.6% en graduados), una tendencia especialmente marcada en Ciencias Sociales (11.8% y 48.9% respectivamente), al tiempo que se reducen las menciones de los aspectos procesuales (31.5% a 21.1%). Es decir, los estudiantes que han culminado sus estudios superiores destacan el desafío específicamente discursivo de la práctica de escritura académica. Estos contrastes entre ingreso y egreso son estadísticamente significativos (X^2 (df = 4) = 16.1, p < 0.01).

Los graduados mencionan aspectos difíciles como la adecuación a la estructura ("había que obedecer una estructura rigurosa", Ingenierías 100K5), la articulación entre neutralidad y posicionamiento propio ("fue complejo compatibilizar una estructura académica con una posibilidad ensayística", Artes 687K5) y la gestión de la información levantada ("[la tesis] requería hacer una síntesis de una gran cantidad de información, en orden y comprensible", Pedagogías 677K5). Llamativamente, los estudiantes ingresantes identifican desafíos similares: "la estructura que presentan los vuelve textos complejos" (Salud 2945); "me acompleja el unir los datos, el orden y las fuentes" (Artes 7485); "porque mi postura respecto al tema puede no coincidir con la postura de la Institución respectiva" (Humanidades I0605).

El incremento en esta identificación de la dificultad de aspectos discursivos luego del paso por la universidad puede deberse a la experiencia de escritura de géneros de elevada complejidad textual, como la tesis. A su vez, la reducción en las menciones de aspectos procesuales puede reflejar un cierto aprendizaje a través de la práctica que lleva a un paulatino dominio de elementos del proceso de escribir: búsqueda bibliográfica, identificación de problemas, planificación, colaboración con otros, revisión de textos, etc. Estos hallazgos promueven la enseñanza explícita de escritura, con nociones textuales y discursivas relevantes, en educación superior.

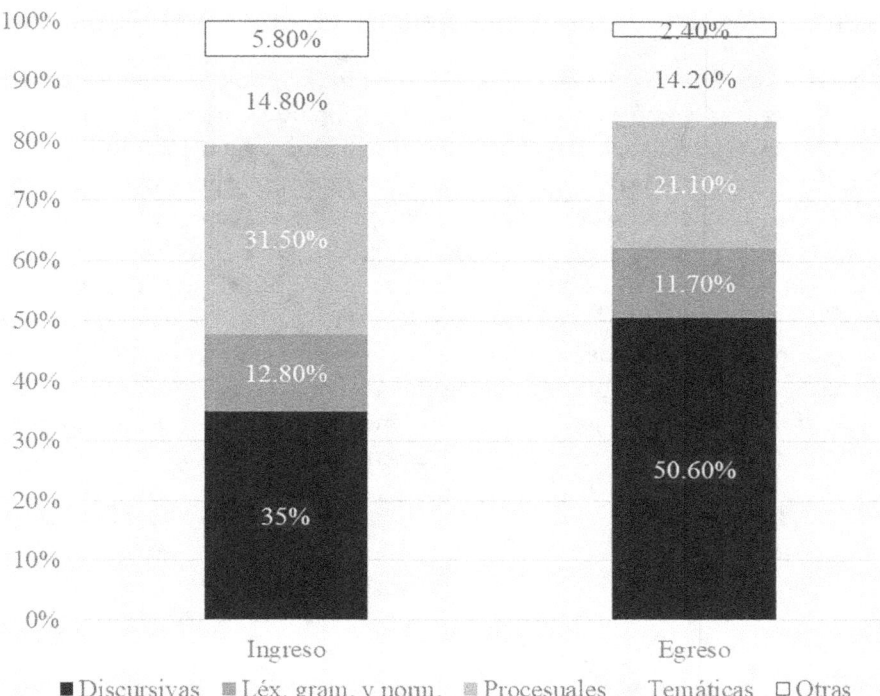

Gráfico 11.2. Dimensiones textuales desafiantes según estudiantes ingresantes y graduados

En términos generales, llama la atención la estabilidad en los aspectos más y menos mencionados entre ingresantes y graduados. Sin embargo, al analizar por áreas disciplinares, se verifican algunos contrastes que, sin llegar a ser estadísticamente significativos en este estudio, abonan la necesidad de iniciativas diferenciadas y situadas de escritura en las disciplinas. En graduados de Ciencias de la Salud e Ingenierías, aparece una marcada y coincidente identificación de aspectos discursivos como desafiantes (68.2% y 58.5%, respectivamente), lo cual invita a un mayor énfasis en la enseñanza explícita de la escritura en esas áreas. En contraste, los graduados de Artes (31.6%), Pedagogía en Ciencias (27.6%) y Humanidades (28%) están preocupados por las dificultades de aspectos del proceso de escribir. Estos hallazgos evidencian la necesidad de ofrecer mayores oportunidades de escritura y de formación para la elaboración de textos en esos ámbitos. Como tendencias particulares, los graduados de Artes mencionan con frecuencia la dificultad de aspectos más salientes del texto como el léxico, la gramática y la normativa (21.1%), mientras que graduados de Ingenierías se preocupan por los contenidos sobre los que deben escribir (20.8%).

¿Cómo y Dónde se Enseña y se Aprende a Escribir en la Universidad?

A lo largo de la carrera universitaria se observa que los estudiantes conciben la escritura como una habilidad que se aprende de manera solitaria y espontánea, con escaso acompañamiento institucional y sin enseñanza explícita. En efecto, el mero ejercicio de leer y escribir se reconoce como proceso central para el desarrollo de la escritura, tanto en ingresantes (34.2%) como en graduados (31.3%), por sobre la enseñanza directa. De hecho, los ingresantes anticipan más enseñanza directa (21.6%) que la que reconocen los graduados (17.8%), como se aprecia en el gráfico 11.3. Esta escasa presencia de la enseñanza directa puede deberse a que las experiencias en entornos educativos formales suelen mostrar escasas oportunidades para aprender escritura académica (cf. Rosli et al., 2015, para educación media; y Navarro et al., 2020, para curricularización de la escritura en educación superior).

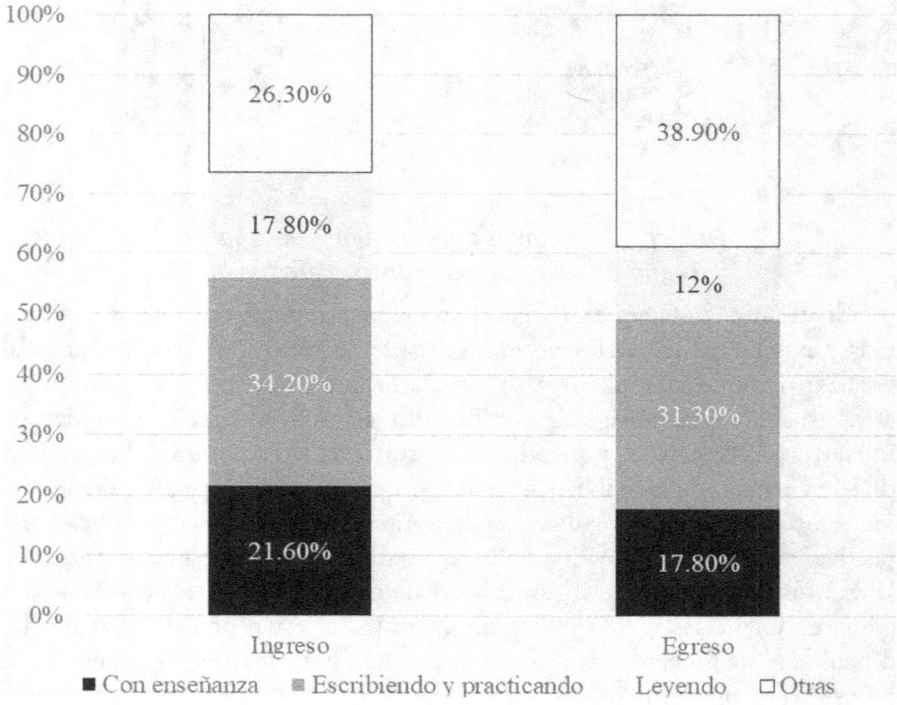

Gráfico 11.3. Formas de enseñanza y aprendizaje según estudiantes ingresantes y graduados

Esta forma de aprendizaje va acompañada de una queja recurrente respecto del abandono en la formación universitaria en escritura académica. Para los graduados, la escritura no está modelada por los docentes, sino que se desarrolla por ensayo y error: "creo que solamente 'aprendí haciendo'" (Pedagogías 09196); "básicamente se aprende bajo prueba y error" (Ingenierías 31856). Estas perspectivas se repiten entre ingresantes: "por experiencia propia, en base a ensayo y error" (Salud 0526). Los testimonios de graduados se refieren a una falta de instancias de enseñanza y de materiales de apoyo y a una escasa preparación docente: "no había mucha preparación para ello" (Artes 18815); "esto no se aprende a lo largo de la carrera, pues los trabajos suelen ser acotados" (Artes 65065); "prácticamente no se enseña y uno aprende a partir de los errores" (Pedagogías 51626); "por lo menos yo, avancé sola, sin ayuda" (Humanidades 263385); "la retroalimentación es mala ya que se recibe una nota y a veces algunos comentarios de quien lo revisó. No es suficiente" (Ingenierías 91906); "hay poco material pedagógico y docente para la escritura académica" (Artes 69866). Así, se observa de manera persistente y con gran prevalencia en el egreso una queja clara y sistemática respecto de la ausencia de apoyo y retroalimentación para desarrollar la escritura a lo largo de la formación universitaria.

Al mismo tiempo, en el análisis cualitativo se recogen concepciones emergentes sobre la enseñanza y el aprendizaje de gran potencial pedagógico. Entre los ingresantes, se menciona modelamiento ("se enseña a través del ejemplo propuesto por docentes y documentos (*papers*, ensayos, libros, etc.)", Salud 0246), deconstrucción de textos ("analizando textos de distinta índole y estilos literarios, señalando similitudes que justifiquen su validez como texto de estudio, y por otro lado, diferencias que si bien los separan, no los invalida", Artes 4956), retroalimentación ("correcciones de textos escritos por uno", Salud 0036), ayudantías ("con algún tipo de ayudantía", Ingenierías 6546), motivación ("lo más importante es la inspiración y motivación, para que así haya un verdadero interés en escribir y expresar de manera clara las ideas", Ingenierías 9426) y trabajo por pares o grupos ("compartiendo con las personas, ya que algunos tienen mejor nivel de escritura e incluso al hablar lo demuestran y ayuda a comparar y aprender", Artes 6826). Los graduados también mencionan aprendizaje por pares y deconstrucción de textos, aunque con menor presencia de tutores y docentes, como se resume en este testimonio: "trabajando de manera tanto individual como colectiva, haciendo revisión de los diversos tipos estructuras de texto en conjunto a ejemplo y posteriormente al ejercicio propio de escribir; para luego evaluar y comparar con las demás personas que conforman el grupo" (Humanidades 84146).

Si bien estas experiencias atraviesan las diferentes áreas disciplinares, emergen tendencias propias de cada ámbito. La importancia atribuida a la enseñanza explícita se incrementa al comparar las perspectivas de ingresantes y graduados de Humanidades (16.7% a 25.4%) y Ciencias Sociales (21.4% a 25.4%); además, de forma consistente, se reduce la importancia a la práctica entre cohortes de ambas áreas (33.3% a 27.1% en Humanidades; 37.5% a 25.4% en Ciencias Sociales). Estos contrastes alcanzan significancia estadística en Ciencias Sociales (X^2 (df = 3) = 12.6, p < 0.01), pero no en Humanidades.

Por el contrario, la importancia atribuida a la enseñanza explícita se reduce entre ingresantes y graduados de Ciencias de la Salud (20% a 12.7%), Artes (23.3% a 12%), Ingenierías (22.8% a 17.5%) y Pedagogías en Ciencias (26.3% a 11%), si bien este último contraste es el único que alcanza una significancia estadística (X^2 (df = 3) = 16.185, p < 0.01). Es posible que este ajuste en las concepciones se vincule al rol e impacto de la enseñanza de la escritura en cada espacio: los graduados de Ciencias de la Salud, Artes, Ingenierías y Pedagogías en Ciencias confían menos en la enseñanza y acompañamiento para elaborar sus textos académicos, tal vez debido a experiencias de aprendizaje especialmente solitarias y por ensayo y error. En consecuencia, en estas áreas parece más urgente reforzar la enseñanza de la escritura informada por la teoría.

La mención de espacios apropiados de enseñanza de la escritura es llamativamente baja (solo 88 menciones en 720 respuestas). Este hallazgo constituye una evidencia de la inexistencia o invisibilidad de acciones, cursos y dispositivos de enseñanza de la escritura en la institución investigada. Al mismo tiempo, y si bien hay que tomar los resultados con precaución por su baja frecuencia, se destaca que casi la mitad de las menciones de graduados (48.9%) se refiere a la necesidad de aprender escritura a lo largo de la carrera, una concepción de escritura a través del currículum que es mucho menor entre ingresantes (26.8%).

Conclusiones

Esta investigación buscó contribuir a instalar una perspectiva respecto de la enseñanza de la escritura en educación superior que considere las experiencias, concepciones y tensiones que vivencian los estudiantes al momento de participar en las expectativas académicas de escritura. Sus concepciones respecto de la escritura de diversos géneros académicos y las formas de aprender a elaborarlos permiten iluminar las iniciativas y políticas de apoyo a la lectura y la escritura en educación superior con atención a las vivencias y creencias propias de los estudiantes.

Entre las limitaciones de este estudio, debe mencionarse que las denominaciones utilizadas por estudiantes para nombrar géneros discursivos que consideran difíciles en educación superior pueden estar refiriendo a clases tipificadas distintas, ya que se presentan variaciones en la configuración discursiva y el sistema de actividad en el que se inserta, por ejemplo, una tesis o un ensayo en distintas disciplinas y propuestas docentes. Al mismo tiempo, una misma denominación general, como *informe*, puede usarse para referir a informes de distinto tipo: de laboratorio, de coyuntura, de lectura, entre otros. Además, los géneros de formación en educación superior establecen vínculos híbridos y complejos con géneros expertos, y en ese sentido lo que los estudiantes denominan *artículo de investigación* seguramente corresponda a una adaptación educativamente orientada de su correspondiente clase experta. A esto se suma que en las respuestas surgen numerosas categorías emergentes cuya codificación debería ser corroborada con un estudio más exhaustivo de los usos y rasgos de las clases de textos referidas. Por último, a pesar de la importante cantidad de informantes de distintas áreas y etapas formativas que incluyó el estudio, los hallazgos corresponden a una sola institución y deben considerarse con cautela.

A pesar de estas salvedades, resulta de interés el contraste entre la atribución de dificultad al género ensayo y a tipos textuales escolares como "textos argumentativos", anticipado por los ingresantes a la educación superior posiblemente en base a sus expectativas y a sus experiencias en educación media, y la transformación luego del proceso de enculturación: los graduados pasan a preocuparse por géneros avanzados de investigación, como los artículos y tesis. Este contraste es aún mayor en Ciencias de la Salud e Ingenierías, lo cual podría estar indicando una escasa preparación escolar para la escritura en esos ámbitos. Estos hallazgos aportan orientaciones útiles sobre los géneros a priorizar en el diseño curricular de iniciativas de enseñanza de la escritura en educación media y superior. Además, dan indicios de que las necesidades de escritura varían en distintas etapas formativas y áreas disciplinares en educación formal.

Por otro lado, y a pesar de la relativa carencia de un metalenguaje específico, tanto los ingresantes como los graduados muestran una perspectiva más bien transaccional y epistémica de la escritura (Miras, 2000; White & Bruning, 2005): los estudiantes-escritores destacan la importancia de los aspectos discursivos y procesuales, por sobre los temáticos, léxico-gramaticales y normativos, en la elaboración de textos desafiantes. Este hallazgo constituye una oportunidad para la enseñanza y modelamiento de estos aspectos a lo largo de la formación universitaria. Las iniciativas de enseñanza de la escritura deberían aprovechar estas concepciones y focalizar en el trabajo con la organización de las ideas, planteamiento de argumentos, posicionamiento de opiniones (especialmente desafiantes para estudiantes de Ciencias de la Salud e Ingenierías) y, por otra parte, habilidades de autorregulación, como los procesos de planificación y organización de los tiempos para la escritura y la revisión (especialmente difíciles para estudiantes de Artes, Humanidades y Pedagogías en Ciencias).

Por último, los resultados muestran un preocupante panorama respecto de las acciones institucionales para enseñanza de la escritura en las distintas áreas. A pesar de coincidir en la necesidad de enseñar escritura a lo largo de las carreras y de identificar expectativas de gran potencial para aprender (modelamiento, deconstrucción, motivación, trabajo con pares), los graduados reportan concepciones basadas en experiencias de aprendizaje solitario, por ensayo y error, sin formación directa y por "osmosis", es decir, por mera exposición a los académicos, a los estudiantes pares y a los textos de estudio (Curry, 2003). Esta perspectiva respecto de cómo se aprende a escribir en la universidad viene acompañada, especialmente en el egreso, por duras críticas sobre la falta de apoyos para desarrollar la escritura en los diferentes momentos del recorrido universitario. En suma, los hallazgos parecen indicar que la escritura a través del currículum es aún una cuenta pendiente en educación superior.

Esta falta de enseñanza explícita es especialmente problemática si se considera la diversidad de trayectorias previas de formación y de experiencias con la escritura. Cuando no hay enseñanza explícita ni dispositivos visibles de apoyo a la escritura es probable que tengan ventaja aquellos que han tenido accesos preferenciales a las formas de escritura que gozan de mayor prestigio en la academia. Así, una perspectiva de escritura a través del currículum que considere principios de equidad y justicia social debe considerar la diversidad de experiencias y de necesidades de las y los estudiantes que recorren el sistema educativo en todos sus niveles, ofreciendo no solo espacios de formación explícita y situada, sino también diversificando las prácticas de escritura que pueden ser válidas para participar de las culturas escritas en la universidad.

Agradecimientos

Se agradece el financiamiento otorgado por ANID/PIA/Fondos Basales para Centros de Excelencia FB0003, por el Proyecto FONDECYT N° 1191069 de ANID y por el Plan de Mejoramiento Institucional (PMI) UCH1501 del Ministerio de Educación, Chile.

Referencias

Aguilar Peña, P., Albarrán Vergara, P., Errázuriz Cruz, M. C., & Lagos Paredes, C. (2016). Teorías implícitas sobre los procesos de escritura: relación de las concepciones de estudiantes de Pedagogía Básica con la calidad de sus textos. *Estudios Pedagógicos, 42*(3), 7–26. https://doi.org/10.4067/S0718-07052016000400001.

Ávila Reyes, N., Navarro, F., & Tapia Ladino, M. (2020). Identidad, voz y agencia: claves para una enseñanza inclusiva de la escritura en la universidad. *Archivos*

Analíticos de Políticas Educativas, 28 (98), 1–31. https://doi.org/10.14507/epaa.28.4722.
Barton, D., & Hamilton, M. (2000). Literacy practices. In D. Barton, M. Hamilton, & R. Ivanič (Eds.), *Situated literacies. reading and writing in context* (pp. 7–15). Routledge.
Bazerman, C., Applebee, A. N., Berninger, V. W., Brandt, D., Graham, S., Jeffery, J. V., Matsuda, P. K., Murphy, S., Wells Wowe, D., Schleppegrell, M. J., & Campbell Wilcox, K. (2018). *The lifespan development of writing*. National Council of Teachers of English.
Benson, P., & Lor, W. (1999). conceptions of language and language learning. *System, 27*, 459–472. https://doi.org/10.1016/S0346-251X(99)00045-7.
Bourgeois, E. (2009). Apprentissage et transformation du sujet en formation. In J.-M. Barbier, É. Bourgeois, G. Chapelle, & J.-C. Ruano-Borbalan (Eds.), *Encyclopédie de la formation* (pp. 31–69). Presses Universitaires de France.
Chiroleu, A., & Marquina, M. (2017). Democratisation or credentialism? public policies of expansion of higher education in Latin America. *Policy Reviews in Higher Education, 1*(2), 139–160. https://doi.org/10.1080/23322969.2017.1303787.
Craig, J. (2013). *Integrating writing strategies in EFL/ESL university contexts: A writing-across-the-curriculum approach*. Routledge.
Curry, M. J. (2003). Skills, access, and "Basic Writing": A community college case study from the united states. *Studies in the Education of Adults, 35*(1), 5–18. https://doi.org/10.1080/02660830.2003.11661471.
Difabio de Anglat, H. (2013). Evaluación de las concepciones de escritura académica en doctorandos en educación. *Revista Electrónica Actualidades Investigativas en Educación, 13*(3), 1–21. https://doi.org/10.15517/aie.v13i3.12040.
Eley, M. G. (1992). Differential adoption of study approaches within individual students. *Higher Education, 23*(3), 231–254. https://doi.org/10.1007/BF00145015.
Ellis, R. A., & Calvo, R. A. (2006). discontinuities in university student experiences of learning through discussions. *British Journal of Educational Technology, 37*(1), 55–68. https://doi.org/10.1111/j.1467-8535.2005.00519.x.
Ellis, R. A., Taylor, C. E., & Drury, H. (2007). Learning science through writing: Associations with prior conceptions of writing and perceptions of a writing program. *Higher Education Research & Development, 26*(3), 297–311. https://doi.org/10.1080/07294360701494310.
Eodice, M., Geller, A. E., & Lerner, N. (2016). *The meaningful writing project: Learning, teaching, and writing in higher education*. Utah State University Press.
Freire, P. (1970). *Pedagogía del oprimido*. Siglo XXI Editores.
Garrett, N., Bridgewater, M., & Feinstein, B. (2017). How student performance in first-year composition predicts retention and overall student success. In T. Ruecker, D. Shepherd, H. Estrem, & B. Brunk-Chave (Eds.), *Retention, persistence, and writing programs* (pp. 93–113). Utah State University Press.
Gee, J. (2015). *Social linguistics and literacies: Ideology in discourses* (5th ed.). Routledge. (Original work published 1990)
Guerra, J. C. (2015). *Language, culture, identity and citizenship in college classrooms and communities*. Routledge.

Krippendorff, K. (2004). *Content analysis: An introduction to its methodology* (2nd ed.). Sage. (Original work published 1980)

Laurillard, D. (2005). Styles and approaches in problem-solving. In F. Marton, D. Hounsell, & N. Entwistle (Eds.), *The experience of learning: implications for teaching and studying in higher education* (3rd ed., pp. 126–144). Scottish Academic Press. (Original work published 1984)

Lavelle, E., & Zuercher, N. (2001). The writing approaches of university students. *Higher Education, 42*, 373–391. https://doi.org/10.1023/A:1017967314724.

Lea, M. R., & Street, B. (1998). Student writing in higher education: An academic literacies approach. *Studies in Higher Education, 23*(2), 157–173. https://doi.org/10.1080/03075079812331380364.

Lemaitre, M. J. (2015). Aseguramiento de la calidad: una política y sus circunstancias. In A. Bernasconi (Ed.), *La educación superior de Chile: Transformación, desarrollo y crisis* (pp. 295–344). Ediciones UC.

Levitt, H. M. (2019). *Reporting qualitative research in psychology*. APA.

Lillis, T. (2001). *Student writing: Access, regulation, desire*. Routledge.

Martínez Fernández, J. R., Corcelles, M., Bañales, G., Castelló, M., & Gutiérrez Braojos, C. (2016). Exploring conceptions about writing and learning: Undergraduates´ patterns of beliefs and the quality of academic writing. *Electronic Journal of Research in Educational Psychology, 14*(1), 107–130. https://doi.org/10.14204/ejrep.38.15045.

Marton, F., & Säljö, R. (2005). Approaches to learning. In F. Marton, D. Hounsell, & N. Entwistle (Eds.), *The experience of learning: Implications for teaching and studying in higher education* (3rd ed., pp. 39–58). Scottish Academic Press. (Original work published 1984)

Miras, M. (2000). La escritura reflexiva. Aprender a escribir y aprender acerca de lo que se escribe. *Infancia y aprendizaje, 89*, 65–80. https://doi.org/10.1174/021037000760088099.

Molina Natera, V. (Ed.). (2015). *Panorama de los centros y programas de escritura en Latinoamérica*. Pontificia Universidad Javeriana.

Navarro, F. (2014). Géneros discursivos e ingreso a las culturas disciplinares. Aportes para una didáctica de la lectura y la escritura en educación superior. In F. Navarro (Ed.), *Manual de escritura para carreras de humanidades* (pp. 29–52). Editorial de la Facultad de Filosofía y Letras de la Universidad de Buenos Aires.

Navarro, F., Ávila Reyes, N., Calle-Arango, L., & Cortés Lagos, A. M. (2020). Lectura, escritura y oralidad en perfiles de egreso de educación superior: contrastes entre instituciones y carreras. *Revista Calidad en la Educación, 52*, 170–204. https://doi.org/10.31619/caledu.n52.766.

Navarro, F., Ávila Reyes, N., Tapia Ladino, M., Cristovão, V. L. L., Moritz, M. E. W., Narváez Cardona, E., & Bazerman, C. (2016). Panorama histórico y contrastivo de los estudios sobre lectura y escritura en educación superior publicados en América Latina. *Revista Signos, 49*(S1), 100–126. https://doi.org/10.4067/S0718-09342016000400006.

Navarro, F., & Montes, S. (en prensa). Los desafíos de la escritura académica: concepciones y experiencias de estudiantes graduados en seis áreas de conocimiento. *Onomázein, 54*.

Navarro, F., & Mora-Aguirre, B. (2019). Teorías implícitas sobre escritura académica y su enseñanza: contrastes entre el ingreso, la transición y el egreso universitarios. *Universitas Psychologica, 18*(3), 1–16. https://doi.org/10.11144/Javeriana.upsy18-3.tiea.

Navarro, F., Uribe Gajardo, F., Lovera Falcón, P., & Sologuren Insúa, E. (2019). Encuentros con la escritura en el ingreso a la educación superior: representaciones sociales de los estudiantes en seis áreas de conocimiento. *Ibérica, 38*, 75–98.

Prior, P., & Bilbro, R. (2012). Academic enculturation: Developing literate practices and disciplinary identities. In M. Castelló & C. Donahue (Eds.), *University Writing: Selves and Texts in Academic Societies* (pp. 19–31). Emerald Publishing.

Rosli, N., Carlino, P., & Roni, C. (2015). Retención escolar y educación de calidad: logros y desafíos pendientes en una escuela secundaria argentina. *Archivos Analíticos de Políticas Educativas, 23*(102), 2–27. https://doi.org/10.14507/epaa.v23.1911.

Russell, D. (2002). *Writing in the academic disciplines: A curricular history* (2nd ed.). Southern Illinois University Press.

Saldaña, J. (2016). *The coding manual for qualitative researchers* (3rd ed.). Sage.

Sanders-Reio, J., Alexander, P. A., Reio, T. G. J., & Newman, I. (2014). Do students' beliefs about writing relate to their writing self-efficacy, apprehension, and performance? *Learning and Instruction, 33*, 1–11. https://doi.org/10.1016/j.learninstruc.2014.02.001.

Santelices, V., Catalán, X., & Horn, C. L. (2018). *Equidad en la educación superior*. Ediciones UC.

Schleppegrell, M. J. (2004). *The language of schooling: A functional linguistics perspective*. Lawrence Erlbaum Associates.

Street, B. V. (1984). *Literacy in theory and practice*. Cambridge University Press.

Swales, J. M. (2004). *Research genres: Exploration and applications*. Cambridge University Press. https://doi.org/10.1017/CBO9781139524827.

Thaiss, C., & Porter, T. (2010). The state of WAC/WID in 2010: Methods and results of the U.S. survey of the international WAC/WID mapping project. *College Composition and Communication, 61*(3), 534–570.

Trigwell, K., & Ashwin, P. (2006). An exploratory study of situated conceptions of learning and learning environments. *Higher Education, 51*, 243–258. https://doi.org/10.1007/s10734-004-6387-4.

Tusting, K., & Barton, D. (2016). Writing disciplines: Producing disciplinary knowledge in the context of contemporary higher education. *Ibérica, 32*, 15–34.

Villalón, R., & Mateos, M. (2009). Concepciones del alumnado en secundaria y universidad sobre la escritura académica. *Infancia y Aprendizaje, 32*(2), 219–232. https://doi.org/10.1174/021037009788001761.

White, M., & Bruning, R. (2005). Implicit Writing Beliefs and their Relation to Writing Quality. *Contemporary Educational Psychology, 30*, 166–189. https://doi.org/10.1016/j.cedpsych.2004.07.002.

Zavala, V. (2019). Justicia sociolingüística para los tiempos de hoy. *Íkala, revista de lenguaje y cultura*, 24(2), 343–359. https://doi.org/10.17533/udea.ikala.v24n02a.

Anexo

Tabla 11.1. Menciones de Géneros y Dimensiones Desafiantes y Espacios y Formas de Enseñanza y Aprendizaje según Estudiantes Ingresantes y Egresados en Seis Áreas Disciplinares

		Cs. de la Salud				Ingenierías			
		Ingr.		Egr.		Ingr.		Egr.	
		n	%	n	%	n	%	n	%
Géneros	T. de investigación	5	12.5	16	32.7	5	12.2	10	17.2
	Ensayos	21	52.5	8	16.3	17	41.5	5	8.6
	Informes	8	20	9	18.4	7	17.1	17	29.3
	Pruebas	0	0	0	0	0	0	0	0
	Tesis	2	5	9	18.4	3	7.3	14	24.1
	Otros	4	10	7	14.3	9	22	12	20.7
	TOTAL	40	100	49	100	41	100	58	100
Dimensiones	Discursivas	21	50	15	68.2	17	47.2	31	58.5
	Léx. gram. y norm.	4	9.5	3	13.6	2	5.6	5	9.4
	Procesuales	8	19	2	9.1	10	27.8	5	9.4
	Temáticas	8	19	1	4.5	5	13.9	11	20.8
	Otras	1	2.4	1	4.5	2	5.6	1	1.9
	TOTAL	42	100	22	100	36	100	53	100
Espacios	Al comienzo	0	0	0	0	1	14.3	0	0
	Durante	0	0	3	33.3	1	14.3	6	75
	Materias	0	0	3	33.3	3	42.9	1	12.5
	Otros	2	100	3	33.3	2	28.6	1	12.5
	TOTAL	2	100	9	100	7	100	8	100

Transformados por la Escritura

		Cs. de la Salud				Ingenierías			
		Ingr.		Egr.		Ingr.		Egr.	
		n	%	n	%	n	%	n	%
Formas	Con enseñanza	15	20	7	12.7	13	22.8	11	17.5
	Escribiendo y practicando	27	36	13	23.6	15	26.3	23	36.5
	Leyendo	11	14.7	9	16.4	10	17.5	7	11.1
	Otras	22	29.3	26	47.3	19	33.3	22	34.9
	TOTAL	75	100	55	100	57	100	63	100

		Artes				Ped. Ciencias			
		Ingr.		Egr.		Ingr.		Egr.	
		n	%	n	%	n	%	n	%
Géneros	T. de investigación	4	9.5	1	4	2	4.9	11	19.6
	Ensayos	14	33.3	3	12	17	41.5	12	21.4
	Informes	3	7.1	6	24	6	14.6	13	23.2
	Pruebas	0	0	1	4	1	2.4	1	1.8
	Tesis	8	19	8	32	4	9.8	12	21.4
	Otros	13	31	6	24	11	26.8	7	12.5
	TOTAL	42	100	25	100	41	100	56	100
Dimensiones	Discursivas	17	28.8	6	31.6	14	33.3	29	50
	Léx. gram. y norm.	4	6.8	4	21.1	8	19	9	15.5
	Procesuales	31	52.5	6	31.6	12	28.6	16	27.6
	Temáticas	7	11.9	3	15.8	6	14.3	4	6.9
	Otras	0	0	0	0	2	4.8	0	0
	TOTAL	59	100	19	100	42	100	58	100
Espacios	Al comienzo	1	10	2	33.3	0	0	0	0
	Durante	1	10	0	0	5	71.4	4	36.4
	Materias	3	30	1	16.7	1	14.3	2	18.2
	Otros	5	50	3	50	1	14.3	5	45.5
	TOTAL	10	100	6	100	7	100	11	100

		Artes				Ped. Ciencias			
		Ingr.		Egr.		Ingr.		Egr.	
		n	%	n	%	n	%	n	%
Formas	Con enseñanza	14	23.3	3	12	15	26.3	8	11
	Escribiendo y practicando	21	35	8	32	21	36.8	30	41.1
	Leyendo	9	15	4	16	12	21.1	5	6.8
	Otras	16	26.7	10	40	9	15.8	30	41.1
	TOTAL	60	100	25	100	57	100	73	100

		Humanidades				Cs. Sociales			
		Ingr.		Egr.		Ingr.		Egr.	
		n	%	n	%	n	%	n	%
Géneros	T. de investigación	4	13.8	6	15	6	16.2	7	12.7
	Ensayos	12	41.4	13	32.5	15	40.5	13	23.6
	Informes	3	10.3	3	7.5	8	21.6	7	12.7
	Pruebas	0	0	1	2.5	0	0	3	5.5
	Tesis	3	10.3	6	15	6	16.2	13	23.6
	Otros	7	24.1	11	27.5	2	5.4	12	21.8
	TOTAL	29	100	40	100	37	100	55	100
Dimensiones	Discursivas	17	38.6	22	44	4	11.8	22	48.9
	Léx. gram. y norm.	4	9.1	2	4	11	32.4	6	13.3
	Procesuales	8	18.2	14	28	12	35.3	9	20
	Temáticas	6	13.6	9	18	6	17.6	7	15.6
	Otras	9	20.5	3	6	1	2.9	1	2.2
	TOTAL	44	100	50	100	34	100	45	100
Espacios	Al comienzo	0	0	0	0	1	10	1	14.3
	Durante	1	20	5	83.3	3	30	5	71.4
	Materias	3	60	1	16.7	1	10	1	14.3
	Otros	1	20	0	0	5	50	0	0
	TOTAL	5	100	6	100	10	100	7	100

		Humanidades				Cs. Sociales			
		Ingr.		Egr.		Ingr.		Egr.	
		n	%	n	%	n	%	n	%
Formas	Con enseñanza	10	16.7	15	25.4	12	21.4	17	25.4
	Escribiendo y practicando	20	33.3	16	27.1	21	37.5	17	25.4
	Leyendo	9	15	10	16.9	14	25	6	9
	Otras	21	35	18	30.5	9	16.1	27	40.3
	TOTAL	60	100	59	100	56	100	67	100

		TOTAL			
		Ingr.		Egr.	
		n	%	n	%
Géneros	T. de investigación	26	11.3	51	18
	Ensayos	96	41.7	54	19.1
	Informes	35	15.2	55	19.4
	Pruebas	1	0.4	6	2.1
	Tesis	26	11.3	62	21.9
	Otros	46	20	55	19.4
	TOTAL	230	100	283	100
Dimensiones	Discursivas	90	35	125	50.6
	Léx. gram. y norm.	33	12.8	29	11.7
	Procesuales	81	31.5	52	21.1
	Temáticas	38	14.8	35	14.2
	Otras	15	5.8	6	2.4
	TOTAL	257	100	247	100
Espacios	Al comienzo	3	7.3	3	6.4
	Durante	11	26.8	23	48.9
	Materias	11	26.8	9	19.1
	Otros	16	39	12	25.5
	TOTAL	41	100	47	100

		TOTAL			
		Ingr.		Egr.	
		n	%	n	%
Formas	Con enseñanza	79	21.6	61	17.8
	Escribiendo y practicando	125	34.2	107	31.3
	Leyendo	65	17.8	41	12
	Otras	96	26.3	133	38.9
	TOTAL	365	100	342	100

Section Four.

Contributions from Applied Linguistics

Aportes de la Lingüística Aplicada

Contribuições da Lingüística Aplicada

12 Descripción de Géneros para su Enseñanza en un Programa de Escritura Académica: Hacia la Deconstrucción Conjunta

Estela Inés Moyano
UNIVERSIDAD NACIONAL DE GENERAL SARMIENTO Y UNIVERSIDAD DE FLORES, ARGENTINA

Resumen / Abstract / Resumo

La descripción de géneros académicos se vuelve imprescindible para la enseñanza de la escritura a estudiantes del nivel universitario. En este artículo se aborda una propuesta metodológica de análisis cualitativo, basada en los conceptos de género, registro y discurso de la Lingüística Sistémico-Funcional. Para ejemplificar el análisis, se toma la sección Discusión de un artículo científico del área disciplinar de las ciencias económicas. El texto resulta ser un macrogénero, es decir, que combina diversos géneros elementales adyacentes que, en conjunto, logran el propósito global del texto. Los resultados de esta caracterización se utilizan para seleccionar los contenidos que se enseñarán a los estudiantes en la etapa de Deconstrucción de la estrategia didáctica que se utiliza en un programa de escritura. Los resultados de este trabajo resultan una contribución al análisis del discurso de la economía así como una orientación sobre el tipo de insumo necesario para su enseñanza.

The description of academic genres is critical for the teaching of writing to students at the college level. This article addresses a methodological design for qualitative analysis based on Systemic Functional Linguistics concepts of genre, register, and discourse. To illustrate the analytical model, the article draws on the discussion section of an academic paper in the field of economic sciences. The text turns out to be a macro-genre, that is, one that combines several elementary adjacent genres that, in combination, achieve the global purpose of the text. The results of this characterization are then used to select the contents to be taught to students in the Deconstruction stage of the didactic strategy implemented in a writing program. The results of this work constitute a contribution to the analysis of economic science discourse as well as an orientation to the types of inputs necessary for its teaching.

A descrição de gêneros acadêmicos torna-se imprescindível para o ensino da escrita a estudantes de nível universitário. Neste artigo aborda-se uma proposta metodológica de análise qualitativa, baseada nos conceitos de gênero, registro e discurso da Linguística Sistêmico-Funcional. Para exemplificar a análise, observa-se a seção Discussão de um artigo científico da área disciplinar das ciências econômicas. O texto resulta ser um macrogênero, quer dizer, que combina diversos gêneros elementares adjacentes que, em conjunto, atingem o propósito global do texto. Os resultados desta caracterização utilizam-se para selecionar os conteúdos que serão ensinados aos estudantes na etapa de Deconstrução da estratégia didática utilizada em um programa de escrita. Os resultados deste trabalho contribuem para a análise do discurso da economia e orientam sobre o tipo de insumo necessário para seu ensino.

La descripción de géneros académicos, ya sean de formación o profesionales, se vuelve imprescindible para la enseñanza de la escritura a estudiantes del nivel universitario, sean de pregrado o de postgrado. Esto se sustenta en la teoría de aprendizaje formulada por Halliday (1993a), que sostiene que la expansión del potencial de significación, es decir, el aprendizaje de nuevos recursos de lenguaje, promueve la capacidad de producir significados. En el caso del lenguaje de las disciplinas, el aprendizaje de los recursos para la producción de significado es lo que permite, a su vez, el aprendizaje de contenidos, esto es, de la construcción de conocimiento.

En el marco de la Lingüística Sistémico-Funcional, se ha podido mostrar que los discursos científicos presentan características específicas, diferentes de los del sentido común, por un lado, y diferentes entre grupos de disciplinas, por otro (Coffin, 2006; Halliday & Martin, 1993; Hood, 2010; Iedema, 1997; Martin, 2007; Martin & Veel, 1998; Moyano, 2014, 2019; Oteíza, 2009, 2010, 2017; Oteíza, Henríquez, & Canelo, 2018; Oteíza & Pinuer, 2012; Rose, 1997; Vidal & Montes, en prensa). De ahí la necesidad de enseñar no solo el uso del lenguaje, sino también los recursos disponibles en diferentes contextos y sobre cómo aprender a partir de los recursos puestos en juego en un texto. A esto es a lo que Halliday se refiere cuando propone que no solo es necesario aprender *el lenguaje,* es decir, los recursos disponibles para aprender significados en un contexto dado; sino también aprender *sobre el lenguaje,* lo que supone la enseñanza explícita de esos recursos, y *a través del lenguaje,* lo que implica acceder a la comprensión y la producción de textos para aprender contenidos (Halliday, 2004).

En ese mismo marco, se ha diseñado una propuesta didáctica basada en géneros para la enseñanza de la lectura y la escritura (Rose & Martin, 2012). A partir de primeras versiones de ese trabajo, se propuso una adaptación para la enseñanza de esas competencias, así como de la oralidad, aplicadas al discurso científico, académico y profesional en diferentes niveles educativos (Moyano, 2007, 2017). Este dispositivo incluye tres etapas que se llevan a cabo primero conjuntamente con los estudiantes, luego en pequeños grupos y finalmente de manera independiente, a fin de lograr autonomía de los sujetos en las competencias trabajadas. Las tres etapas mencionadas son la Deconstrucción de un texto como instancia del género que los estudiantes tienen que producir, donde se identifica su propósito, su estructura esquemática y los recursos lingüísticos relevantes para la producción de significado; la Construcción, que incluye una sub-etapa de Diseño del texto, en la que se reflexiona con los estudiantes acerca de cómo distribuir en las distintas partes de la estructura del género los contenidos seleccionados para lograr el propósito, así como qué recursos de lenguaje conviene usar; y finalmente la Edición, etapa en la que se enseña cómo reelaborar el texto producido hasta lograr su versión final, trabajo que se hace teniendo en cuenta lo observado en la Deconstrucción.

Esta estrategia de enseñanza de la lectura, la escritura y la oralidad se ha utilizado o se utiliza actualmente en el marco del trabajo que se lleva a cabo en diferentes universidades, en una modalidad de trabajo que consiste en la participación de un docente que se especializa en esta práctica y en el análisis de discurso académico y profesional en materias específicas de la carrera a partir de la negociación con el equipo docente a cargo de esa asignatura (Moyano, 2017).[1]

Para poder llevar a cabo este trabajo, el especialista a cargo de la enseñanza de estas competencias en una asignatura en particular tiene antes que aplicar herramientas lingüísticas teóricas disponibles para el análisis de los textos en juego. El objetivo de este artículo es presentar un ejemplo de ese análisis elaborado previamente a la puesta en marcha de la Deconstrucción. Cabe volver a señalar que la descripción del texto que funciona como ejemplo del género a trabajar será útil también para la realización de las otras etapas de la propuesta didáctica, tal como se explica en Moyano (2017).

---

[1] Para más detalles sobre el proceso de negociación entre pares, consultar la bibliografía citada en ese artículo.

Marco Teórico

El marco teórico en que se funda esta investigación es la Lingüística Sistémico-Funcional, diseñada por Michael Halliday y sus discípulos (cf. Martin, 1992, 2013; Martin & Rose, 2007, 2008; Matthiessen & Halliday, 2009). En esta teoría, el lenguaje se entiende como un sistema semiótico en relación probabilística con el contexto. Esto significa que el contexto establece cuáles de las opciones disponibles en el sistema general del lenguaje están disponibles para el uso en una interacción determinada. Por ejemplo, las opciones disponibles en el discurso que se enmarque en la comunicación científica serán diferentes de las que pueden ser elegidas en otros contextos, como los de la vida familiar. Asimismo, las opciones también variarán de acuerdo con el grupo disciplinar de que se trate, la construcción de mundo en esa disciplina (campo), las relaciones entre hablantes (tenor) y la distribución particular de la información que se haga en el discurso (modo) (cf. por ejemplo, Martin, 2007; Moyano, 2019).

Para este trabajo, interesa especialmente destacar el concepto de género, como estrato más abstracto del contexto. Según Martin y Rose (2008), el género se define como configuración recurrente de significados de campo, tenor y modo, que llevan a cabo las prácticas sociales de una cultura dada. Halliday y Martin (1993) lo definen como proceso social que se realiza en pasos o etapas y está orientado a una meta —es decir, a un propósito—, que integra opciones de campo, modo y tenor en forma predictible. De esta manera, se hace evidente que para lograr su propósito, un texto que instancie un género determinado tiene una estructura esquemática que puede presentar variaciones de acuerdo con el co-texto o con el contexto en el que aparezca. Pese a esas variaciones, sin embargo, mantendrá sus etapas obligatorias a fin de conservar el logro del propósito perseguido.

Por otra parte, los significados engendrados por el registro (campo, tenor y modo) son realizados a través del lenguaje, como ya se anticipó. Esto permite a la teoría establecer que el lenguaje cumple diferentes funciones o metafunciones: la metafunción ideacional, cuyas opciones hacen posible realizar el campo; la metafunción interpersonal, que realiza el tenor, y la metafunción textual, que realiza el modo. En un texto, entonces, se podrán identificar recursos lingüísticos que construyan esos significados.

Finalmente, interesa destacar que el lenguaje, así como el contexto, también está organizado en estratos de diferente nivel de abstracción. Como ya se señaló, el contexto cuenta con dos estratos: el género y el registro, integrado este por sus variables de campo, tenor y modo. El lenguaje, en cambio, cuenta con tres estratos. El semántico-discursivo, el más abstracto,

Descripción de Géneros para su Enseñanza

toma como unidad el texto y dispone los sistemas a partir de los cuales se construye significado en ese nivel; el estrato léxico-gramatical toma como unidad la cláusula y ofrece los diferentes recursos para la construcción de significados en el marco de esa estructura; el estrato fono-gráfico presenta opciones de realización para el aspecto material del texto, ya sea en relación con los patrones fonológicos o los que hacen a su representación gráfica. La figura 12.1 representa las relaciones entre estas dos dimensiones de la teoría (metafunción y estratificación).

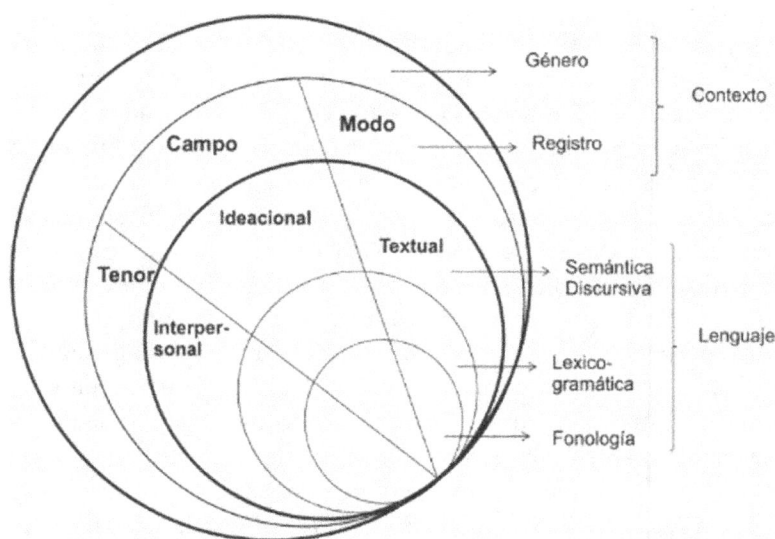

Figura 12.1. Lenguaje y contexto estratificados (a partir de Martin & Rose, 2007, p. 307)

El análisis que se llevará a cabo en este artículo toma como conceptos centrales el de género y el de macrogénero. El macrogénero se define como la articulación de géneros elementales que se vinculan para lograr un propósito mayor que el de cada uno de ellos (Eggins & Martin, 2003; Martin, 1994; Martin & Rose, 2008).

En cuanto al análisis en el nivel de lenguaje, este se fundamenta especialmente en cuatro de los sistemas semántico-discursivos descriptos por la teoría. Estos sistemas son el de IDEACIÓN, el de PERIODICIDAD, el de CONEXIÓN[2] y el de VALORACIÓN (Hood & Martin, 2005; Martin & Rose, 2007; Martin

---

2   Esta denominación es propuesta por Hao (2015) a fin de distinguir el nombre del sistema de su realización a través de conjunciones en el discurso y reemplaza la denominación CONJUNCIÓN utilizada por Martin y Rose (2007).

& White, 2005). Para la realización de recursos del sistema de PERIODICIDAD en español se tomará en cuenta descripción del sistema de TEMA español (Moyano, 2016, 2021); para el de CONEXIÓN, se considerará la descripción para el portugués de Vian Jr. y Vieira Mendes (2015); para el de VALORACIÓN en español, los desarrollos de Oteíza (2009, 2010, 2017), Oteíza y Pinuer (2012, 2019) y Oteíza, Henríquez y Canelo (2018).

El sistema de IDEACIÓN en el discurso se centra en lo que suele denominarse el "contenido": qué tipo de *actividades* (típicamente realizadas por verbos) se llevan a cabo y cómo son descriptas y clasificadas las *entidades* (personas, lugares, objetos) involucradas en esas actividades. Para ello, son objeto de análisis cada una de estas categorías así como las relaciones entre estos dos tipos de elementos. Se trata de la construcción de significados ideacionales, que realizan el campo de un texto. El sistema de PERIODICIDAD considera el ritmo del discurso: cómo este se organiza utilizando recursos que prediçen lo que seguirá en el texto (macro e hiperTemas) y otros que consolidan los significados acumulados (macro e hiperNuevos). Se trata de significados textuales que organizan el discurso como "pulsos de información", teniendo en cuenta cómo las elecciones de Tema en las diferentes fases orientan al lector hacia un ángulo particular del campo y las de Nuevo abren la posibilidad de incluir información novedosa en el discurso. Estos recursos contribuyen a la construcción de la estructura esquemática del texto como ejemplar de un género y producen andamiaje para la lectura. Se trata de significados textuales, que realizan el modo del texto. El sistema de CONEXIÓN también construye significados ideacionales, pero del subtipo lógico, que establecen relaciones temporales, causales, condicionales, adversativas, etc. entre las actividades construidas en el texto. Este sistema también incluye recursos de la metafunción textual, que como CONEXIÓN interna establecen relaciones entre partes del texto. La VALORACIÓN se relaciona con el tipo de actitudes que se negocian en el discurso, las emociones y sentimientos, su graduación y la fuente de estas evaluaciones, es decir, quiénes las hacen, más allá de que estas fuentes puedan estar explícitas o implícitas en el discurso. Asimismo, tiene que ver con los recursos que se utilizan para integrar otras voces en el texto y para establecer la alineación con los lectores, es decir, acuerdos en relación con las posiciones que se asumen sobre la información que se negocia. Se trata de significados interpersonales, que realizan variaciones en el tenor de un texto.

Metodología

Este trabajo de investigación se realizó en el contexto de uno mayor, que tenía como objetivo analizar la sección Discusión de artículos científicos de diferentes disciplinas (Moyano, 2015). Este planteo implica la consideración de que las diferentes secciones del artículo científico son partes formales del texto, que tienen características genéricas diferentes entre sí. De esta manera, se considera el artículo científico como un macrogénero, en el que la sección Discusión se considera como uno de sus componentes. A su vez, la Discusión puede conformarse en sí misma como macrogénero, según se mostrará en el texto analizado en este artículo. Esto da cuenta del nivel de complejidad de un artículo científico, como ya se ha observado también en el trabajo de Hood (2010), que estudia la sección Introducción.

Para el estudio del que se desprende el análisis del texto tomado para este capítulo se seleccionaron cuatro artículos de cada disciplina elegida. El concepto de instanciación (Halliday, 2008) hace posible tomar un corpus pequeño para generalizar características de un género. Esto se debe a que en la escala de instanciación, Halliday propone que registro y género constriñen la selección de recursos del sistema general del lenguaje para la construcción de un texto.

Así, en el área de economía se encontró que los artículos seleccionados presentaban en la sección Discusión, como rasgo común, recomendaciones de acciones a llevar a cabo para resolver un problema. Esto se lleva a cabo mediante un género que se denomina justificación exhortativa (*hortative exposition*, según Martin, 1989) y que tiene como propósito, precisamente, defender propuestas de acción. Sin embargo, los textos presentan variaciones, como es previsible que ocurra en el marco de un género. Tres de las Discusiones analizadas se presentan como macrogéneros: uno combina una justificación analítica (*analitical exposition*, según Martin, 1989), que se propone argumentar a favor de una idea, con una exhortativa, que como ya se señaló, tiene como propósito argumentar a favor de una acción o un conjunto de acciones; las otras dos Discusiones combinan una explicación histórica con una justificación analítica y una exhortativa. Una de estas últimas Discusiones se toma aquí para ejemplificar el análisis.

Para llevarlo a cabo, la metodología seguida se sistematiza a partir de Martin y Rose (2007) y Martin (2009). En primer lugar, se separa el texto en cláusulas, pese a que el análisis no se hace cláusula a cláusula sino identificando los recursos semántico-discursivos que permiten dar cuenta del texto como estructura (Martin, 1992, 2018; Martin & Rose, 2007). Esta separación en cláusulas permite una mirada del texto detallada, que pone de relieve recursos discursivos que permiten formular hipótesis.

Luego de la separación en cláusulas del texto y, a manera de hipótesis que se confirmará mediante el análisis, se identifican los textos adyacentes que conforman el macrogénero y se propone qué género instancia cada uno de ellos y cómo se articulan para el logro de un propósito general. A continuación, se los analiza uno a uno, identificando los recursos que se complementan para la producción de significado, teniendo especialmente en cuenta los que Martin y Rose (2007) denominaron recursos "en primer plano" (*foregrounding*) y otros en "co-articulación" (*co-articulation*). Esto es, se consideran los recursos más relevantes, los que se observan a primera vista, y aquellos que funcionan en conjunto con ellos aunque correspondan a otro sistema o subsistema para la producción de significado, fenómeno que posteriormente Martin (2008) llamó "acople" (*coupling*). A partir de la primera hipótesis sobre géneros que constituyen el macrogénero, se realiza el análisis utilizando los sistemas semántico-discursivos ya mencionados. Cabe destacar que en esta línea teórica no interesa el mero reconocimiento de recursos sino la observación acerca de cómo estos permiten construir los diferentes significados en el texto: ideacionales, interpersonales y textuales.

Análisis

El artículo cuya Discusión se toma aquí para el análisis (García, 2008) corresponde al campo de la economía y se titula "La industria argentina de maquinaria agrícola: ¿de la reestructuración a la internacionalización?". El trabajo se centra en la evolución de la industria argentina de maquinaria agrícola y plantea como hipótesis en la Introducción que esta puede expandirse a partir del desarrollo de su capacidad exportadora, posible solo bajo ciertas condiciones de política económica e industrial.

La Discusión, bajo el título "Reflexiones Finales" (834 palabras), se estructura como un macrogénero (tabla 12.1), compuesto por tres textos adyacentes en relación de ampliación o realce (Martin, 1994). En primer lugar, el texto presenta una explicación histórica, que sintetiza la trayectoria del sector desarrollada en las secciones anteriores del artículo, para luego presentar una justificación analítica que se propone persuadir al lector de la hipótesis planteada en la Introducción. Finalmente, el texto presenta una justificación exhortativa, que aporta la propuesta de políticas necesarias para la consolidación de un proceso de internacionalización que se considera "incipiente". Las relaciones de ampliación o realce proponen la explicación histórica como causa para la justificación analítica, que a su vez es causa de la justificación exhortativa. Así, la Discusión se propone persuadir a la comunidad disciplinar de la necesidad de que ciertas condiciones se efectivicen para que la industria argentina de maquinaria agrícola logre la internacionalización para la que parece estar preparada en el momento de la producción del artículo.

Descripción de Géneros para su Enseñanza

Tabla 12.1. Discusión del Artículo como Macrogénero

Explicación histórica	En un escenario de mayor competitividad, el sector de maquinaria agrícola argentino mostró escasa capacidad de competir tanto en el mercado interno como en los externos. En los años 1980, [...].
	Impulsadas por la apertura y globalización del mercado interno de equipos agrícolas y por los avances en la formación del Mercosur, las empresas grandes y medianas de capital nacional incorporaron como objetivos estratégicos [...].
	En general, hasta los años 1990 las empresas argentinas de maquinaria agrícola estuvieron sometidas a [...]. Desde entonces, [...] Contribuyeron en igual medida a profundizar estos procesos [...].
X (ampliación o realce)	
Justificación analítica	El sector argentino de maquinaria agrícola tiene posibilidades de aumentar sus exportaciones y avanzar en su internacionalización por varios motivos. En primer lugar, el dinamismo de los mercados de productos básicos del agro está ampliando [...].
	En segundo lugar, los mercados de implementos agrícolas son dinámicos, [...].
	En tercer lugar, la sofisticación de la demanda y la internacionalización del mercado interno [...] en el mercado interno también podrán hacerlo en otros mercados.
X (ampliación o realce)	
Justificación exhortativa	[...] Para consolidar este incipiente proceso de internacionalización y el aumento de las exportaciones de las pymes, tan importante como los objetivos estratégicos de las empresas es el apoyo de las actividades y programas gubernamentales, las organizaciones empresariales y las instituciones científicas y tecnológicas.
	El crecimiento de las exportaciones y los avances en el proceso de internalización en el sector argentino de maquinaria agrícola dependen también de su capacidad para superar sus propias limitaciones, especialmente las tecnológicas. En este sentido, el escenario macroeconómico e institucional tiene que proveer... [...].
	Finalmente, también debería tenerse en cuenta que la rentabilidad de las pymes argentinas del rubro depende de su desempeño en el mercado interno y que las empresas [...] Por lo tanto, uno de los factores que más ha contribuido al crecimiento de las exportaciones y a la mayor internacionalización del sector es el comportamiento de la demanda interna de maquinaria agrícola, que depende fundamentalmente de la rentabilidad de la agricultura argentina.

La explicación histórica es un género que, si bien presenta hechos ordenados temporalmente, pone de relieve sus causas (Martin & Rose, 2008, pp. 112-113). Su propósito es, entonces, no tanto construir una crónica sino explicar las razones que conducen de un estado de cosas a otro en el devenir temporal de los acontecimientos. En cuanto a la organización temporal, son características las circunstancias de tiempo que puntúan el texto, mientras que las relaciones causales se realizan mediante diferentes recursos, como circunstancias y procesos. Los eventos presentados en este género no solo están organizados por los indicadores de tiempo sino mediante los participantes involucrados.

Atendiendo a la IDEACIÓN en el texto, en la explicación histórica las entidades que construyen la cadena léxica más destacada son *el sector de maquinaria agrícola argentino,* como hiperónimo, seguido de hipónimos que van marcando el avance de la información: *las empresas de capital nacional—empresas de capital nacional que fabricaban tractores—pequeñas empresas que comenzaron a producir sembradoras para siembra directa—las empresas grandes y medianas de capital nacional,* para luego volver a entidades más genéricas, *las empresas argentinas de maquinaria agrícola—las empresas de capital nacional.*

Otras dos cadenas léxicas relevantes están constituidas por grupos nominales que construyen dos escenarios macroeconómicos. Ambos presentan relaciones parte-todo, de manera que se presenta cada uno y luego se presentan sus características: *un escenario de mayor competitividad* (todo)—*baja demanda interna, altos niveles de incertidumbre y precios relativos* (co-partes) y *la apertura y globalización del mercado interno de equipos agrícolas* (todo)—*El dinamismo de la demanda interna, la difusión de la siembra directa y la acción de las organizaciones e instituciones del sector* (co-partes). Se observará más adelante cómo estas últimas dos cadenas léxicas establecen las condiciones en las cuales el comportamiento del sector de maquinarias agrícolas se comporta de manera diferente.

Desde la perspectiva de la PERIODICIDAD (tabla 12.2), cabe señalar que las entidades que conforman la primera cadena léxica funcionan como Temas no marcados de las cláusulas (negritas), de manera que construyen el método de desarrollo, es decir, establecen el ángulo del campo hacia el cual se orienta el texto: las empresas en cuestión. En cuanto a las circunstancias de tiempo, puntúan el texto como Temas marcados (negritas + subrayado), a fin de establecer la organización temporal del discurso. La información que aparece como Nuevo expande el ángulo del campo elegido con contenido relevante para la transformación de las empresas de una etapa a otra.

Tabla 12.2. PERIODICIDAD en la Explicación Histórica

Textual	Tema Interpersonal	Tema Experiencial Marcado	Tema Experiencial No Marcado		Tema Experiencial / Nuevo	Nuevo
		En un escenario de mayor competitividad,	el sector de maquinaria agrícola argentino	mostró		escasa capacidad de [[competir tanto en el mercado interno como en los externos]]
		En los años 1980, para aminorar la brecha tecnológica en materia de productos y procesos,	las empresas de capital nacional	iniciaron		procesos de reestructuración en un ambiente [[caracterizado por una baja demanda interna, altos niveles de incertidumbre y precios relativos que desalentaban las actividades productivas]]
Aun así,		en esos años		iniciaron sus procesos de expansión	*empresas de capital nacional [[que fabricaban tractores]], y pequeñas empresas [[que comenzaron a producir sembradoras para siembra directa]]*	

		Tema			Tema Experiencial / Nuevo	Nuevo
Textual	Interpersonal	Experiencial				
		Marcado	No Marcado			
		Impulsadas por la apertura y globalización del mercado interno de equipos agrícolas y por los avances en la formación del Mercosur,	las empresas grandes y medianas de capital nacional	incorporaron como objetivos estratégicos		el aumento de sus exportaciones y una mayor internacionalización de sus actividades.
			El dinamismo de la demanda interna, la difusión de la siembra directa y la acción de las organizaciones e instituciones del sector	contribuyeron a consolidar		estos objetivos
y				apoyaron		la expansión de las empresas en los últimos años.
§		En general, hasta los años 1990	las empresas argentinas de maquinaria agrícola	estuvieron sometidas		a reestructuraciones tecnoproductivas y redefiniciones de sus estrategias de crecimiento.

Descripción de Géneros para su Enseñanza

Textual	Inter-personal	Tema Experiencial Marcado	Tema Experiencial No Marcado		Tema Experiencial / Nuevo	Nuevo
		Desde entonces,	las filiales de empresas transna-cio-nales	operan		a nivel global.
			Las empresas de capital nacional	aumentaron		sus exporta-ciones
y			algunas	iniciaron		su internacionaliza-ción.
				Contri-buyeron en igual medida a profundi-zar estos procesos	*tanto el ambiente macro-económico argentino, <<incluido el régimen de incen-tivos pre-valecien-te para el sector>>, como las decisiones estratégi-cas de las empresas y el apoyo de entidades guberna-mentales y de ciencia y tecnología.*	

Sin embargo, como se señaló antes, en este género la causa tiene un rol más destacado que el tiempo y se realiza, en el sistema de CONEXIÓN, de tres maneras diferentes (81): al interior de la cláusula, como Circunstancias (subrayado + cursiva) o a través de participantes agentes (cursiva) de procesos que en este contexto expresan causa (Halliday, 1993b, p. 65) (negrita + subrayado); o mediante cláusulas dependientes o incluidas (negritas + cursivas).

301

(1) <u>*En un escenario de mayor competitividad*</u>, el sector de maquinaria agrícola argentino mostró escasa capacidad de [[competir tanto en el mercado interno como en los externos]]./// En los años 1980, <<*para aminorar la brecha tecnológica en materia de productos y procesos*>>, las empresas de capital nacional iniciaron procesos de reestructuración en un ambiente [[caracterizado por una baja demanda interna, altos niveles de incertidumbre y precios relativos que desalentaban las actividades productivas]]./// Aun así, en esos años iniciaron sus procesos de expansión empresas de capital nacional [[que fabricaban tractores]], y pequeñas empresas [[que comenzaron a producir sembradoras para siembra directa]].///

Impulsadas por la apertura y globalización del mercado interno de equipos agrícolas y por los avances en la formación del Mercosur,// las empresas grandes y medianas de capital nacional incorporaron como objetivos estratégicos el aumento de sus exportaciones y una mayor internacionalización de sus actividades./// El dinamismo de la demanda interna, la difusión de la siembra directa y la acción de las organizaciones e instituciones del sector <u>contribuyeron a consolidar</u> estos objetivos// y <u>apoyaron</u> la expansión de las empresas en los últimos años.///

En general, hasta los años 1990 las empresas argentinas de maquinaria agrícola estuvieron sometidas a reestructuraciones tecnoproductivas y redefiniciones de sus estrategias de crecimiento./// Desde entonces, las filiales de empresas transnacionales operan a nivel global./// Las empresas de capital nacional aumentaron sus exportaciones// y algunas iniciaron su internacionalización./// <u>*Contribuyeron*</u> en igual medida <u>*a profundizar*</u> estos procesos *tanto el ambiente macroeconómico argentino, incluido el régimen de incentivos prevaleciente para el sector, como las decisiones estratégicas de las empresas y el apoyo de entidades gubernamentales y de ciencia y tecnología.*

El propósito de esta explicación histórica es preparar el terreno para la justificación analítica que le sigue. En primer lugar, construye el problema de la *escasa capacidad de competir* de las empresas del sector en los años 1980, para ir mostrando luego cómo *iniciaron procesos de reestructuración, procesos de expansión* y cómo, gracias al apoyo de distintas instituciones, fueron logrando objetivos de aumento de exportaciones y crecimiento de su internacionalización, hasta llegar a operar *a nivel global*. En este sentido, la evolución de las empresas se construye con léxico infundido de valoración. Si primero se las evalúa negativamente (*escasa capacidad de competir*), se las presenta luego evolucionando hacia estadios en los que adquieren atributos positivos (*iniciaron procesos de reestructuración, procesos de expansión, operan a nivel global*). El texto se construye como monoglósico, sin negociación con la audiencia, de manera que parece construir un lector solidario con la posición asumida. No hay evidencia de posiciones contrarias y los rasgos infundidos de valoración están naturalizados para la audiencia construida. Así, el manejo del tiempo, la valoración y la construcción de la causa contribuyen a preparar una base de acuerdos (alineación), a partir de los cuales el autor puede proponer una idea que va más allá en cuanto a posibilidades de las empresas y sobre la cual, en consecuencia, deberá argumentar.

En efecto, a la luz de la trayectoria empresarial sintetizada en la explicación histórica, se presenta a continuación una justificación analítica, que se propone persuadir al lector de una idea (Martin, 1989, pp. 16–17), con la estructura que se muestra en la tabla 12.3. La Tesis coincide con la hipótesis planteada en la Introducción: la posibilidad de las empresas de avanzar aún más en el camino iniciado hacia la internacionalización. Esta proposición no parece estar distante de un escenario posible para la audiencia construida, a partir de los acuerdos establecidos en la primera parte del texto. Sin embargo, se encuentra modalizada (negrita + cursiva), de manera que desde la perspectiva interpersonal construye expansión dialógica, admitiendo la posibilidad de posiciones alternativas, lo que justifica la necesidad de argumentación.

Tabla 12.3. Justificación Analítica en la Discusión analizada

Tesis	El sector argentino de maquinaria agrícola *tiene posibilidades de aumentar* sus exportaciones y avanzar en su internacionalización **por varios motivos.**
Arg 1	**En primer lugar,** el dinamismo de los mercados de productos básicos del agro está ampliando la frontera agrícola local y mundial y *las empresas argentinas están en condiciones de diseñar y fabricar equipos adaptados a distintos modelos de agricultura.* Puesto que en el ámbito mundial se considera que el nivel de desarrollo agrícola de Argentina es equiparable al de Europa y los Estados Unidos (PROARGENTINA, 2005), cabe suponer que *en el país se podrían desarrollar equipos para mercados sofisticados.*
Arg 2	**En segundo lugar,** los mercados de implementos agrícolas son dinámicos, en gran medida merced a la diversidad de fuentes que aportan a la innovación en los productos. Esas fuentes tienen que ver con cambios tecnológicos en las prácticas agronómicas (por ejemplo, la siembra directa); en la industria metalmecánica (nuevos tipos de motores, nuevos diseños); en la biotecnología (nuevas semillas) o en la industria química (productos agroquímicos). Esto implica que las barreras a la entrada son bajas y que *las pymes de capital nacional podrían ingresar y mostrar igual o mejor desempeño competitivo que las empresas ya establecidas, incluidas las transnacionales.*

Continuación de la tabla	
Arg 3	**En tercer lugar,** <u>la sofisticación de la demanda y la internacionalización del mercado interno</u> ponen a las empresas de capital nacional, especialmente las de tractores y cosechadoras, en competencia con grandes empresas fabricantes de productos que se hallan en la frontera tecnológica mundial. <u>Esta situación desafía la capacidad de diseño de las empresas locales,</u> les ofrece modelos de referencia e incentiva el aprendizaje: los productos que compitan exitosamente en el mercado interno también podrán hacerlo en otros mercados.

Los Argumentos se anuncian en la Tesis mediante una metáfora lógica que indica causa interna (negrita + subrayado) y están vinculados entre sí por conexiones temporales internas (*En primer lugar, En segundo lugar*). Como Argumentos se presentan las condiciones que, en la trayectoria delineada para el sector, fueron algunas de las causas de su desarrollo (subrayado) y la valoración positiva de las empresas que les permitiría responder de manera adecuada a esas condiciones (cursiva).

La valoración positiva de las empresas argentinas de maquinaria agrícola (2) y (3) se realiza a través de significados ideacionales que bastan para evocar valoración de capacidad (cursiva) o mediante la graduación de alguno de sus rasgos (4) presentados como componentes (negrita).

> (2) las empresas argentinas *están en condiciones* de diseñar y fabricar equipos adaptados a distintos modelos de agricultura.

> (3) la sofisticación de la demanda y la internacionalización del mercado interno ponen a las empresas de capital nacional, especialmente las de tractores y cosechadoras, en *competencia con grandes empresas* fabricantes de productos que se hallan en la frontera tecnológica mundial.

> (4) las pymes de capital nacional podrían ingresar y mostrar **igual o mejor desempeño competitivo** que las empresas ya establecidas, incluidas las transnacionales.

Es esta capacidad de respuesta de las empresas a las condiciones macroeconómicas y de producción agrícola lo que el autor interpreta en cada caso como posibilidad de avanzar en la internacionalización, es decir, como argumento para sostener la Tesis. En (5) y (6) se marcan con negrita los recursos utilizados, que pueden interpretarse como metáforas lógicas que construyen consecuencia interna. En (7), se utilizan los dos puntos con valor consecutivo.

> (5) En primer lugar, el dinamismo de los mercados de productos básicos del agro está ampliando la frontera agrícola

local y mundial// y las empresas argentinas están en condiciones de [[diseñar y fabricar equipos adaptados a distintos modelos de agricultura]].// Puesto que en el ámbito mundial se considera que el nivel de desarrollo agrícola de Argentina es equiparable al de Europa y los Estados Unidos (PROARGENTINA, 2005),// **cabe suponer que** en el país se podrían desarrollar equipos para mercados sofisticados.

(6) En segundo lugar, los mercados de implementos agrícolas son dinámicos, en gran medida merced a la diversidad de fuentes [[que aportan a la innovación en los productos]].// Esas fuentes tienen que ver con cambios tecnológicos [...]./// **Esto implica** [[**que** las barreras a la entrada son bajas// y que las pymes de capital nacional podrían ingresar y mostrar igual o mejor desempeño competitivo que las empresas ya establecidas, [[incluidas las transnacionales]].///

(7) En tercer lugar, [...]/// Esta situación desafía la capacidad de diseño de las empresas locales,// les ofrece modelos de referencia// e incentiva el aprendizaje:// los productos [[que compitan exitosamente en el mercado interno]] también podrán hacerlo en otros mercados.///

La Discusión concluye con una justificación exhortativa, que tiene como propósito persuadir al lector de la necesidad de un curso de acción o de acciones (Martin, 1989, pp. 16–17) (tabla 12.4). Obsérvese que su organización presenta variantes con respecto a la estructuración canónica del género, pues luego de cada Argumento presenta un Refuerzo de la Tesis.

En la Tesis (negritas), el autor propone que no solo las empresas mismas, sino otros actores, como el gobierno, instituciones estatales y organizaciones empresariales son responsables de la consolidación del proceso de su internacionalización. Mediante una construcción comparativa (subrayado) que involucra valoración (*tan importante como*), el autor reconoce otras voces: no solo es importante que las empresas se propongan objetivos estratégicos, como sostendría la teoría hegemónica, sino que también es importante que haya políticas públicas que favorezcan su desempeño, como proponen teorías intervencionistas no hegemónicas existentes en el campo. Esto puede interpretarse como una propuesta, más que como una idea, considerando su formulación a través de una nominalización de acciones genéricas, con sus agentes construidos como modificadores (*el apoyo de las actividades y programas gubernamentales, las organizaciones empresariales y las instituciones científicas y tecnológicas*): en una versión congruente, se destacaría la importancia de que "las organizaciones empresariales y las instituciones científicas y tecnológicas apoyen la consolidación del proceso de internalización de las empresas pymes y el aumento de sus exportaciones".

A partir de allí, en los Argumentos para sostener el curso de acciones y sus responsables propuestos en la Tesis, se presentan dos razonamientos que aportan las causas por las que estas acciones son necesarias. Las recomendaciones de políticas, que en el análisis se consideran Refuerzos de la Tesis, aparecen en relación consecutiva interna con los Argumentos (cursivas) para el accionar propuesto. En el primer caso, la relación se presenta de manera implícita (entre corchetes, repuesta con versales negritas); en el segundo, mediante una conjunción (versales negritas). En el Refuerzo de la Tesis 1 se utiliza la modalización de obligatoriedad de procesos para indicar las acciones consideradas como necesarias (negrita + subrayado); en el Refuerzo de la Tesis 2, la propuesta está construida como una cláusula incrustada (subrayado) con un proceso relacional causal (negrita + subrayado), que propone como condición una nominalización (negrita + cursiva + subrayado). A través de esta cláusula se sugiere indirectamente la responsabilidad de los agentes gubernamentales como generadores de políticas que favorezcan al sector agrario.

Tabla 12.4. Justificación Exhortativa en la Discusión

Tesis	En los últimos años, las empresas [...]. **Para consolidar este incipiente proceso de internacionalización y el aumento de las exportaciones de las pymes, tan importante como** los objetivos estratégicos de las empresas **es** el apoyo de las actividades y programas gubernamentales, las organizaciones empresariales y las instituciones científicas y tecnológicas.
Arg 1	*El crecimiento de las exportaciones y los avances en el proceso de internalización en el sector argentino de maquinaria agrícola **dependen** también de su capacidad para superar sus propias limitaciones, especialmente las tecnológicas.*
Refuerzo Tesis 1	[POR LO TANTO] En este sentido, el escenario macroeconómico e institucional **tiene que proveer** un ambiente propicio para la toma de decisiones de largo plazo. El régimen de incentivos también **debería promover y facilitar** el acceso a mercados externos, el aumento del tamaño de planta, la formación de una red de proveedores y la fabricación de productos más seguros y de calidad certificada.
Arg 2	Finalmente, también **debería tenerse en cuenta** que *la rentabilidad de las pymes argentinas del rubro **depende** de su desempeño en el mercado interno y que las empresas tienen que madurar y consolidarse en ese mercado antes de iniciar sus exportaciones.*
Refuerzo Tesis 2	POR LO TANTO, uno de los factores que más ha contribuido al crecimiento de las exportaciones y a la mayor internacionalización del sector es el comportamiento de la demanda interna de maquinaria agrícola, **que depende** fundamentalmente de la ***rentabilidad de la agricultura argentina***.

Desde la perspectiva de la VALORACIÓN, cabe recordar que en todos los Argumentos de la justificación analítica en este texto, (5), (6), (7), la interpretación de los datos se presenta modalizada (*se podrían desarrollar, podrían ingresar y mostrar, podrán hacerlo*). De esta manera, se considera la existencia de posiciones alternativas. Asimismo, en la justificación exhortativa se utiliza modalización de obligatoriedad, de manera que hay un reconocimiento de la existencia de otras posiciones que no se explicitan en el texto. De todas formas, estas otras posiciones parecen ser canceladas en el contexto del razonamiento en el que tienen lugar. La apertura dialógica en el discurso mediante el uso de modalidad es característica en las ciencias, dado que para poder sostener una posición es necesario abrir el espacio para la negociación en el que voces alternativas circulen alrededor de una afirmación. Pero el autor basa los argumentos de la justificación analítica en la valoración de las empresas construida en la explicación histórica que, como ya se señaló, suponen un lector alineado con esta posición, lo que implica reducir el espacio dialógico. Esto permite proponer que la audiencia construida en el texto no está tan distante de la posición del autor.

Por otro lado, la combinación de una justificación analítica y una exhortativa en este texto conlleva también la construcción de una posición de contracción dialógica en el discurso. Efectivamente, Martin y Rose (2008, pp. 134) señalan que, entre los géneros argumentativos, la justificación se caracteriza por manejar una única posición. Asimismo, la manipulación de la valoración en la explicación histórica que inicia estas Reflexiones Finales preparan, como se señaló, la defensa de una posición que apenas esboza una discusión con otras voces alternativas: la posibilidad de internacionalización de las empresas del sector en cuestión y la recomendación —planteada como necesidad— de que el proceso de las empresas esté apoyado por instituciones sectoriales así como por las de ciencia y técnica y por acciones de política gubernamental.

Reflexiones Finales

En este trabajo se presenta el análisis de una Discusión de un artículo de Economía, tomado como ejemplo de análisis de un corpus mayor. El análisis pone de relieve el propósito del texto, su estructuración y los recursos discursivos relevantes para la producción de significado en el marco de la construcción de conocimiento disciplinar. A partir de este análisis, el docente a cargo de la enseñanza del género seleccionará los recursos con los cuales trabajará la lectura del texto en la Deconstrucción, poniendo en evidencia cómo construyen el significado del texto y ponen de relieve su propósito.

Este tipo de trabajo contribuye también a guiar la producción escrita de un texto que instancie el mismo género —construido como macrogénero o no, según los datos con los que se cuente— y, eventualmente, su exposición oral con apoyos gráficos. La producción de un texto escrito incluirá su diseño en una planificación realizada a través de esquemas o diagramas y un trabajo de edición guiada por el docente y luego realizada en forma individual hasta llegar a la versión final.

Con la repetición en diversas instancias de una propuesta como esta, el estudiante logrará alcanzar independencia en la producción de textos que instancien nuevos géneros, ya que tomará conciencia de los recursos lingüísticos disponibles a partir de su sistematización tanto como de un procedimiento para el abordaje de la producción escrita u oral.

De esta manera, el artículo hace una contribución, por un lado, al análisis del discurso científico en español y, por otro, a la enseñanza de la lectura y la escritura, en el ámbito universitario, de textos académicos y profesionales que involucren conocimientos disciplinares. Se destaca en este sentido el valor del análisis lingüístico como revelación de los recursos para producir significado en términos de construcción de mundo, construcción de posiciones en relación con ese mundo construido, su negociación con otras posiciones circulantes en el ámbito de producción y la combinación de estos recursos para la producción de un texto.

Referencias

Coffin, C. (2006). *Historical discourse. The language of time, cause and evaluation.* Continuum.

Eggins, S., & Martin, J. R. (2003). El contexto como género: Una perspectiva lingüístico-funcional. *Revista Signos, 36*(54), 185–205. https://doi.org/10.4067/S0718-09342003005400005.

Halliday, M. A. K. (1993a). Towards a language-based theory of learning. *Linguistics and Education, 5,* 93–116. https://doi.org/10.1016/0898-5898(93)90026-7.

Halliday, M. A. K. (1993b). On the language of physical science. In M. Halliday & J. R. Martin (Eds.), *Writing science: Literacy and discursive power* (pp. 54–68). University of Pittsburgh Press.

Halliday, M. A. K. (2004). Three aspects of children's language development: Learning language, learning through language, learning about language. In J. Webster (Ed.). *The language of early childhood. Collected works of M.A.K. Halliday,* 4 (pp. 308–326). Continuum.

Halliday, M.A.K. (2008) *Complementarities in language.* The Commercial Press.

Halliday, M. A. K., & Martin, J.R. (1993). *Writing science: Literacy and discursive power.* University of Pittsburgh Press.

Hao, J. (2015). *Construing biology: An ideational perspective.* [Unpublished doctoral thesis]. University of Sydney.

Hood, S. (2010). *Appraising research. Evaluation in academic writing.* Palgrave Macmillan.

Hood, S., & Martin, J. R. (2005). Invocación de actitudes: El juego de la gradación de la valoración en el discurso. *Revista Signos, 38*(58), 195–220. https://doi.org/10.4067/S0718-09342005000200004.

Iedema, R. (1997). The language of administration: Organizing human activity in formal institutions. In F. Christie & J. R. Martin (Eds.), *Genre and institutions. Social processes in the workplace and school* (pp. 73–100). Continuum.

Martin, J. R. (1989) *Factual writing. Exploring and challenging social reality*. Oxford University Press.

Martin, J. R. (1992). *English text: System and structure*. John Benjamins.

Martin, J. R. (1994). Macro-genres: The ecology of the page. *Network, 21*, 29–52.

Martin, J. R. (2007). Construing knowledge: A functional linguistic perspective. In F. Christie & J. R. Martin (Eds.), *Language, knowledge and pedagogy: Functional linguistic and sociological perspectives* (pp. 34–64). Continuum.

Martin, J. R. (2008). Tenderness: Realisation and instantiation in a Botswanan town. In N. Nørgaard (Ed.), *Odense working papers in language and communication, special issue of papers from 34th International Systemic Functional Congress*, 30–62.

Martin, J. R. (2009). Boomer dreaming: The texture of recolonisation in a lifestyle magazine. In G. Forey & G. Thompson (Eds.), *Text-type and texture* (pp. 252–284). Equinox.

Martin, J. R. (2013). *Systemic functional grammar: A next step into the theory. Axial Relations*. Higher Education Press.

Martin, J. R. (2018). Meaning beyond the clause: Co-textual relations. *Linguistics and the Human Sciences, 11*(2–3), 203–235. https://doi.org/10.1558/lhs.34711.

Martin, J. R., & Rose D. (2007). *Working with discourse. Meaning beyond the clause* (2nd Ed). Continuum.

Martin, J. R., & Rose, D. (2008). *Genre relations: Mapping culture*. Equinox.

Martin, J. R., & Veel, R. (1998). *Reading science. Critical and functional perspectives on discourses of science*. Routledge.

Martin, J. R., & White, P. P. R. (2005). *The language of evaluation: Appraisal in English*. Palgrave.

Matthiessen, C., & Halliday, M. A. K. (2009). *Systemic Functional Grammar: A First step into the theory*. Higher Education Press.

Moyano, E. I. (2007). Enseñanza de habilidades discursivas en Español como lengua materna basada en la teoría de género y registro de la LSF: Algunos resultados de una investigación. *Revista Signos, 40*(65), 573–608.

Moyano, E. I. (2014). La Discusión en artículos de microbiología: género, compromiso y construcción del conocimiento. *Revista Onomázein, Número Especial IX ALSFAL*, 161–185. https://doi.org/10.7764/onomazein.alsfal.4.

Moyano, E. I. (2015). *La sección discusión del artículo científico como género: Construcción del nuevo conocimiento y construcción del autor* [Tesis doctoral no publicada], Universidad de Buenos Aires.

Moyano, E. I. (2016). Theme in English and Spanish: Different means of realization for the same textual function. *English Text Construction, 9*(1), 190–220. https://doi.org/10.1075/etc.9.1.10moy.

Moyano, E. I. (2017). Diseño e implementación de programas de lectura y escritura en el nivel universitario: Principios y estrategias. *Lenguas Modernas, 50*, 47–72.

Moyano, E. I. (2019). Knowledge construction in discussions of research articles in two disciplines in Spanish: The Role of Resources of APPRAISAL. *Journal of Pragmatics, 139*, 231–246.

Moyano, E. I. (2021). La función de tema en español: Sus medios de realización desde la perspectiva trinocular de la Lingüística Sistémico-Funcional. *Revista Signos, 54*(105), 487–517.

Oteíza, T. (2009). Solidaridad ideológica en el discurso de la historia: Tensión entre orientaciones monoglósicas y heteroglósicas, *Revista Signos, 42*(70), 219–244. https://doi.org/10.4067/S0718-09342009000200004.

Oteíza T. (2010). De la conspiración de silencio al reconocimiento de voces alternativas. Las violaciones a los derechos humanos en Chile según el Informe Valech (2003). *Revista Latinoamericana de Estudios del Discurso (ALED), 9*(1), 87–112. https://doi.org/10.35956/v.9.n1.2009.p.87–112.

Oteíza, T. (2017). Escritura en la historia: potencial de los recursos lingüísticos interpersonales e ideacionales para la construcción de la evidencia. *Lenguas Modernas* 50, 193–224.

Oteíza, T., Henríquez, R., & Canelo, V. (2018). Language resources to negotiate historical thinking in history classroom interactions. *Linguistics and Education, 47*, 1–15. https://doi.org/10.1016/j.linged.2018.06.004.

Oteíza, T., & Pinuer, C. (2012). Prosodia valorativa: Construcción de eventos y procesos en el discurso de la historia. *Discurso y Sociedad, 6*(2), 418–446.

Oteíza, T., & Pinuer, C. (2019). El sistema de VALORACIÓN como herramienta teórico-metodológica para el estudio social e ideológico del discurso. *Logos: Revista de Lingüística, Filosofía y Literatura, 29*(2), 207–229. https://doi.org/10.15443/RL2918.

Rose, D. (1997). Science, technology and technical literacies. In F. Christie & J. R. Martin (Eds.), *Genre and institutions: Social processes in the workplace and school* (pp. 40–72). Continuum.

Rose, D., & Martin, J. R. (2012). *Learning to write, reading to learn: Genre, knowledge and pedagogy in the Sydney school*. Equinox.

Vian Jr. O., & Vieira Mendes, W. (2015). O sistema de conjunçao em textos academicos: Os mecanismos de sequenciamento e de explicaçao. *Letras, 50*(25), 163–186.

Vidal, M. & Montes, S. (en prensa). La progresión de la escritura a lo largo de la carrera de Artes: una investigación aplicada para informar un programa de escritura en las disciplinas. In E. I. Moyano & M. Vidal. (Eds.). *Centros y programas de escritura en América Latina: opciones teóricas y pedagógicas para la alfabetización académica*. The WAC Clearinghouse; University Press of Colorado. https://doi.org/10.37514/INT-B.2021.1404.

Texto analizado

García, G. (2008). La industria argentina de maquinaria agrícola: ¿de la reestructuración a la internacionalización? *Revista de la CEPAL, 96*, 221–237.

13 O Ensino Gramaticalmente Orientado da Produção Escrita do Gênero Resenha

Orlando Vian Jr.
Universidade Federal de São Paulo/CNPq

Resumo / Resumen / Abstract

Com base no que propõem Macken-Horarik, Love, Sandiford e Unsworth (2018) para a adoção de uma perspectiva gramatical no ensino, este texto discute aspectos de uma abordagem gramaticalmente orientada para ensinar o gênero resenha no contexto acadêmico. Para o ensino da escrita, adota-se o Ciclo de Ensino e Aprendizagem da Escola de Sydney (Rose & Martin, 2012) e, como orientação gramatical, a Gramática Sistêmico-Funcional (Halliday, 2014), com foco nas escolhas de modalidade e os mecanismos de avaliação utilizados por resenhadores para marcar seu posicionamento em relação aos objetos resenhados. Os resultados apontam que abordar o conhecimento sobre a língua(gem) promove a produção de textos que atendam mais eficientemente às exigências de produção escrita no mundo acadêmico e uma maior sensibilidade para a relação entre texto, gênero e contexto, ligando estes com os aspectos gramaticais, a fim de consolidar a proposta de uma abordagem gramaticalmente orientada.

A partir de lo que proponen Macken-Horarik, Love, Sandiford y Unsworth (2018) para la adopción de una perspectiva gramatical en la enseñanza, este texto discute aspectos de un abordaje gramaticalmente orientado a enseñar el género reseña en el contexto académico. Para la enseñanza de la escritura, se adopta el Ciclo de Enseñanza y Aprendizaje de la Escuela de Sydney (Rose & Martin, 2012) y, como orientación gramatical, la Gramática Sistémico-Funcional (Halliday, 2014), con foco en las opciones de modalidad y los mecanismos de evaluación utilizados por reseñadores para marcar su posicionamiento en relación a los objetos reseñados. Los resultados señalan que abordar el conocimiento sobre la (el) lengua(je) promueve la producción de textos que atiendan más eficientemente a las exigencias de producción escrita en el mundo académico y una mayor sensibilidad ante la relación entre texto, género y contexto y de estos con los aspectos gramaticales, para consolidar, así, la propuesta de un abordaje gramaticalmente orientado.

Based on Macken-Horarik, Love, Sandiford and Unsworth (2018) proposal for a grammatical perspective on teaching, this text discusses aspects of a grammatically oriented teaching of the review as a genre in the academic context. The School of Sydney's Teaching and Learning Cycle is adopted as an orientation for the teaching of writing (Rose & Martin, 2012), and Systemic Functional Grammar (Halliday, 2014) is adopted as an orientation on grammar, with a focus on options of modality and appraisal choices used by reviewers to mark their stance in relation to the objects being reviewed. Results indicate that approaching knowledge of language promotes the production of texts that respond more efficiently to the written production demands of the academic realm, and a greater sensibility to the relationship between text, genre, and context, and of these with the grammatical aspects, thus consolidating the advancement of a grammatically oriented approach.

O objetivo primordial deste texto é discutir — a partir da implementação de uma abordagem gramaticalmente orientada para o ensino da produção escrita do gênero resenha — aspectos de uma experiência em um curso de Letras com habilitação em inglês em uma universidade pública em São Paulo, Brasil.

Como base para tal discussão, abordamos questões relativas ao ensino da produção escrita no contexto acadêmico brasileiro, conforme propostas de Motta-Roth e Hendges (2010), além de subsídios de outros autores latino-americanos, como Navarro e Revel Chion (2013), Moyano (2007, 2013), Natale (2013), dentre outros. Para o enquadramento teórico do ponto de vista linguístico, adotamos a noção de letramento conforme proposta por Halliday (1996), bem como os princípios da Gramática Sistêmico-Funcional (Halliday, 2014), ressignificados para serem explorados pela perspectiva de uma teoria gramatical para o ensino por Macken-Horarik, Love, Sandiford e Unsworth (2018), tomando-se por base o conhecimento disciplinar e os letramentos. O foco está em operacionalizar a prática pedagógica com base nos gêneros textuais e na gramática.

O Ciclo de Ensino e Aprendizagem (doravante CEA) insere-se na pedagogia com base em gêneros de pesquisadores da chamada Escola de Sydney (Humphrey, 2017; Humphrey & Feez, 2016; Rose & Martin, 2012) e emergiu a partir da longa experiência com a utilização de abordagens baseadas em gêneros na Austrália, desenvolvidas desde a década de 1980 em diferentes projetos e amplamente utilizada nos últimos anos pelo mundo e, especificamente, em países da América Latina, como pode ser aferido em trabalhos de Moyano (2007, 2013), Ramírez (2015), Rojas García, Olave Arias e Cisneros Estupiñán (2016), Westhoff (2017), Vian Jr e Faria (2019), dentre outros. O CEA constitui-se do ensino explícito da língua em funcionamento nos textos, e compreende atividades de leitura e de escrita para que os alunos possam adquirir conhecimentos e habilidades a fim de produzirem textos que os encaminhem para o domínio dos gêneros exigidos pelo currículo escolar.

Para apresentarmos tal experiência, este artigo está organizado em cinco seções. Além desta introdução, é apresentado, na segunda seção, um apanhado sintético dos principais pressupostos teóricos que embasam a experiência a ser discutida. São descritos, na sequência, os aspectos metodológicos nos quais nos baseamos para planejar e implementar as atividades atinentes ao CEA, bem como o contexto e os participantes. Em seguida, por meio de um relato da experiência de implementação, são apresentadas atividades da experiência, como os elementos gramaticais abordados na operacionalização da referida abordagem para a produção textual. As considerações finais são apresentadas, por fim, com base nos relatos da experiência pedagógica.

Enquadramento Teórico

A experiência discutida neste texto está embasada na interface entre três elementos teóricos que se combinam e se complementam, quais sejam: (i) o ensino da produção escrita no contexto acadêmico utilizando (ii) uma abordagem gramaticalmente orientada para o ensino de produção escrita com base em gêneros por meio de um (iii) CEA para o trabalho com a leitura e com a escrita a partir da forma como os textos se organizam por meio de fases e etapas para construir sentidos. Estes três elementos serão apresentados nas três subseções a seguir.

Produção Escrita e Ensino no Contexto Acadêmico

Embora haja experiências bem-sucedidas de ensino e pesquisa com a escrita no Brasil, ainda é corrente o truísmo de se trabalhar a escrita como produto e não como processo. Os professores pedem que os alunos "escrevam uma resenha", ou qualquer outro gênero, sem ao menos debater ou informar a que tipo de texto se referem e como este se caracteriza, ou oferecer modelos ou indicar aspectos formais. Ao chegar ao ensino superior, é comum enfrentarmos situações de alunos com total despreparo para o trabalho com gêneros tipicamente acadêmicos, pois não houve esse tipo de trabalho em outros contextos prévios.

Sabemos, por outro lado, que a produção dos textos no ensino superior é guiada por objetivos bastante determinados pelos gêneros mais valorizados que circulam no meio acadêmico, sendo os mais comuns o artigo acadêmico, o resumo/*abstract*, a monografia, a dissertação/tese e as resenhas, com funções distintas a depender dos objetivos a serem atingidos, pelos quais são reconhecidos. Motta-Roth e Hendges (2010, p. 23) nomeiam o artigo, o *abstract* e a resenha como "os três gêneros centrais no meio acadêmico".

A resenha, de acordo com Motta-Roth e Hendges (2010, pp. 27–28), se configura como "um gênero discursivo em que a pessoa que lê e aquela que escreve têm objetivos convergentes: uma busca e a outra fornece uma opinião crítica sobre determinado livro". Sua estrutura, segundo as autoras, compõe-se de quatro etapas, em que as seguintes ações são desenvolvidas: Apresentar > Descrever > Avaliar > (Não) Recomendar o livro (Motta-Roth & Hendges, 2010, p. 29).

Navarro e Abramovich (2012, p. 43), no contexto acadêmico argentino, apresentam como componentes da resenha três elementos: Contextualização, Descrição e Avaliação e Conclusão. Além de definirem o que é uma resenha, quem a escreve e como se caracteriza, os autores apresentam sugestões sobre como escrever uma resenha na universidade.

Como é possível perceber, a escrita tem papel essencial no contexto acadêmico, já que todo o conhecimento que circula nesse meio, bem como a forma como é ensinado, divulgado, trocado e avaliado, é baseado na escrita, onde reside a alta valoração dada às habilidades de escrever. Segundo Motta-Roth e Hendges (2010, p. 13), "na cultura acadêmica, a produtividade intelectual é medida pela produtividade na publicação", pois, ainda de acordo com essas autoras, a política de financiamento de bolsas está baseada no "'Publique ou pereça' das universidades americanas" (Motta-Roth & Hendges, 2010, p. 13).

O ensino da escrita, como asseveram Navarro e Revel Chion (2013, p. 51), inclui posições bastante díspares, que se traduzem em propostas curriculares deveras diferenciadas. Segundo os autores, há, por um lado, uma proposta de "ensino da leitura e da escrita em cursos ilhados das matérias curriculares" e, por outro lado, ter a "concepção da leitura e da escrita como práticas sociais situadas propõe sua aprendizagem em situações de uso".[1]

A discussão encetada em Navarro e Revel Chion (2013) refere-se a propostas de ensino de leitura e escrita para a escola secundária, na Argentina, correspondendo ao Ensino Médio brasileiro. As considerações dos autores,

---

[1] No original: "enseñanza de la lectura y la escritura em cursos aislados de las materias curriculares" e "concepción de la lectura y la escritura como prácticas sociales situadas propone su aprendizaje em situaciones de uso".

no entanto, são bastante relevantes para que se considere a relação do ensino da escrita com o currículo em que a disciplina está inserida e seu diálogo com as demais disciplinas, emergindo a abordagem *Escrever através do currículo* (Bazeman et al., 2005).

Na introdução à tradução para o espanhol da obra de Bazerman et al. (2005), Navarro (2016, pp. 39–40) informa que tal abordagem compreende "um foco no ensino da leitura e da escrita, especialmente no ensino superior, focado na natureza situada, disciplinadamente especializada e pedagogicamente central das formas de escrita dos diferentes espaços acadêmicos e profissionais".[2]

Por estarmos nos referindo ao ensino superior, adotamos ainda as propostas de Boccia et al. (2019) que, semelhantemente ao contexto em que atuamos, discutem possibilidades para o ensino de inglês como língua estrangeira por meio de gêneros no meio acadêmico. As autoras (Boccia et al., 2019, p. 35) consideram que os alunos no nível superior devem "estar expostos a uma diversidade de gêneros que variam da experiência concreta, no aqui-agora do contexto familiar privado em relação aos mais públicos, contexto profissional das experiências e ideias mais abstratas".[3]

Como se pode depreender por esse sucinto panorama, trata-se de um contexto bastante específico e as experiências de diferentes pesquisadores em distintos contextos podem fornecer pistas para outros profissionais atuando com o ensino da escrita no contexto acadêmico. Uma vez que enfatizamos o ensino da gramática como inerente ao trabalho com gêneros, passamos a discutir na próxima subseção o que se considera uma abordagem gramaticalmente orientada para o ensino da escrita.

Abordagem Gramaticalmente Orientada

Uma abordagem gramaticalmente orientada para o trabalho com textos, de acordo com a proposta de Macken-Horarik et al. (2018, p. 1), pressupõe quatro atributos e deve: (i) ser relevante para a prática disciplinar com narrativa e persuasão; (ii) contribuir para o conhecimento sobre a língua (e sobre a imagem) como um recurso para sentidos; (iii) ser relevante para tarefas práticas

---

2   No original: "un enfoque sobre la enseñanza de la lectura y la escritura, en especial en educación superior, que se focaliza en el carácter situado, disciplinarmente especializado y pedagógicamente central de las formas de escritura de los distintos espacios académicos y profesionales".

3   No original: "exposed to a range of genres that move them from the private, familiar context of the here-and-now, concrete experience toward the more public, professional context of more abstract and generic experience and ideas".

no ensino da escrita e (iv) oferecer maneiras interessantes de "adentrar" textos de todos os tipos.

Halliday (2002, p. 370) sugere que os alunos deveriam aprender a "pensar gramaticalmente". Segundo o autor, isso quer dizer que eles deveriam "usar o poder único do cérebro humano para refletir sobre o modo como sua experiência é construída em sua gramática". Como resultado disso, o autor faz uma distinção entre *grammar* (como língua(gem)) e *grammatics* (como metalíngua(gem)), uma vez que, quando utilizamos o termo "gramática" a referência automática é à língua em uso ou à sua descrição, o que equivale a dizer que há mais de um sentido para o termo "gramática".

Essa relação *grammar/grammatics* (gramática/teoria gramatical) é também explorada por Matthiessen e Halliday (2009, p. 1). Os autores explicitam que a distinção entre gramática e uma teoria gramatical é análoga à distinção entre língua/linguística ou sociedade/sociologia, isto é, o objeto de estudo e sua área mais ampla. Como este trabalho aborda uma experiência com alunos em um curso de Letras/Inglês e, por conseguinte, futuros professores de língua inglesa, é relevante que sejam abordados os dois aspectos: tanto aqueles relacionados à gramática da língua(gem) quanto a metalíngua(gem) que usarão para falar sobre a gramática e para ensiná-la aos seus (futuros) alunos.

A partir dessa distinção entre a gramática e a teoria gramatical, é possível desenvolver, no ensino, uma metalinguagem para o trabalho com os textos e o papel da gramática na construção dos sentidos. Adotando a perspectiva hallidayana de gramática como um recurso para a construção de sentidos, Macken-Horarik et al. (2018, p. 15) propõem três passos para o uso da teoria gramatical no ensino: *Identificação* (*o quê?*) da unidade de forma e sentido no decorrer da produção escrita (ou oral), a *Descrição* (*como?*) da função da unidade numa oração e a *Interpretação e Explicação* (*por quê?*) dos padrões de escolhas em um texto.

Apropriamo-nos, assim, dos três passos acima para o ensino da resenha, sendo a unidade de forma escolhida (*o quê?*) foi, primeiramente, a modalidade, acompanhada de verbos que expressam opiniões e posicionamentos sobre o que se resenha (*como?*) por ser típica desse tipo de texto, ao fazer considerações sobre o objeto cultural resenhado (*por quê?*).

Para a reflexão linguística explícita e andaimada, adotamos a Gramática Sistêmico-Funcional (Halliday, 2014) e o modo como essa teoria pode ser operacionalizada para o ensino, principalmente com base na metafunção interpessoal e os mecanismos de modalidade utilizados por produtores textuais e que revelam seu posicionamento em relação aos objetos resenhados, uma vez que este é um mecanismo bastante recorrente em resenhas para marcar o comprometimento (ou distanciamento) do produtor textual em relação ao que avalia.

Para que o trabalho com a teoria gramatical e a reflexão metalinguística sejam desenvolvidos na prática, são extremamente importantes no trabalho com professores em formação — como é o caso dos alunos de Letras, futuros professores de línguas —, as considerações sobre o papel da gramática para a aprendizagem, em seu próprio processo como aluno no curso, e para o ensino, em suas atividades como futuros professores. Daí a relevância em discutir e apresentar possibilidades de gramáticas direcionadas especificamente a professores, que foquem sua atenção na questão da metalinguagem e sua importância no processo de ensino/aprendizagem em gramáticas que abordam tais questões a partir de uma perspectiva funcional para a construção de textos e seus sentidos, como é o caso de Derewianka (2013), Humphrey, Droga e Feez (2013) e Meneses, Hugo, Acevedo e Ávila (2017). Estas últimas autoras, inclusive, sinalizam que "os professores precisam de um conhecimento gramatical explícito para a tomada de decisões pedagógicas" (Meneses et al., 2017, p. 24).[4]

Uma abordagem gramaticalmente orientada, desse modo, não significa simplesmente ensinar gramática; também não significa ignorá-la, mas estabelecer o diálogo entre a gramática e o ensino da produção escrita. Deve-se salientar que as escolhas gramaticais fazem parte da produção e devem fazer parte do ensino com base em textos e estar inseridas em práticas e eventos de letramentos por meio de ciclos de ensino e aprendizagem para sua implementação e operacionalização.

Ciclo de Ensino e Aprendizagem Com Base no Texto

Das interlocuções entre os aspectos introduzidos nas duas subseções anteriores, emerge a possibilidade de ensinar a produção escrita do gênero resenha a partir de uma abordagem gramaticalmente orientada, calcada no conceito de teoria gramatical (*grammatics*), como proposto por Halliday (2002), para que os alunos se familiarizem com uma metalíngua(gem) a fim de abordarem a gramática e seu ensino, bem como os aspectos práticos dessa implementação conforme discutidos e apresentados por Macken-Horarik et al. (2018).

Para a utilização da relação gramática/teoria gramatical (*grammar/grammatics*) como base para o ensino, os autores (Macken-Horarik et al., 2018, p. 22) adaptam a proposta de Humphrey e Feez (2016) e de Humphrey (2017) e sugerem o uso do CEA para o texto multimodal, considerando texto e imagens (ou outras semioses), conforme ilustrado na Figura 13.1:

---

4   No original: "los profesores requieren de um conocimiento gramatical explícito para la toma de decisiones pedagógicas".

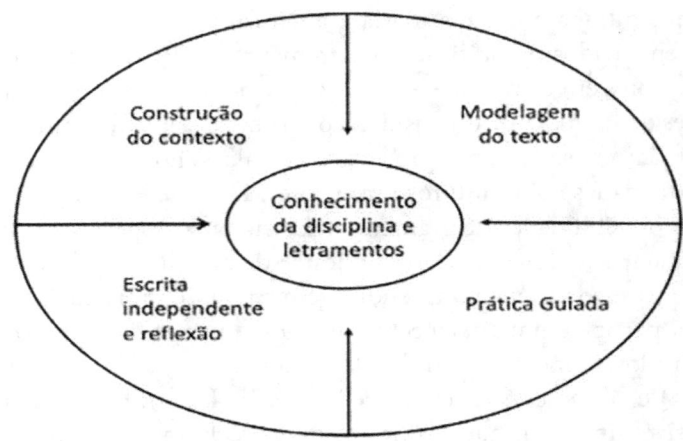

Figura 13.1. Ciclo de Ensino e Aprendizagem com base no texto.
Fonte: Traduzido de Macken-Horarik et al., 2018, p. 22.

A partir do mapeamento dos gêneros que circulam na escola proposto por Rose e Martin (2012), o foco deste trabalho será na família dos gêneros de "Reação a textos", que inclui Resenha, Interpretação e Resposta crítica.

A inter-relação dos elementos Família-Gênero-Propósito-Etapas deve ser entendida da seguinte forma: em nível macro, temos uma Família que engloba diferentes Gêneros, os quais, por seu turno, possuem um Propósito sociocomunicativo determinado pelos contextos em que circulam; para atingir tal propósito, o texto é organizado em Etapas para construir sentidos como forma de alcançar seus objetivos, conforme o Quadro 13.1, com destaque em negrito para o gênero Resenha, foco da experiência relatada.

Quadro 13.1. Família de Gêneros de Reação a Textos

Famíla	Gênero	Propósito	Etapas
Reação a textos	Resenha	Avaliar um objeto cultural	Contextualização Descrição do objeto cultural Avaliação
	Interpretação	Interpretar a mensagem de um texto	Avaliação Sinopse do texto Reafirmação
	Resposta Crítica	Reagir à mensagem de um texto	Avaliação Desconstrução Desafio

Fonte: Traduzido e adaptado de Martin e Rose (2008) e Rose e Martin (2012)

Em experiência com o ensino de gêneros da família de Reação a textos no México, Ramírez (2015, p. 399) sinaliza que "a resenha e outros gêneros de resposta se tornam formas de descrever, avaliar, interpretar textos dentro da escola, substituindo as denominações vagas e imprecisas do 'relatório de leitura'".[5] Infere-se pela citação de Ramírez uma crítica a abordagens que focam no ensino da escrita vaga e apenas com o intuito de avaliação quantitativa, sem considerar questões de construção de sentidos nos textos e que levem os alunos a refletir sobre o texto desde a geração de ideias, sua organização e posterior produção, para tornar, assim, a experiência mais qualitativa e mais significativa.

Em textos de resenhas é bastante comum o uso de mecanismos de modalidade, pois os resenhadores os utilizam como forma de sinalizarem suas atitudes e opiniões no texto, para indicarem o que aprovam e desaprovam no objeto cultural que avaliam.

A perspectiva para a modalidade adotada neste texto é a de Halliday (2014, p. 147), sendo que o autor a concebe como o sistema utilizado para "interpretar a região de incerteza que está entre o 'sim' e o 'não'".[6] Em razão do escopo deste texto, não apresentaremos o Sistema de MODALIDADE, subjacente à metafunção interpessoal, por meio do qual as escolhas linguísticas são realizadas nos textos. Ele será apenas referido por meio dos mecanismos utilizados, uma vez que, como sugere Halliday (1996, p. 346), o escritor/autor está presente nas características atitudinais do léxico, "em palavras que indicam 'o que eu aprovo/desaprovo'; e, de forma mais perceptível, na rede de sistemas interpessoais que compõem a modalidade".[7] Ainda de acordo com o autor, em linguagem, modalidades — expressões de probabilidade, obrigação e afins — são o modo gramatical de expressar o julgamento do falante ou do escritor, sem tornar explícita a primeira pessoa do discurso (eu). Modalidades, segundo Halliday (1996, p. 346), "nunca expressam o julgamento de terceiros. Elas podem ser apresentadas como despersonalizadas, ou objetivadas, especialmente na linguagem escrita, mas todas são, em última instância, manifestações do que 'eu penso'".[8] Temos,

---

5   No original: "la reseña y otros géneros de respuesta se conviertan en las maneras de describir, valorar, interpretar textos dentro de la escuela, sustituir las denominaciones vagas y poco precisas del 'reporte de lectura'.

6   No original: "to construe the region of uncertainty that lies between 'yes' and 'no'".

7   No original: "in words which signal 'what I approve / disapprove of'; and, most conspicuously, in the network of interpersonal system that make up modality".

8   No original: "never express the judgment of some third party. They may be presented as depersonalized, or objectified, especially in written language, but all are ultimately manifestations of what 'I think'".

assim, a modalidade com a função de construir uma região de incerteza para a expressar a validade do que está sendo dito em relação ao objeto resenhado.

Tomando esses pressupostos teóricos como ponto de partida, passamos a discutir, na próxima seção, questões relativas à forma como a experiência foi implementada e os aspectos metodológicos que a embasaram.

Aspectos Metodológicos

Utilizamos a pesquisa-ação (Burns, 2005; Dörnyei, 2007; Thiollent, 1992; Tripp, 2005) como metodologia para as atividades aqui relatadas, pois o planejamento do curso, seu currículo, as produções e as atividades relativas à implementação do CEA, bem como as explorações linguísticas com base na sistêmico-funcional com os textos junto aos alunos, emergiram da experiência direta do autor deste texto como pesquisador e professor da disciplina em que a resenha foi trabalhada.

Esta escolha metodológica se deve ao fato de o próprio professor-pesquisador investigar a situação em que está inserido e, ao mesmo tempo — com base na prática —, promover mudanças necessárias a partir da colaboração dos alunos, em um constante processo de ação-reflexão-ação. Essa postura vai ao encontro do que preceitua Tripp (2005, p. 446), uma vez que, segundo o autor, na pesquisa-ação, "planeja-se, implementa-se, descreve-se e avalia-se uma mudança para a melhora de sua prática". Ainda segundo o autor, na prática da pesquisa-ação, o aprendizado é contínuo no desenvolvimento do processo de pesquisa, possibilitando que os envolvidos aprendam "no decorrer do processo, tanto a respeito da prática quanto da própria investigação" (Tripp, 2005, p. 446).

Neste caso específico, o professor-pesquisador tinha por objetivo compreender e melhorar o ambiente educacional no qual estava inserido, visando a mudanças no ensino da escrita. Essa postura é reforçada por Dörnyei (2007, p. 193) ao discutir métodos de pesquisa no campo da Linguística Aplicada. O autor afirma concordar com o que preceitua Burns (2005, p. 251) sobre a pesquisa-ação, para quem este tipo de pesquisa "oferece um meio para os professores se tornarem agentes em vez de recipientes de conhecimento sobre o ensino e aprendizagem de segunda língua e assim contribuir para a construção de teorias educacionais na prática".

Em nossa experiência, por estarmos utilizando o CEA, ainda pouco conhecido e implementado no Brasil, emergem dessas práticas elementos que podem ser utilizados por outros profissionais que desejem implementar uma pedagogia baseada em gêneros gramaticalmente orientada a partir da experiência aqui descrita.

O contexto em que foi desenvolvida a experiência é uma universidade pública, em um curso de Letras com habilitação em língua inglesa. Logo,

Ensino Gramaticalmente Orientado

trata-se de uma experiência em ensino de língua estrangeira e, por essa razão, a abordagem proposta por Rose e Martin (2012) requer adaptações para o contexto, já que é uma proposta elaborada para o ensino de inglês como língua materna na escola do ensino fundamental na Austrália.

O material que compõe o *corpus* da pesquisa, portanto, compreende um recorte de textos produzidos pelos oito alunos matriculados na disciplina Língua Inglesa V, com duração de um semestre letivo de 60 horas/aula, cujo foco é o ensino da escrita de gêneros acadêmicos, em diálogo com as outras disciplinas do currículo. Para preservação da identidade dos alunos, utilizamos a palavra Aluno, seguida de um número de 1 a 8, para fazer referência a eles.

Com base nas produções dos alunos, o objetivo está em analisar e compreender a forma como estes se apropriam dos usos dos modais em suas resenhas nas práticas de produção escrita. Sinalizamos, ainda, que a disciplina prevê o ensino de outros gêneros acadêmicos. A resenha está em foco apenas para este texto.

A Experiência e Aspectos de sua Implementação

A abordagem para o ensino da escrita toma por base o CEA, como apresentado na figura 13.1. Em função das diferenças contextuais, adaptamos o CEA para o contexto acadêmico, levando em conta que o ensino baseado em gêneros do discurso da Escola de Sydney parte de dois pressupostos fundamentais: o propósito comunicativo que orienta a produção do texto e as etapas que contribuem para o seu desenvolvimento.

Como Moyano (2010, 2017, 2018) relata em suas pesquisas ao utilizar o CEA no contexto acadêmico, também foi necessário realizar adaptações e modificações ao modelo, de acordo com as características do contexto em que a pesquisadora atua.

Para implementar a fase de *Construção do contexto* (cf. figura 13.1) foram apresentadas aos alunos questões para a discussão da função social e da circulação das resenhas no meio acadêmico, como ilustram os dois slides na figura 13.2:

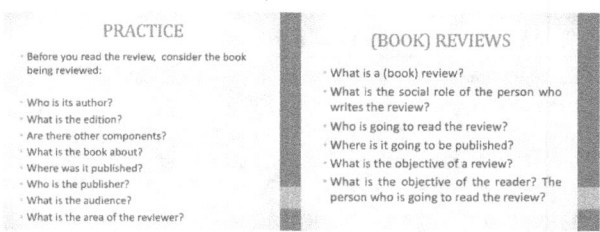

Figura 13.2. Exemplos de slides preparados pelo professor para a fase de Construção do contexto. Fonte: Elaborado pelo professor-pesquisador para uso em aula

Em seguida, para a fase de *Modelagem do texto* (cf. figura 13.1), uma amostra de texto que instancia o gênero sendo trabalhado é apresentada aos alunos para que seja possível realizar a sua desconstrução.

A seguir, como ilustra o quadro 13.2, expomos uma amostra com o objetivo de apresentar a estrutura esquemática do texto e de quais partes ele é composto, para que, em atividades subsequentes, o aluno possa ter em mente as partes componentes do texto que irá produzir, além da função sociocomunicativa daquela parte específica na estrutura esquemática. O objetivo subjacente é que seja despertada no aluno a conscientização de que os textos constroem sentidos por meio de fases e etapas.

Além disso, também é apresentado na amostra o item linguístico que se quer abordar. Neste caso específico, o foco é a modalidade, cujas ocorrências aparecem marcadas em negrito no texto e nomeadas na coluna Características linguísticas.

Quadro 13.2. Amostra textual para a fase de Modelagem do texto

Estrutura esquemática	Texto	Características linguísticas
Contextualização Apresenta o objeto cultura resenhado	The title of this book is *encouraging* because it suggests that you **can learn** how to teach. It also suggests that it is an ongoing process. Jim Scrivener is a very reassuring writer, and an experienced teacher, with many excellent ideas about teaching and his style is very readable and unthreatening for the novice or student teacher. The bonus with the third edition is a DVD showing many of the techniques and strategies described in the book. The drawback of the DVD is that all the classes are filmed at a private language school in Cambridge, with very small groups. It **would have been far better** (but undoubtedly much more complicated and expensive) to have filmed many different classroom types, varying the level, age, size, sector, etc. However, even though all the classes are on the same model, it is still very useful to see exactly how certain strategies **can be used** in the classroom.	Modalidade & *avaliações*
Descrição do objeto cultural Descreve o livro resenhado e seu conteúdo	There are sixteen chapters, each about 25 pages long, organised in a *very rational* way. Each is *sufficiently* detailed to cover a topic in depth, without becoming *boring or repetitive*. The first chapter sets the stage and answers all the questions a beginner **might ask**, but presented in an *interactive* way, in the form of tasks *briefly* set out, followed by *more or less detailed* commentaries. The second chapter looks at classroom activities: how to choose them, plan them and implement them. The *basic*, and *very important*, idea is that students learn by doing, and the focus is *very much* on the,	Modalidade & *avaliações*

Estrutura esquemática	Texto	Características linguísticas
Descrição do objeto cultural Descreve o livro resenhado e seu conteúdo	students rather than on the teacher. As Scrivener points out "if you plan everything in terms of what the students will do, you **might find** you worry *less* about what the teacher has to do!" (p 37). There are also links to specific sections of the DVD to help clarify *exactly* what is meant by "monitoring", for example. The third chapter deals with classroom management, which includes a *very much tongue-in-cheek* section, entitled "How to prevent learning—some popular techniques". **I have to** hang my head in *shame* here and confess that I have committed most of these *heinous* crimes myself, in my early days as a teacher, and even occasionally today (I tend to talk *too much*!) *Fortunately*, you never feel than Jim Scrivener is criticising: he is there as a *friendly* guide, to help you avoid these *common* pitfalls. Chapter 4 moves on to look at learners, as individuals and as groups. It **can be** read in conjunction with Chapter 13, which focuses on the *different* types of class a teacher **may encounter**: *different* types of language, *different* objectives, *different* class size, and *different* age groups. There are *only* two pages on teenagers, but with some *very insightful* ideas, not least of which is that the same things are *likely* to cause *problems* with both adults and teenagers, it is *simply* the reaction that differs. Where adults **might complain** to the school management, teenagers will make their *boredom* tangible directly in the classroom. [...] Each chapter **can be** used as a stand-alone section, but **can also be** "dipped into" by using the index. *Most* items are covered in a *single* section, but "planning", for example, has nine separate entries under the same heading, which makes the index *really useful*. There is also a glossary covering *all those confusing* TLAs (three letter acronyms), as well as technical terms like "tonic syllable".	Modalidade & *avaliações*
Avaliação Avalia o material resenhado	All in all, an *excellent* introduction to the ongoing activity that is "learning teaching".	Modalidade & *avaliações*
Autoria e informações adicionais Lista autor, data e fonte	**Reviewed for TEFL.net by Carmela Chateau**, January 2012	Filed under Teacher Training http://edition.tefl.net/reviews/ttraining/learning-teaching/	

Fonte: Elaborado pelo autor com base em Derewianka (1990) e Emilia e Christie (2013)

Como os alunos já conheciam o fenômeno da modalidade de disciplinas anteriores, pois se trata do terceiro ano do curso, seu uso foi apenas contextualizado, conforme figura 13.3, para o papel social no texto resenhado. Foram feitas perguntas sobre o porquê de a resenhadora usar a modalidade em seu texto, despertando para o fato de que — como já apontado anteriormente, o preceituado por Halliday (1996, p. 346) — , a modalidade expressa "manifestações do que 'eu penso'" e o posicionamento em relação ao objeto resenhado.

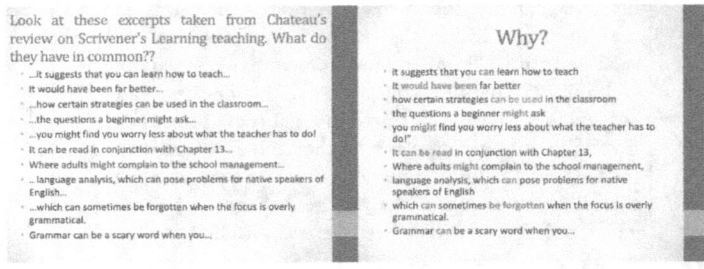

Figura 13.3. Exemplos de slides usados em aula para discussão do papel social dos modais. Fonte: Slides elaborados pelo professor-pesquisador como parte da disciplina

No primeiro slide na figura 13.3, o objetivo é que o aluno observe as orações e deduza o que elas têm em comum. Em seguida, no segundo slide da figura 13.3, os modais aparecem em destaque para discussão da função desses itens no texto e o porquê de a resenhadora utilizá-los. Sinalizamos que, no texto exemplar (cf. quadro 13.2), é possível perceber, por exemplo, a grande ocorrência de itens avaliativos indicados em itálico que a resenhadora usa para avaliar a obra sob análise. Ressaltamos que esses elementos podem e devem ser trabalhados. Apenas optamos, neste texto, principalmente por restrições de espaço, por apresentar a modalidade como foco.

Tomando por base essa modelagem ou desconstrução do texto, é possível para o professor, como bem sinalizado por Boccia et al. (2013, p. 25), questionar a organização do texto, apresentar e discutir de forma explícita as características contextuais que irão interferir nas escolhas linguísticas realizadas pelos alunos na produção de seus textos e para construir os sentidos que pretendem, além de possibilitar a prática dos itens linguísticos que sejam o foco do curso ou do currículo trabalhado pelo professor naquele módulo.

Em relação à resenha utilizada, os alunos receberam o texto e sua estrutura esquemática foi discutida e desconstruída, de modo que pudessem chegar às etapas utilizadas (indicadas em negrito na coluna *Estrutura esquemática*) para a construção de um texto, bem como seus objetivos sociocomunicativos, apresentados logo abaixo da Etapa, em fonte normal. Temos, dessa forma,

uma estrutura com ligeira modificação dos itens apresentados no quadro 3.1.
É importante levar em consideração que o modelo do quadro 3.1 é proposto por Rose e Martin (2012) para o contexto australiano e, na análise dos textos em outros contextos, pode haver diferenças socioculturais, tais como as distintas configurações das resenhas apresentadas anteriormente, propostas por Motta-Roth e Hendges (2010) e Navarro e Abramovich (2012), com ligeiras diferenças, embora com os mesmos objetivos.

Unindo os elementos da estrutura esquemática e seus objetivos comunicativos, expostos no quadro 13.1, além de associá-los às realizações gramaticais típicas do texto, transpusemos essas informações para um texto exemplar de resenha de um livro com o qual os alunos haviam trabalhado em sala de aula, para discutir o capítulo de ensino da escrita, conforme ilustrado no quadro 13.2.

Além disso, foi também apresentado e discutido com os alunos, especificamente por se tratar de professores em formação e que poderão utilizar tais elementos em sua prática futura, questões relacionadas à produção escrita de resenhas, com material disponível[9] pelo The Writing Center da University of North Carolina, Chapel Hill. Também como forma de fornecer aos alunos outros exemplares do gênero Resenha, foram indicados sites como o The New York Sunday Book Review e o The New York review of books, para que fossem comparados textos de resenhadores profissionais e a organização de seus textos.

Após as atividades com a *Modelagem do texto* e as explorações dos aspectos linguístico-gramaticais ligados à modalidade, passou-se à fase de *Escrita independente e reflexão*. Foi solicitado aos alunos que escrevessem a resenha, primeiramente, de um texto, que é o mais comum solicitado pelos demais professores nas disciplinas do currículo. No quadro 13.3, apresentamos a produção da resenha do Aluno 8.

No quadro 13.3, utilizamos o mesmo mecanismo utilizado para o texto amostra do gênero, com indicação da estrutura esquemática e das características linguísticas. Esse mecanismo serve para comparar e para que o aluno possa verificar como incorpora (ou não) os elementos apresentados em suas produções escritas.

Sinalizamos, por fim, e como pode ser verificado no texto do quadro 13.2, para os itens destacados em itálico, o uso recorrente de elementos nominais avaliativos e outras realizações que indicam o posicionamento da autora da resenha. A proposta de uma abordagem de ensino gramaticalmente orientada

---

9 Material disponível em http://writingcenter.unc.edu/book-reviews, acesso em 10 de dezembro de 2019.

pela sistêmico-funcional tem por objetivo promover a produção de textos que atendam mais eficientemente às exigências de produção escrita no mundo acadêmico e uma maior sensibilidade para a relação entre texto, gênero e contexto e destes com os aspectos gramaticais. Chega-se assim, ao que se denominou, no decorrer deste texto e a partir do trabalho de Macken-Horarik, Love, Sandiford e Unsworth (2018), de uma abordagem gramaticalmente orientada.

Quadro 13.3. Amostra de Texto Produzido pelo Aluno 8 na Fase de Escrita Independente

Estrutura esquemática	Texto	Características linguísticas
Contextualização	The text "Room with view – and no people" by Nora Ephron to The New York Times Magazine was published in 1985 and it **still** reflects an *interesting* and *contemporary* point of view: the fact that people don't use their living room (**at least** *not as much as* other parts of their houses).	Modalidade & avaliações
Descrição do objeto cultural	Norah Ephron presents in her text a *revealing* perspective about not using her living room; from a *personal* position and inviting the public to a close reading of the text, Ephron reveals the "not using the living room" situation explaining the *possible* reasons why she (and **maybe** the readers as well) doesn't use the living room and also telling her *personal* experiences relating to that situation. In her text, the author **seems to** offer a visit not just to her apartment but to her *personal* thoughts about the topic proposed and it makes the experience of reading the text *extremely meaningful*.	Modalidade & *avaliações*
Avaliação	"The only thing I can think of to do in a living", this is one of the reflections Ephron **allows** the readers to join in and for those who enjoy an *intimate* reading about a *peculiar* topic, this text is *completely* opportune.	Modalidade & *avaliações*
Autoria e informações adicionais	Reviewed by Aluno 8.	

Fonte: Adaptado pelo autor a partir de texto produzido pelo Aluno 8

Considerações Finais

Os resultados apresentados neste texto de alguns aspectos ilustrativos da experiência com o ensino do gênero resenha, com base em uma abordagem gramaticalmente orientada, bem como as reflexões que dela emergem, apontam tanto para uma maior conscientização dos produtores textuais perante a relação texto-contexto-gramática, quanto para mudanças em sua escrita, indicando um uso mais socialmente orientado dos operadores modais e seu papel no texto acadêmico.

Nossa premissa, com base no que propõe Halliday (1996), é que a condição para ser letrado é que haja o domínio da língua escrita, o que significa dizer que o indivíduo está efetivamente empregando os padrões lexico-gramaticais associados ao texto escrito, seja consciente ou inconscientemente. E esses elementos, sem dúvida, devem ser incorporados a práticas de letramento.

Para o trabalho com a teoria gramatical, inserido em uma perspectiva mais ampla de um CEA, Macken-Horarik et al. (2018, p. 278) utilizam a metáfora da bússola, como ilustra a figura 13.4:

Figura 13.4. Os pontos da bússola para guiar as expedições com a teoria gramatical. Fonte: Traduzido e adaptado de Macken-Horarik et al., 2018, p. 278.

O que a metáfora da bússola pretende sugerir é que os quatro quadrantes são indissociáveis. Pode-se seguir em uma direção ou em outra, mas os demais elementos também fazem parte, pois todos compõem um todo coeso e coerente. A experiência do professor e as características dos alunos é que fornecerão os elementos para indicar a direção. Além disso, obtém-se como resultado, nesse tipo de experiência, uma percepção mais clara do papel da gramática e das escolhas linguísticas na construção de sentidos nos textos.

A análise da estrutura linguística foco deste texto foi a modalidade, revelando como o resenhador se posiciona em relação ao objeto cultural resenhado, não fazendo afirmações ou negações categóricas, mas modalizando seu ponto de vista, já que é apenas sua visão sobre o objeto que resenha; outros posicionamentos são possíveis. As avaliações existentes no texto da resenha são bastante recorrentes, mas optamos, pela delimitação de espaço deste artigo, por apresentar apenas as possibilidades com a modalidade.

Uma abordagem gramaticalmente orientada, desse modo, revela que não existe texto sem gramática, além dos elementos metodológicos típicos do CEA e que pode ser utilizada com outros tipos de texto e em outros contextos educacionais.

Os aspectos apresentados neste texto refletem e reforçam, ainda, a proposta de Halliday, como já indicado anteriormente, de que os alunos deveriam aprender a "pensar gramaticalmente". Isso quer dizer, segundo o autor, que "deveriam usar o poder único do cérebro humano para refletir sobre como sua experiência é construída em sua gramática: usar a gramática para pensar sobre o que a gramática pensa sobre o mundo" (Halliday, 2002, p. 370).[10]

Este 'pensar gramaticalmente' é reforçado pelo que preceituam Macken-Horarik, Love, Sandiford e Unsworth (2018, p. ix) sobre o estudo gramatical em uma abordagem gramaticalmente orientada, já que, segundo os autores, "O estudo gramatical orientado para o significado pode ser um campo de investigação emocionante e vital, tanto por si só quanto por contribuir para a apreciação e composição aprofundada dos textos e textos multimodais dos alunos".[11] Essa abordagem põe foco na construção dos sentidos, sendo a gramática apenas um dos veículos para tais reflexões, e não simplesmente uma estrutura dissociada de texto/contexto.

Referências

Bazerman, C., Little, J., Bethel, L., Chavkin, T., Fouquette, D., & Garufis, J. (2005). *Reference guide to writing across the curriculum*. Parlor Press; The WAC Clearinghouse. https://wac.colostate.edu/books/referenceguides/bazerman-wac/.

Boccia, C., Brain, V., Dorado, L., Farías, A., Gauna, B., Hassan, S., & Perera de Saravia, G. (2013). *Working with texts in the EFL classroom*. Ediunc.

Boccia, C., Hassan, S., Moreschi, M. E., Salmaso, G., Farías, A., & Romero Day, M. (2019). *Teaching and learning EFL through genres*. Teseo Press Design.

Burns, A. (2005). Action research. In E. Hinkel (Ed.), *Handbook of research in second language and learning*. Lawrence Erlbaum Associates.

Derewianka, B. (1990). *Exploring how texts work*. PETAA.

Derewianka, B. (2013). *A new grammar companion for teachers* (2nd Ed.). PETAA.

Dörnyei, Z. (2007). *Research methods in applied linguistics*. Oxford University Press.

---

10 No original: "they should learn to 'think grammatically'. . . they should use the unique power of the human brain to reflect on the way their experience is construed in their grammar: use grammatics to think about what grammar thinks about the world".

11 No original: "Meaning-oriented grammatical study can be an exciting and vital field of inquiry both in itself and as it contributes to students' deepened appreciation and composition of the verbal and multimodal texts".

Emilia, E., & Christie, F. (2013). *Factual genres in English: learning to write, read and talk about factual information*. Rizqi Press.

Halliday, M. A. K. (1996). Literacy and linguistics: A functional perspective. In R. Hasan & G. Williams (Eds.), *Literacy in Society*. Longman.

Halliday, M. A. K. (2002). On grammar. In *Collected works* (Volume 1). Continuum.

Halliday, M. A. K. (2014). *An introduction to Functional Grammar*. (C. Matthiessen, Ed., 4th ed.). Arnold.

Humprhrey, S. (2017). *Academic literacies in the middle years: A framework for enhancing teacher knowledge and student achievement*. Routledge.

Humphrey, S., Droga, L., & Feez, S. (2013). *Grammar and meaning*. PETAA.

Humprhrey, S., & Feez, S. (2016). Direct instruction fit for purpose: Applying a metalinguistic toolkit to enhance creative writing in the early secondary years. *Australian Journal of Language and Literacy, 39*(3), 207–219.

Macken-Horarik, M., Love, K., Sandiford, C., & Unsworth, L. (2018). *Functional Grammatics: Re-conceptualizing knowledge about language and image for school language*. Routledge.

Matthiessen, C. M. I. M., & Halliday, M. (2009). *Systemic Functional Grammar: A first step into the theory*. Higher Education Press.

Meneses, A., Hugo, E., Acevedo, D., & Ávila, N. (2017). *Gramática para profesores: Consideraciones metalingüísticas para el aprendizaje*. Ediciones UC.

Motta-Roth, D., & Hendges, G. R. (2010). *Produção textual na universidade*. Parábola.

Moyano, E. I. (2007). Enseñanza de habilidades discursivas en español en contexto pre- universitario: Una aproximación desde la LSF. *Revista Signos, 40*(65), 573–608.

Moyano, E. I. (2010). Escritura académica a lo largo de la carrera: Un programa institucional. *Revista Signos, 43*(74), 465–488. https://doi.org/10.4067/S0718-09342010000500004.

Moyano, E. I. (Coord.). (2013). *Aprender ciencias y humanidades: Una cuestión de lectura y escritura. Aportes para la construcción de un programa de inclusión social a través de la educación lingüística*. Universidad Nacional de General Sarmiento.

Moyano, E. I. (2017). Diseño e implementación de programas de lectura y escritura en el nivel universitario: principios y estrategias. *Lenguas Modernas, 50,* 47–72.

Moyano, E. I. (2018). La enseñanza de la lectura y la escritura académicas mediante programas a lo largo del curriculum universitario: opción teórica, didáctica y de gestión. *Revista D.E.L.T.A., 34*(1), 235–267. https://doi.org/10.1590/0102-445074 896274115057.

Natale, L. (2013) Integración de enfoques en un programa institucional para el desarrollo de la escritura académica y profesional. *Revista Mexicana de Investigación Educativa, 18*(58), 685–707.

Navarro, F. (2016). Introducción: El movimiento escribir a través del currículum y la investigación y la enseñanza de la escritura en Latinoamérica (pp.38–48). In C. Bazerman, J. Little, L. Bethel, T. Chavkin, D. Fouquette, & J. Garufis (2016). *Escribir a través del currículum: Una guía de referencia* (F. Navarro, Ed.). Universidad Nacional de Córdoba.

Navarro, F., & Abramovich, A. L. (2012). La reseña académica. In L. Natale (Ed.), *In carrera: escritura y lectura de textos académicos y profesionales* (pp. 39–60). Universidad Nacional de General Sarmiento.

Navarro, F., & Revel Chion, A. (2013). *Escribir para aprender: Disciplinas y escritura en la escuela secundaria.* Paidós.

Ramírez, L. A. H. (2015). Hacia la construcción de la voz crítica de los estudiantes: Etapas funcionales y roles de voz en la reseña de divulgación científica. *Letras, 25*(50), 383–406.

Rojas García, I., Olave Arias, G., & Cisneros Estupiñán, M. (2016). Alfabetización académica y pedagogía de género discursivo en la lingüística sistémico funcional: Una experiencia de trabajo. *Revista Signos, 49*(S1), 224–246. https://doi.org/10.4067/S0718-09342016000400011.

Rose, D., & Martin, J.R. (2012). *Learning to write, reading to learn: Genre, knowledge and pedagogy in the Sydney school.* Equinox.

Thiollent, M. (1992). *Metodologia da pesquisa-ação.* Cortez.

Tripp, D. (2005). Pesquisa-ação: Uma introdução metodológica. *Educação e Pesquisa, 31*(3), 443–466

Vian Jr., O., & Faria, F. D. (2019). Letramentos ativistas: gêneros discursivos e participação cidadã de adolescentes na produção escrita de textos argumentativos. In E. Lousada, E. L. Nascimento, & V. L. L. Cristóvão (Eds.), *Gêneros do texto/discurso: novas práticas e desafios* (pp. 193–211). Pontes.

Westhoff, I. (2017). Desarrollo de una secuencia didáctica basada en el programa *Leer para Aprender:* Propuesta de aproximación al género narración en la educación primaria en Chile. *Lenguaje y textos, 46,* 19–28. https://doi.org/10.4995/lyt.2017.8722

14 Scaffolding Academic Literacy en el Contexto de Formación Inicial de Maestros en España

Juana María Blanco Fernández
Universidad de Castilla-La Mancha, España

Resumen / Abstract / Resumo

El presente trabajo presenta una propuesta de implementación del modelo *Scaffolding Academic Literacy*, SAL, (Rose, 2008) en el contexto de la formación inicial de maestros en España. Dicha propuesta ha sido desarrollada en los términos de una investigación-acción con el objetivo final de examinar su incidencia en el rendimiento en comprensión y expresión escrita de textos disciplinares de los alumnos de la asignatura troncal Lingüística Aplicada a la Enseñanza, correspondiente al primer curso del Grado en Educación Primaria de la Facultad de Educación de Toledo (Universidad de Castilla-La Mancha, España). Se describe el proceso de implementación del modelo SAL en la asignatura durante el primer ciclo de investigación-acción (curso 2017–2018) y, como parte de la fase de reflexión que lo integra, se exponen y discuten los datos procedentes del análisis de 83 resúmenes correspondientes a uno de los cuatro géneros discursivos que integran el corpus recabado durante este tramo del proyecto.

The present work describes an approach to implementing the Scaffolding Academic Literacy, SAL, (Rose, 2008) model in the context of early teacher training in Spain. This approach has been developed as action-research in order to assess its impact on students' outcomes in comprehension and writing of disciplinary texts in a core course, Linguistics Applied to Teaching, the first curricular course toward the degree in Primary Education of the School of Education of Toledo (Universidad de Castilla-La Mancha, España). The paper describes the implementation of the SAL model in this course during the first cycle of the action-research (term of 2017–2018) and, as part of the reflection stage of the research, the data from the analysis of 83 abstracts corresponding to one of the four discursive genres that make up the corpus gathered during this stage of the work is discussed.

O presente trabalho apresenta uma proposta de implementação do modelo *Scaffolding Academic Literacy,* SAL, (Rose, 2008) no contexto da formação inicial de professores na Espanha. Dita proposta tem sido desenvolvida nos termos de uma pesquisa-ação com o objetivo final de examinar sua incidência no rendimento em compreensão e expressão escrita de textos disciplinares dos alunos da disciplina-chave Linguística Aplicada ao Ensino, correspondente ao primeiro curso de Graduação em Educação Fundamental da Faculdade de Educação de Toledo (Universidade de Castilla-La Mancha, Espanha). Descreve-se o processo de implementação do modelo SAL na disciplina durante o primeiro ciclo de pesquisa-ação (curso 2017–2018) e, como parte da fase de reflexão que o integra, expõem-se e discutem-se os dados procedentes da análise de 83 resumos correspondentes a um dos quatro gêneros discursivos que compõem o corpus obtido durante este tramo do projeto.

Una de las orientaciones disciplinares que ha logrado integrar de manera más eficiente el tratamiento de la escritura académica en la enseñanza de los contenidos de las asignaturas es la lingüística aplicada. De las distintas corrientes asociadas a esta orientación, este trabajo se inscribe en la aplicación educativa de la Lingüística Sistémico-Funcional (Halliday, 1994). En el contexto universitario anglófono, principalmente australiano, el empleo de esta teoría lingüística para canalizar el tratamiento de la lectura y la escritura en el aula lleva dando sus frutos desde hace varias décadas, al constituir la base fundamental de la pedagogía de los géneros que propone la Escuela de Sídney y que han adoptado numerosas instituciones de educación superior (Dreyfus et al., 2016; Rose, 2008; Rose et al., 2003; Rose et al., 2008). En el contexto universitario hispanohablante, la pedagogía de los géneros ha venido implementándose en algunas universidades latinoamericanas, bien mediante iniciativas puntuales (Mattioli & Marino, 2012; Rojas, Olave, & Cisneros, 2016) o bien mediante la puesta en marcha de programas de lectura y escritura académica (Montes & Vidal, 2017; Moyano, 2017, 2018; Moyano & Giudice, 2016; Moyano & Natale, 2012). A este respecto, los estudios realizados reportan resultados positivos relativos a la mejora de las competencias discursivas de los estudiantes, lo que motivó su aplicación en nuestro contexto particular.

Un Proyecto De Investigación-Acción: Andamiar la Lectura y la Escritura Académica de Maestros en Formación

El presente trabajo presenta una propuesta de implementación de la metodología de base sistémico-funcional *Scaffolding Academic Literacy* (en adelante SAL) para el desarrollo de la lectura y la escritura académica en el contexto de la formación inicial de maestros en España (Blanco, 2019). Dicha propuesta ha sido desarrollada en los términos de un ciclo de investigación-acción (planificación, acción, observación y reflexión) con el objetivo final de examinar su incidencia en el rendimiento de los alumnos del primer curso del Grado en Educación Primaria de la Facultad de Educación de Toledo (Universidad de Castilla-La Mancha-UCLM) en la asignatura troncal Lingüística Aplicada a la Enseñanza.

La Metodología Scaffolding Academic Literacy

La metodología SAL (Rose, 2008; Rose et al., 2003; Rose et al., 2008) surgió a comienzos del s. XXI en Australia como respuesta a las demandas formuladas por educadores de estudiantes adultos indígenas que afrontaban problemas derivados de su particular proceso de alfabetización académica en el seno de titulaciones universitarias enfocadas a la cultura aborigen. Su propósito era integrar la enseñanza de la lectura y la escritura académica en el contexto de estudio del currículum específico de estas titulaciones, de modo que los estudiantes indígenas alcanzasen el estándar de lectura y escritura requerido en la educación superior para completar con éxito sus estudios.

En lo que respecta a sus fundamentos teóricos, se sustenta en la investigación sobre la enseñanza de la lectura y la escritura realizada por la Escuela de Sídney (Martin, 1993, 1999; Rothery, 1994), la Lingüística Sistémico-Funcional de Halliday (1994), la sociología de la educación de Bernstein (2000) y las teorías constructivistas de aprendizaje (Bruner, 1986). En relación con estas, un concepto fundamental para la metodología es el de *andamiaje*, apoyo en el proceso de aprendizaje que se vertebra en un ciclo constante de preparación, realización y elaboración de una tarea hasta conseguir la autonomía de los estudiantes. Específicamente, las estrategias de andamiaje de la metodología SAL están diseñadas para focalizar la atención de los alumnos en los patrones de lenguaje de los textos disciplinares y apoyarlos en la comprensión de los significados que expresan, de modo que puedan llegar a hacer un uso independiente de dichos patrones en sus propias producciones:

- Preparación antes de la lectura: se trata de la preparación general a la tarea de lectura y tiene lugar la sesión previa al trabajo de un texto con el objetivo de orientar en el reconocimiento de la organización de su contenido mediante una sinopsis de las etapas en las que se desarrolla la información, de modo que los alumnos puedan realizar una primera lectura independiente.

- Lectura párrafo a párrafo: pretende orientar con más detalle sobre el desarrollo de la información del texto. Antes de leer cada párrafo, se ofrece una sinopsis de su contenido en términos accesibles a los alumnos, aunque incluyendo y destacando algunos de los términos específicos. Después, se incide en la definición y explicación de dichos términos o de nuevos términos relacionados.
- Marcado del texto párrafo a párrafo: esta estrategia puede seguir directamente a la anterior y se centra en el análisis detallado de un fragmento complejo del texto. Su objetivo es orientar en el reconocimiento de la organización del contenido de sus párrafos para facilitar así la identificación de términos clave. Antes de marcar estos términos clave en cada párrafo se orienta sobre su posición mediante, por ejemplo, la distinción de la(s) oración(es) en las que se presenta el asunto y aquellas en las que se introduce información nueva y se ofrece una paráfrasis accesible de su significado. No obstante, los principios generales empleados en el modelo para identificar información clave varían según el género al que pertenece el texto, de modo que esa pista de orientación quizá no es relevante en el caso de géneros como exposiciones descriptivas o explicaciones secuenciales, en las que todas las oraciones del párrafo presentarían información clave de idéntico nivel de relevancia. Por último, después de que los estudiantes hayan identificado y marcado los términos clave, su comprensión puede ser elaborada definiéndolos o explicándolos en detalle o incluso destacando los elementos de organización del párrafo.
- Marcado del texto oración a oración: esta estrategia también puede seguir directamente a la Preparación antes de la lectura y también se centra en el análisis de un fragmento complejo del texto. Su objetivo en este caso es profundizar en la comprensión de las estructuras léxico-gramaticales propias del lenguaje académico que presenta el fragmento para integrarlas en el repertorio lingüístico de los estudiantes. Así pues, antes de marcar los términos clave, se ofrece una paráfrasis accesible del significado de la oración completa que se está analizando, una pista de posición que indica dónde se sitúan dichos términos clave en la oración (al comienzo, al final, etc.) y una paráfrasis accesible del significado de estos. Una vez que los estudiantes los han identificado y marcado correctamente, la tarea puede ser elaborada definiéndolos o explicando nuevos conceptos relacionados.

- Toma de notas conjunta: tiene el objetivo de reforzar la comprensión de tecnicismos disciplinares y el aprendizaje de estructuras y términos característicos del lenguaje académico. Se aplica después de marcar la información clave en un párrafo u oración, de modo que los estudiantes escriben por turnos los grupos de palabras clave marcados en las fases previas en una lista a un lado de la pizarra mientras sus compañeros se los van dictando. Esta actividad conjunta de toma de notas proporciona muchas oportunidades para discutir conceptos y recursos léxico-gramaticales y para revisar la organización del texto.
- Escritura de un nuevo texto a partir de las notas: su objetivo es practicar las estructuras y términos característicos del lenguaje académico mediante la redacción conjunta de resúmenes que incluyan los tecnicismos disciplinares destacados en las notas escritas en la pizarra en la fase anterior. El profesor prepara la tarea dirigiendo la atención de los estudiantes hacia las notas y sugiriendo estructuras léxico-gramaticales alternativas para integrarlas en el resumen, al tiempo que promueve la discusión sobre la forma particular en que los especialistas construyen los significados en los textos académicos; los estudiantes aportan nuevas sugerencias y, una vez que el grupo selecciona una estructura concreta, el profesor la escribe al otro lado de la pizarra y elabora la tarea reformulando la selección y aprovechando para revisar aspectos conceptuales, gramaticales u ortográficos.
- Empleo de dos o más fuentes para construir un nuevo texto: se trata de la elaboración general de la tarea de lectura. Su objetivo es fomentar el uso independiente de las estrategias anteriores en la construcción de un nuevo texto más complejo que puede tener el mismo género discursivo predominante y distinto tema o un género diferente y el mismo tema. En este segundo caso, la organización del nuevo género tiene que ser modelada, bien por el profesor o bien a partir de otro texto modelo.

En el contexto universitario hispanohablante no contamos con estudios que describan propuestas concretas de aplicación de esta metodología, por lo que el interés de este trabajo radica en gran parte en la novedad que supone con respecto a la estela de intervenciones que siguen la pedagogía de los géneros en su formato previo a SAL, denominado *Teaching-Learning Cycle*, en el que se incidía básicamente en la escritura (Martin, 1993, 1999; Rothery, 1994). SAL, por su parte, está en la línea del modelo *Reading to Learn* (Rose & Martin, 2012), que intensifica y extiende el apoyo que ofrecían las estrategias del *Teaching-Learning Cycle* (deconstrucción, construcción conjunta y construcción independiente) para abarcar el andamiaje en la lectura, bajo la convicción de que es principalmente a través de esta actividad como los estudiantes aprenden a reconocer patrones lingüísticos característicos de los textos académicos que luego emplean en sus propias producciones.

Por otra parte, el interés de este trabajo radica asimismo en su contexto de aplicación, pues la instrucción en lectura y escritura que reciben los maestros en formación a través de la metodología SAL se orienta tanto al desarrollo de su competencia escrita de géneros disciplinares como al de sus competencias docentes para la enseñanza de la lectura y la escritura de géneros escolares. Resulta así un paso previo a su formación en la aplicación del modelo *Reading to Learn*.

Contexto

La intervención se llevó a cabo en el curso 2017/2018 en la asignatura Lingüística Aplicada a la Enseñanza. Se trata de una asignatura anual de primer curso que se inscribe en el módulo de formación generalista del Plan de Estudios del Grado en Educación Primaria de la Facultad de Educación de Toledo (Universidad de Castilla-La Mancha-UCLM) y a la que corresponde una carga lectiva de tres horas semanales repartidas en dos sesiones. El propósito de la asignatura es contribuir a la mejora de las capacidades y habilidades lingüísticas de los futuros maestros, así como dotarles de la instrucción que los capacite para articular un proceso de enseñanza de la lengua materna desde una vertiente comunicativa y funcional.

Participantes

Los participantes fueron 74 estudiantes del grupo A (turno de mañana) y 59 estudiantes del grupo B (turno de tarde) de la asignatura. Ambos grupos son establecidos por la Unidad de Gestión de Alumnos de la UCLM en el Campus de Toledo a partir de su preferencia de horario y orden de matriculación.

Los estudiantes del grupo A constituyeron el grupo objeto de la investigación-acción y fueron, por tanto, formados en la aplicación de las estrategias de andamiaje de la metodología SAL a la hora de realizar los trabajos obligatorios prescritos en ambos semestres del curso. Los estudiantes del grupo B, a cargo de otro docente, realizaron los mismos trabajos obligatorios, aunque con una metodología basada en las directrices sugeridas por Solé (1992) y por Aulls (1990) en relación a la enseñanza activa de habilidades de análisis y síntesis textual. El grupo B no constituye realmente un grupo control, sino más bien un recurso de triangulación en la evaluación de la calidad de los textos producidos por el grupo objeto de la investigación-acción en ambos trabajos obligatorios.

Planificación

Punto de Partida

Al principio del curso elaboramos y realizamos una prueba de desempeño inicial, cuyo objetivo era proporcionarnos una muestra de escritura de resúmenes en el estadio previo a la aplicación de la metodología SAL, con el grupo A objeto de la investigación-acción, en el que impartíamos clase. A este respecto, la prueba se articulaba en torno a un texto de temática lingüística no especializada perteneciente al género explicación secuencial y presentaba dos bloques, uno de lectura, que contenía preguntas de comprensión literal, inferencial e interpretativa, y otro de escritura en el que se solicitaba la identificación y expresión del tema del texto y la redacción del resumen de su contenido.

Los resúmenes realizados constituyen las primeras muestras de escritura que recopilamos para llevar a cabo este trabajo (R1) y, como tales, se sometieron a una evaluación específica utilizando un instrumento que diseñamos al efecto y que describiremos con detalle más adelante.

Objetivos Específicos

Teniendo en cuenta los resultados de la prueba y nuestra propia experiencia en cursos previos, decidimos centrar el primer ciclo de la investigación-acción en:

1. Apoyar el proceso de comprensión inferencial e interpretativa de los estudiantes.
2. Favorecer su rendimiento en la escritura de resúmenes.
3. Orientar la manipulación de dos o más textos fuente en la escritura de nuevos textos.

Plan de Acción

El espacio de aplicación intensiva de las estrategias SAL fueron los trabajos obligatorios prescritos en ambos semestres del curso:

- Trabajo 1. Leer para aprender: redacción de resúmenes académicos: su objetivo era proporcionar a los estudiantes un procedimiento sistemático de realización de resúmenes. Para su puesta en marcha se establecieron aleatoriamente cuatro pequeños grupos, a cada uno de los cuales se le asignó un texto correspondiente a un género discursivo particular. Específicamente se trabajó con textos que presentaban un género discursivo predominante claro, aunque tuvieran otros géneros discursivos incrustados (Eggins & Martin, 2003; Martin, 1994). Se organizaron así cuatro seminarios de dos horas de duración correspondientes respectivamente a los cuatro grupos/géneros establecidos. Los estudiantes debían acudir al seminario habiendo revisado el texto con la ayuda de la sinopsis de sus fases incluida en la carpeta de materiales didácticos. En el seminario, se procedía a realizar la Lectura párrafo a párrafo y el Marcado del texto párrafo a párrafo: el Marcado del texto oración a oración se reservó únicamente para las secciones más complejas. Igualmente, en el seminario se llevaba a cabo la Toma de notas conjunta de la información clave, siendo ya tarea de los estudiantes redactar un resumen del texto a partir de los términos clave consensuados por el grupo. Estos resúmenes constituyen la segunda muestra de escritura recopilada en esta investigación (R2).

- Trabajo 2. Aprender para escribir: redacción de textos académicos a partir de varias fuentes de información: su objetivo era proporcionar a los estudiantes un procedimiento sistemático de redacción de textos académicos basado en la aplicación ampliada del ciclo completo de estrategias de la metodología SAL. Para su puesta en marcha se emplearon los mismos cuatro pequeños grupos establecidos en el Trabajo 1, a cada uno de los cuales se le asignó un dossier de textos centrados en un tema y un género discursivo y que incluía una consigna para orientar la escritura de un texto final del mismo género. En esta ocasión se organizaron tres seminarios de dos horas de duración por grupo/género: el primero se dedicaba a profundizar en las características lingüísticas y discursivas del género objeto de trabajo, pues, a tenor de los resultados obtenidos en el Trabajo 1, consideramos necesario realizar una reflexión metalingüística explícita. El segundo de los seminarios copiaba la organización seguida en el Trabajo 1 para uno de los tres textos incluidos en el dossier de materiales didácticos. Por último, el tercer seminario se destinaba al modelado del género discursivo objeto de escritura a partir de la reflexión sobre cómo podía integrarse en su estructura esquemática particular la información de los textos fuente trabajados. El resumen producto del trabajo en el segundo seminario constituye la tercera muestra de escritura recogida en el seno de este trabajo (R3).

Materiales Didácticos

La selección de los textos empleados para articular las tareas en los Trabajos 1 y 2 viene motivada únicamente por su relación con la organización del temario de la asignatura en ambos semestres. Como géneros académicos, los textos empleados en el Trabajo 1 pertenecen a fragmentos de manuales universitarios, mientras que los textos empleados en el Trabajo 2 pertenecen en su mayoría a artículos de revistas especializadas y capítulos de obras colectivas. Su variedad resulta pertinente por mostrar a los estudiantes la multitud de fuentes que articulan la información disciplinar que se pone a su disposición en la universidad, así como por ofrecerles una orientación básica desde la que construir procesos de escritura futuros (trabajos de fin de grado o máster, etc.). Como géneros discursivos, la totalidad de los textos empleados corresponde a cuatro géneros concretos para cuya denominación en nuestro trabajo empleamos la traducción al español de la denominación original en inglés propuesta en la taxonomía de géneros que presentan las obras de los autores inscritos en este enfoque (Martin & Rose, 2008): explicación secuencial, exposición clasificatoria, argumentación y relato histórico explicativo (ver tabla 14.1). Su elección viene motivada por la frecuencia con que articulan los géneros académicos de lectura y escritura en la universidad.

Tabla 14.1. Géneros Discursivos Objeto de Trabajo

	Explicación secuencial	**Exposición clasificatoria**	**Argumentación**	**Relato histórico explicativo**
Propósito comunicativo	Explicar cómo tiene lugar un proceso mediante una secuencia de causas y efectos	Clasificar diferentes elementos según un criterio determinado	Defender un punto de vista	Explicar las causas y efectos asociadas a los acontecimientos históricos
Estructura esquemática	FENÓMENO EXPLICACIÓN	CRITERIO DE CLASIFICACIÓN DESCRIPCIÓN DE TIPOS	TESIS ARGUMENTOS REFUERZO DE LA TESIS	ACONTECIMIENTO EXPLICACIÓN DE EVENTOS
Aspectos discursivos y lingüísticos característicos	Conjunciones de causa y consecuencia explícitas o implícitas Metáforas gramaticales experienciales y lógicas	Tecnicismos Metáforas gramaticales experienciales y nominalizaciones	Valoración: elementos léxicos de apreciación del tema; gradación mediante intensificadores gramaticales o léxicos; recursos de modalización y modulación	Conjunciones de tiempo Conjunciones de causa y consecuencia explícitas o implícitas Metáforas gramaticales experienciales y lógicas

Un aspecto crucial de esta fase fue el diseño y elaboración de las planificaciones didácticas de cada intervención docente con el objetivo de integrar la información derivada del análisis sistémico-funcional de los textos seleccionados en la aplicación de las estrategias de la metodología.

Acción y Observación

En el curso de esta fase actuamos en dos frentes simultáneamente: las sesiones de grupo-clase, en las que aplicamos las estrategias *Preparación antes de la lectura* y *Lectura párrafo a párrafo* a la lectura de los apuntes preparados por la profesora, y los seminarios ya descritos. Por otro lado, recogimos retroalimentación procedente de los diarios de aprendizaje de los estudiantes, grabaciones de clases, entrevistas a alumnos de diferente nivel de desempeño académico y cuestionarios de percepciones sobre las estrategias de la metodología que orientarían nuestra toma de decisiones con respecto al siguiente ciclo de investigación-acción. Sin embargo, el *feedback* más valioso corresponde al conjunto de muestras de escritura recabadas, que constituyen un corpus de casi 500 resúmenes y 132 textos escritos a partir de varias fuentes de información.

Reflexión

Diseño de Investigación

Aunque para medir la incidencia de la metodología SAL en el aprendizaje de los estudiantes en este primer ciclo de investigación-acción resolvimos aplicar un método mixto (Riazi, 2017), en el presente apartado nos limitamos a mostrar de manera exclusivamente cuantitativa el impacto de la metodología en la mejora de la comprensión y la redacción de resúmenes del género específico explicación secuencial, el primero de los que articularon la serie de seminarios antes descritos. Exponemos así los datos procedentes del análisis comparativo de 83 resúmenes del corpus, en concreto los realizados por el grupo A ($n = 17$) en la prueba de desempeño inicial (R1) y en los trabajos obligatorios (R2 y R3), y los realizados por el grupo B ($n = 16$) únicamente en los trabajos obligatorios (R2B y R3B), pues, al estar a cargo de otro docente, estos alumnos no hicieron la prueba de desempeño inicial.

Análisis

La elección del resumen como muestra de análisis en el presente trabajo nos parece adecuada por la confluencia de habilidades de lectura y escritura que entraña, aunque podría decirse que esta confluencia de habilidades no es exclusiva del resumen, sino que se extiende a cualquier género de escritura académica que implique la comprensión previa de fuentes disciplinares.

Consideramos que el resumen, tal y como se plantea en esta investigación-acción, resulta además un recurso de andamiaje fundamental para facilitar a los estudiantes novatos el aprendizaje de los patrones de gramática académica del que han de dar cuenta en sus producciones escritas, y, precisamente por ello, un soporte excelente para evaluar su avance en este sentido.

Así pues, entendemos la calidad de un resumen como la variable que da cuenta del grado de adecuación informativa de las opciones genéricas, semántico-discursivas y léxico-gramaticales elegidas por el estudiante para volver a instanciar los significados experiencial, interpersonal y textual del texto fuente (Hood, 2008). Estas opciones manifestarían así el grado de comprensión y elaboración en la expresión de la información disciplinar que ha alcanzado el alumno en relación con un texto dado.

Para evaluar todas las muestras de la investigación diseñamos un esquema de puntuación analítico basado en otros instrumentos de evaluación de textos académicos escritos vinculados a la Lingüística Sistémico-Funcional y a la pedagogía de los géneros (Dreyfus et al., 2016; Kuiper, Smit, De Wachter, & Elen, 2017; Rose et al., 2008). El recurso a estos instrumentos específicos como punto de partida del diseño de nuestro esquema de puntuación contribuyó a dotarlo de validez interna.

El esquema consta de diez categorías que redactamos como indicadores empleando un registro sencillo y a las que añadimos una escala de cuatro puntos (0 = Inapropiado; 1 = Débil; 2 = Bueno; 3 = Excelente). Para facilitar su uso también especificamos los descriptores de logro correspondientes a cada intervalo de la escala para el género explicación secuencial. Las muestras fueron calificadas por un único evaluador en dos rondas sucesivas para ajustar su criterio. Para verificar la fiabilidad de esta codificación, asignamos un 5% de textos al azar a un segundo evaluador experto en escritura académica y lo instruimos en el uso del esquema de puntuación analítico y los descriptores de las escalas. Se calibró mediante la evaluación colaborativa de cuatro textos fuera de la muestra. Se calculó el coeficiente Kappa de Cohen sobre los puntajes finales de la rúbrica, obteniéndose un índice K = 0.59, un acuerdo moderado pero aceptable para un instrumento que reviste un carácter semántico-interpretativo como este. En efecto, al analizar las categorías por separado aquellas que exigen más interpretación semántica y dominio de la teoría sistémico-funcional tienden a generar menor acuerdo. Estas consideraciones resultan útiles para mejorar progresivamente el instrumento en los siguientes ciclos de investigación acción.

Tabla 14.2. Instrumento de Evaluación

Propósito comunicativo	0	1	2	3
El estudiante respeta el propósito comunicativo del género al que pertenece el texto original				
Estructura esquemática	0	1	2	3
El estudiante respeta las etapas constitutivas del género y las fases que presentan las anteriores en el texto original				
Ideación	0	1	2	3
El estudiante respeta los términos especializados que conforman el campo del texto original				
Conjunción	0	1	2	3
El estudiante respeta las relaciones lógicas que conectan fases, párrafos, oraciones y cláusulas en el texto original				
Relación entre los interlocutores	0	1	2	3
El estudiante respeta la relación del autor con la audiencia propia del registro académico (tercera persona del singular, estructuras impersonales o pasivas, etc.)				
Valoración	0	1	2	3
El estudiante respeta los recursos de *valoración* introducidos por el autor del texto original				
Periodicidad	0	1	2	3
El estudiante distribuye los términos del campo respetando las olas de información presentes en el texto original				
Identificación	0	1	2	3
El estudiante presenta cadenas de referencia claras en cada fase, párrafo, oración y cláusula				
Sintaxis de modalidad escrita	0	1	2	3
El estudiante respeta los rasgos característicos de la sintaxis de modalidad escrita en la reescritura del texto (baja intrincación gramatical, uso de metáforas gramaticales experienciales y nominalizaciones, participantes no personales, prevalencia de procesos relacionales, mentales, y verbales, etc.)				
Ortografía	0	1	2	3
El estudiante respeta las normas de ortografía				

Finalmente, cotejamos por un lado el rendimiento del grupo A en las tres muestras obtenidas (R_1 - R_2 - R_3) y por otro el rendimiento del grupo A y el grupo B en los resúmenes correspondientes a los trabajos obligatorios (R_2 - R_2B y R_3 - R_3B). En el primer caso se aplicó un ANOVA de un factor con medidas repetidas y de un factor con medidas repetidas y más de una variable dependiente. En el segundo caso se aplicó un ANOVA de dos factores con medidas repetidas en un factor.

Tabla 14.3. Descriptores de Logro para Propósito Comunicativo

0	1	2	3
Se anula el propósito del texto original por la *incoherencia generalizada de la información* o por la *distorsión del objetivo de la tarea*: en este caso no se ha realizado una reinstanciación del texto original, sino un comentario personal basado en la información del texto original que *el alumno* considera más relevante.	Aunque *se puede intuir* el propósito del texto original, no se respeta debido a que la reescritura suprime *información clave*, lo cual *dificulta notablemente* la comprensión de la explicación.	*En términos generales se respeta* el propósito del texto original, aunque la reescritura suprime *información* que *facilitaría* la comprensión de la explicación.	*Se respeta claramente* el propósito del texto original.

Resultados y Discusión

La comparación de las puntuaciones medias relativas a cada tarea de resumen manifiesta una mejora progresiva en el desempeño de los estudiantes, como puede observarse a continuación:

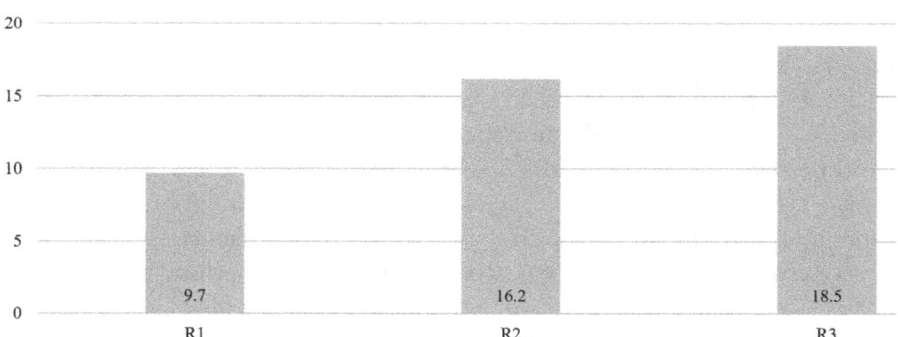

Figura 14.1. Puntuaciones medias globales del grupo A

En este caso, el eje y del gráfico representa la puntuación global que puede obtenerse en la tarea, mientras que en el eje x aparece la media de los puntajes obtenidos por el grupo A en los tres conjuntos de muestras evaluados. El contraste de puntuaciones que ofrece el ANOVA de un factor con medidas repetidas confirma que la diferencia relativa a las puntuaciones medias de las tres tareas es significativa ($p < .01$), lo que indica que todos los estudiantes del grupo A han conseguido incrementar la calidad de sus resúmenes en relación a la tarea de la prueba de diagnóstico (R1).

En el análisis ANOVA de un factor con más de una variable dependiente, recurrimos al valor de Greenhouse-Geisser al no poder rechazar la hipótesis de la esfericidad en ninguna categoría. Los siguientes gráficos conectan la escala de intervalo del esquema de puntuación (eje y) y la media de los puntajes obtenidos por el grupo A en cada una de sus categorías en los tres conjuntos de muestras evaluados (eje x). Específicamente, las muestras dan cuenta de un progreso más evidente ($p \leq .05$) en las siguientes categorías (Figura 14.2)

Por el contrario, los resultados relativos a las siguientes categorías no dan cuenta de ningún avance claro (Figura 14.3).

En lo que respecta al género discursivo, los resúmenes muestran una mejora progresiva de los estudiantes a la hora de mantener su propósito comunicativo, así como sus etapas y fases características. En términos de realización del significado experiencial, en cada tarea se identifican y mantienen en mayor proporción los términos técnicos específicos, al tiempo que se captan y expresan las relaciones conjuntivas características de la explicación secuencial de manera más explícita. Todo ello redunda en un aumento del grado de coherencia general de los resúmenes: en la última tarea son más claros y comprensibles, están mejor organizados y tienen un carácter más técnico.

En una dimensión interpersonal, los estudiantes no parecen ser capaces de identificar con solvencia las manifestaciones de valoración que afectan a la información clave en los textos, de ahí que su tendencia en la escritura del resumen sea en muchos casos la de modificar o directamente suprimir las opciones lingüísticas y discursivas que expresan apreciaciones del autor hacia el tema. No obstante, en lo que respecta a la relación entre los interlocutores, la otra categoría interpersonal, los estudiantes sí dan muestra de cierto progreso a la hora de mantener las opciones lingüísticas elegidas por el autor para expresar el registro que caracteriza su relación con la audiencia.

Por último, en el caso de algunas de las categorías que realizan el significado textual, como sintaxis de modalidad escrita o, en cierto punto, identificación, es evidente el limitado avance del que dan cuenta las muestras analizadas. En ellas se detectan, entre otros, errores frecuentes de delimitación de cláusulas y oraciones mediante recursos de puntuación, una tendencia generalizada a la intrincación gramatical debida principalmente al abuso en el empleo de cláusulas introducidas mediante gerundio, una recurrente selección léxica defectuosa del proceso de la cláusula y frecuentes interferencias en la identificación en los nexos compuestos de oraciones relativas. Sin embargo, el rendimiento de los estudiantes en la categoría periodicidad sí denota un progreso más claro en la organización de la información del texto.

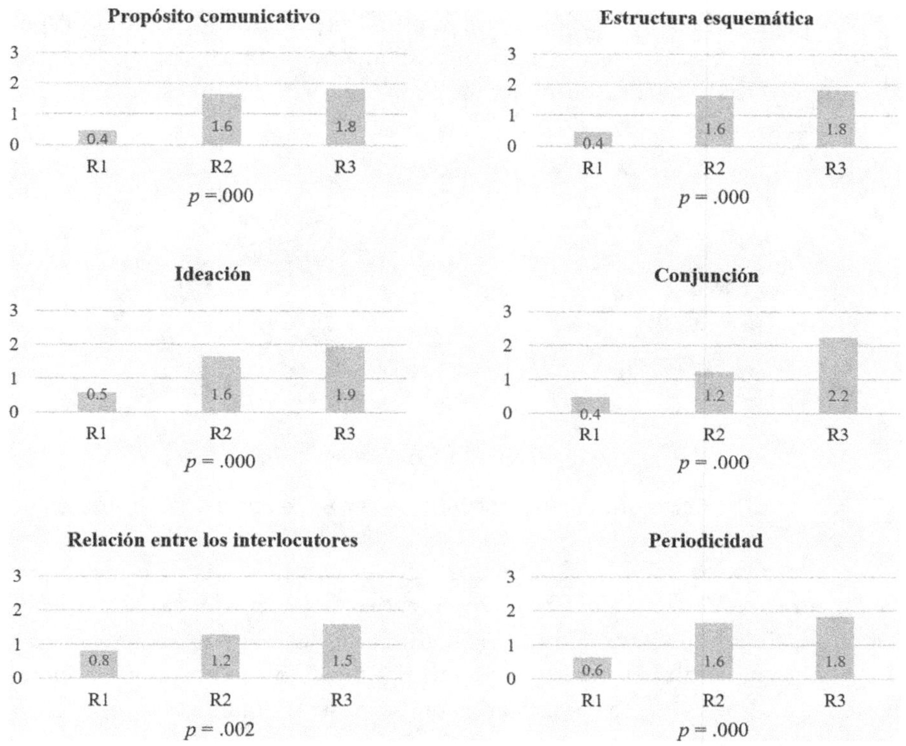

Scaffolding Academic Literacy

Figura 14.2. Categorías de evaluación con resultados positivos

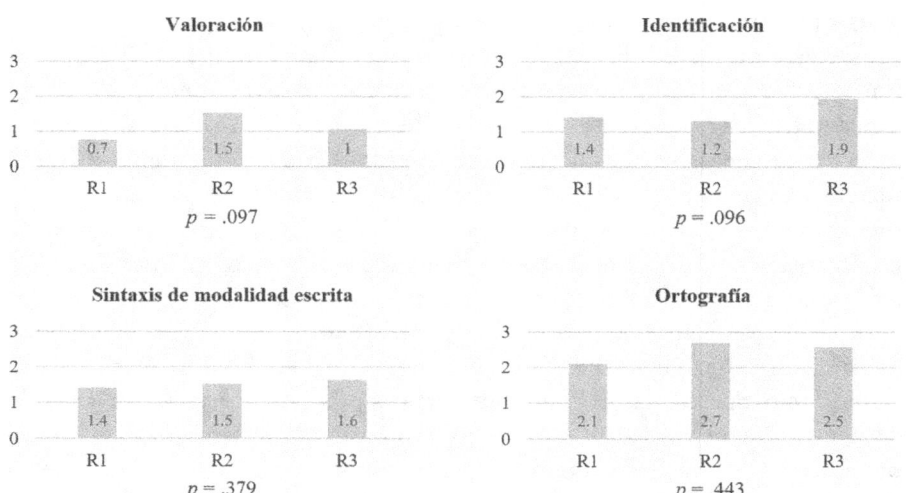

Figura 14.3. Categorías de evaluación con resultados neutros o negativos

Por su parte, la comparación de las puntuaciones medias de los dos grupos relativas a cada tarea de resumen manifiesta una mejora progresiva en ambos, al tiempo que da cuenta de un avance más notorio de los estudiantes del Grupo A:

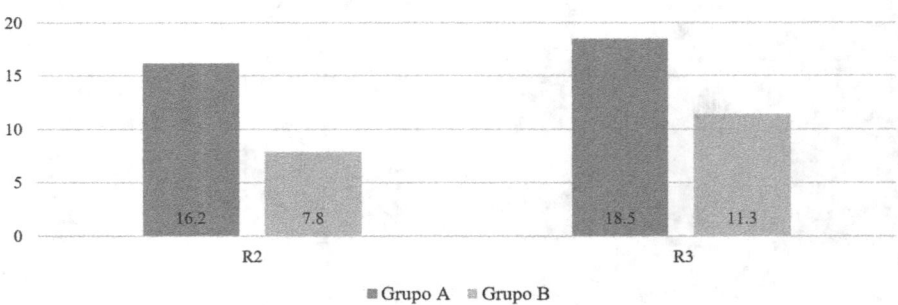

Figura 14.4. Comparación de puntuaciones medias grupo A y grupo B

Los resultados del ANOVA de dos factores con medidas repetidas en un factor no solo confirman el efecto significativo de la metodología empleada sobre la calidad de los resúmenes en la diferentes categorías de análisis ($p = .003$), sino que indican que este efecto es significativo en casi todas. Concretamente, es especialmente significativo en propósito comunicativo, estructura esquemática, ideación, conjunción y periodicidad ($p = .000$), seguido por relación entre los interlocutores y valoración ($p = .001$) y sintaxis de modalidad escrita ($p = .010$), mientras que no resulta destacable en identificación ($p = .241$) y ortografía ($p = .139$).

De este modo, los datos parecen confirmar que la metodología tiene un impacto especialmente notable en las categorías relativas al género y al significado experiencial. En las vinculadas al significado interpersonal su efecto parece atenuarse. Por último, en lo que respecta a la expresión del significado textual, el impacto de la metodología se hace evidente en la periodicidad, precisamente la categoría más estrechamente vinculada a la organización de la información según la estructura esquemática del género en cuestión, cuya categoría específica (estructura esquemática) presenta igualmente un alto índice de significatividad; sin embargo, la categoría sintaxis de modalidad escrita, aunque da cuenta de un avance más notorio del grupo A, no denota un dominio claro de las opciones lingüísticas propias del modo escrito en la configuración de las cláusulas del texto. Los resultados están así en la línea de otras investigaciones en las que se ha empleado la pedagogía de los géneros para canalizar la enseñanza de la escritura de explicaciones en la universidad (Mattioli & Marino, 2012; Ting et al., 2013). Pese a no estar centradas específicamente en la redacción de resúmenes, sino en la escritura de textos originales, en ellas también se destaca la respuesta positiva de los estudiantes a la hora de mantener la estructura y las relaciones conjuntivas típicas del género al final de la secuencia de trabajo realizada.

Conclusiones

La calidad de las opciones lingüísticas elegidas por los estudiantes para realizar el género y las metafunciones de los tres textos fuente en los resúmenes apunta a un desarrollo gradual de las habilidades de comprensión de la información de los textos de la asignatura, imprescindibles para abordar tareas de síntesis. En lo que respecta a su expresión, los resultados indican un aumento del grado de adecuación informativa de las opciones genéricas, semántico-discursivas y léxico-gramaticales elegidas por el estudiante para volver a instanciar los significados experiencial, interpersonal y textual del texto fuente: las muestras de la última tarea son más claras y comprensibles porque se identifica claramente su propósito, están mejor estructuradas y tienen un carácter más técnico al integrar más sólidamente los términos específicos que constituyen el campo de los textos fuente.

No obstante, algunos aspectos asociados al significado interpersonal y textual no se ven especialmente favorecidos en términos de comprensión y de expresión: nos referimos a la valoración y la sintaxis de modalidad escrita respectivamente. En el caso del primero, los estudiantes no parecen ni advertir la relevancia de la apreciación del tema que realizan los autores de los textos académicos trabajados ni de emplear opciones léxico-gramaticales alternativas para mantenerla y reinstanciarla en los textos resumen. Entendemos que quizá sea preciso incorporar un análisis más detallado de esta propiedad semántico-discursiva a la hora de aplicar las estrategias del modelo. En este sentido se alinea la conclusión referida a la sintaxis de modalidad escrita, que se percibe bastante limitada en la redacción de los estudiantes: sería necesario dedicar un tiempo más extenso a la estrategia de reescritura conjunta, de modo que los estudiantes puedan contrastar distintas opciones léxico-gramaticales para expresar el propósito comunicativo que articula cada una de las cláusulas.

Con respecto a la prospectiva de la investigación realizada, en primer lugar no hemos de perder de vista que la media de puntuación de los estudiantes se sitúa entre el 1 y el 2 en la escala de intervalo en casi la totalidad de las categorías de análisis. Esto significa que su desempeño general, aunque ha progresado, no puede considerarse óptimo y es preciso refinar la aplicación de la metodología SAL en sucesivos ciclos de investigación-acción integrando los aspectos de mejora mencionados. En segundo lugar, estimamos también necesario examinar la incidencia de la metodología en el desempeño de los estudiantes al resumir los textos correspondientes a la exposición clasificatoria, la argumentación y el relato histórico explicativo. De este modo, podríamos explorar la influencia del género discursivo en los resultados de la investigación, aportando conclusiones fundamentadas para orientar la práctica docente.

Referencias

Aulls, M. W. (1990). Enseñanza activa de las habilidades de comprensión de las ideas principales. In J. F. Baumann (Ed.), *La comprensión lectora (cómo trabajar la idea principal en el aula)* (pp. 101–132). Antonio Machado Libros.

Bernstein, B. (2000). *Pedagogy, symbolic control, and identity: Theory, research, critique.* Rowman & Littlefield.

Blanco, J. (2019). *Scaffolding academic literacy*: Propuesta de aplicación de un modelo de trabajo de la lectura y la escritura académica de base sistémico-funcional. *E-SEDLL, 2*, 145–156.

Bruner, J. (1986). *Actual minds, possible worlds.* Harvard University Press.

Dreyfus, S., Humphrey, S., Mahboob, A., & Martin, J. (2016). *Genre pedagogy in higher education. The SLATE project.* Palgrave Macmillan.

Eggins, S., & Martin, J. R. (2003). El contexto como género: una perspectiva lingüística funcional. *Revista Signos, 36*(54), 185–205. https://doi.org/10.4067/S0718-09342003005400005.

Halliday, M. A. K. (1994). *An introduction to functional grammar* (2nd ed.). Arnold.

Hood, S. (2008). Summary writing in academic contexts: Implicating meaning in processes of change. *Linguistics and Education, 19*, 351–365. https://doi.org/10.1016/j.linged.2008.06.003.

Kuiper, C., Smit, J., De Wachter, L., & Elen, J. (2017). Scaffolding tertiary students' writing in a genre-based writing intervention. *Journal of Writing Research, 9*(1), 27–59. https://doi.org/10.17239/jowr-2017.09.01.02.

Martin, J. R. (1993). A contextual theory of language. In B. Cope & M. Kalantzis (Eds.), *The powers of literacy: A genre approach to teaching writing* (pp. 116–136). The Falmer Press. https://doi.org/10.4324/9780203149812.

Martin, J. R. (1994). Macro-genres: The ecology of the page. *Network, 21*, 29–52

Martin, J. R. (1999). Mentoring semogenesis: "Genre-based" literacy pedagogy. In F. Christie (Ed.). (2000), *Pedagogy and the shaping of consciousness: Linguistic and social processes.* Continuum.

Martin, J. R., & Rose, D. (2008). *Genre relations: Mapping culture.* Equinox.

Mattioli, E., & Marino, F. (2012). Desarrollo de la alfabetización académica en las aulas de ingeniería: Un aporte desde la lingüística sistémico funcional. *Revista Digital de Políticas Lingüísticas, 4*(4), 178–208.

Montes, S., & Vidal Lizama, M. (2017). Diseño de un programa de escritura a través del currículum: Opciones teóricas y acciones estratégicas. *Lenguas Modernas, 50*, 73–90.

Moyano, E. I. (2017). Diseño e implementación de programa de lectura y escritura en el nivel universitario: principios y estrategias. *Lenguas Modernas, 50*, 47–72.

Moyano, E. I. (2018). La enseñanza de la lectura y la escritura académicas mediante programas a lo largo del curriculum universitario: Opción teórica, didáctica y de gestión. *D.E.L.T.A, 34*(1), 235–267. https://doi.org/10.1590/0102-445074896274 115057.

Moyano, E., I. & Giudice, J. (2016). Un programa de lectura y escritura universitario: lineamientos teóricos, características y resultados de aplicación. *Revista Grafía, 13*(1), 33–59. https://doi.org/10.26564/16926250.655.

Moyano, E., I. & Natale, L. (2012). Teaching academic literacy across the university curriculum as institutional policy: The case of the Universidad Nacional de General Sarmiento. In C. Thaiss, G. Bräuer, P. Carlino, L. Ganobcsik-Williams, & A. Sinha (Eds.), *Writing programs worldwide: Profiles of academic writing in many places* (pp. 23–34). The WAC Clearinghouse; Parlor Press. https://doi.org/10.37514/PER-B.2012.0346.2.02.

Riazi, A. M. (2017). *Mixed methods research in language teaching and learning*. Equinox.

Rojas, I., Olave, G., & Cisneros, M. (2016). Alfabetización académica y pedagogía de género discursivo en la lingüística sistémico funcional: Una experiencia de trabajo. *Revista Signos, 49*(51), 224–246. https://doi.org/10.4067/S0718-09342016000400011.

Rose, D. (2008). Redesigning foundations: Integrating academic skills with academic learning. In J. Garraway (Ed.), *Conversations about foundation* (pp. 15–39). Fundani Centre & Cape Peninsula University of Technology.

Rose, D., & Martin, J. R. (2012). *Learning to write, reading to learn: Genre, knowledge and pedagogy in the Sydney school*. Equinox.

Rose, D., Chivizhe, L. L., Mc Knight, A., & Smith, A. (2003). Scaffolding academic reading and writing at the koori centre. *Australian Journal of Indigenous Education, 32*, 41–49. https://doi.org/10.1017/S1326011100003811.

Rose, D., Rose, M., Farrington, S., & Page, S. (2008). Scaffolding literacy for indigenous health sciences students. *Journal of English for Academic Purposes, 7*(3), 165–179.

Rothery, J. (1994). *Exploring literacy in school English (Write it Right resources for literacy and learning)*. Metropolitan East Disadvantaged Schools Program.

Solé, I. (1992). *Estrategias de lectura*. Graó.

Ting, S. H., Campbell, Y. M., Law, L., & Poh, H. H. (2013). Explanations without a purpose? Genre-based instruction and academic writing. *Journal of Academic Language and Learning, 7*(1), 26–39.

§ Editors

Natalia Ávila Reyes is Assistant Professor of Education at Pontificia Universidad Católica de Chile. She is interested in writing across educational levels and in the disciplinary emergence of writing studies in Latin America. Her most recent research explores university students' experiences with writing in contexts of increasing diversity. She is one of the founding members of the Latin American Association of Writing Studies in Higher Education and Professional Contexts, ALES.

Lina Calle-Arango is a doctoral candidate in education at the Pontificia Universidad Católica de Chile. She has a bachelor's degree in literary studies, a master's degree in publishing, and a master's degree in education. She specialises in academic writing and institutional support for the development of writing in higher education.

Ana Cortés Lagos is a doctoral candidate in composition and cultural rhetoric at Syracuse University. Her scholarly interests include WAC/WID, transnational writing studies, and the rhetoric of science. Her dissertation work explores the North-South collaboration and writing practices of a transnational biomedical research network.

§ Contributors

Martín Álvarez is an English-Spanish translator and Spanish-Chilean sign language interpreter. He holds an MA in Linguistics. His research is linked to describing the linguistic resources of Chilean sign language, specifically those used to represent referents in discourse.

Charles Bazerman, Distinguished Professor of Education at the University of California Santa Barbara, is interested in social dynamics of writing, rhetoric of knowledge production, and lifespan development of writing abilities. His books include *A Rhetoric of Literate Action*, *A Theory of Literate Action*, *Thee Languages of Edison's Light*, and *Shaping Written Knowledge*.

Juana María Blanco Fernández is Adjunct Professor in educational linguistics in the University of Castilla-La Mancha, where she graduated in Hispanic philology (2005) and specialized in linguistics (2012). A Ph.D. candidate in Education at Complutense University, her thesis focuses on systemic-functional and genre-based pedagogy for the teaching of academic writing.

Bob Broad is Professor of English Emeritus at Illinois State University. He wrote *What We Really Value: Beyond Rubrics in Teaching and Assessing Writing*. His articles and reviews have appeared in *College English, Research in the Teaching of English, Assessing Writing, The Journal of Writing Assessment*, and *African American Review*.

Claudia Castro Acuña is a social anthropologist with a master's degree in linguistics. Her research interests include academic writing in higher education and social discourse analysis. She teaches academic writing and critical reading at Universidad de Santiago de Chile and discourse analysis at Universidad Alberto Hurtado, Chile.

Joanna Koral Chávez López is Lecturer and Researcher at the Faculty of Psychology of the Universidad Michoacana de San Nicolás de Hidalgo. She works as a virtual tutor, instructional designer, and member of the Master's in Education and Teaching in online mode and the Bachelor's in Psychology in onsite mode.

Alejandra Donoso earned her Ph.D. in Spanish Linguistics from Stockholm University. Her field of research focuses on the area of applied Spanish linguistics, specifically on academic writing in Spanish as a heritage language and Spanish as a foreign language. Her current research interests include, additionally, parental and teachers' perceptions about translanguaging in school contexts.

Laura Eisner is Associate Professor in the Literacy Department at Universidad Nacional de Río Negro (Argentina). She has published a number of articles and co-edited a special issue of the journal *Enunciación* on writing and identity (with Ana Atorresi). Her research interests include sociolinguistic perspectives on teenage and adult literacy and new technologies and language use across social settings. She is a member of the Centro de Estudios de la Literatura, el Lenguaje, su Aprendizaje y su Enseñanza (CELLAE).

Luz Ángela García is a faculty member of the Language Department, Universidad Autónoma de Occidente, Colombia. Her fields of experience include linguistics and Spanish, and speech therapy. She is a leader of the institutional student research group on thinking, reading, and writing.

Marisol Gómez is a faculty member of the Communication Department, Universidad Autónoma de Occidente, Colombia. Her fields of experience include organizational communication, journalism, sustainable development, and environment. She is a member of the institutional research group on Knowledge Management and the Information society. She is currently involved in the inter-institutional research project, Competencies and Learning Outcomes Expected by Professional Practices: Bridging Curricula and Workplaces.

Blanca González is an independent researcher in the Interdisciplinary Research Group on Education and Human Processes (GRIEPH). Her research fields include pedagogy, writing and knowledge production, education and social development. She is currently involved in the inter-institutional research project, Competencies and Learning Outcomes Expected by Professional Practices: Bridging Curricula and Workplaces.

Hermínsul Jiménez is a member of the Faculty of Education, Universidad de la Amazonía, Colombia. Her fields of experience include pedagogy, teacher education, and philosophy and letters. She is a member of the institutional research group on Languages, Representations, and Education.

Theresa Lillis is Professor Emerita, English Language and Applied Linguistics, at The Open University, UK. She has taught in secondary, adult, and higher education in literacy/ies, academic writing, applied linguistics, and sociolinguistics. She has been researching academic and professional writing for over thirty years focusing on the politics of production and participation.

Olga López Pérez, bachelor's degree in psychology and master's degree in teaching and competence development, is Lecturer in the Faculty of Psychology at the Universidad Michoacana de San Nicolás de Hidalgo in Mexico. Her research revolves around the teaching and learning of reading and writing in higher education, teacher training, and tutoring.

Pablo Lovera Falcón holds a master's degree in philosophy of science, a bachelor's degree in linguistics and is a doctoral student in philosophy. He currently works as an educational advisor at the Undergraduate Department of the Universidad de Chile and as an adjunct professor at the Universidad de Santiago de Chile.

Ingrid Luengas is a faculty member of the Design Department, Universidad Autónoma de Occidente, Colombia. Her fields of experience include pedagogy, advertising, and marketing. She is a leader of the institutional student research group on Inclusive Communication (INCLUAO). Her current institutional pedagogical project is pedagogical and didactic support to new undergraduate and graduate online programs.

Alejandra Meneses is Associate Professor in the Faculty of Education at Pontificia Universidad Católica de Chile. Her research focuses on language development across the school and its relations with literacy and learning. Viewing teachers as agents of social change, she works with educators to widen students' linguistic and discursive repertoires.

Ma. Soledad Montes is a research Ph.D. student at Lancaster University. Her research has focused on student's experiences with academic writing, writing programs and online writing instruction. Recently, she co-edited a handbook on oral communication in academic contexts [Original Title: *Hablar, persuadir y aprender: Manual para la Comunicación Oral Académica*].

Bárbara Mora Aguirre is a sociologist and holds a master's degree in sociology. She has worked in higher education training trajectories, including self-assessment, accreditation, and strategic improvement processes. Currently, she teaches courses at the undergraduate level using design thinking through the UN sustainable development goals (SDGs).

Estela Inés Moyano, Ph.D. in linguistics, is Senior Lecturer at Universidad Nacional de General Sarmiento and Universidad Nacional Guillermo Brown as well as researcher and coordinator of PROLEA-UFLO at Universidad de Flores. Her interests are discourse analysis and academic literacy at different educational levels. She has founded and directed writing programs and other training initiatives in scientific and disciplinary literacy.

Joan Mullin, founding Chair of the Department of Writing Rhetoric and Digital Studies at the University of North Carolina Charlotte, started/restarted writing centers and WAC programs at three other U.S. institutions. Her consultations, publications and research span international writing centers and WAC administration, visual culture, translingualism, and research in writing studies.

Elizabeth Narváez is a faculty member of the Education Department at Universidad Autónoma de Occidente, Colombia. Her fields of experience include education, linguistics and Spanish, and speech therapy. She is a leader of the institutional research group on education. She is currently involved in the inter-institutional research project, Competencies and

Learning Outcomes Expected by Professional Practices: Bridging Curricula and Workplaces.

Federico Navarro has a Ph.D. in linguistics and is Associate Professor at the Universidad de O'Higgins. He is the chair of the Latin American Association of Writing Studies in Higher Education. He has led 11 research projects, has delivered 150 conference presentations, and has published over 100 papers.

Rakel Österberg earned her Ph.D. in Spanish Linguistics from Stockholm University. Her research interests are on Second Language Acquisition, motivation, spoken and written production (especially academic writing in Spanish as a Foreign or Heritage Language), Educational Linguistics (particularly Spanish as a Foreign Language in the school context) and Applied Spanish Linguistics.

Jan Rieman is Teaching Professor in the Department of Writing, Rhetoric, and Digital Studies at the University of North Carolina at Charlotte in the United States. Her research is on trauma-informed writing pedagogy and antiracist writing assessment. She is a co-editor of *Next Steps for/in Writing about Writing* (2019).

Marcela Ruiz holds a Ph.D. in linguistics and works in Universidad Alberto Hurtado, Chile. She is interested in the use of language from a pragmatic, social, and situated perspective in educational contexts. She has examined the construction of historical explanations, science classroom interactions, science textbooks, and academic language.

Enrique Sologuren, Ph.D., is Professor of Text Linguistics, Applied Linguistics and Academic Writing at Universidad de Chile and Universidad de Los Andes, Chile. His research is focused on discourse genre analysis, writing process in academic and professional fields, and applied linguistics on literacy of specialized domains.

Jaci Brasil Tonelli is a Ph.D. student at the University of São Paulo and a member of the Academic Literacy Laboratory team. Her interests are French language teaching, academic literacy in French and Portuguese, and reading and writing at the university level.

Paola Uccelli is Professor at the Harvard Graduate School of Education and convener of the Language for Learning Research Team. With a background in linguistics, she studies socio-cultural and individual differences in students' language and literacy development throughout the school years.

Fernanda Uribe Gajardo has a bachelor's degree in philosophy and a master's degree in Latin American cultural studies from Universidad de Chile. She has implemented peer tutoring programs in higher education institutions, with a focus on collaborative learning and academic writing. Her research focuses on knowledge production and social representations.

Sebastián Vargas Pérez, MA, is a psychology Ph.D. student at the Universidad de Chile and a graduate researcher of FONDECYT Project 1180801, of the department of psychology of the Universidad de Chile. His research topics are teacher emotions, educational ethnography, educational policies and working conditions of teacher work.

Orlando Vian Jr. holds a Ph.D. in applied linguistics from Pontifical Catholic University of São Paulo, Brazil. He is Associate Professor at the Federal University of São Paulo, where he supervises SFL-based academic investigations. He is also a CNPq (Brazilian National Council for Scientific and Technological Development) researcher.

www.ingramcontent.com/pod-product-compliance
Lightning Source LLC
Chambersburg PA
CBHW071229070526
44583CB00017B/2098